改革开放 40 年
社会发展与变迁

CHINA'S 40-YEAR REFORM AND OPENING-UP:
SOCIAL DEVELOPMENT AND SOCIAL CHANGE

主　编　张　翼
副主编　葛道顺　吴　莹

中国社会科学出版社

图书在版编目（CIP）数据

改革开放 40 年社会发展与变迁 / 张翼主编 . —北京：中国社会科学出版社，2018.10（2021.3 重印）

ISBN 978 – 7 – 5203 – 3304 – 7

Ⅰ.①改… Ⅱ.①张… Ⅲ.①社会发展 – 研究 – 中国 Ⅳ.①D668

中国版本图书馆 CIP 数据核字（2018）第 225204 号

出 版 人	赵剑英
责任编辑	王 茵 马 明
责任校对	朱妍洁
责任印制	王 超

出 版	中国社会科学出版社
社 址	北京鼓楼西大街甲 158 号
邮 编	100720
网 址	http://www.csspw.cn
发 行 部	010 – 84083685
门 市 部	010 – 84029450
经 销	新华书店及其他书店

印刷装订	北京君升印刷有限公司
版 次	2018 年 10 月第 1 版
印 次	2021 年 3 月第 2 次印刷

开 本	710×1000 1/16
印 张	35.25
插 页	2
字 数	463 千字
定 价	118.00 元

凡购买中国社会科学出版社图书，如有质量问题请与本社营销中心联系调换
电话：010 – 84083683
版权所有　侵权必究

本书编委会

编　委（按姓氏笔画排序）

王　宁　文　军　田　丰　田毅鹏　冯仕政

刘　欣　刘少杰　刘亚秋　关信平　江立华

杨　典　吴　莹　吴愈晓　张　翼　张海东

林　卡　林聚任　周飞舟　钟涨宝　葛道顺

前　言

张　翼

改革开放 40 年来，中国发生了划时代意义的社会变迁。为总结和梳理这些变迁，应中国社会科学院社会发展战略研究院的邀请，来自全国各主要社会学学术团体的老师们，于 2017 年在北京社科博源宾馆举行了学术研讨会。本次研讨会的主题，是将正在编写的《中国社会发展年鉴》的主要内容聚焦在"改革开放 40 年来的社会发展与社会变迁"上。在写作过程中，有些作者还需要对自己的文本仔细斟酌，难以在短期交出成熟的稿子；有些作者经过努力，已经完成了稿子。在对已提交的稿件的讨论过程中，中国社会科学出版社总编辑助理王茵博士、编辑马明认为这些成果正好可以从社会发展的角度纪念改革开放 40 周年，建议先出版《改革开放 40 年社会发展与变迁》一书。

于是便有了现在的这个书稿。

因为我是邀请方的代表，所以有幸率先拜读这个书稿。

我通过对书稿的学习，更加加深了对"改革开放改变中国"的认识。改革开放之初，中国还是一个以农民阶层为主体，人均 GDP 为 156 美元，城市化水平仅仅为 17.9% 的农业社会。但在 2017 年年底，中国已经转变成一个农民阶层劳动力人口占比迅速下降到25%左右，人均GDP上升到8800美元，城市化水平达到58.5%的工业化社会。所以，改革开放40年来的最大变化，应该是中国从农业社会向工业社会的转化。伴随这一转化，中国也从计划经济转型为市场经济，从村落社会转型为都市社会，从封闭型社会转型为开放型社会，从定居化社会转型为迁居化社会，从礼俗型社会转型为契约型社会。

40年中国社会转型的强大动力，来源于改革开放。没有改革开放之初的思想解放运动，就没有后来日益推进的波澜壮阔的改革，也就没有所有制与产权结构的调整。中国一旦站在实事求是的思想路线上，其就由"站起来"的巨人转变为"富起来"的巨人。由制度变革产生的诱致性利益驱动导向，激发了渴望被激发的社会活力，解放了渴望被解放的生产力。这种激发与解放，又积极地将人民群众的发展动力与国家奋发图强的长远发展规划结合，推动了生产关系的持续改革。基层的首创精神在被顶层设计源源不断地吸纳后，中国社会的发展模式便焕然一新。市场经济的新型动力唤醒的丰富劳动力资源与追寻利润的国际资本的结合，形成了发展合力，最终塑造出"中国制造"的品牌。正是靠了改革开放的动力，中国才能够将西方发达国家在上百年或几百年间的现代化过程，压缩在短短40年的时空背景中进行，并创造出中国速度与中国精神。中国在赶超型发展中创造着中国速度，中国在制度创新中形塑着中国精神。从思想解放到制度创新到生产力革命，再到物质生产方式与生活消费方式变化所形成的复杂传导机制，中国将制度红利、人口红利与科学技术创新红利等结合在一起，完成了长达40年的稳定发展，并由此彻底改变了中国人的日常生活。中国人可以非常自豪地说，过去的40年是不断变化的40年，是积极向上的40年，是民生福利日益增进的40年。

40年来中国社会的转型，对世界具有极其重大的现实意义。

改革开放40年来，中国将占世界1/5的人口导入现代化过程。中国每一次真正的进步，都给占世界1/5的人口带来福音。中国社会的现代化，还经由华人的现代化或经由受中国影响而发展的其他国家的现代化波及全世界。改革开放40年来，中国的城市化彻底改变了千百年来形成的人口分布格局，第一次使这块土地上的人民享受到都市文明的洗礼。改革开放40年来，中国也完成了自己艰难的人口转型过程，从农业人口生产和再生产模式转变为工业人口的生产与再生产模式。中国人的疾病结构，也随之从呼吸与消化系统疾病转变为脑心血管和癌症等疾病。中国人的预期寿命，也从改革开放之初的65岁左右延长到目前的76.7岁左右。

40年来中国社会的转型，也改变了我们的日常生活。作为世界第一人口大国，中国已经从人口迅速增长的国家转变为人口缓慢增长的国家，并可能会很快转变为人口不再增长或趋于下降的国家。由此，中国也会第一次从施行限制生育政策转型为取消限制生育政策并出台鼓励生育政策的国家。中国的家庭，也随之从人口规模较大转变为人口规模日趋缩小，从家庭子女较多转变为家庭子女较少。中国的婚龄，更经由政策性约束晚婚转变为自主选择型晚婚。最近几年，中国也从离婚率较低的社会转变为离婚率日趋上升的社会，从婚姻亲缘居住家庭转变为婚姻亲缘与同居并存家庭。迁居型社会带来的从熟人社会向陌生人社会的转变，也增大了独居家庭的规模——人们越年轻，独居的可能性就越大。正因为观察到这一点，学者们才呼吁要深入研究家庭的个体化趋势。因此，在现代化丰富了人们的物质与精神生活的同时，家庭的脆弱化压力，以及现代化本身蕴含的发展逻辑，迫使中国从缺少保险的社会向全民皆保险的社会转型。从制度覆盖面上来说，中国已经建立起了日趋现代的全民社会保险体系，完成了城镇企业职工社会保险与机关事业单位社会保险的并轨，并在将城镇居民社会保险和农村居民社会保险逐渐合并为城乡居民社会保险。

40年来中国社会的转型，在经济分化中形成职业分化，在职业分化中推动教育的转型，而教育转型又源源不断地创造了新生的生产力。改革开放之初，中国的大学毕业生少之又少；但到了2018年，中国的大学毕业生人数甚至超过了820万人。在改革开放之初，干部队伍的年轻化与知识化，使绝大多数念过大学的人有机会进入干部队伍，创造了教育推动社会流动的强大机制。念大学，提升教育水平，流动到较高的职业地位，成为体制内社会流动的主要渠道。但在体制外，通过市场竞争提高收入水平（从个体户到私营业主等），也成为另外一个流动渠道。城市的扩张也为农民将自己转化为农民工创造了前所未有的机遇。在大学毕业生从分配工作到自主择业的转化中，教育的生产与再生产功能、社会地位的多元评价功能，使人们通过复杂的社会流动过程，建构起了中国特色的劳动力市场，也建构起了中国特色的社会流动机制。总之，改革开放的40年，从总体上拓展了社会流动渠道，激发了中国社会的活力，同时也稳定了社会秩序，创新了与市场经济相联系的社会管理与社会治理体系；虽然间或也有波动，但各种问题的解决过程，也将国家治理能力推进到了新阶段。

40年来中国社会的转型，在促进社会流动的同时，也改变了中国社会的阶级阶层结构。在改革开放之初，中国主要以农民阶级为主，是典型的"两阶级加一阶层"的社会（农民阶级、工人阶级和知识分子阶层，其中知识分子阶层属于工人阶级的一部分）。经过40年的变化，在中国社会中，农民阶层所占比重迅速下降，工人阶层所占比重迅速上升，中产阶层所占比重有了长足的提升。这种提升以农村贫困人口的日益缩小为基础。改革开放之初，以现有贫困线（2010年贫困线为标准）估计，农村贫困的发生率高达97%以上；但到了2017年年底，农村贫困发生率已经降低到3%左右。现在，雇主阶层占比在5%左右，新中产阶层占比在23%左右，老中产阶层占比在13%左右，工人阶层占比在32%左右，农民阶层占比在27%左右。因为农民工向城市流动，农民阶层普遍处于老化状态。如果只以60岁以下在业劳动力人口为阶层划分标准，则农民阶层的占比会下降到25%以下。农民阶层的缩小，工人阶层的壮大，中产阶层的崛起，这是改革开放以来中国社会结构发生的最重大变化。中产阶层占比提升到23%以上，预示中国社会的劳动结构和消费结构已发生了本质变化。中国社会的中产化过程，不仅会拉动中国的内需，而且会改变整个世界的消费市场。

40年来中国社会的转型，也为未来社会的继续发展奠定了深厚基础。中国社会发生的转型，已经将中国从农业社会带入工业社会，从人力和畜力结合而生产的社会转变为人力与机器结合而生产的社会，从商品供给短缺的票据社会转型到商品供给充足的买方市场社会。这40年的变化，不仅改变了社会个体与家庭等微观社会，也改变了社区、企业、政府、乡村与城市等宏观社会。未来的中国，还会发生从工业社会向后工业社会转型，发生从人力与机器结合生产的社会向智力和机器结合而形成的自动化社会与人工智能社会的转型。大数据的使用与计算技术的进步，会加速这个转型的进程。中国通过改革开放抓住了第三次工业革命的机会，现在我们需要继续抓住信息革命与智能革命的机会，及时将中国导入更高一级的现代化社会之中。

40年来中国社会的转型，是在艰苦努力之下取得的。转型本身既生产着机会，也暗含着挑战。制度结构的变化，会必然形成利益分配结构的变化。社会学的经典理论说明，即使是长期发挥过正功能的社会制度，也会在长期的社会运行中出现负功能，并使负功能侵蚀掉可能存在的正功能；所以，任何时候都需要通过改革发挥制度的正功能而避免制度的负功能。另外，一种结构在其适宜的社会阶段会释放正功能，但在其不适宜的社会阶段会释放负功能，从而形成社会风险。实践证明，结构对其功能经常起到基础性限定作用。概括而言，当前我们面临的主要风险有以下几种。

一是人口老化风险。人口老化会耗尽劳动力人口的年龄结构红利。这就需要社会及时开发出人力资本的结构性红利，并以人力资本的结构性红利代替年龄结构红利。这就要看技术进步速度是不是能够赶得上人口老化速度，并以人力资本所推动的技术进步超越人口老化所形成的福利压力与保障压力。

二是阶层流动渠道变窄风险。在工业化社会，我们创造了强大的社会流动机会，比较妥当地解决了社会流动机会的分配问题。但在工业化末期，或者在后工业化初期，科学与技术所形成的壁垒，不仅会使阶层的界限分明，而且还会形成新的流动渠道屏障。这既会在生产领域形成难以跨越的职业界限，也会在日常生活领域形成门槛型的消费区隔。技术进步速度越快，阶层之间的边界就越明显，科学技术对社会流动的支持力就越强。上层阶层有更多机会为其子女创造学习机会与掌握科学技术的机会，这种机会还会以日益扩大的财富占有差距形成阶层边界，比如形成有房阶层与无房阶层的边界，形成掌握现代科学技能与不掌握现代科学技能的阶层边界。社会流动渠道的正功能扩展，会使中产阶层占比越来越大，但在社会流动渠道的变窄过程中，中产阶层的占比会下降，从而出现中产阶层的"焦虑"。如果中产阶层的"焦虑"表现在经济领域，流动风险就表现为社会风险。但当中产阶层将中产阶层的缩小归因于社会，则社会风险就有可能转化为政治风险。

三是收入差距风险。改革开放之初，中国社会的收入差距较小。伴随改革开放的进行,中国逐渐成为收入差距较大的国家。如果收入差距在拉大但社会生活机遇在扩展,则整个社会对收入差距的耐受力就较强;如果收入差距在拉大同时伴之以整个社会生活机遇的固化或生活机遇的收窄,则整个社会对收入差距的耐受力就减弱。另外,如果长期存在的收入差距固化了人们的财产占有差距,而财产占有差距反过来又支撑了社会的阶层差距,则整个社会对收入差距的耐受力就更易于减弱。最近两年收入差距的上升,在一定程度上也预示着结构调整之难。但如果不能较好稳定社会预期,缩小收入差距,则阶层的固化就难以避免。绝大多数社会学家认为,收入差距的持续扩大或财产占有差距的持续扩大与社会风险的多发呈正相关关系。

四是利益群体结盟与社会政策失灵风险。理解中国改革开放40年成功取路的逻辑,首先是阶层逻辑,其次是利益群体逻辑(或曰利益集团逻辑)。从阶层逻辑上来说,改革开放创造了流动机会,使农民阶层和工人阶层的成员有机会向上流动。整个在改革开放之中取得正收益的群体成为改革开放的社会支持力量,结合为最广大的收益性利益群体。跨越了阶层的利益群体,也消解了阶层的聚合力。但改革开放发展到今天,阶层的分化日趋细化,不同阶层的利益诉求存在一定差异。由改革开放的制度配置所形成的利益群体难以在整个社会取得普遍受益。这就会造成有些阶层需要这样的制度配置,有些阶层需要那样的制度配置。对不同制度配置的诉求所形成的利益群体,会因为对自身利益的关注而结合在一起。利益群体一旦固化,如果利益群体对某项社会政策的诉求与其他利益群体的诉求相矛盾或背离度较大,则整体社会的团结成本就会加大。如果相关阶层的利益诉求叠加到利益群体的诉求之上,则社会政策的调节功能就更难以发挥,由此所形成的社会风险会更难以解决。

总之，40年改革开放已经走出了一条中国特色的现代化之路。我们只有分析已经取得的经验，避免可能存在的风险，才能继续延续改革开放的逻辑而顺利前行。感谢各位作者的贡献，使本书的出版能够具有察往知来的功能。不同的作者以不同的面向观察与分析了改革开放40年来中国社会的发展履历，有些作者的文章，将自己研究的时段置于中华人民共和国成立之初（毕竟社会与制度的发展具有继承性），这都是难能可贵的。文章经过出版社的编辑之后，更加类型化，更易于使读者了解改革开放40年来的社会发展与社会变迁历史。

再次感谢各位作者的支持！

再次感谢为本书的出版做出不懈努力的编辑！

2018年9月

目录

第一部分　历史探究

中国消费生活的演变：竞赛、禁赛与退赛　　　　　　王　宁　003

信访制度的形成与演变　　　　　　　　　　　　　冯仕政　023

从工业城镇化、土地城镇化到人口城镇化：中国特色城镇化
　道路的社会学考察　　　周飞舟　吴柳财　左雯敏　李松涛　062

人口流动与农业转移人口市民化　　　　　　　　　江立华　094

农村社会养老问题演变　　　　　　　　　钟涨宝　聂建亮　131

城市社区发展与变迁　　　　　　　　　　　　　　文　军　160

中国高等教育发展　　　　　　　　　　　吴愈晓　杜思佳　188

第二部分　转型趋势

中国社会救助政策的发展　　　　　　　　　　　　　关信平　221

网络化时代的结构变迁与社会治理创新　　　刘少杰　宋辰婷　253

改革开放中的村庄发展与变迁　　　　　　　　林聚任　马光川　288

改革开放 40 年来中国的阶层结构变迁与消费升级　　　张　翼　307

第三部分　研究综述

改革开放 40 年来中国社会学者对社会结构的
　　研究　　　　　　　　　　　　　　　　　　刘　欣　田　丰　325

"东亚模式"研究与改革开放 40 年
　　　　　　　　　　　　　　　　田毅鹏　夏可恒　张红阳　360

国际发展与全球治理进程中的改革开放　　　　林　卡　胡　克　406

中国企业社会责任综述　　　　　　　　　　　　　　　杨　典　438

社会质量研究：社会发展研究的新尺度及其
　　新进展　　　　　　　　　　　　　　　　张海东　毕婧千　481

社会记忆研究中的改革开放 40 年　　　　　　　　　　刘亚秋　517

致　谢　　　　　　　　　　　　　　　　　　　　　　　　　550

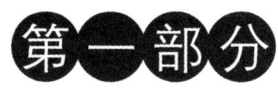

历史探究

中国消费生活的演变：
竞赛、禁赛与退赛

王 宁[*]

在消费社会学的文献中，"消费竞赛论"是一个被广为接受的研究范式。这一范式有效地分析了在社会流动较为快速的社会中，人们围绕某些消费标准所展开的攀比、模仿和竞争，从而导致消费标准不断提高的过程。但是，这一范式不但忽略了国家可能成为抑制居民消费的"禁赛者"的作用，而且也忽视了消费生活中的各种"退赛"现象，其中包括市民社会中随着公民精神的发展而形成的自发的"退赛"现象。有鉴于此，本文提出了"消费禁赛论"和"消费退赛论"，并对消费竞赛机制、消费禁赛机制和消费退赛机制做了相应的分析。

消费不但是一种个体为满足自身需要而从市场上购买产品和服务过程，而且也是一种不同社会阶层成员参与阶层地位的建构和竞赛的过程[①]。有关竞争性消费，凡勃伦做了较为系统的分析。

---

[*] 王宁，中山大学社会学与人类学学院教授。

[①] Keynes, J. M., "Economic Possibilities for our Grandchildren", *Essays in Persuasion*, London: Micmillan, 1931, pp. 356 – 366; Schor, J. B., *The Overspent American: Upscaling, Downshifting, and the New Consumer*, New York: Harper Perennial, 1998; Frank, R. H., *Luxury Fever: Money and Happiness in an Era of Excess*, Princeton: Princeton University Press, 1999.

他关于炫耀性消费的分析，就是一种典型的竞争性消费理论。通过可视的消费领域的炫耀性竞争，消费者主动或被动地卷入了一场人与人之间你追我赶、不甘落后的消费竞赛。我们可以把这一理论称为"消费竞赛论"。这一理论从社会学角度解释了消费水平和消费标准不断提高的原因。

"消费竞赛论"的一个局限，在于忽略了消费竞赛的宏观条件。凡勃伦把市民之间的消费竞赛，看成与国家无关的事情。国家允许消费竞赛的存在，被当作一个理所当然的前提。但是，这一前提条件并不具有普遍性。在苏联、东欧和中国等国家，曾经存在一个不允许消费竞赛的历史时期。国家在市民的私人消费生活中，扮演了一个干预者或"禁赛者"的角色。"消费竞赛论"的另外一个局限，是未能看到市民社会中的自愿性简朴或节俭的消费行为。并非所有人都热衷于参与同他人的消费竞赛。姑且不论那些低收入阶层没有经济能力参加消费竞赛，即使是那些有经济能力加入消费竞赛的人，也不见得人人都愿意投身此类竞赛。

本文的目的，就是从两个不同的角度对"消费竞赛论"的上述两个局限进行弥补。针对上述第一个局限，本文将提出"消费禁赛论"；针对上述第二个局限，本文将提出"消费退赛论"。在讨论"消费禁赛论"和"消费退赛论"之前，笔者将先对"消费竞赛论"的文献进行梳理和分析；然后，笔者将结合中国的实际，讨论消费生活中所存在的禁赛机制和退赛机制。

一　1949 年以前：消费竞赛论

"消费竞赛论"的理论范式可以追溯到凡勃伦。在凡勃伦看来，经济上成功的阶层，往往会通过炫耀性休闲和炫耀性消费来展示自己的金钱实力及其相应的社会地位。炫耀性休闲的目的是要证明自己与生产性劳动的距离。人们的时间越是用于"无用"的时尚、艺术、体育和游戏，就越是远离生产性劳动，因而就越是证明自己不凡的经济实力。人们也可以通过那些需要耗费大量时间的消费（如需要花费大量时间才能穿上的烦琐的裙子、需要花费大量时间去了解的时尚等）或那些容易显示与生产性劳动的距离的消费方式（如穿白色的服装），来显示自己的经济实力和社会地位。同时，人们不但通过自己的可以被他人直观观察到的消费（如昂贵的服装），而且通过家庭成员或仆人的豪华性的消费（即"替代消费"），来证实自己的经济实力。这样的炫耀性消费必然导致零和效应。为了获得社会地位的相对优势，人们展开了消费竞赛[1]。

斯戈进一步发展了凡勃伦的"消费竞赛论"。她发现，在大众媒体时代的今天，人们与之攀比的消费参照群体，从原来的邻里，变成了广告和媒体上的模特，这种大众媒体中的理想性参照群体把消费的"平均的社会水准"无形中拔高了，因为他们在媒体上所展示的消费标准，往往是高于现实中原型角色的实际标准的。这一情形使得观众在观看以后，形成了与"平均标准"的距离拉大的错觉。这就促使社会大众形成了与虚构的"平均标准"靠齐的动机。同时，人们也与那些现实中观察得到的群体进行攀比，于是，消费者之间产生了竞争。竞争的结果是，把别人比下去的标准越来越高。为了迎合达到或超过这些标准，人们不得不拼命工作赚钱，为此不惜牺牲休闲和休息时间。这导致了美国人工作过度而休闲不足。他们陷入了消费竞赛的怪圈[2]。无独有偶，弗兰

---

[1] Veblen, T., *The Theory of the Leisure Class*, Harmondsworth: Penguin, 1994.
[2] Schor, J. B., *The Overspent American: Upscaling, Downshifting, and the New Consumer*, New York: Harper Perennial, 1998.

克从"奢侈病"现象出发,揭示了人们之间的无节制的消费竞赛所导致的负面后果和问题。消费竞赛如同在剧场中的前排观众为了获得更好的视野而站起来观看演出,迫使后面的观众也不得不站起来。可见,竞赛并没有提高集体福祉。相反,由于它不断提高了社会地位的排序成本,反而使得人们陷入焦虑[1]。

上述有关"消费竞赛论"的论述,主要是围绕经济资本而展开的。这意味着,经济资本通过消费的中介传导作用,足以转化为社会地位(符号资本)。布迪厄不同意这种观点。在他看来,社会地位并非仅仅来源于经济资本。它的来源不是单一维度的,而是多维度的,其中也包括文化资本。文化资本可以通过趣味体现出来,而趣味则有优越和低下之分。人们可以通过展示自己的趣味而建构自己的社会地位。趣味因此具有了社会分类的功能。仅有经济资本未必能产生优越的趣味。趣味的优越性还取决于文化资本。因此,社会地位的区分,就从单一的经济资本,扩展为经济资本和文化资本的组合。布迪厄意识到,尽管趣味具有社会区分的作用,但客观上不存在普遍的有关趣味高低的统一标准。这一状况意味着,在趣味的社会区分问题上,我们面临着趣味标准的相对性问题(趣味的高或低是相对谁而言的)。不同的阶层都会把与自身的经济资本和文化资本的组合相匹配的趣味,看作高等级的趣味。于是,不同资本形态的握有者展开了有关趣味的"合法性等级"的斗争[2]。

不论是凡勃伦,还是布迪厄,都把消费竞赛看成一种竞争性趋异。但消费竞赛同样也可以表现为竞争性趋同。例如,在齐美

---

[1] Frank, R. H., *Luxury Fever: Money and Happiness in an Era of Excess*, Princeton: Princeton University Press, 1999.

[2] Bourdieu, P., *Distinction: A Social Critique of the Judgement of Taste*, translated by Richard Nice, London: Routledge, 1984.

尔那里，上层阶层为了与其他阶层拉开距离，创造了示异性的消费风格（时尚）。这事实上为中产阶层建构自己的社会地位提供了捷径，因为中产阶层可以通过模仿上层阶层的消费风格，而抹平他们与上层阶层的差异。差异被消除后，上层阶层成员不得不重新进行消费风格的创新，再次拉开他们与其他阶层的差异。其他阶层则再次通过模仿而消除这种差异。这种在消费风格上的"领先"与"追赶"，或"示异"与"趋同"的运动，就构成了时尚[1]。在这里，就上层阶层而言，他们的示异行为是竞争性趋异，类似于凡勃伦所说的"炫耀性消费"。但是，就追赶者而言，他们的趋同行为就是竞争性趋同。但不论是竞争性示异，还是竞争性趋同，都是消费竞赛论的不同表现形式。

消费竞赛背后的制度环境，是体现了个体主义价值观的自由市场制度。它强调起点公平和机会公平，但不强调结果公平。因此，在这样的文化和社会中，竞争具有了文化的合法性。而竞争的结果，不但促进了宏观的生产效率，而且也导致了社会不平等。但这种不平等往往是后致的、动态的，而不是先赋的、凝固不变的；它是竞争的结果。其中，优越性或示差性社会地位往往呈现为稀缺状态；而优越地位资源的稀缺性，促使人们为获得这一资源而展开竞争。这种围绕稀缺的地位资源所展开的竞争机制，可以概括为"稀缺地位资源竞争机制"。

"消费竞赛论"可以有效地解释消费生活中的一部分现象，即消费标准因人们追求相对地位的优越性而不断提高的现象[2]。这一

---

[1] 齐美尔：《时尚的哲学》，罗钢、王中忱主编《消费文化读本》，中国社会科学出版社2003年版，第241—265页。

[2] Duesenberry, J. S., *Income, Saving and the Theory of Consumer Behavior*, Cambridge, Massachusetts: Harvard University Press, 1959; Schor, J. B., *The Overspent American: Upscaling, Downshifting, and the New Consumer*, New York: Harper Perennial, 1998.

理论可以与"社会分层"理论有机地结合起来,因为消费可以成为社会地位的建构过程和社会分层结果的展示环节。"消费竞赛论"为消费标准的不断提高提供了一个社会学的解释。尽管技术发展和经济发展水平的提高有助于消费标准的提高,但消费标准的提高除了这两个要素外,在很大程度上也依靠消费者之间的相互攀比和竞赛。技术发展和经济水平只是为消费标准的提高提供了可能和条件,但从"可能"到"现实"还要借助一些其他因素的作用,其中包括人们的消费竞赛。

但"消费竞赛论"也有明显的局限。这一理论的一个缄默的前提性假设是,消费竞赛是具有合法性的;不论是国家,还是社会,都赋予了或默认了消费竞赛的合法性。但是,这一前提性假设并不完全成立。在一些国家和地区(如实行自由市场的国家和地区),消费竞赛是被允许的;但是,在另外一些国家和地区(如苏联、东欧和改革开放以前的中国),消费竞赛是不被允许的;它缺乏合法性[1]。因此,针对这一情形,笔者将在下一节提出"消费禁赛论"。

"消费竞赛论"的另外一个局限,在于它无法解释在某些消费生活领域,消费者只根据个人习惯、社会风俗或某种价值观来选择消费品或消费标准,而不是根据追赶或超越他人的原则来进行消费品或消费标准的选择[2]。很显然,消费竞赛只发生在有限的领域。在其他领域,人们并不展开消费竞赛。之所以如此,或许是因为消费竞赛不具有合法性,或许是因为人们缺乏参赛的条件,

---

[1] 王宁:《从苦行者社会到消费者社会:中国城市消费制度、劳动激励与主体结构转型》,社会科学文献出版社2009年版。

[2] Hamilton, D. B., "Institutional Economics and Consumption", *Journal of Economic Issues*, Vol. 21, No. 4, 1987; Evolutionary Economics Ⅱ: Institutional Theory and Policy, 1987, pp. 1531 – 1554; Dwyer, R. E., "Making a Habit of It: Positional Consumption, Conventional Action and the Standard of Living", *Journal of Consumer Culture*, Vol. 9, No. 3, 2009, pp. 328 – 347.

或许是因为某种人们所信奉的价值观。针对这种情形，笔者将在最后一节提出"消费退赛论"。

二 1949年以后：消费禁赛论

从历史的角度看，消费竞赛是现代社会的事情。在传统社会中，尽管不能排除贵族圈子内部的消费竞赛现象，在总体上，消费竞赛不但不普遍，而且常常不具备合法性。一方面，大部分人口都面临资源匮乏的情况。他们缺乏参与消费竞赛的物质资源。另一方面，与匮乏状态相适应，传统文化（如宗教）往往把欲望视作"洪水猛兽"而加以谴责。消费竞赛会刺激人们的消费欲望，引起他人的妒忌，瓦解社区的团结，因此往往被传统的社会规范所禁止。在历史上，宗教不但是禁欲主义的，而且也是反对消费攀比和消费竞赛的。

到了现代社会，尽管社会生产率大大提升，但并非所有国家和地区都允许消费竞赛的存在。以苏联、东欧和改革开放前的中国为例，消费竞赛就是被国家所禁止的。这些国家和地区之所以禁止消费竞赛，有多个原因。其中的一个原因是意识形态。共产主义价值观强调的是消费平等而不是消费竞赛，共享而不是独食，趋同而不是示异。这种价值观体现在收入分配制度上，就是平均主义的收入分配模式。尽管在这种体系中也会存在收入分配的不平等，但由于这种价值观的约束，收入分配上的不平等会被限制，而那些因特权导致的某些不平等，则会被尽可能地掩盖起来。

消费禁赛的第二个原因是高度集中的权力所具有的行政能力。与市场经济体制不同，在计划经济体制中，几乎所有的资源，都被集中起来，由国家进行统一的配置和使用。其中，私人的消费资源，也是被国家所计划的。可以说，大到资源向农业、轻工业和重工业投入的比重，小到居民的消费品供应，都是由国家所决定的。在这种情形下，国家可以通过它的制度安排来贯彻意识形态。体现在收入分配上，国家可以尽可能地采取平均主义的收入分配模式，人为地缩小人们之间的消费差距。与此同时，由于权力高度集中，国家也有足够的能力来禁止那些与意识形态相背离的现象。而消费竞赛就属于此类；它显然在国家所禁止的范围之内。在这种制度安排下，居民一方面没有足够的消费资源进行消费竞赛；另一方面也没有必要进行竞赛，因为人们的地位已经被国家的制度预先决定了。在这样的地位结构中，消费在建构社会地位上的功能即使不是没有，也是很小的。相反，个人过多的消费还可能具有遭受政治批评的风险。因此，在消费上趋同而不是示异，才是安全的，才具有文化合法性。

消费禁赛的第三个原因，则是"赶超"战略。以中国为例，1949年以后，国家确立了重工业优先发展的战略。这是为了赶超资本主义，从而显示社会主义制度优越性的战略举措之一。但重工业是资金密集型产业，而中国作为一个农业国，没有足够的资金和资源。为了在资源短缺的条件下贯彻这一战略，一方面不得不把有限的资源集中起来，提高中央政府的资源动员能力，另一方面确保把资源优先投入重工业建设中去，为此就不得不限制消费品产业的资源投入，并在消费生活上采取抑制消费和低工资的政策[①]。

周恩来在第一届全国人大第一次会议上所做的《政府工作报告》中，明确地指出了抑制消费的必要性："重工业需要的资金比

---

① 林毅夫、蔡昉、李周：《中国的奇迹：发展战略与经济改革》（增订版），上海人民出版社1999年版；王宁：《从苦行者社会到消费者社会：中国城市消费制度、劳动激励与主体结构转型》，社会科学文献出版社2009年版。

较多，建设时间比较长，赢利比较慢，产品大部分不能直接供给人民的消费，因此在国家集中力量发展重工业的期间，虽然轻工业和农业也将有相应的发展，人民还是不能不暂时忍受某些生活上的困难和不便。但是我们究竟是忍受某些暂时的困难和不便，换取长远的繁荣幸福好呢，还是因为贪图眼前的小利，结果永远不能摆脱贫困和落后好呢？我们相信，大家一定会认为第一个主意好，第二个主意不好。"①

显然，在国家领导人看来，抑制消费是人民暂时牺牲眼前的利益，而换取全体人民的长远利益，因而是必要的。关于低工资政策，周恩来在中共第八届中央委员会第三次全体会议上的《关于劳动工资和劳保福利问题的报告》中也做了解释："我国的劳动工资和劳保福利政策，必须统筹兼顾全国人民首先是工农生活、适当安排城乡关系这个基本观点出发，实行合理的低工资制，尽量使大家都有饭吃，并且在发展生产的基础上，使工农生活能够逐步地得到改善。实行合理的低工资制，就是对工资水平的安排，不能单纯从工业生产的增长和工业劳动生产率的提高出发，而必须从整个国民经济的发展和全社会的劳动生产率的提高出发。只有实行合理的低工资制才能与我国相当低的工农业生产水平相适应。……实行合理的低工资制，尽量使大家都有饭吃，这也就是我们常说的'三个人的饭，五个人吃'的意思。"②

抑制消费和低工资政策的目的是降低重工业化的成本③，它也是在资源短缺的条件下实行赶超战略的一种理性选择。在消费抑

---

① 周恩来：《政府工作报告》（1954年9月23日在第一届全国人大第一次会议上所做的报告），《建国以来重要文献选编》第5册，中央文献出版社1993年版，第586页。
② 周恩来：《关于劳动工资和劳保福利政策的意见》（1957年9月26日），《建国以来重要文献选编》第10册，中央文献出版社1994年版，第574页。
③ 林毅夫、蔡昉、李周：《中国的奇迹：发展战略与经济改革》（增订版），上海人民出版社1999年版。

制成为"赶超"战略的一部分内容的情况下，消费竞赛显然是不能被允许的。这不但是因为消费竞赛与国家的"赶超"战略目标相抵触，而且违背了社会主义平等的意识形态原则，而消费抑制和低工资政策从制度层面排除了消费竞赛的可能性和必要性。

概括起来，消费禁赛机制包括以下三种：第一，观念性禁赛机制。宗教的禁欲主义观念往往是一个社区，甚至一个区域所共享的。这种观念的共享性意味着，一旦有人违背这个观念，就会遭到周围其他持有这种观念的人的制裁。国家意识形态也属于观念性禁赛机制。不同于宗教的观念性禁赛机制，国家意识形态机制有着国家权力机器作为观念扩散、传播和落实的后盾。例如，在中国，国家不但通过宣传渠道和单位组织来大力宣传勤俭节约、人人平等的观念，而且还通过单位组织把那些试图在消费生活上"标新立异"的人加以标签化和污名化（贴上政治上不正确的标签，如"追求资产阶级生活方式"）来阻止人们的消费竞赛行为。

第二，权力性禁赛机制。它指国家通过行政命令来禁止居民之间的消费竞赛行为。这样的禁赛机制往往只存在于实行高度集中的计划经济体制的国家。由于消费生活资源高度集中于国家手里，使得国家有足够的行政能力来禁止居民的消费禁赛。同时，国家也可以通过平均主义收入分配模式的制度安排，让消费竞赛在居民中间变得没有必要性。

第三，目的理性禁赛机制。国家之所以会借助自己的权力来禁止居民之间的消费竞赛，常常是因为国家出于目的理性的考虑。以中国为例，为了配合在资源短缺的条件下实行重工业优先发展的战略（目的），国家实行了抑制居民消费和低工资的制度安排（理性选择策略）。在这里，国家采取抑制消费以及连带的消费禁赛政策的原因在于，作为"赶超"的农业国在目标宏大而手段（资源）有限的条件下，不得不把有限的资源优先投入重工业的建设中。等到社会主义工业化的目标实现以后，国家就会改变抑制消费的政策，让人民的生活水平得到提高。但是，在这个目标实现以前，抑制消费被认为是"必要"的。这种抑制消费，进而禁止消费竞赛的政策，遵从了弗洛伊德所说的"滞后享受"的原则。而"滞后享受"乃是一种"目的理性"的行为决策机制。

从经验层面看，上述三种禁赛机制之间是相互交叉的。但是，从分析的层面看，它们可以看成是不同类型的禁赛机制。这些机制既可以单独发挥作用，也可以同时发挥作用。

三 改革开放后：消费退赛论

粉碎"四人帮"（1976年10月）之后，鉴于居民生活贫困的现实，国家采取了一系列措施（如调整农业、轻工业和重工业的比例关系，提高城镇职工工资，提高农副产品收购价格）来提高和改善人民的生活水平。党的十一届三中全会（1978年年底）之后，改善经济、提高人民的生活水平被赋予政治上的重要意义，成为恢复党和政府声望的重要途径。随着经济改革措施的陆续出台，劳动生产力提高，居民的收入提高，消费品供给也大大丰富，居民的消费热情被激发出来。居民对消费生活的追求，既有对过去的短缺条件下的消费抑制的一种补偿，也让居民对未来充满了希望。这样的消费，属于阶段性的"补偿消费"[①]。

随着改革开放进程的推进，居民的"补偿消费"阶段（20世纪80年代）逐步过渡到"消费竞赛"阶段（从90年代开始）。消费竞赛源于经济改革所导致的社会分层格局的被打破。在改革

[①] 戴慧思：《中国城市的消费文化》，王宁主编《消费社会学的探索》，人民出版社2010年版，第3—21页；杨圣明：《中国式消费模式选择》，中国社会科学出版社1989年版。

开放前的"边缘群体",由于无法进入"体制内"(国有企业、政府机关、事业单位),只能自谋职业或创业。这种经历为他们适应市场化改革做了适应性准备。随着1993年开始启动的市场化改革,这些积累了先期创业经验的"边缘群体",便很快实现了经济流动。他们比"体制内"的精英群体更早地实现了财富积累。然而,他们的经济地位与社会地位("边缘群体")是不匹配的。为了实现社会地位与经济地位的同步化,他们便启动了消费竞赛,试图从消费生活领域挑战"体制内"精英的社会地位。

"体制外"的经济精英("边缘群体")的消费"挑战",导致"体制内"精英群体的心理失衡。由于职业的社会声望与经济地位的不对称,他们产生了相对剥夺感。在这种情形下,一些人开始走出"体制内"(即"下海"),试图到市场领域去获取比从"体制内"途径所能获得的更多的财富。另外一些"体制内"精英则依然留在"体制内",利用"体制内"的稀缺资源(如权力)来致富。例如,一些人开始用权力设租。官商开始进行交易(这种官商勾结现象只是在近来的强力"反腐"情形下才得到控制)。随着原有的消费禁赛机制被打破,消费竞赛登场。它源于实现了经济流动的"前边缘群体"的发动,随后导致其他各群体的加入,其中包括权力精英群体。例如,有些官员在公开场合吸名烟、戴名表,其中一些人还因此遭到"财富来源不明"的质疑和调查。这种消费竞赛也让那些没有能力参与竞赛的群体产生了不满[1]。显然,消费竞赛从一个侧面促成了孙立平所说的"社会断裂"[2]。

但是,随着党的十八大以后中央的强力"反腐"运动的开展,

---

[1] 戴慧思:《中国城市的消费文化》,王宁主编《消费社会学的探索》,人民出版社2010年版,第3—21页。

[2] 孙立平:《断裂:20世纪90年代以来的中国社会》,社会科学文献出版社2003年版。

"体制内"的权力精英逐步退出了消费竞赛。权力精英之所以退出消费竞赛，主要是因为参与消费竞赛不再安全，有了政治风险。尽管官员可以用家庭成员从市场途径（如炒股）获得财富来解释自己的工资以外财富的获得，但官员参与消费竞赛的风险在于，它容易引起"反腐"部门的注意，甚至遭到反贪部门的调查。这样一种消费竞赛的终止，依靠的是中央在"反腐"上的一系列高压性措施。但这种消费退赛仅仅限于权力精英。它属于国家机构内部所启动的消费退赛机制。这种类型的消费退赛可以称为国家强制型消费退赛。这种退赛机制的存在，并不妨碍其他群体（如民营部门的经济精英）依然参与消费竞赛。

除了权力精英群体外，消费退赛者也包括中低收入群体，尤其是底层群体。就城市社会来说，底层群体目睹了中高收入群体的消费竞赛，并容易在这种消费竞赛中显得相形见绌。消费退赛对于他们来说就具有社会保护的功能。城市社会是一个陌生人社会。在这样的社会，消费在社会地位的建构上，比熟人社会有更大的空间。在熟人社会，信息大多是对称的。人们不需要借助他人的消费展示，也可以大致知道他人的经济实力。但是，在陌生人社会，人们对陌生人的情况是不了解的。在这种情形下，具有展示效应的消费对于社会地位的建构，就有着更大的作用。于是，城市社会中的陌生人可以借助参与消费竞赛来展示和建构自己的社会地位。但是，城市社会同样也为人们退出消费竞赛提供了条件。一方面，陌生人社会为人们避免他人注意提供了隐身场所；另一方面，城市空间的广大性和异质性，为人们回避消费竞赛场地提供了回旋空间和隔离带。简言之，在城市社会，存在消费退赛的通道。

对于中低收入群体来说，由于缺乏参与消费竞赛所必要的资源和条件，他们在消费竞赛中只会显示出其地位的相对劣势。出于自我保护的心理机制，他们倾向于选择退赛。城市空间为他们的退赛提供了必要的机制。其中的一个机制，就是自我隔离机制。例如，他们选择与中高收入群体保持空间距离：不居住在靠近中高收入群体所居住的社区，不去中高收入群体常去的消费场所，不加入中高收入群体所组织的活动，等等。通过这样的回避机制，他们达到了心理上的自我保护的目的。

城市中的"城中村"客观上就是让中低收入群体免于消费竞赛的隔离带，它也是避免人们在消费竞赛中受到伤害的"心理保护带"。人们选择居住在城中村，不但是因为收入低下，支付能力有限，而且还因为它让中低收入群体得以避开中高收入群体的消费竞赛场地。在"城中村"，大家的收入都差不多，都不会比他人好到哪里去，或差到哪里去。这种经济社会地位的相似性，使大家获得了一种安全感。在这里，人们既没有消费竞赛的条件，也没有消费竞赛的必要。这样的消费退赛属于经济约束型消费退赛。经济资本的匮乏约束了他们参与消费竞赛的能力。消费退赛乃是对于自身的经济资本低下状态的一种理性选择。当然，这不排除有一些人只是暂时的退赛。他们居住在"城中村"不但可以因为这里的生活成本低而减少支出，而且可以因为没有消费竞赛的压力而免掉许多开支，从而为他们进行储蓄提供了条件。他们中的一些人在积累了足够的储蓄以后，或因为某种机缘增加财富后，会走出"城中村"而重新加入消费竞赛。此外，我们也不排除经济约束型的退赛者会依然在局部或一些小的项目上参与消费竞赛。

在学术界，学者常常批评空间上的"阶层区隔"现象。它被当作社会政策在阶层分化的调控上失败的证据。但笔者认为，这样的阶层区隔对于中低收入群体来说，客观上具有心理上的自我保护的功能。它是一种中低收入群体选择消费退赛的结果。当然，凡事总有两面性。空间上的"阶层区隔"的主要问题在于阶层固化。贫民区的集体消费质量的低下，恰恰是再生产贫困阶层的原因之一。贫民区的中小学教育质量的低下，使得贫民的子女在社会流动上处于不利的位置。他们往往只能延续他们父辈的低下的社会地位。同时，"阶层区隔"使得贫困文化的形成机制难于被打破。贫民人口囿于贫困文化而不断再生产自己的较低的社会地位[1]。

尽管城市社会更容易发生消费竞赛（因为这里的社会流动更频繁），但城市社会也为中低收入群体提供了消费退赛的渠道和空间。城市社会是一个异质性社会，不同收入群体都可以在其中找到对应的并彼此相对隔离的空间位置。如果人们发现周边的人与自己的反差太大，他们可以选择搬离，并选择同那些与自己相似的群体做邻居。很显然，这种"择邻机制"，只能存在于城市空间。这种择邻机制让城市中低收入群体具有了可实施的消费退赛途径。正是由于城市社会中存在这样的"择邻机制"，才使得消费竞赛往往只发生在中高收入群体，而无法蔓延到中低收入群体。这固然是由于中低收入群体缺乏足够的经济资本，同时也是因为城市社会提供了退赛的渠道。

相反，在农村，由于村庄是一个熟人社会，人们知道村庄里的每一个人。这使得村民缺乏一个类似于城市社会的隐身空间或"择邻机制"。一旦村民在某种消费标准上陷入消费竞赛，由于不具备消费退赛机制，该消费标准往往就会因为消费竞赛而失控，例如寿宴标准、婚宴标准、住房标准、坟墓标准等。其中，最典型的例子是红包（礼金或压岁钱）。在湖南、湖北、江西等地的农村，红包的额度越来越高，以至于让送红包者不堪重负。但迫于

---

[1] Lewis, O., *The Children of Sanchez*, New York: Random House, 1961; Lewis, O., *A Study of Slum Culture: Backgrounds for La Vida*, New York: Random House, 1968.

压力，人们依然不得不按照越来越高的额度来送红包。这种红包额度失控的现象，正是消费竞赛所导致的结果。这种消费竞赛之所以失控，其中的一个原因在于村庄缺乏退赛机制。即使人们外出打工，一旦回到村庄，他们立刻就陷入了消费竞赛场域。当然，如果农村存在村一级的"禁赛机制"（如"团结型村庄"的宗族权力），那么，村庄的"红包"竞赛也会得到有效的约束①。

除了国家强制型消费退赛和经济约束型消费退赛外，消费退赛还包括价值驱动型消费退赛。价值驱动型消费退赛者主要指的是这样一群人，他们为了公共价值情怀（如环境保护的价值）而自愿采纳一种简朴的生活方式。现实生活中的极简主义者就是这样的人。他们采取简朴的生活方式，不是因为贫穷，而是为了实践他们的价值诉求。在这种价值驱动型的消费退赛者眼里，消费竞赛的参与者在消费生活中缺乏公民道德和公民价值。他们只是私人性的消费者，而不是公民性的消费者。而价值驱动型消费退赛者则试图做一个公民消费者。

这种价值驱动型消费退赛者有着很高的"积极心理资本"（PPC）。所谓积极心理资本，指的是那些有助于提升人们的行为绩效的心理禀赋，它包括自信（confidence）、希望（hope）、乐观（optimism）和韧性（resilience）四种心理素质，这四种心理素质均可以定量地测量②。众所周知，经济资本（"what you have"）、人力资本（"what you know"）和社会资本（"who you know"）均是公司或个人提升绩效的不可缺乏的资本，但积极的心理资本（"who you are"）在当代经济生活中同样不可缺乏③。价值驱动型

---

① 贺雪峰：《论熟人社会的人情》，《南京师大学报》（社会科学版）2011年第4期。
② Luthans, F., K. W. Luthans and B. C. Luthans, "Positive Psychological Capital: Beyond Human and Social Capital", *Business Horizons*, Vol. 47, No. 1, 2004, pp. 45–50.
③ Ibid..

消费退赛者正是因为有着很高的积极心理资本，才不屑于参与消费竞赛。他们因为心怀超越私人关注的价值，而拥有自信、希望、乐观和韧性的积极心理资本。这种积极心理资本有助于他们抵御来自他人对自身的"寒酸"行为的"看不起"。积极心理资本越高，人的思想境界就越高，就越是不需要通过参与消费竞赛来证明自己的地位，并越是不屑于与"虚荣的""狭隘的"消费竞赛者为伍。

这种因公共价值情怀而驱动的消费退赛，反映了市民社会中的公民精神的成长。只有公民精神发展到一定的程度，消费者才能把公民的价值情怀融入消费行为中。也只有等到公民消费者出现以后，他们才能依据公民精神和超越私人性关注的价值诉求而自发地退出消费竞赛。从这个角度看，一个社会的消费竞赛状况乃是该社会的公民精神发展状况的某种折射。价值驱动型消费退赛，也可以看成公民性消费退赛。

与公民性消费退赛相伴随的是"合作消费"（collaborative consumption）或共享经济的形成[1]。按照博茨曼和罗杰斯的说法，合作消费强调的不是私人产权，而是消费资源的使用权共享。在这里，私人产权与使用权是可以分离的。从源头上看，人们之所以参与合作消费和使用权共享，在一定程度上，也是出于公民精神的发展和公民价值情怀（如环境保护、社会平等合作）的缘由[2]。合作消费或共享经济于是成为私人性的消费竞赛的一种有益的替换和制衡。它成为那些带有公共价值情怀的消费者所追求的新型生活风格运动[3]。

---

[1] Botsman, R. and R. Rogers, *What's Mine is Yours: How Collaborative Consumption is Changing the Way We Live*, London: Collins, 2011.

[2] Ibid..

[3] Laamanen, M., S. Wahlen and M. Campana, "Mobilising Collaborative Consumption Lifestyles: A Comparative Frame Analysis of Time Banking", *International Journal of Consumer Studies*, Vol. 39, 2015, pp. 459-467.

归结起来，消费退赛机制有三种不同的类型：第一，强制型消费退赛机制。它通常是一种自上而下的强制机制。例如，在中国，中央通过"八项规定"和"反腐"运动而对"体制内"的权力精英颁布退出消费竞赛的命令。这些强制性措施迫使权力精英出于政治安全的考虑而退出消费竞赛。第二，经济约束型消费退赛机制。它指的是城市社会中那些缺乏足够的经济资本的中低收入群体，为了在心理上达到自我保护的目的，而回避与中高收入群体为邻，采取自我隔离的方法，到"非竞赛性"聚居区居住和生活。在这个场域内部，人们彼此之间的相似度高，大家均缺乏足够的经济资本，因此，消费竞赛既无条件，也无必要。显然，这种"非竞赛性"聚居区让人们有了隐身之地。第三，价值驱动型消费退赛机制。人们出于公民价值情怀（如环境保护）而自愿放弃消费竞赛的游戏，采取有助于环境保护与人际和谐的简朴型生活方式或合作型消费方式。这种退赛机制是公民精神发展的产物，因此也可以称为公民性退赛机制。

四 结语

从社会学角度看，消费不但是一种个人依据其经济资源所做的效用最大化的资源配置和理性选择行为，而且是一种社会互动行为。这种消费生活中的互动方式之一，就是消费竞赛。相应的，"消费竞赛论"也成为消费社会学中一个讨论得最多的话题。但是，"消费竞赛论"仅仅是从社会阶层的角度来看待消费。它把居民之间的消费竞赛，看成社会流动和社会分层的一种副产品。那些已经在社会流动中实现了向上的地位流动的人，或者那些急于向上流动，但尚未实现这种流动的人，都希望借助消费来建构或展示自己的社会地位。凡勃伦说的"炫耀性消费"、弗兰克所说的

"奢侈病"、斯戈所说的"无休无止的追赶型消费",均是这种借助消费而进行地位竞赛的体现。

但是,"消费竞赛论"忽略了国家在消费生活中的作用。换言之,它忽略了消费竞赛的制度嵌入性:消费是嵌入制度环境中的[1]。消费不仅是社会阶层或市民社会的自发现象,而且也是一种国家干预的对象。在苏联、东欧和改革开放以前的中国,消费竞赛并没有得到国家的"许可证"。相反,国家借助自己高度集中的权力,采取了消费抑制、低工资和平均主义的收入分配的政策,从而禁止了消费竞赛的存在。事实上,在这种类型的国家中,人们彼此之间的消费竞赛,既无所需的资源和条件,也没有必要。事实上,消费在人们的社会地位的建构上,并没有多大的空间。可见,在现代社会,如果把国家作为"禁赛者"的因素考虑进来,那么,不但会存在消费竞赛,而且也会有消费禁赛现象。

改革开放以后,中国社会也出现了消费竞赛现象。这可以部分地归因于市场经济的发展,以及相应的新兴经济精英的成长。这些经济精英中的许多人出生于"边缘群体"的身份,在实现了经济流动以后,依然面临经济地位与社会地位的脱节现象,为了摆脱这种脱节现象,他们发动了消费竞赛,并因此打乱了原有的社会分层格局及其相应的社会地位结构。然而,随着权力精英加入消费竞赛以及相应的腐败现象的出现,国家重新对权力精英进行了约束。他们对权力精英颁布了消费退赛令。于是,在党的十八大以后,我们看到了国家强制型的消费退赛。

在社会分层中处于较低层次的中低收入群体,由于经济资本的匮乏,也选择了消费退赛。他们之所以退出消费竞赛,一方面是因为缺乏足够的经济资本,另一方面是出于在心理上的自我保

---

[1] 王宁:《家庭消费行为的制度嵌入性》,社会科学文献出版社2014年版。

护的目的。他们利用城市社会的多元化和异质化空间,而选择居住在那些与自身具有相似性的同等阶层的社区中。这种消费退赛现象,属于经济约束型消费退赛。

消费退赛还包括价值驱动型。随着市民社会中的公民精神的发展,一部分消费者怀着公民价值情怀(如环境保护和人际和谐)而自愿性地退出消费竞赛,转而追求简朴的(如极简主义)或合作性(如共享经济)的生活方式。这种价值驱动型的消费退赛,是公民精神发展到一定阶段的产物。

可见,要从社会学角度解释消费现象,仅限于社会阶层(社会)的角度是不够的,还必须把国家和文化(公民价值)纳入分析的框架中。国家、社会(阶层)和文化(价值)分别以不同的方式,影响了消费互动和消费关系。

信访制度的形成与演变

冯仕政[*]

关于1949年以来信访制度的历史发展，不同学者基于不同的理论标准而有不同的分期，并且分期的结果差异很大。[①] 不过，严格来说，这些不同的分期之间没有绝对的对错之分，也不存在绝对的、不可调和的冲突，因为任何历史分期都是为特定的理论阐述服务的，不同学者由于理论关切不同，理论思路不同，分期的标准和结果自然也就有所不同。但是，只要尊重历史事实，并且分期所遵循的理论框架是有说服力的，对相关问题的研究是有建设性的；那么，任何分期结果都是可以接受的。由于从历史上看，国家关于信访工作的观念以及相应而来的制度选择主导着1949年以来的信访制度发展，因此，本文主要根据国家信访工作观念的变化，将信访制度的发展划分为四个阶段，即萌芽和酝酿阶段（1948—1951年）、创立和探索阶段（1951—1978年）、恢复和发展阶段（1978—2007年）、统合和重塑阶段（2007年至今）。

---

[*] 冯仕政，中国人民大学社会与人口学院教授。
[①] 吴超：《中国当代信访史基本问题探讨》，《当代中国史研究》2011年第1期。吴超在该文中对目前存在的信访制度分期做了较为全面的梳理和总结。

一　萌芽和酝酿阶段

中华人民共和国信访制度正式创立的标志，是政务院于1951年6月7日发布的《关于处理人民来信和接见人民工作的决定》。但在该文件出台之前，中共中央和中央人民政府已经设立专人或专门机构负责处理人民来信和来访工作，这构成中华人民共和国信访制度的雏形。

1949年3月，中共中央从西柏坡迁至北京以后，中央书记处即设专人处理人民来信来访。1949年8月，中央书记处设立政治秘书室，主要任务是处理人民来信来访，由中央书记处书记任弼时兼主任。这是中国共产党历史上最早的专职信访机构。1950年年初，中央书记处政治秘书室撤销，另设中共中央办公厅秘书室，处理人民来信仍是该室的主要任务之一，由毛泽东的秘书田家英负责秘书室工作。与此同时，随着中华人民共和国成立，中央人民政府办公厅和政务院秘书厅也开始处理人民来信来访。1951年3月，政务院秘书厅成立人民信件组，专门处理人民来信。[1]

中共中央办公室秘书室成立后，经常就群众来信给毛泽东写报告，毛泽东也经常在报告上作批示。1950年11月29日，中共中央办公厅秘书室就处理群众来信的情况给毛泽东写了一份报告。报告建议加强对群众来信处理工作的组织领导，并建立规范的制度。毛泽东次日即以中央名义将报告批转各中央局、分局，并转所属省委、大市委、区党委："我们同意报告中所提意见，请你们对群众来信认真负责，加以处理，满足群众的要求。对此问题采取忽视态度的机关和个人，应改正此种不正确态度。望加检讨，

---

[1] 刁杰成编著：《人民信访史略》，北京经济学院出版社1996年版，第24—25页。

并盼电复。"①

1951年2月28日，刘少奇在北京市第三届人民代表会议上的讲话中也要求："各级人民政府和协商委员会要建立专门的有能力的机关来适当处理人民向政府所提出的每个要求，答复人民的来信，并用方便的办法接见人民。这样，使各级人民政府密切地联系人民，切实地为人民服务，而广大的人民也就可以经过各级人民代表会议和人民政府来管理自己的事务和国家的事务。"②

1951年4月30日，中共中央办公厅秘书室又就当年1—3月处理群众来信情况向毛泽东作了一次报告。5月16日，毛泽东在报告上批示："必须重视人民的通信，要给人民来信以恰当的处理，满足群众的正当要求，要把这件事看成是共产党和人民政府加强和人民联系的一种方法，不要采取掉以轻心置之不理的官僚主义的态度。"③ 这个批示后来被广为引用，非常有名。

在萌芽和酝酿阶段，信访工作虽然受到毛泽东等党和国家领导人的高度重视，但毕竟组织和制度安排尚不健全，因此，各地对此项工作的重视程度和处理效果亦参差不齐。从当时的情况来看，群众来信来访是相当活跃的。据中共中央办公厅秘书室给毛泽东的报告，仅1951年1—3月，该部门即收到给毛泽东的来信19660封。来信数量之大，让中央办公厅秘书室倍感压力，他们虽然勉力工作，但也只转办了2800多封，直接回信327信，其中还"发生了几次岔子"；而从地方上看，只有"江西省委、西安市委及河北、平原、山西、河南等省人民政府颁布了关于处理群众信件的指示和决定（可能有的地方也作了，我们还未看到），检

---

① 《建国以来毛泽东文稿》，中央文献出版社1996年版，第691页。
② 《刘少奇选集》下卷，人民出版社1985年版，第56页。
③ 《毛泽东文集》第6卷，人民出版社1999年版，第164页。

讨了过去的工作，批评了不正确的观点，规定了工作制度"。① 总而言之，从全国范围来看，由于尚处于萌芽和酝酿阶段，当时信访工作不管是在观念上，还是在组织和制度上都还很不健全。

二 创立与探索阶段

中国信访制度的创立和探索阶段，起于1951年6月7日政务院发布《关于处理人民来信和接见人民工作的决定》，迄于1978年9月18日第二次全国信访工作会议召开。在该阶段，国家信访工作的一个基本特征是，一方面，作为党的群众工作的一个重要组成部分，信访工作在政治上受到党和国家的高度重视，信访工作因此被正式纳入国家政治日程；在强大的政治压力下，各级党和政府对信访工作做了积极而艰苦的探索，使信访制度迅速确立了作为一种国家政权设置的政治地位。另一方面，当时党和国家在相当程度上仍然保留着战争年代养成的群众动员和政治斗争观念，因此总是倾向于从政治斗争的角度去理解各种社会矛盾，包括信访渠道中反映出来的社会矛盾，并喜欢用政治斗争和群众运动的方式去解决。在开展政治运动的过程中，国家常常利用信访制度进行群众动员，实际上把信访制度变成了一条动员群众参与国家政治生活的渠道。尤其是1957年以后，随着党和国家政治生活中"左"的错误日益发展，这一倾向更加严重。这里把这样一种信访工作倾向称为"社会动员取向"。1951—1978年，社会动员取向一直主导着党和国家信访工作，从而主导着信访制度的发展。党和国家在信访工作中保持社会动员取向，是1951—1978年

---

① 中共中央文献研究室编：《建国以来重要文献选编》第二册，中央文献出版社1992年版，第266—269页。

信访制度发展的一个重要特征和基本动力。这里将1951—1978年作为信访制度发展的一个历史阶段，根本原因即在于此。

（一）1951—1978年信访制度发展的基本过程

中国信访制度在创立和探索阶段的发展，有三个标志性事件：一是1951年6月7日发布的《关于处理人民来信和接见人民工作的决定》；二是1957年11月9日国务院发布的《关于加强处理人民来信和接待人民来访工作的指示》；三是1963年9月20日中共中央、国务院联合下发的《关于加强人民来信来访工作的通知》。为简便起见，这里根据发布年份，分别将这三个文件称为"五一决定""五七指示"和"六三通知"。

1. "五一决定"

1951年6月7日，政务院发布了《关于处理人民来信和接见人民工作的决定》[①]，即"五一决定"。"五一决定"是中国信访制度形成的历史起点。它的内容虽然简略，总共不到1000字，但它第一次把建立信访制度提上国家政权建设的正式日程，改变此前因人、因事、因地而异的随意散漫的信访处置方式，对于推动信访机构设置的正式化和普遍化以及信访工作的制度化，都具有开创性意义。

在"五一决定"出台之前，中共中央和中央人民政府虽然陆续设立了接待人民来信来访的专门机构，但在地方上，信访机构的设置仍然具有较大的随意性。1950年11月29日，中共中央办公厅秘书室在报送给毛泽东的一份关于处理群众来信问题的报告中提到："有些地方党委已经设了负责这个工作的一定机构或专职人员，信件就处理得比较好；许多地方组织还没有，这样信件的

[①] 中共中央文献研究编：《建国以来重要文献选编》第二册，中央文献出版社1997年版，第322—324页。

处理就不免于零乱和拖延。"报告认为,"今后要解决的主要是一个组织问题",并建议:加强对群众来信处理工作的组织领导,各中央局、省委、地委设立处理信件的机构或指定专人负责,并建立登记、研究、转办、检查、留案等必要的制度。①

"五一决定"显然吸收了该报告的上述建议,其中第一条规定:"县(市)以上各级人民政府,均须责成一定部门,在原编制内指定专人,负责处理人民群众来信,并设立问事处或接待室,接见人民群众;领导人并应经常地进行检查和指导。"第五条要求:"对于处理人民来信和接见人民的工作,应建立登记、研究、转办、检查、催办、存档等各项制度,并定期总结。"为了敦促各地落实这个决定,第六条还专门规定:"各级人民政府及政府各部门对处理人民来信和接见人民的工作,应经常检查总结,定期向上级报告。各大行政区人民政府(军政委员会)和中央直属省市人民政府,应每半年向政务院作一次关于处理此项工作的总结报告。"

在"五一决定"推动下,各地开始把信访制度作为一项国家政权设置来建设,"逐步设立专门机构,配备专业干部,并订立了各种具体切实的制度"②。据统计,从1951年7月到1954年6月,中央人民政府各部委和中直机关有12个部门设立了接待室、人民信件组等专门机构。在地方上,许多大行政区、省、自治区和市先后设置了处理人民来信来访的专门机构,配备了专职干部。1952年以后,县级机关普遍建立信访机构,配备专、兼职信访干部。③ 比如北京市,1952年,市委书记兼市长彭真就亲自写书面

---

① 转引自刁杰成编著《人民信访史略》,北京经济学院出版社1996年版,第31页。
② 《认真处理人民群众来信 大胆揭发官僚主义罪恶》,《人民日报》1953年1月19日第1版。
③ 中国行政管理学会信访分会编:《信访学概论》,中国方正出版社2005年版,第12页。

指示给直属各单位领导，要求大家重视人民来信来访工作，每半月小结一次。1953年年初，北京市人民委员会①在办公厅内设立人民来信组，专门处理来信来访工作。自1953年起，"市属各单位以及各单位所属办事处、管理处、派出所、工厂、医院等基层机关、企业、事业部门，也大部设有专职或兼职干部管理这项工作。1953年市属各单位只有处理人民来信专职干部62人。到1956年，据不完全统计，已有专职或兼职干部900多人，很多单位编印了定期或不定期的人民来信、来访情况汇报，将处理人民来信工作订入每周工作计划中去"②。在制度方面，1952年9月20日，北京人民委员会发布《关于机关工作中几项制度的规定》，其中第五条规定"各单位必须设专人负责处理群众来信，设接待室接待群众，并应切实建立登记、研究、转办、检查、催办、存档等制度，各单位首长每半月对处理群众来信和接见群众工作必须检查一次，着重检查是否处理和处理结果；报纸上刊物上所载人民群众的批评和意见，各有关机关或工作人员须认真研究处理，并应在报刊上做出公开的答复或检讨。本府秘书厅和直属各单位对处理群众来信和接见群众工作每半年必须总结一次"③。在此期间，北京市还于1953年9月召开了第一次处理人民来信来访工作会议。④

2. "五七指示"

随着信访实践和社会形势的发展，1957年5月28—31日，中共中央办公厅和国务院秘书厅联合召开处理人民来信来访工作会

---

① "人民委员会"，简称"人委"，其职能和地位相当于后来的政府。
② 《北京市人民委员会办公厅关于本市信访工作情况的报告》（1957年6月），《北京档案史料》2005年第3期，第119页。
③ 《北京信访志》（送审稿），第13—14页。
④ 这次会议后来被称为北京市第一次信访工作会议。

议，参加会议的有全国27个省、自治区、直辖市党委书记、秘书长，人民委员会的省长、副省（市）长或秘书长，以及中共中央和国务院各部（委）、各直属机构的负责人等共300多人。中共中央办公厅主任杨尚昆、国务院秘书长习仲勋，在会议开幕、闭幕的时候，分别作了报告。[①] 会后，国务院于1957年11月9日发布了《关于加强处理人民来信和接待人民来访工作的指示》[②]，即"五七指示"。

"五七指示"是在国内外社会主义运动面临新的形势和重大问题的历史背景下出台的。首先，从国内来说，到1956年，中国对生产资料所有制的社会主义改造已经基本完成。面对新生的社会主义制度，一方面，广大人民群众、党员和干部基于对新制度的信任和欢迎，不愿相信和承认社会主义社会也存在矛盾，更不用说承认同样是矛盾在推动社会主义社会向前发展；另一方面，现实生活又无时无刻不在发生着社会矛盾，包括群众与群众、群众与干部、干部与干部之间的矛盾。在这种情况下，许多人由于"不承认社会主义社会还有矛盾，因而使得他们在社会矛盾面前缩手缩脚，处于被动地位；不懂得在不断地正确处理和解决矛盾的过程中，将会使社会主义社会内部的统一和团结日益巩固"[③]。其次，在国际上，1956年2月，赫鲁晓夫在苏共二十大上做针对斯大林的秘密报告，长期被视为社会主义象征的斯大林的形象被彻底颠覆；与此相呼应，波兰、匈牙利两国发生了针对共产党和社会主义制度的严重动乱，世界社会主义事业面临重大危机。在中

[①] "第一次全国信访工作会议"是后来的称呼，当时并没有这么叫。关于这次会议的情况，参见《作好人民来信来访工作有重大意义克服官僚主义调节内部矛盾中共中央办公厅和国务院秘书厅开会讨论》，《人民日报》1957年6月3日第1版。

[②] 《中华人民共和国国务院公报》1957年第52期，第1093—1096页。

[③] 《毛泽东文集》第7卷，人民出版社1999年版，第213页。

国,从 1956 年下半年起,全国也发生多起工人罢工、请愿和农民闹退社的风潮。在这种情况下,如何理解斯大林的错误,如何理解波兰事件和匈牙利事件,如何看待社会主义制度的前途,是广大干部和群众以及同情社会主义的国际友好人士十分关心的一个问题。对此,毛泽东指出,斯大林的根本错误在于,他否认社会主义社会仍然存在矛盾,进而混淆两种不同性质的矛盾,用对付敌人的办法来处理人民内部矛盾;波兰事件、匈牙利事件以及中国国内发生的罢工、请愿、闹社等事件,都是由于未能正确理解和处理人民内部矛盾造成的。只要正确区分两类矛盾,特别是学会正确处理人民内部矛盾,社会主义的前途仍然是光明的,也只有正确区分两类矛盾和学会正确处理人民内部矛盾,社会主义建设才能取得成功。在这种条件下,信访于是作为处理人民内部矛盾的一种重要政治制度而再度引起重视和被重新认识,"五七指示"就是在这样一种背景下出台的。

从信访制度发展的角度来看,"五七指示"中有三点值得注意:

第一,首次明确规定:"各省、市、自治区、直辖市人民委员会,中央各部门,以及其他各级机关,都必须有一位领导人亲自掌管机关的处理人民来信和接待人民来访的工作"。信访工作从其创立之初就一直强调领导"高度重视",但因为没有明确的制度规定,在实践中往往被虚置,这条规定首次从组织上把"领导高度重视"的政治原则落到了实处。

第二,"五七指示"进一步要求:"县以上人民委员会一定要有专职人员或者专职机构,负责建立制度,组织分工,进行督促检查,综合研究,交流经验,并且直接处理一些问题"。"五一决定"发布后,各地虽然普遍建立了信访机构,但工作人员和组织本身的专职化程度都比较低。"五七指示"这一要求进一步推动了信访机构和工作人员的专职化。

第三，正式肯定了"归口交办"的原则，即将群众来信转交相关业务部门和工作单位，由它们结合各自的业务和工作进行处理。在"归口交办"过程中，上级部门可以将一些群众来信转交下级部门，但县级机关及以下的基层单位应当多办少转，或只办不转。"归口交办"的工作原则和方法是"五一决定"发布后各地在信访工作实践中逐渐探索和发展起来的，"五七指示"将其正式肯定下来。"归口交办"原则的确立，也是信访工作不断专业化的体现。

此外，"五七指示"还对信访工作提出了编送简报等具体工作要求，并要求各省、市、自治区、直辖市根据此次会议精神，结合当地情况，召开地方来信来访工作会议，切实检查来信来访工作中的官僚主义，并且采取有效措施，加强领导、改进工作。

"五七指示"实际上是对"五一决定"发布以后全国信访工作实践的一次系统回顾和总结。它针对信访工作实践中发现的问题，吸收各地在信访工作实践中创造的先进经验和制度，对全国信访工作做了新的正式的、明确的规定，从政治原则、组织制度和工作方法等多个方面对"五一决定"作了发展，对于推动信访制度建设具有标志性意义。特别是其中关于各级机关和部门必须有一位领导分管信访工作的规定，极大地提高了信访工作的体制化程度，标志着信访制度作为一项国家制度的政治地位正式确立。

从地方的情况来看，在第一次全国信访工作会议和"五七指示"的推动下，全国信访制度又有新的较大发展。仍以北京市为例，1957年6月，北京市人民委员会委召开机关科长以上干部会议，专门研究信访问题，对"五一决定"以来北京市信访活动的情况，以及党和政府的信访工作做了全面回顾和总结。会后，北京市委、市人委出台一系列规定，对信访工作制度和组织机构做了更细致、明确的规定。其中重要的规定有：1957年7月10日，北京市人委发布《关于加强处理人民来信来访工作的几项规定》的通知，要求市人委和所属各单位应本着"归口办理、负责到底"的精神和"专职机构、专人负责和大家动手相结合"的办法，建立切实可行的工作制度，认真地、及时地处理人民来信来访。① 同年，市人委又发布《关于建立和健全市属各单位处理人民来信、来访工作制度的意见（草稿）》②。该意见对市属各单位信访机构的设立、信访工作的业务流程等做了规定，相对于1952年《关于机关工作中几项制度的规定》中的相关规定，这些规定要明确得多、详细得多。1958年1月，北京市委办公厅发布《处理人民来信来访工作试行细则（草案）》③。《细则》规定，处理人民来信来访工作"在市委的直接领导下，由办公厅亲自管理。办公厅设人民来信来访工作科办理日常工作"。《细则》还对信访工作的基本要求、处理人民来信来访的审批权限、处理人民来信和接见人民来访的程序，以及会议、报告和业务学习等制度都做了明确规定，是一份关于信访工作的比较全面的文件。就在同一时期，按照中央要求，北京还对全市信访工作的情况进行了一次全面检查，对以往的信访积案作了集中清理。④

3. "六三通知"

1957年以后，全国信访形势发生新的重大的变化，一是群

---

① 北京市委党史研究室、北京市档案馆编：《北京市重要文献选编（1957）》，中国档案出版社2003年版，第353—355页。
② 《北京档案史料》2005年第3期，第127—130页。
③ 北京市委党史研究室、北京市档案馆编：《北京市重要文献选编（1958）》，中国档案出版社2003年版，第94—102页。
④ 关于这次检查和清理的一些情况，可参见《中共北京市委对有关人民来信问题的两件报告的批示》，北京市委党史研究室、北京市档案馆编《北京市重要文献选编（1957）》，中国档案出版社2003年版，第637—640页。

众来信来访中关于个人问题的申诉急剧增多，二是干部打击报复群众信访的现象越来越严重。这种情况的出现与 1957 年的反右斗争的扩大化，以及随后的"大跃进"等政治运动造成干群关系、党群关系急剧紧张有关。上述两种现象正是急剧紧张的干群关系、党群关系分别在群众和干部两个方面的表现。为了缓和日趋紧张的党群和干群关系，加强信访工作又被提上党和国家的政治日程。1961 年 2 月 8 日，根据刘少奇的指示，中共中央办公厅组织召开了一次中央机关信访工作会议。会后，中央又多次召开各种形式的工作会议，最后于 1963 年 9 月 20 日形成《关于加强人民来信来访工作的通知》，以中共中央和国务院的名义下发。

"六三通知"本身内容比较简单，主要是重申"五一决定"和"五七指示"中的有关规定。但为了酝酿这一通知，中共中央、国务院举行了会议、座谈等形式丰富、节奏密集的准备活动，时间长达两年半之久。这些密集而丰富的准备活动以及发布后的贯彻过程，大大地促进了全国信访工作的发展。特别是国务院秘书厅整理并于 1963 年颁布各地试行的《国家机关处理人民来信和接待来访工作条例（草稿）》[1]，对开展信访工作的指导思想、组织制度和业务流程都做了详细的论述和规定，对于信访制度的发展，包括改革开放后信访制度的发展都具有重要意义。

"六三通知"及其酝酿过程对地方信访工作发挥了显著的推动作用。这从北京市当时加强信访工作的三大主要举措中即可管中窥豹：首先，对北京市 1957 年以来的信访活动进行了系统的总结，于 1961 年 2 月 14 日形成题为《中共北京市委办公厅关于

---

[1] 该条例见刁杰成编著《人民信访史略》，北京经济学院出版社 1996 年版，附录 X。

1957年至1960年处理人民来信来访工作的初步总结》[1]的总结报告。报告对信访工作中的积压、扣留等现象做了严厉批评，对今后改进工作提出若干重要意见。其次，1964年3月1日发布《北京市各级党委处理人民来信和接待群众来访工作的试行办法》，该《办法》分为4章、20条，分别对信访工作的任务、处理原则、分工归口办法、组织领导做了明确规定。[2] 最后，于1964年3月召开北京市第三次人民来信来访工作会议。大会报告针对当时信访工作中出现的问题确定了以下工作原则和制度：一是要加强领导；二是要贯彻"大家动手、分工负责，多办少转"的工作原则；三是切实保护人民民主权利，与追查、扣压人民来信，阻拦、限制群众告状，以及对来信人进行打击报复的行为做斗争；四是抓取典型，深入研究，举一反三地改进工作；五是区别对待、分清是非，分清两类不同性质的矛盾。[3]

尽管"六三通知"为完善信访制度、推动信访工作做了大量努力，但随着"文化大革命"的爆发，原已逐渐专业化和制度化的信访工作也陷入混乱，不但正常的信访工作无法开展，更严重的是信访工作沦为林彪、"四人帮"的工具。据《人民日报》揭露，"四人帮"为了搜罗陷害中央和地方领导同志的黑材料，竟在清华大学私设信访办事机构，"收受全国各地的来信来访，俨然另立了一个'中央办公厅'"[4]。"文化大革命"期间，国务院也曾于

---

[1] 北京市党史研究室、北京市档案馆编：《北京市重要文献选编（1961）》，中国档案出版社2005年版，第78—82页。

[2] 陈荣光：《北京市人民来信来访工作史料一组》，《北京市档案史资料》2005年第3期，第131—143页。

[3] 《高戈在北京市第三次人民来信来访工作会议上的报告》，《北京档案史料》2005年第3期，第143—153页。高戈时任北京市委办公厅副主任。

[4] 《从清华北大看"四人帮"篡党夺权的罪行 "四人帮"及其两个心腹干将搞反革命的地下王国，私设反党秘密联络点，四方串连，煽风点火，罪恶滔天》，《人民日报》1977年1月30日第2版。

1973年发布《关于中央党政军机关各部门归口接待来访群众的几点意见》等文件,但这些文件都是针对具体工作的具体安排,缺乏制度创新的意义。

(二) 1951—1978年的政治运动与信访制度发展

1951—1978年,信访制度的发展与政治运动有着非常紧密的联系。两者相联系的情况主要有三种:一是国家根据政治运动的需要从群众来信来访中选取素材作为典型案例,用以推动政治运动的发展;二是国家直接利用信访渠道发动群众,通常是号召群众通过来信来访检举、揭发或控诉运动所要打击的对象和目标;三是国家从群众来信来访中了解到有关社会动态后,决定围绕某种社会现象发起一场政治运动。在这三种情况中,尤以前两种情况为常见。与政治运动的紧密关联对信访制度的发展具有正反两个方面的作用。从积极的方面来说,正是借助于政治运动的强大势能,信访制度才得以迅速从无到有、从上到下、从点到面地建立起来,短短几年之间就确立作为国家制度的政治地位;从消极的方面来说,与政治运动的紧密联系,也使信访制度建设受到政治运动的严重干扰,并导致信访工作中社会动员取向片面发展,造成国家的社会动员需要与群众的利益诉求需要之间的严重矛盾。

中国的信访制度从一开始就是伴随政治运动而成长的。就在"五一决定"发布后半年,1951年12月,中共中央发出指示,要求各地开展以反贪污、反浪费和反官僚主义为内容的"三反"运动。1952年1月,中共中央又决定进一步将运动的内容扩大为反行贿、反偷税漏税、反盗骗国家财产、反偷工减料、反盗窃国家经济情报,即"五反"运动。在这两次运动过程中,国家都注意抓取群众来信或来访中的典型案例,大造声势和舆论,以推动运动的发展。其中以"张顺有事件"最为著名。1952年5月30日,为了配合"三反"和"五反"运动,《人民日报》发表了题为

《必须肃清官僚主义》的评论。文中披露,"山西省崞县赶车工人张顺有为检举反革命分子宋郁德,在绥远、山西、察哈尔三省间往返奔跑了二十七个机关,费时近半年,行程一万五千余里,遭遇了重重阻难,最后到中共中央华北局去控诉才得解决",此即"张顺有事件"。借此,《人民日报》毫不留情地点名批评山西省人民政府、归绥市人民法院、崞县公安局"无组织、无制度的情况达到了何等惊人的程度",要求它们"非彻底纠正不可"。① 在这里,群众的信访活动发挥的是为政治运动动员提供素材的作用。"张顺有事件"为国家开展反官僚主义运动的必要性和正当性提供了生动而有力的证明,国家通过大张旗鼓地评论"张顺有事件",无疑会有力地推动反官僚主义运动的发展。当然,尽管国家评论"张顺有事件"的主要目的是推动反官僚主义运动而不是推动信访工作,但它客观上极大地提高了各级部门和领导对群众来信来访的重视程度,有利于信访工作和信访制度的发展。

为了促进"三反"和"五反"运动的开展,一些地方政府甚至直接利用信访渠道进行群众动员。北京市曾派遣253个代表组到各街巷、村庄去倾听群众意见,接受群众对政府工作人员中贪污受贿、敲诈勒索和其他违法乱纪行为及坏作风的检举。在短短四天内,就收到检举材料和意见10986件。事后,北京市市长彭真在《人民日报》头版发表《关于感谢市民检举政府工作人员中的非法行为致各界人民的函》,信中肯定群众积极来信来访是对政府工作的帮助,是"对于国家的爱护和负责",并号召市民在有意见时,"不管是对政府工作人员的检举,或是对政府工作的批评,无论什么时候,什么地方,都可以直接写信","让我们大家万众一心,在毛主席的领导下,扫除旧社会遗留下来的一切污毒,扫

---

① 《必须肃清官僚主义》,《人民日报》1952年5月30日第3版。

除一切障碍,来发展首都的各项建设事业,建设我们的首都吧"。①同样,在这里,征集群众来信和来访的主要目的是为了推动政治运动的发展,而不是为了解决群众的个人疾苦和矛盾,但客观上仍然会促进信访工作的发展。

就在"三反"和"五反"运动结束后不久,1952年10月,中共中央又发出指示,认为经过"三反"运动,党政组织中贪污和浪费的问题已基本解决,但官僚主义等的问题仍然严重,于是决定开展以反对官僚主义、反对命令主义、反对违法乱纪为内容的新一轮政治运动,史称"新三反"运动。在为中共中央代拟的指示中,毛泽东特别提到处理群众来信的问题:"即如处理人民来信一事,据报山东省政府就积压了七万多件没有处理,省以下各级党政组织积压了多少人民来信,则我们还不知道,可以想象是不少的。这些人民来信大都是有问题要求我们给他们解决的,其中许多是控告干部无法无天的罪行而应当迅速处理的。山东如此,各省市的情况,究竟如何,我们没有接到像山东分局这样集中反映的报告,但已有不少的材料可以判断,有很多地方是和山东的情况相似的……因此请你们仿照山东办法在一九五三年结合整党建党及其他工作,从处理人民来信入手,检查一次官僚主义、命令主义和违法乱纪分子的情况,并向他们展开坚决的斗争。"②这属于信访工作与政治运动相联系的第三种情况,即党和国家从群众来信来访中发现某种社会现象,然后决定开展以该现象为斗争目标的政治运动。由于"新三反"运动要求"从处理人民来信入手",因此,相对于"三反"和"五反"运动,它对信访制度发

---

① 中共中央市委党史研究室、北京市档案馆编:《北京市重要文献选编(1952)》,中国档案出版社2002年版,第71—73页。
② 中共中央文献研究室编:《建国以来毛泽东文稿》第四册,中央文献出版社1990年版,第9、10页。

展的推动作用更加直接和显著。

配合毛泽东的上述指示，1953年1月19日，《人民日报》发表题为《认真处理人民群众来信　大胆揭发官僚主义罪恶》的社论。比起此前的"张顺有事件"，这次《人民日报》的观点不但以更严肃的社论形式出现，而且直接涉及信访问题，措辞也更加严厉。文中批评，"还有许多机关的工作人员甚至相当负责的干部，把处理人民来信的工作当成'额外负担'，当成无足轻重的'小事情'和'个别问题'"，甚至直接批评北京市将许多人民意见箱中的信件遗忘，许多信件竟霉烂在意见箱中而无人过问。社论还就信访工作提出了直接而具体的要求："若干地区在处理人民来信的工作中已经创造出不少好的经验，这些经验应该迅速地推广应用。问题的关键，是各地领导机关和负责同志必须确实重视此项工作，注意去建立此项工作，并检查督促此项工作的进行，不仅要检查是否已经处理了人民来信，还要检查处理得是否正确和迅速，把处理人民来信工作中的错误现象和拖延现象改正过来。"①

仅隔4天，1月23日，《人民日报》又发表社论——《压制批评的人是党的死敌》，点名批评华东军政委员会交通部部长黄逸峰拒不接受群众来信批评，反而进行压制的行为。② 在党报的社论中花大量篇幅去描述和批评一个具体的事件，是非同寻常的。由此形成的政治压力，对各地重视和做好信访工作无疑具有巨大的推动作用。

10个月后，1953年11月2日，《人民日报》再发社论——

---

① 《认真处理人民群众来信　大胆揭发官僚主义罪恶》，《人民日报》1953年1月19日第1版。
② 《压制批评的人是党的死敌》，《人民日报》1953年1月23日第1版。

《把处理人民来信工作向前推进一步》，文章开头说："今年年初，党中央指示各地开展反对官僚主义、反对命令主义、反对违法乱纪斗争要从处理人民来信入手，这引起各地进一步重视这项工作。目前大部分县以上的领导机关配备了专职干部，建立了处理制度，不少领导干部亲自批阅较重大的人民来信和接见人民来访。许多干部开始体会到处理人民来信的政治意义，懂得了人民来信是人民群众监督干部工作的好办法，是测量党和人民政府贯彻政策的标尺，能够以认真负责的态度处理人民来信。"然后，不但从政治原则的高度上论述了处理人民来信工作的重要性，而且不惜笔墨地介绍了"乡人民代表会议结合中心工作讨论处理""县长定期接见群众"等具体工作方法。①

在"新三反"运动中，群众来信处理不力是引起中央决定开展政治运动的导火索，而且整个运动的开展又以正确对待和认真处理群众来信为切入点，实际上变成了一场关于信访工作的专题运动，因此，该运动的强大声势不但从政治上提高各级党政部门和领导干部对信访工作的认识，而且催生了一批信访工作经验，从而有力地促进了信访制度的发展。

在上述三次运动的推动下，信访工作和信访制度有了一次很大的发展。同样，以"五七指示"的出台为标志的信访制度的第二次大发展也是在政治运动的推动下发生的。1957年年初，面对国内外复杂的政治局势，毛泽东在最高国务会议上正式提出了正确处理人民内部矛盾的问题。为了提高广大领导干部对这个问题的认识，以及正确处理人民内部矛盾的能力，中央决定开展一次以反对主观主义、命令主义、官僚主义、宗派主义为主题的整风运动。作为这一个运动的一部分，中央召开了第一次全国信访工

---

① 《把处理人民来信工作向前推进一步》，《人民日报》1953年11月2日第1版。

作会议。会议认为，信访工作除了"可以向人民群众解释、宣传党和政府的政策"之外，还"可以使党和政府及时了解和调节人民内部矛盾"，并承认当时人民来信反映的多数都是人民内部矛盾。① 会后，《人民日报》发表了题为《结合整风运动，加强处理人民来信来访工作》的社论，要求各地利用信访工作"推动机关整风运动前进"②。作为这次会议的重要成果之一，国务院随后发布了"五七指示"，从政治上把信访工作提到了一个新的高度，特别是规定各级党政机关必须有一位领导干部分管信访工作，确立了信访制度作为国家政权设置的政治地位。

尽管信访制度借助政治运动的强大压力而得到迅速发展，但毕竟，从两者的关系来说，政治运动代表着党和国家对特定时期社会形势的总体思考和工作部署，是中心和大局，而信访工作只是动员社会力量为这个中心和大局服务的一个手段。毫无疑问，党和国家的任何一个方面的工作都必须为中心和大局服务。但是，政治运动的强大声势，加上其所固有的凡事喜欢"一刀切""一窝蜂"的特征，使信访工作和制度的发展几乎完全丧失了按照自身固有规律而自主发展的空间，只能随着宏观政治形势的涨落而不断调整。尤其当党和国家关于社会形势的总体判断和工作部署失误时，政治运动的动员需要与信访制度自主发展之间的矛盾就更加尖锐和突出。在1957年反右运动以前，频繁的政治运动虽然也对信访制度的发展造成了一定程度的困扰，但毕竟，这些政治运动所要解决的社会矛盾也确实在很大程度上是信访工作所要化解的社会矛盾，因此，尽管当时信访工作在主观倾向上主要是为

---

① 《作好人民来信来访工作有重大意义克服官僚主义调节内部矛盾中共中央办公厅和国务院秘书厅开会讨论》，《人民日报》1957年6月3日第1版。
② 《结合整风运动，加强处理人民来信来访工作》，《人民日报》1957年6月3日第1版。

政治运动的社会动员服务，而不是回应民众基于自身利益而来的信访诉求，但在客观上仍有助于社会矛盾的化解。然而，1957年反右运动过程中及以后，党在各方面工作中的"左"倾错误越来越明显，政治运动与信访工作之间的矛盾也就越来越严重。这主要表现在，片面强调信访工作为政治动员服务，导致一大批意图通过信访渠道向党和政府表达个人利益追求或提出意见和建议的民众，被视为阶级敌人或者扣上"阶级敌人"的帽子而遭到残酷迫害。"六三通知"的主要目的之一就是要解决当时信访工作中这一越来越严重的倾向。然而，随着"文化大革命"的爆发，"六三通知"实际上被束之高阁。

到"文化大革命"中，在极"左"的政治氛围下，信访的政治动员功能更是被发挥到极致。为了适应当时的运动形势，1966年9月，"中央机关人民来访联合接待室"改为串联学生接待站。11月，国务院秘书厅在北京月坛中学成立接待室，专门接待来访人。1967年，又撤销设在月坛中学的接待室，由中共中央办公厅和国务院秘书厅在北京劳动人民文化宫成立"文化革命联合接待室"。"文化大革命"结束后，于1978年9月召开的第二次全国信访工作会议揭发"林彪、'四人帮'利用他们掌握的那部分权力，插手、控制一些地区、部门的信访工作，甚至私立信访机构，搜集整理从中央到地方的一大批领导同志的黑材料；扣压揭发他们罪行的信件，包庇帮派分子；发动帮派骨干为他们篡党夺权大造反革命舆论，企图把信访工作变成他们实现反革命阴谋的工具"[①]。这说明，在"文化大革命"中，信访制度被广泛地用于政治动员的目的，虽然这个目的是反动的。这样，信访工作就完全背离自己的初衷，彻底走向自己的反面，从本意是要密切联系群众，提

[①] 刁杰成编著：《人民信访史略》，北京经济学院出版社1992年版，第224—225页。

高党和政府为人民服务的能力和水平的一种制度安排，变成了极"左"分子迫害广大群众和领导干部的得力工具。这种状况虽然是大家都不愿意看到的，但它是中华人民共和国成立以来片面强调信访工作的政治动员功能的必然结果。

总而言之，在1978年以前，国家关于信访工作的基本取向，是将其建设成一种激发民众参与国家主导的政治斗争的社会动员机制。这样一种信访工作取向使信访制度的发展与政治运动之间的联系十分密切。借助政治运动的强大攻势，信访制度得到迅速发展。但与此同时，片面发展的社会动员取向也为信访工作在"文化大革命"中彻底走向反面埋下了祸根。

（三）1951—1978年的信访制度建设

1951—1978年主导国家信访工作的社会动员取向自然会影响到信访制度的建设。在社会动员取向主导下，信访工作注重的是斗争和社会改造，而不是团结和社会稳定，因而具有浓厚的革命气质。相应的，当时的信访制度建设不能不具有深厚的革命化倾向，与1978年以后恢复和发展阶段的法制化倾向大相径庭。

首先，由于迷信革命觉悟是做好工作的决定性因素，国家虽然在政治上把信访工作提得很高，实际上却不太重视制度建设。这表现在，国家对于设立专职信访工作机构和工作人员的态度一直很勉强。在1951年那篇《要重视人民的来信》的著名指示中，毛泽东明确要求："如果人民来信很多，本人处理困难，应设立适当人数的专门机关或专门的人，处理这些信件。如果来信不多，本人或秘书能够处理，则不要另设专人。"[1] 实际上对设置专人持保留意见。在随后政务院发布的"五一指示"中，虽然明确要求

---

[1] 中共中央文献研究室编：《建国以来毛泽东文稿》第二册，中央文献出版社1996年版，第310页。

"指定专人",但要求限制"在原编制内";到"五七指示"中,信访机构的专业化又有所突破,要求"县以上人民委员会一定要有专职人员或者专职机构",且未再要求"在原编制内",但同时要求信访工作"实行专人负责和大家动手相结合的办法",实际上是希望通过"大家动手"的办法尽可能减少专职人员和专职机构。到1963年国务院秘书厅整理并颁布试行的《国家机关处理人民来信和接待来访工作条例(草稿)》[1],不但明确允许设立专职机构,而且对行政级别都做了规定,但随着"文化大革命"的爆发,这个规定实际上被搁置。

国家迟疑的态度严重影响到信访体制的专业化进展。比如作为首都的北京,到1961年仍存在"有的单位设置的管理来信工作的干部兼职过多,干部条件也很低""通县县委办公室管理来信工作的干部身兼数职,处理信件要靠晚间突击加班……大部分信件自作主张转出了事""公社一级的问题更加严重,不少公社把这项工作交给了打字员、收发员兼管,领导干部也不过问,因此错转乱转现象比较普遍"等问题[2],到1964年仍有"很多单位感到来信来访任务很重,干部力量不足"[3]。至于"文化大革命"中,信访体制的专业化就更是免谈了。

总而言之,可以说,在创立和探索阶段,信访制度的专业化程度虽然在实际工作需要的推动下在不断提高,但由于国家在主观上始终坚持革命化的思想路线,但因此专业化过程非常缓慢,而且不够稳定。直到进入第二阶段,国家在理念上彻底扭转社会动员取向之后,信访制度的专业化才变得到自觉、持续而稳健。

---

[1] 该文件见刁杰成编著《人民信访史略》,北京经济学院出版社1992年版,第389—397页。
[2] 中共中央市委党史研究室、北京市档案馆编:《北京市重要文献选编(1961)》,中国档案出版社2005年版,第80页。
[3] 同上书,第153页。

其次，即使有一些制度建设，也严重脱离实际，导致资源配置效率低下。同样是由于在革命化思维的影响、革命价值观的束缚，以及科学精神的缺乏，使国家一方面低估群众信访活动的复杂性，另一方面也高估自身的威信和工作效能，因此对信访工作做了若干不切实际、不讲效率的制度安排。很多安排在现在看来简直难以想象：一是不问是非、不顾条件地"方便群众"，不仅给信访群众提供食宿、报销往返车票①，甚至将接访地点直接安排在新华门；二是不顾部门分工，要求各级党政部门"多办少转"，即群众的信访到达哪一级，就由哪一级直接办理，尽量不要转办；三是过分要求有信必复，有访必接。曾有一位工程师在两年中先后给周总理去信十余次，报告自己发明"阻声器"一事，国务院信访部门因未及时处理，结果受到有关领导严厉批评。②有关领导对该事件的处置虽然精神可嘉，但从效率的角度来讲实在没有必要。

事实上，群众信访活动的诉求、成因和表达方式比国家想象的要复杂得多。一是群众在信访活动中主要还是追求个人利益，而不是国家利益，因此并不总是符合国家意图，听从国家指挥；二是并非所有信访活动都是受到欺压的结果，也有不少信访活动是由于个人理解不正确、个人要求不合理而引起的，甚至有不少是挟私报复；三是信访群众并不都是通情达理的，更不都是热爱

---

① 北京市曾根据内务部等中央有关部门的指示和要求，对来京上访人员的食宿和车票问题做出多个规定。比如，北京市民政局曾于1965年1月19日发布《北京市民政局关于来访人员食宿费接济办法》和《北京市民政局关于来访人员路费接济办法》，并经国务院秘书厅转发全国。根据第一个《办法》，北京市民政局和公安局接管北京市供销合作社德胜门外农民服务所，改为"北京德胜门外接济站"，负责统一解决到中央机关来访人员在京期间的食宿困难，并加强对他们的管理。根据第二个《办法》，北京市民政局在宣武区虎坊路附近的黑窑厂24号（后门）设立"北京虎坊路接济站"，统一发放到中央机关来访群众的路费补助。参见北京市委党史研究室、北京市档案馆编《北京市重要文献选编（1965）》，中国档案出版社2007年版，第31—35页。

② 关于该事件，详见《习仲勋文选》，中央文献出版社1995年版，第248页。

党和政府的，无理取闹者有之，骗吃、骗喝、骗车票者亦有之。

迫于现实的压力，国家也曾对若干不现实的制度安排进行修正和调整。比如，将接访地点从新华门迁至国务院西门，最后又迁至更偏远的陶然亭附近①；出台《关于防止来访人骗卖车票的暂行办法》②（1957年）等内部规定；先是降低，最后取消对信访群众的食宿交通补助；将"多办少转"的原则修正为"分级负责、归口管理"；等等。但由于片面强调尊重群众、方便群众、团结群众的革命化观念没有从根本上纠正，这些调整和修正都是局部的、零碎的，并且随政治气候的变化而不断反复。

最后，始终坚持分清敌我的"人民信访观"，严重妨碍信访制度的规范化和法治化。在1978年以前，由于国家基本上将信访工作定位为一种吸收和激发群众参与党和政府领导的革命斗争的社会动员机制，而革命的首要问题又是分清敌我，因此，信访并不是一体性赋予全体公民的权利，而是只限于公民中的一部分，即"人民"才能享受，对于被视为敌人的公民来说，信访不但是一种被剥夺的权利，而且是一种对他们实行专政的手段。中共中央和国务院在1978年以前所发布的信访工作决定、指示、通知和条例中，通篇使用的词汇都是"人民的权利""人民的来信""人民的来访"，都是围绕"人民"这个概念来布局的。本着"人民信访"的观念，"五一决定"中曾经专门规定，对"人民所提出的意见和问题"要认真办理，对"反动分子借人民名义向政府提出的带有挑拨性或试探性的问题"则不要理睬。③"五七指示"中也规定：

---

① 张成良：《我经历的三次信访高潮》，中国行政管理学会信访分会编《在光荣的信访岗位上》，中国民主法制出版社1999年版，第12页。
② 北京市档案馆档案，第137—001—131号，第8—9页。
③ 中共中央文献研究室编：《建国以来毛泽东文稿》第二册，中央文献出版社1997年版，第323页。

"对于假借人民来信、来访名义，进行无理取闹的坏分子、诈骗犯，应该根据情节轻重，分别进行批评、教育或者联系有关部门作适当的处理。"也就是说，一个同样内容的来信或来访，被判定为来自"人民"还是来自"敌人"，处理方式和结果很可能有天壤之别。

由于"人民"是一个非常抽象的政治概念，不仅内涵随着政治形势的变动而不断变化，而且没有一个明确和稳定的操作标准，随意性很大，这就为一些人以打击"敌人"为名打击和报复信访人，或利用"群众来信"排斥异见和异己提供了机会。一个信访人很可能因为一次信访而莫名其妙地被打为"阶级敌人"，随着政治形势的转变很可能又被平反，甚至因此前"受迫害"的经历而获得政治资本，飞黄腾达成为风云人物。在"六三指示"发布前的一段时间里，这个问题已经很严重。到"文化大革命"中，这个问题更是发展到登峰造极的地步。因此，当时的信访工作常常走向自己的反面：本来想广开言路，结果却堵塞言路；本来想更充分地保障人民的权利，结果却严重损害人民的权利；本来想密切党和政府同群众的关系，结果却疏远了党和政府同群众的关系。因此之故，在1978年以前，信访工作的规范化在改革前虽有一些进展，但都只限于登记、研究、转办、检查、催办、存档等技术环节，在调整国家与社会的关系，即党和政府同群众的关系这个最核心的问题上，进展甚微。

社会动员取向的片面发展，使信访作为一种制度安排的合法性和有效性两败俱伤，严重背离国家创立信访制度的初衷。本来，从设计的初衷来说，信访制度应该实现社会动员和矛盾化解这两方面工作的有机统一，即既要利用信访工作的机会讲解国家政策，提高群众的觉悟，使之认清和服从长期和整体利益，又要尊重大多数群众觉悟不高、总是倾向于从切身利益考虑问题的现实，把解决他们基于个人利益而来的困难放在重要位置，如此方能实现信访工作的合法性和有效性的双赢。那就是，党和政府对民众个人利益诉求的满足和调整能够帮助国家赢得民众的支持，即提高党和政府的合法性，而民众的支持则使党和政府能够有效地调动民智和民力，从而更加有效地推进自己的政治主张；党和政府有效性的提高反过来又有利于国家更好地满足和调整民众的个人利益需求，从而提高国家的合法性。就这样，矛盾化解与社会动员的良性循环带动着国家合法性和有效性的良性循环。然而，在改革开放前相当长的时间内，信访工作中社会动员取向的片面发展，使国家信访工作严重背离民众的期望，使国家既难以通过信访工作完成自己的工作部署，也降低了党和政府的威望，不管从合法性角度来说，还是从有效性角度来说都难以为继。

（四）1951—1978 年的信访主要矛盾

社会动员取向的片面发展给信访工作造成了严重的不良后果。其中最严重的后果，是国家不但对群众信访的真正诉求缺乏科学的了解和务实的回应，而且无中生有地制造了大量社会矛盾。

在社会动员取向的主导下，国家信访工作的主要任务是围绕国家工作部署去动员群众积极参与相关公共事务。为了给这样一种信访工作寻找合理性，国家不得不使劲地鼓吹群众对公共事业是热心的，对党和政府是信任的、爱戴的，对落后和反动势力则是嫉恶如仇的。事实上，当时民众信访活动主要追求的还是个人利益，而不是公共利益。但国家却长期基于一厢情愿的期望而对民众的真实诉求缺乏真诚的了解和有效的回应，于是造成国家的社会动员需要与民众的利益诉求需要之间的严重对立。这是当时信访工作中的主要矛盾。

尽管现在能够掌握的数据有限，但仍然不难发现，当时民众的信访诉求主要是个人利益，而不是公共利益。如表1所示，从

1951年7月到1954年6月，要求解决个人生活问题（要求类）、反映个人生活困难（反映类）、涉及个人的民事刑事诉讼问题（诉讼类），在来信中合计占到56.9%，在来访中合计占到68.6%。也就是说，在全部信访活动中，纯粹涉及个人利益的超过一半，在来访中更接近70%。如果考虑到检举、控制和批评类中还有相当部分是纯粹涉及个人利益的，这个比例就更高了。与此形成对比的是，如果将发明建议类信访完全视为服务于国家利益的活动，却分别只占来信的9.5%，来访的2.4%。与此相类似，原中共中央办公厅主任杨尚昆在1955年5月9日的一段日记中记载："来访者大概可以分为两类、六种情况，即：一类是吃饭问题，分为：失业、被减、旧的复员军人、新的复员军人四种；二类为告状，分为党外、党内两种。大有增加的趋势。"[①]

表1　政务院秘书厅1951年7月至1954年6月各类信访活动占信访总量的比例（%）

	检举、控告、批评类	要求类	反映类	诉讼类	发明建议类	合计
来信	17.0	37.0	15.0	4.9	9.5	83.4
来访	22.0	51.0	4.6	13.0	2.4	93.0

资料来源：刁杰成编著：《人民信访史略》，北京经济学院出版社1992年版，第57页。

在地方上，情况也差不多。表2反映的是1956年和1957年北京市有关部门的信访受理情况。从表中的分类来看，可以肯定"要求解决个人问题"和"诉讼、纠纷"纯粹属于个人利益问题，两类合计，在市属单位所受理的信访案件中占38.6%，在市人民委员会办公厅所受理的案件中占45.2%。与此同时，报告也指出，

[①] 《杨尚昆日记》（上），中央文献出版社2001年版，第204页。

"在对政府工作的批评、建议中，也有不少同时牵涉到个人要求"，再加上其他各类中也有不少涉及个人要求来计算，可以肯定，反映个人利益问题的信访案件将超过总量的一半。而基本可以肯定属于公益服务的信访活动，即表中第三类，却分别只有1.9%和0.4%。另据北京市委办公厅关于1957—1960年全市信访工作的总结，在这四年中，要求解决各类个人问题的约占44%，对党和政府的各项工作提出批评、建议的约占27%，批评各单位工作人员作风的约占13%，检举反革命及其他坏分子的约占2%，对各类申诉提出申诉的约占9%，其他约占5%。[①] 情况与表2大体一致，即追求和维护个人利益的信访活动仍占大多数。

表2　　北京市1956—1957年有关部门各类信访活动占信访总量比例（%）

	分类	1956年北京市直属各单位	1957年第一季度北京市人民委员会办公厅
1	检举、批评国家工作人员	0.8	0.6
2	对工作的批评意见和反映	36.3	51.3
3	发明、创造合理化建议	1.9	0.4
4	检举、控告	3.1	0.4
5	诉讼、纠纷	0.6	1.6
6	要求解决个人问题	38.0	43.6
7	报告、感谢、表扬	5.1	0.2
8	询问、其他	14.2	1.9
	合计	100	100

资料来源：北京市人民委员会办公厅1957年6月所做的关于北京市信访工作情况的报告，见陈荣光《北京市人民来信来访工作史料一组》，《北京市档案史资料》2005年第3期，第118页。

[①] 中共中央市委党史研究室、北京市档案馆编：《北京市重要文献选编（1961）》，中国档案出版社2005年版，第76页。

上面揭示的是 1957 年以前的情况。1957 年以后，随着国家各方面政策的"左"倾错误日益发展，民众切身利益受到损害的情况也越来越严重，与此同时，政治形势却日益严峻，群众参与公共事务的热情越来越低。此消彼长之下，涉及个人利益问题的信访问题就越来越突出。"六三通知"开篇就说："从 1962 年以来，到北京各中央机关要求解决工作安置、户口迁移、生活困难等各种具体问题的群众日渐增多。在今年内，每天达到四、五百人次。从现在的情况看，还有增加的趋势。"可见个人利益问题仍然是群众信访活动的主要内容。"六三通知"虽然要求各地重视解决民众面临的各种"具体问题"，但不久爆发的"文化大革命"不但使这一设想化为泡影，反而造成更多、更严重的信访问题，于是才有"文化大革命"后的全国信访高潮。[1]

社会动员取向的国家信访工作之所以会与民众的利益诉求发生严重矛盾，是因为在社会动员取向中，国家信访工作的重心本来就不是满足民众的现实利益需求，而是要教育和引导他们把兴趣转移到国家部署所体现的"整体利益"和"长远利益"上来。因此，那些与国家兴趣相左的信访诉求很容易被忽视或排斥，甚至有被视为"落后""反动"而遭到打击的危险。而那些与国家意图相投的信访诉求则容易引起国家重视，甚至被国家树为典型，从中挖掘超出当事人诉求之外的宏大政治意义。在此过程中，群众的信访诉求完全处于被选择的地位；随着国家政治天平的摇摆，同样一件信访诉求，随时有可能被国家视为政治对立面而遭到忽视、排斥或打击，也随时有可能被国家视为政治同盟军而受到重视和优待。为了理解这一点，不妨回顾一下"文化大革命"期间

---

[1] 关于这次高潮，参见张成良《我经历的三次信访高潮》，中国行政管理学会信访分会编《在光荣的信访岗位上》，中国民主法制出版社 1999 年版，第 9—17 页。

的"黄帅事件"。

黄帅是北京中关村一小的学生。1973年10月,他就自己与老师之间的个人矛盾给《北京日报》写信,希望《北京日报》能够派人来调解。让黄帅没想到的是,她的信被"中央文革领导小组"看中,并将她和老师的矛盾定性为教育战线上"两个阶级、两条路线、两种思想的斗争",黄帅是在"向修正主义教育路线的流毒开火"。[①] 在这种定性之下,黄帅以"反潮流英雄"的身份一路飞黄腾达,作为其对立面的老师则受到迫害。可惜好景不长。粉碎"四人帮"之后,政治风云突变,黄帅的老师被平反,她则被视为"四人帮"的爪牙而受到政治审查。

在这个事件中,黄帅和老师的矛盾本来只是一个简单的利益矛盾,把老师打成"修正主义的流毒"亦非黄帅的本意。但基于社会动员的需要,国家偏要小题大做,罔顾事实地发掘所谓"两个阶级、两条路线、两种思想的斗争"。经过国家的一番重新表述,黄帅本人的诉求以及事实真相已经不再重要,黄帅和她的老师都被抽象成了先进与落后、正义与邪恶的代表,黄帅的信访诉求于是被纳入这个新的框架来处理。在此过程中,像黄帅的老师那样被认为代表落后和邪恶的一方会受到国家的严厉处置,而像黄帅这样被认为代表先进和正义的一方会受到国家的优待,国家对其利益诉求的满足甚至超过了本人的要求。不过,国家的动员需要与个人的利益诉求之间的这样一种吻合是没有事实基础的,因而是不稳定的,所以随着政治气候的转变,黄帅马上成为对立面,从获益者变成了受害者。

"黄帅事件"虽然是一个极端事件,但正因为极端,所以将国

---

① 《〈人民日报〉、〈北京日报〉发表黄帅来信和日记摘抄时所加的编者按语》,《人民教育》1974年第1期。

家的社会动员取向与民众的利益诉求之间矛盾的发生机理展现得更加清楚。那就是，社会动员取向使国家易于脱离群众的利益诉求和事实真相，主观主义地按照自己的需要去诠释和处置群众的利益诉求。1957年以后，随着指导思想越来越"左"，国家实施社会动员的兴致也越来越高，信访工作脱离群众实际的情况也越来越严重。诡异的是，随着国家的信访工作越来越脱离实际，群众利益诉求受到粗暴对待的状况越来越严重，理所当然会遭到群众的抵制和反抗；而群众的抵制和反抗反过来又恰恰"佐证"了国家实施社会动员的正当性和必要性，助长了国家通过信访工作"扶正祛邪"的兴趣。如此恶性循环，信访工作非但不能有效地化解社会矛盾，反而会制造更多、更严重的社会矛盾。所以，曾长期在国务院办公厅信访局工作的刁杰成发现，群众信访活动与国家政治运动之间有着十分密切的联系："政治运动开始的时候，群众发动起来了，投入了运动，来信来访的数量增多，其内容多是揭发问题，少数是反映运动中存在的问题，或是要求落实政策；到运动后期，要求落实政策的内容占多数，而且数量也比较大；运动结束后，在相当长的时间内，要求落实政策的内容比较集中，等落实政策基本结束后，来信来访的数量和内容又恢复正常。"[①]

三 恢复和发展阶段

粉碎"四人帮"以后，特别是1978年十一届三中全会以后，随着政治逐步走向安定，经济和社会逐步走向繁荣，信访制度建设也迎来了恢复和发展阶段。这个阶段的基本特征是，国家信访工作的主导倾向逐渐从社会动员取向调整为矛盾化解取向，信访

[①] 刁杰成编著：《人民信访史略》，北京经济学院出版社1996年版，第5页。

工作的重心从促进社会斗争和改造转向促进社会安定和团结，满足群众基于个人利益而来的诉求，化解群众基于个人利益追求而来的矛盾因此被置于信访工作的首位，信访工作因此而逐渐走向理性化、专业化和规范化。这一转变之所以可能，从内因来说，是 1951—1978 年，特别是"文化大革命"中国家的社会动员与群众的利益诉求之间的尖锐矛盾。突出的社会矛盾，严重地威胁到政治秩序和社会稳定，使国家无法再漠视群众的利益诉求，不能再把群众的信访活动动辄抽象到脱离事实和诉求本身的国家政治高度上去，而必须回到事情和诉求本身务实地、实事求是地处理。这使社会动员取向的信访工作难以为继，必须改弦更张。从外因来说，国家大政方针从"以阶级斗争为纲"向"以经济建设为中心"的转变，则为信访工作的改弦更张提供了可能。

"文化大革命"十年动乱造成大量冤假错案和十分严重的社会矛盾。粉碎"四人帮"以后，随着政治形势解冻，大批群众涌向各级党政机关要求解决问题。从 1977 年下半年开始，全国信访量大幅度上升，来访量的上升尤其明显。[①] 为了解决日益严重的信访问题，1978 年 9 月 18 日至 10 月 5 日，第二次全国信访工作会议在北京召开。对于中华人民共和国信访制度的发展，这次会议最重要的意义在于拨乱反正，肃清林彪、"四人帮"利用信访机构进行党同伐异的政治斗争的余毒，端正思想路线，恢复正确的信访工作方针和组织制度设置。会后，党中央和国务院利用信访制度，卓有成效地开展工作，平反了大量冤假错案，迅速恢复了政治和社会秩序，为改革开放提供了强有力的保障。

[①] 关于这次高潮，可参见刁杰成编著《人民信访史略》，北京经济学院出版社 1996 年版，第 223 页；张成良《我经历的三次信访高潮》，中国行政管理学会信访分会编《在光荣的信访岗位上》，中国民主法制出版社 1999 年版，第 9—17 页。

在此过程中，中共中央、全国人大常委会、国务院等部门先后分别或联合发布了《中央各机关接待和处理人民来访分工的暂行规定》（1978年）、《关于中央各部门归口分工接待群众来访的暂行办法》（1980年）、《关于维护信访工作秩序的几项规定》（1980年）、《关于防止和纠正对人民群众来信来访进行打击报复问题的通知》（1981年）。通过上述文件，在"文化大革命"中遭到严重破坏的信访秩序很快得到恢复。与此同时，中共还从组织上恢复和健全信访机构，不断加强信访力量。1979年8月29日，国务院决定从中央机关抽调200多名干部组成6个工作组，到6个接待站做接待进京上访工作。1979年8月30日，中央又决定成立"中央机关处理上访问题领导小组"，从中央机关抽调1000名干部担任宣传员，参加落实政策工作。1980年9月1日，中共中央办公厅、全国人大常委会办公厅、国务院办公厅分设接待室，同时撤销中共中央办公厅国务院办公厅人民来访联合接待室。[1]

为了巩固上述工作已经取得的成果，1982年2月22—27日，第三次全国信访工作会议在北京召开。会议讨论通过了《党政机关信访工作暂行条例（草案）》，并于4月8日由中共中央办公厅和国务院办公厅转发各地执行。该《暂行条例（草案）》在中国信访制度发展过程中的标志性意义在于，第一，它宣告信访领域的拨乱反正已经全面完成，并将拨乱反正的成果以法规的形式肯定下来，信访工作从此告别以往乖蹇多舛的历史命运，进入一个全新的蓬勃发展的历史时期；第二，它对信访工作的领导和机构作了更明确、具体的规定，实质性地推进了信访机构和工作人员的专职化和普遍化；第三，开创了信访工作法制化的新方向，正

---

[1] 以上均据刁杰成编著《人民信访史略》第7章，北京经济学院出版社1996年版。

是沿着这个方向，中国先后于 1995 年和 2005 年颁布了两部《信访条例》。

国家信访观念的转变引起了信访制度建设的深刻变革。这集中表现在，国家努力扭转以往信访制度建设中基于社会动员取向而来的革命化路线，积极推进信访工作的理性化、专业化和规范化。

首先是观念上的理性化，即承认信访工作具有独立于政治要求的专业性和科学性，并在实际工作中诚恳地奉行专业精神和科学精神。社会动员取向的淡出，使国家信访工作不再把某种理想和价值绝对化而轻率地否定现实的必然性和合理性，而是倾向于从常人可感知的经验现实出发，仔细研究事物发展的规律，然后选择一个最佳的目标、最佳的手段以及达到目标的最佳行动路线。思维方式的转变，使国家对群众信访活动的认识更加冷静和客观，信访工作更加理性和务实。

这表现在，国家不再像以前那样为了发动群众而片面地赞颂和鼓励群众来信来访，而是强调维护信访秩序。如上所述，《人民日报》还曾对那些企图利用信访活动给国家施加压力的群众公开提出警告。后国务院又于 1980 年专门发布了《关于维护信访工作秩序的几项规定》。与此同时，国家不再简单地将信访活动归因于官僚主义或干部的违法乱纪，进而对干部进行公开申斥，而只是平和地要求各级政府和官员要善于通过信访这条渠道"去听取群众的呼声，了解群众的疾苦，帮助群众解决确实需要而且可能解决的各种具体问题，团结广大群众，改进我们的工作"。上述情况表明，随着观念的转变，国家信访工作也在摆脱革命浪漫主义的局限，趋于理性化和现实主义。在现实主义的理性化思维支配下，国家的信访工作更加务实，即更尊重现实，更讲求效率。

其次是信访机构的专业化，即在整个政权系统中存在根据合理分工而设立的专职信访机构，在信访机构内部亦根据职能分化而设立相应的专职岗位和部门。对现实规律的尊重和对工作效率的追求，使国家勇于承认信访工作具有独立于政治要求的专业性，从而愿意在整个政权系统中根据合理分工而设立专职信访机构，在信访机构内部也根据职能分化而设立相应的专职岗位和部门，自觉而坚定地推进信访体制的专业化。

1982年发布的《党政机关信访工作暂行条例（草案）》明确规定：中共中央和国务院分别在办公厅设信访局；中央国家机关各部委局一般在办公厅设信访处；省级党委和政府可联合设立信访办公室或分别在办公厅设信访处；地级及县级党委和政府可联合设立信访办公室；地级以上的党政机关所属各部门和相当县一级的企事业单位可根据实际情况设立相应的信访工作机构或配备专职信访干部；县级以下的企事业单位和人民公社可配备专职或兼职的信访干部，不另设机构。对比"文化大革命"前，该条例对设立专职信访机构的要求要明确得多，专职信访机构的设立更为普遍，行政级别也更高，从此奠定了县级及以上党政机关和企事业单位设立专门机构、配备专职人员，县级以下党政机关至少配备专职人员这一基本的信访体制格局。此后于1995年颁布和2005年修订再颁的《信访条例》都对这一原则做了肯定，并对专职信访机构和工作人员的设置做了更具约束力的规定。2007年，根据《中共中央、国务院关于进一步加强新时期信访工作的意见》要求，县级及以上党政机关的信访工作机构从同级党政部门的办公厅（室）分离出来，成为独立的工作机构，信访体制的专职化程度进一步提高。

从客观的角度看，不管是在改革前，还是在改革后，全国信访体制的专职化程度都一直在向前发展：开始只是中共中央和国务院才设立专职信访机构，后来发展到从中央到地方的党、政、军、群机关和企事业单位普遍设立;开始只是着人兼职办理,后来发展到县级及以上必须设立专职机构,县级以下根据情况也可以设立专职机构;开始只是党政机关秘书部门的一个内设机构,后来发展成一个独立于秘书部门的单列机构。但从主观的角度看,只有在1978年国家信访观转变以后,这一过程才变得主动、自觉、迅速而又坚定和稳定。

最后是信访工作的规范化,即不管是国家与信访民众的互动,还是信访机构内部各部门、各要素之间的互动,都依循公开、公平而稳定的规范,理想的境界是达到法治。化解社会矛盾、维护社会稳定的强烈愿望使国家不再热衷于发现和树立社会对立,而是把更多的精力用于促进社会整合,因此逐渐放弃敌我意识浓厚的"人民信访"观念,转而将信访视为一种普适性的公民权利赋予全体公民。"公民信访"观念的兴起推动了信访工作的规范化和法制化。

1982年,改革开放后不久,国家就颁布了《党政机关信访工作暂行条例(草案)》;接着又于1995年颁布,并于2005年修订后再颁《信访条例》;各个地方政府也颁布了各自的《信访条例》。比这些形式更本质的、更重要的是核心观念的变化。这个变化可以概括为从"人民信访观"向"公民信访观"的转变。这一转变是在1995年颁布的《信访条例》中完成的。此前,即使是1982年颁布的《党政机关信访工作暂行条例(草案)》,所使用的核心概念仍旧是"人民群众来信来访",但到1995年《信访条例》中,除了总则中因袭传统而象征性地提到"人民""人民群众"等概念之外,后面关于国家信访工作和群众信访活动的具体规定都是以"信访人"这个概念为中心展开的。相对于具有浓厚政治色彩的"人民"概念,"信访人"概念只是刻画提出信访事项的公民作为行政行为相对人这样一个法律事实,不包含任何政治含义。2005年修订的《信访条例》仍然沿用了"信访人"这个核心概念。国家信访工作的核心概念从"人民"到"信访人"的变化，表明国家在信访权利的赋予上不再区别"人民"和"敌人"，而将其视为所有公民一体化享受的权利。显然，只有所有公民在人格上平等，包括政治意义上的"敌人"与"人民"在人格上平等，才有可能推进真正的法治。在当前，尽管实践层面的信访工作离理想的法治还有相当长的距离，但毕竟，观念的转变以及相应而来的大量条例和规范的出台已经创造了一个很好的开端。

总而言之，1978年以后，信访制度发展的根本性变化是国家信访观从社会动员论向矛盾化解论的调整。观念的调整使整个信访制度建设的局面焕然一新，那就是，迅速扭转1951—1978年盛行的革命化趋势而走向科层化，整个信访制度快速而平稳地发展。

不过也要指出的是，信访制度到现在仍然保有社会动员取向的痕迹。比如，2005年版《信访条例》第八条规定："信访人反映的情况，提出的建议、意见，对国民经济和社会发展或者对改进国家机关工作以及保护社会公共利益有贡献的，由有关行政机关或者单位给予奖励。"第二十六条规定："公民、法人或者其他组织发现可能造成社会影响的重大、紧急信访事项和信访信息时，可以就近向有关行政机关报告。"这两条规定表明，国家仍然希望通过信访制度吸引和激发群众参与国家所允许的公共事务。当然，随着国家信访观念的调整，这一取向在信访制度中的影响已经微不足道了，这正是当前人们普遍只把信访制度当作一种矛盾化解机制来看待的原因所在。实际上，即使是国家颁布的《信访条例》，也主要是针对矛盾化解问题而设计的，几乎没有什么关于社会动员的具体制度安排。

四 统合和重塑阶段

2007年中共中央、国务院发布《关于进一步加强新时期信访工作的意见》，以此为标志，全国信访工作进入第四个阶段，即统合和重塑阶段。这个阶段的基本特征，是力图将第三阶段中由于强调信访工作的规范化、专业化和法制化而使客观上变得相对分散和分割的信访体制重新统合起来，从全局的角度和更高的层次，打破部门界限，构建"统一领导、部门协调，统筹兼顾、标本兼治，各负其责、齐抓共管的信访工作新格局"[①]。从信访工作观念的角度来说，国家在这一阶段的信访工作取向实际上是在一定程度上从矛盾化解取向向社会动员取向回归，但这种回归并不是简单地恢复，而是力图将矛盾化解和社会动员这两种取向的优长结合起来。这表现在，党和国家正在着力构造的信访工作新格局虽然力图打破部门界限——从这个意义上具有政治动员的特征，但首先，这种政治动员的范围仅限于国家机器内部，不像改革前的政治动员那样，动不动就扩大到普通群众；其次，动员的目的是更有效、更迅速地回应群众的利益诉求，化解他们在利益追求过程中面临的困扰和矛盾，不像改革前的政治动员那样，是为脱离群众当下的利益诉求的某种国家诉求服务的。

中央关于构建"信访工作新格局"的要求，既与近年来长期积累的社会矛盾大量通过信访渠道反映出来有关，也与以胡锦涛为总书记的党中央高度重视以人为本、科学发展和社会和谐有关。为了妥善处置信访突出问题和群体性事件，胡锦涛同志亲自提议

[①] 王学军主编：《学习贯彻〈中共中央国务院关于进一步加强新时期信访工作的意见〉百题解读》，人民出版社2008年版，第59页。

建立中央处理信访突出问题及群体性事件联席会议制度。全国各地也相继建立了相应的工作机制。[①] 2008 年，中央在全国范围内组织开展了重信重访专项治理活动，化解重信重访事项 15 万余件。2008 年下半年，中央又在全国组织和开展了县委书记大接访、中央和国家机关干部下访等活动。

[①] 王学军主编：《学习贯彻〈中共中央国务院关于进一步加强新时期信访工作的意见〉百题解读》，人民出版社 2008 年版，第 286 页。

从工业城镇化、土地城镇化到人口城镇化：中国特色城镇化道路的社会学考察

周飞舟　吴柳财　左雯敏　李松涛[*]

本文从社会学角度对中国特色城镇化的路径进行了回顾和考察，认为中国城镇化与中国改革开放的"渐进型"特征和社会转型紧密联系在一起，表现出明显的阶段性，即从工业城镇化、土地城镇化到人口城镇化的三个阶段。这三个阶段每个阶段发展的主题和任务不同，后一个阶段解决的恰好是前一阶段的遗留问题，三个阶段首尾衔接，形成了明显的"接力"发展的格局。本文从社会学的角度对此进行了分析，认为这种特色道路的形成取决于多重关系的互动，其中最为重要的是政府与企业、中央与地方、国家与农民三对关系，三对关系分别主导了三个阶段。当前的"新型城镇化"正是国家力量进行干预，对农民群体的流动人口和贫困人口实施全面扶持、实现全面协调发展的战略。

改革开放以来，中国的经济社会发展进入了全新的时期。40年来，不仅发展的成就举世瞩目，发展的道路也具有鲜明的中国

---

[*] 周飞舟，北京大学社会学系教授；吴柳财，北京大学社会学系博士研究生；左雯敏，北京大学社会学系博士研究生；李松涛，北京大学社会学系博士研究生。感谢写作过程中谭明智、曹亚鹏、李代、秦鹏飞所给予的帮助，文责自负。

特色。中国的改革开放和发展进程是渐进的、"复调"式的，其中既有传统向现代的转型，也有计划经济体制向市场经济体制的转型。在这个漫长的大转型过程中，各种制度变革单独或交错地逐渐展开，其各种社会经济影响也在不同的阶段呈现出不同的形式。本文无意也无能力对这个转型过程进行全面梳理，只是力图就其中的一个主要方面即城镇化进行一个社会学意义上的考察，并以此为主要线索，对政府与企业、中央与地方、国家与农民三对关系的变化进行分析。本文认为，这三对关系及其相互之间的"关系"构成了我们理解中国特色城镇化道路的基础。

从新时期中国城镇化的道路来看，可以将其分为三个阶段：第一阶段是1978—1994年，这个阶段的主要特点是工业化的速度远高于城镇化的速度，可以说是由工业化带动的城镇化，所以可以将其名之曰"工业城镇化"阶段；第二阶段是1994年到2012年，这个阶段的主要特点是城镇化的速度加快，土地财政规模增长迅速，城市建设日新月异，城市建设用地问题是整个城镇化发展的关键所在，所以可以将其名之曰"土地城镇化"阶段；第三阶段则是2012年至今。2012年召开的中国共产党第十八次全国代表大会肯定了"新型城镇化"的概念，党的十八届三中全会又进一步提出"走中国特色、科学发展的新型城镇化"道路。新型城镇化的核心问题，是"土地城镇化"阶段所遗留的流动人口问题。如何使得流动人口"落地""市民化"，如何使得中西部地区的农民"就地""就近"城镇化，是这个阶段城镇化的核心内容，因此这个阶段的"新型城镇化"可以理解为以解决"人"的问题为核心的城镇化，因而名之曰"人口城镇化"阶段。这三个阶段特色鲜明，但又有着明显的衔接性，通过考察这三个阶段的关系，我们可以看出中国城镇化的特色之所在。

一 工业城镇化（1978—1994 年）

如果我们以城镇人口比重的变化来代表城镇化的速度，以工业产值对 GDP 的贡献率来代表工业化的速度，则这两个指标共同表现出了这个阶段的特征。从图 1 可以看出，工业产值的贡献率自 1981 年的不到 15% 迅速上升到 1994 年的 60% 以上，是中国历史上工业化发展速度最快的阶段。城镇人口的比重虽然与改革开放前相比有稳定的增长，但是增长速度相对缓慢，十多年间上升了不到 10 个百分点。由此我们可以将"工业化先行、城镇化滞后"总结为这个阶段的基本特征。

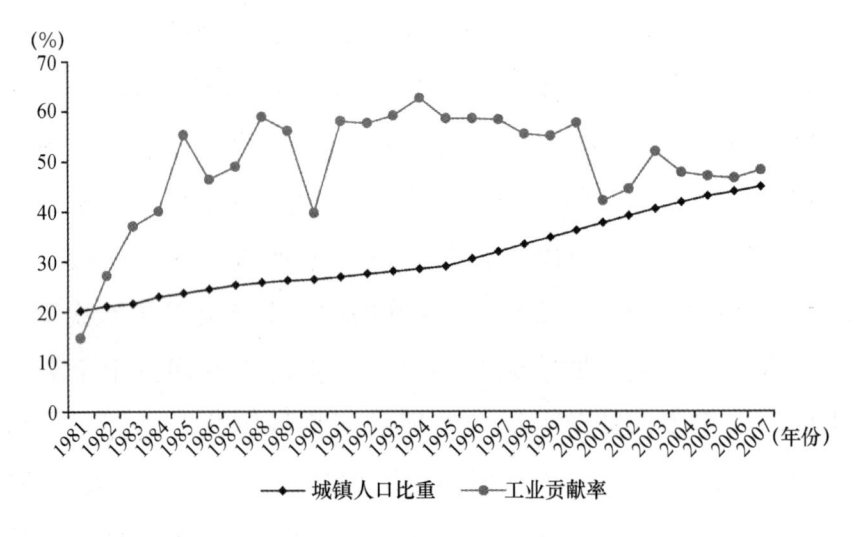

图 1　工业化和城镇化的两个阶段

资料来源：中华人民共和国国家统计局，2008 年。

改革开放的第一阶段充分展现出中国的"渐进式"改革的特色，这表现为各个方面都是以"承包制"为主要的改革方式。"承包制"的主要特点是在不改变所有制、不实行私有化的前提下调动经营主体的积极性，是针对改革开放前各领域内"大锅饭"分配制度的一剂良药。"承包制"之所以成为中国改革的良药，主要是始于"一包就灵"的农村土地经营制度的改革，即所谓的"包产到户"和"大包干"。"包产到户"通过将土地经营权和收益权从集体分包到家庭的方式，激发了农村中家庭经营的活力，解放了农民的劳动时间，改变了国家和农民的关系，是最为成功的改革之一[①]。

在这个阶段，中国工业化的主力是乡镇企业。乡镇企业的发展可以分为前、后两个时期。第一个时期以苏南、温州和珠江三角洲的乡镇企业为代表，第二个时期则是指20世纪80年代后期自山东、河北以至中西部地区普遍兴起的"后发型"乡镇企业。在乡镇企业发展的第一个时期，三个代表性地区的乡镇企业各有特色，其发展原因和路径各不相同。"苏南模式"的成功得益于人民公社时期的"社队企业"。在包产到户时期，苏南的改革搞得"不够彻底"而保留了原先的社队企业[②]。随着改革的展开，这些社队企业由于毗邻上海，承接了上海一些大型国有企业的一部分生产任务，也得到了一批国有企业下乡职工的技术支持而获得了繁荣的发展。可以说，"苏南模式"本身的工业化道路就带有强烈的集体经济色彩，是集体化时代的资本积累、从农业中解放出来的剩余劳动力与"文化大革命"中上海国有企业工人和技术"下乡"等因素相结合的产物，而后两个因素则与农业经营制度改革

[①] 渠敬东、周飞舟、应星：《从总体支配到技术治理：基于中国30年改革经验的社会学分析》，《中国社会科学》2009年第6期；周其仁：《中国农村改革：国家与所有权关系的变化——一个经济制度变迁史的回顾》，《中国社会科学季刊》（夏季卷），1994年。

[②] 费孝通：《从"江村"到"温州"模式》，《费孝通全集》第11卷，内蒙古人民出版社2009年版，第340页。

和"文化大革命"期间的动荡局势有关,当时叫作"乱世出英雄"[1]。相比之下,"温州模式"则是典型的"专业市场+家庭作坊"的家庭经营与市场紧密结合的产物。温州的乡镇企业大部分都是戴着"红帽子"的家庭工厂或私营企业,在这个地区浓厚的经商传统和灵活的市场制度环境影响下,开辟了苏南"无工不富"模式之外的所谓"无商不活"的工业化模式[2]。除了苏南与温州之外,珠江三角洲地区由于邻近香港,在开放的政策下,大量的以香港为核心、"两头在外"的"三来一补"企业在此地建立,成为珠三角地区发展的排头兵。

从第一个时期的"三大模式"来看,乡镇企业的发展得益于对外"开放"和对内"搞活",得益于通过"承包制"释放出来的农村劳动力和家庭的活力。自20世纪80年代中期开始,乡镇企业在全国遍地开花,成为拉动中国GDP增长的"异军突起"的力量。1980年乡镇企业的总产值占全国工业总产值的12.7%,到1993年就占到了全国工业总产值的60%,几乎是"三分天下有其二"[3]。从历史的角度看,乡镇企业的重要性不仅在于对中国工业化的巨大贡献,更在于它的独特性所显示出来的中国特色。

除了其异乎寻常的发展能力之外,乡镇企业还有两个重要的特点。一个是所有权属于乡镇政府或村集体,这具有典型的"模糊产权"的特征[4];另一个是地处乡镇和村庄,企业的劳动力主要依靠家里仍然有承包地的农民,这造就了奇特的"离土不离乡、

---

[1] 费孝通:《小城镇,大问题》,《费孝通全集》第10卷,内蒙古人民出版社2009年版,第211—222页。

[2] 费孝通《小商品,大市场》,《费孝通全集》第12卷,内蒙古人民出版社2009年版,第89—106页。

[3] 产值数字均来自《中国统计年鉴1995》。

[4] Weitzman, Martin L. & Chenggang Xu, "Chinese Township-Village Enterprises as Vaguely Defined Cooperatives", *Journal of Comparative Economics*, Vol. 18, No. 2, 1994.

进厂不进城"的工业化和城镇化的方式。这两个特点，从一般的经济学理论来看，是极不利于乡镇企业的发展的，因此这种"悖论"也引发了国内外学界对乡镇企业现象的关注和解释。经济学家多避开在他们眼中乡镇企业这种"不合理"的产权结构，力图从企业的外部环境来解释乡镇企业的绩效。乡镇企业这种集体性质的"模糊产权"能够很好地适应中国改革开放第一阶段极为不完备的市场环境，而且能够在筹措资本、取得生产执照和进出口许可证以及解决合同纠纷方面获得地方政府的保护[1]；另外，乡镇企业在改革开放初期的国内产业结构中有着特别的优势。中国建立的国营工业体系以重工业为主，这造成了轻工业产品和一些日用消费品一直处于供应短缺的状态，而乡镇企业的产品恰好填补了这个空白，在这种结构中，即使存在着经营效率和产品质量等问题，乡镇企业也一直保持着较高的利润率和良好的发展态势[2]。

相比之下，社会学家反而会直接面对乡镇企业的"模糊产权"，去讨论这样一种产权结构如何起作用。在周雪光[3]看来，产权不仅仅是"一束权利"，还是"一束关系"，这组关系反映了一个组织与其他组织以及组织内部不同群体之间稳定的交往关联。"产权残缺"或"产权模糊"的现象恰恰表现出了企业适应环境的战略选择。乡镇企业所处的不完善的市场环境其实是被社会性合约弥补了，因此不能认为乡镇企业的产权结构是不完整的，只是其约束机制来自不同于西方经济学产权理论假设的市场环境。开端于集体所有制的乡镇企业，内含着一种社会合约性产权，这

---

[1] 李稻葵：《转型经济中的模糊产权理论》，《经济研究》1995 年第 4 期。
[2] Naughton, Barry, *Growing Out of the Plan: Chinese Economic Reform, 1978-1993*, Cambridge: Cambridge University Press, 1996.
[3] 周雪光：《"关系产权"：产权制度的一个社会学解释》，《社会学研究》2005 年第 2 期。

种产权关系的稳定性依靠特定行动关系协调而成。在市场合约不完备的情况下，它有可能以非正式的方式比较好地处理和解决集体内部的合作问题和产权冲突，具有界定和维护社区产权秩序的作用[1]。刘世定[2]借用波兰尼的"嵌入"这一概念，提出了"关系合同"的一个新解读。他引入"二次嵌入"这个概念来完善关系合同理论，并指出这一个概念在研究中国乡镇企业中的合理应用。在一次合同中，由于经营承包合同嵌入层级关系体系中，经营者对企业资产只能实现有限方位排他、有限选择范围、有限期的占有。但二次嵌入改变了这种状况，由于经营者将二次合同嵌入他自己的人际关系网中，并在很大程度上阻隔了乡镇政府、村领导和这一网络的直接连通，因此建构了特殊的非正式排他性。在这种条件下，经营者实现了对企业更强的控制。

  这些学者的研究从社会学的角度回答了经济学提出的乡镇企业的"产权悖论"。中国的乡镇企业现象不会证明西方经济学的产权理论有什么不完备之处，而是客观上说明了这类"模糊产权"在中国的社会结构背景下起作用的方式。理解中国企业中的关系与"合作文化"[3]，不能脱离中国以"关系"为主体的社会结构，所以问题的重点在于社会结构在何种程度、何种机制上"参与"了乡镇企业的经营和治理。也就是说，中国乡镇企业或者工业化的关键不是企业和市场的关系，而是企业与地方社会、地方政府的关系[4]。在治理的意义上，一个村办企业的经理与一个村庄的村长使用相似的甚至相同的方式在进行运作和管理，这不一定是因

---

  [1] 折晓叶、陈婴婴：《产权怎样界定——一份集体产权私化的社会文本》，《社会学研究》2005年第4期。

  [2] 刘世定：《嵌入性关系合同》，《社会学研究》1999年第4期。

  [3] Weitzman, Martin L. & Chenggang Xu, "Chinese Township-Village Enterprises as Vaguely Defined Cooperatives", *Journal of Comparative Economics*, Vol. 18, No. 2, 1994.

  [4] 渠敬东：《占有、经营与治理：乡镇企业的三重分析概念》，《社会》2013年第1—2期。

为二者常常是同一个人,而是因为二者内生于相同的社会结构中。在社会学研究中,这是乡镇企业的秘密之所在,更是乡镇企业的中国特色[①]。

乡镇企业不仅在内部治理的意义上具有中国特色,在外部关系方面,尤其是政府和企业的关系方面也是如此。除了早期乡镇企业的"三大模式"取决于诸多因素的会合之外,全国大部分地区"后发型"乡镇企业的建立和发展大都得益于地方政府的有力推动。有学者很早就指出,地方政府推动地方工业化的主要动力是由于财政包干制的实施[②]。这种被称为"放水养鱼"或者"养鸡下蛋"的地方政府行为模式形象地描绘了地方政府与乡镇企业间的密切关系。政府和企业间的关系一方面带来了乡镇企业的繁荣和工业化的快速推进,另一方面也在一定程度上塑造了地方政府在新时期的基本行为模式——所谓"法团主义"的、"公司化"的"经营者"形象[③]。

地方政府的这种行为模式不仅是我们理解中国工业化的关键,也是理解整个城镇化进程和中国特色的城镇化的关键之所在。地方政府以及地方竞争对于中国发展道路的重要性已经是国内外学界的基本共识,但是地方政府展开竞争的方式和机制则存在许多争议[④]。一般而言,将地方政府行为纳入中央—地方关系中进行考察是大部分学者的做法,但是目前学者普遍使用的财政分权的分

---

① 周飞舟:《回归乡土与现实:乡镇企业研究路径的反思》,《社会》2013年第3期。
② Oi, Jean C., "Fiscal Reform and the Economic Foundations of Local State Corporatism in China", *World Politics*, Vol. 45, No. 1, 1992.
③ 周飞舟:《地方政府"公司化"的双重效应》,《文化纵横》2009年第6期。
④ Zhang, Tao & Heng-Fu Zou, "Fiscal Decentralization, Public Spending, and Economic Growth in China", *Journal of Public Economics*, Vol. 67, 1998; Qian, Yingyi & Barry R. Weingast, "Federalism as a Commitment to Preserving Market Incentives", *Journal of Economic Perspectives*, Vol. 11, No. 4, 1997;张晏、龚六堂:《分税制改革、财政分权与中国经济增长》,《经济学》(季刊)2005年第4期。

析框架并不能凸显出中国工业化道路的特色之所在①，这里需要将政府和企业的关系与中央和地方的关系展开交错、互动的分析，才能清楚地理解这个阶段"工业城镇化"的深层原因。

中央地方关系中的财政包干制是继农村"包产到户"之后的另一个重要的承包制改革。沿用包干的思路，中央政府与省级政府之间自 20 世纪 80 年代初就开始探索"分灶吃饭"的改革办法。到 80 年代中期，财政包干制在中央和省级政府之间以及省以下的市、县、乡镇之间普遍推行。承包制的基本思路，是上级政府与下级政府之间制定一个税收的"包干基数"，超额完成有奖，即"超收"的部分可留下一定的百分比自由支配；欠收则有罚，欠收的部分即使导致发不出工资，上级政府也不会给予财政补助。像大部分承包制度一样，财政包干制给下级政府增加财政收入提供了很大的激励。那么这种激励是如何变成了工业化和大办企业的动力呢？

中国的税收体制一直保留着计划经济体制的基本框架，纳税主体是企业而非公民个人。在主要的十几种税中，规模最大的是产品税（自 1986 年起逐步改为增值税），80 年代末这个税种占到总税收额的 40% 左右。增值税的主要课税对象是制造业企业，税基为产品增加值，其中包含了企业管理、工人工资、设备折旧等企业成本；也就是说，企业投资规模越大、雇用员工越多，所缴纳的增值税规模就越大，而与企业的经营效益和利润率并无直接的关系。各级政府间的财政包干普遍采用"总量包干"、不分税种的方式，上述因素结合在一起，就为地方政府投资"大办企业"

---

① 许多学者会以中国的案例证明财政分权激励经济增长的理论，或者反过来用这个理论解释中国经济增长中的问题。我们认为，中国的"财政分权"事实上很不同于一般意义上的 fiscal decentralization，在中央与地方的关系中，缺少一个法定而明晰的权力框架。很多情况下所谓"分权"实际上是中央的"放权"，中央在何时会"收回"权力并没有稳定的预期。

提供了充分的激励。各级地方政府在税收方面展开的竞争表现为"大办企业"和"办大企业"的竞争,这就是以"放水养鱼"为主的地方政府"公司化"的最初形态。

财政包干制不但促进了乡镇企业的繁荣,对国有企业的发展也有明显的、相似的效应。80年代后期国有企业推行企业承包制改革,改革的目的当然是增加企业效益和利润,但是承包制立竿见影的效应却是企业利润率的迅速下降,代之而起的是国有企业固定资产投资规模的不断扩大,这又加剧了利润率的下降幅度[①]。固定资产投资规模的上升带来的是增值税的迅速增长,这也是"放水养鱼"效应在国有企业改革中的表现。

通过回顾和探索中国改革开放第一阶段"工业城镇化"的过程,我们可以初步总结工业化和城镇化道路在这个阶段表现出的中国特色。在这个阶段,主要是"放开""搞活",也就是说,通过政策和经营制度的变动,初步建立市场经济体制,释放社会的各单元——包括个体、家庭和组织的活力。需要注意的是,这种"放开"是在保留了国家和集体所有制前提下的经营制度的改变,唯其如此,中华人民共和国成立后计划经济体制的许多要素在新的制度环境下才能够焕发出新的活力。我们在这个阶段可以列举出的关键要素包括:苏南地区所保留的社队企业解决了工业化初期的资本积累的难题;珠三角地区的"三来一补"企业的繁盛借助了集体所有、农户经营的土地所有制的便利;乡镇企业的"集体"性质与财政包干制塑造了新型的政企关系,这种关系既不同于计划经济时期企业行政化、变成政府直属部门的情况,又不同于企业股份化和私有化之后政府和企业之间只通过税收发生关系的情况,而是一种既有各自独立的利益,又彼此联系紧密的"特

---

① 周飞舟:《以利为利:财政关系与地方政府行为》,上海三联书店2012年版。

别"的关系。对于地方政府来说,企业就像是自己养的"鱼"、喂的"鸡",这些企业之所以被看作自己的"鱼"和"鸡",就是因为这些企业的"集体"性质。更为重要的是,在这个"喂养"的过程中,地方政府也在逐渐变成明确的利益主体,具有了明确而强烈的"经营"意识,这构成了地方竞争和推动中国进一步发展的关键条件。

二 土地城镇化(1994—2012年)

"工业城镇化"在大力推动中国经济增长和社会变迁的同时,也积累了一系列的问题。这些问题主要表现在两个方面。其一,在政府和企业的关系方面,由于地方政府普遍通过财政担保贷款"大办企业",工业产值和增值税迅速增长的同时,乡镇企业的经营效益和利润率却在越来越开放的市场环境和国有企业、私营企业的竞争下呈现迅速下降的态势。同时,乡镇企业的资产负债率也不断上升,而县、乡两级政府也逐渐累积起巨额的债务[1]。其二,在中央和地方的关系方面,中央财政收入比重越来越低,这主要是由于大量新增企业的增值税通过包干制而留在地方导致的。中央财政收入比重下降,不但导致中央政府调节区域间财政的能力下降,造成东、中、西部人均财政支出水平的差距拉大,而且也会对中央政府在其他事务上的指挥和协调能力造成影响,即所谓"国家能力"的下降[2]。这两个方面的问题促使中央做出决定改革中央和地方的财政关系,即在1994年推出分税制财政体制改革,结束中央与地方的财政包干制。

---

[1] 谭秋成:《乡镇企业债务分析》,《管理世界》1998年第6期。
[2] 王绍光:《分权的底限》,中国计划出版社1997年版。

分税制改革的内容主要是三个方面。首先，中央与地方从包干制转变为税收分享制，即"流转税分享制"。中央与地方分享两种最重要的流转税：增值税与消费税。自1994年起，地方增值税增量的75%、消费税增量的100%划归中央税收。其次，建立独立的税收征缴体系。中央政府设立国家税务总局，在地方建立两套独立税务系统，即国税局系统和地税局系统，这一举改变了此前由财政系统征税的局面，能够保证国税足额缴入国库。最后，建立纵向的财政转移支付制度。中央在集中了地方收入之后，通过转移支付制度再将大部分收入返还给地方，一方面弥补地方政府的财政缺口，另一方面也可以平衡地区间的财政支出水平。

分税制改革对中国的工业化和城镇化产生了深远的影响。这种影响首先是从政府和企业关系的改变开始的。在分税制"税收分享"方案下，所有制造业企业——无论是国有、集体企业，还是私营企业，也无论是央企还是省、市或县、乡、村集体企业——的增值税都要纳入分享方案，这使得包干制下地方政府大力兴办企业的激励消失殆尽。自1994年开始，地方政府纷纷与企业"脱钩"，在经济现象上表现为乡镇企业的大量倒闭、转制（变卖）与国有企业的股份制改革。这个进程异常迅速，到20世纪90年代末，真正属于集体所有的乡镇企业已经所剩无几，而大量的国有企业也完成了"减员增效"的股份化进程，规模巨大的企业职工"下岗"潮就是在这个时期出现的。

乡镇企业的消失带来了中国社会的巨大变化。在中西部地区，作为县、乡财政主要支柱的乡镇企业倒闭或转制后，县、乡两级政府的公共支出开始越来越依靠农业税收，这使得农民负担问题自90年代中期开始成为中西部地区农村最主要的社会问题，农村的社会矛盾开始激化，乡村治理成为农村研究的主题①。从乡镇企业的消失中"失业"的农村劳动力开始离乡背井涌向东部沿海，出现了"离土又离乡"的"民工潮"，为这个时期迅速发展的城镇化进程提供了历史条件。

虽然转移支付制度在分税制改革初始就建立了起来，但是这个制度真正发挥作用是需要时间的。根据已有的财政转移支付的数量研究，在分税制建立的最初十年，转移支付制度并没有达到其预想的效果。这主要表现在对中西部地区的转移支付并不均衡，农民负担最为严重的中部农村地区得到的人均转移支付数量最少②。对东部地区而言，分税制造成的财政缺口虽然可以通过税收返还和一些专项的转移支付得到部分补偿，但是地方政府的可支配收入将大幅度减少的局面是难以避免的。在这种情况下，地方政府需要开辟新的生财之道。

从分税制之后地方政府的财政收入结构来看，有两种收入起了决定性的作用。一个是建筑业所产生的营业税，这个税种代替了此前增值税在地方税收中扮演的角色，是地方财政收入增长的主要贡献者③。另一个则是土地出让金。土地出让金是中国的土地制度在城镇化时代的必然产物。在中国现行的土地制度下，农村土地归农村集体所有，城市土地（国有建设用地）归国家所有。按《土地管理法》的用途管制规定，农村土地只能用于农业和农村住宅，而城市建设的所有项目只能在城市的国有建设用地上进行。因此，当城市扩张、需要使用农村土地进行城市建设的时候，首先需要办理改变土地所有权性质的土地征用程序，而这个办理

---

① 陈锡文主编：《中国县乡财政与农民增收问题研究》，山西经济出版社2003年版。
② 周飞舟：《分税制十年：制度及其影响》，《中国社会科学》2006年第6期。
③ 周飞舟：《大兴土木：土地财政与地方政府行为》，《经济社会体制比较》2010年第3期。

权限则垄断在地方政府的土地管理部门手中。这个垄断权限保证了只有地方政府才有权力征用农村的土地，在对农民进行征地补偿后，可以对土地进行平整和开发，然后以"招、拍、挂"的形式将土地使用权出让给商业、住宅的开发商以及用地企业，土地出让金就是出让的地价。这实际上是政府对土地一级市场的垄断，在这种情况下，土地价格虽然最终取决于需求和供给，但是由于供给方处于垄断地位，所以土地价格与政府的城镇化和发展战略联系密切，土地价格的攀升就是中国城镇化发展的标志。土地出让金制度在20世纪80年代试点，1990年初步建立，90年代则是土地出让金数量大幅度增长的时期[1]。到2016年，土地出让金总额已为3.5万亿元，而全国地方财政预算收入也才只有8.7万亿元，两者相当于1∶2.4的关系。[2] 综上所述，建筑业营业税与土地出让金这两个部分，一个是地方财政预算内收入的主体，另一个是地方财政预算外[3]和基金收入的主体，这就是中国地方政府的财政在分税制后被称为"土地财政"的主要原因。

土地财政的出现及其规模的迅速增长，一举解决了分税制改革给地方政府带来的财政困境，而且土地财政与土地开发、城市建设密不可分从而成为这个阶段城镇化发展的主要推动力，这是我们将这个阶段称为"土地城镇化"的原因之一。推究其源，可以说是分税制改革的意外后果[4]。

"土地城镇化"在现象上表现为大中城市日新月异的建设速度。除了大量的开发区、工业园区与繁荣的商业和房地产开发之

---

[1] 柳臻：《我国土地出让金制度的历史变迁研究》，硕士学位论文，中共中央党校，2008年。
[2] 具体数字见《中国统计年鉴2017》，中国统计出版社2017年版。
[3] 地方财政预算外的行政事业型收费中，有相当数量与土地征用、开放和出让有关的收费，但是具体数据尚缺。
[4] 孙秀林、周飞舟：《土地财政和分税制：一个实证解释》，《中国社会科学》2013年第4期。

外，城市基础设施的投资和建设尤为迅速。与世界上许多国家不同，中国的城镇化基本未受公共和基础设施投资的制约，反而可以说是公共投资"先行"，这其中的关键，就是土地作为撬动资金的杠杆，解决了公共投资的资金约束，建立起一套"有土斯有财"的运作机制。具体而言，"土地财政"的总量虽然不小，但是如果用于城市基础设施投资建设的话则是远远不够的。地方政府在实践中，探索出了一套"经营土地""经营城市"的运作机制，这其中的关键是土地抵押贷款，我们可以称之为"土地金融"。

按照银行相关的法律和规则，地方政府并不能像20世纪80年代那样可以直接以财政信用从银行贷款，也不能够作为担保方进行财政担保贷款。城市基础设施投资的主体，在许多地区，是地方政府国资委所有或控股的国有公司，如城市建设投资公司、城市交通公司、城市水务集团等，这些公司的主要资金来源就是银行贷款，但不是通过政府财政担保的方式，而是通过土地抵押，抵押的土地来自地方政府征用和开发的城市国有建设用地。这些国有公司，政策界和学术界称之为"地方融资平台"，其定义是"由地方政府及其部门和机构等通过财政拨款或注入土地、股权等资产设立，承担政府投资项目融资功能，并拥有独立法人资格的经济实体"[1]。这些地方融资平台通常以国有土地为抵押物，按照土地评估价值的70%获得土地抵押贷款，用于城市的基础设施和公益性项目的建设。需要指出的是，这种土地抵押贷款，银行面临的风险较小，因为在实际运作中，银行可以不断对抵押物——土地的价值进行评估。如果土地价格下跌，会要求贷款方补充抵押物。所以土地抵押贷款相对于其他贷款而言，对银行这类商业机构无疑是最为优质的贷款之一。因此，只要融资平台有

---

[1] 详见国发〔2010〕19号文件《国务院关于加强地方融资平台公司管理有关问题的通知》。

土地可以抵押，就会相对顺利地获得土地抵押贷款，可以称得上"有土斯有财"。

对于这套运作机制，我们可以将其称为"土地、财政、金融三位一体的城镇化模式"[①]。地方政府通过垄断土地的一级市场，将从中获得的土地收入（土地财政）用于地方融资平台的建设，地方融资平台则通过土地抵押贷款投资城市基础设施、偿付征地费用以及以往贷款的利息。这个模式的具体情形如图2所示。随着新的农业用地和银行资金进入这个模式，城市便会迅速扩张。

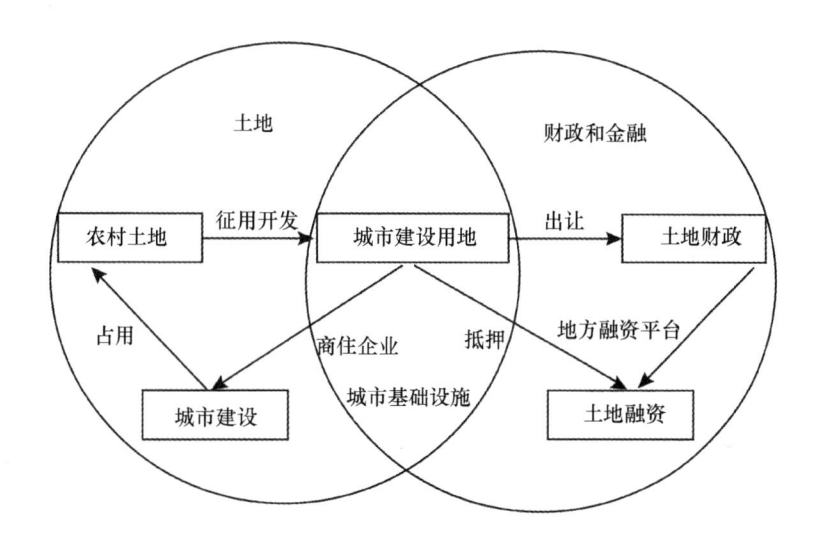

图 2 土地、财政和金融"三位一体"的城镇化模式

图2鲜明地显示出城镇化模式的中国特色和城镇化高速发展的秘密所在。与世界上其他国家的城镇化相比，中国的城镇化是政府主导、政府"经营"的。在"工业城镇化"阶段，地方政府"大办企业"而推动了中国的经济发展；在"土地城镇化"阶段，

---

① 周飞舟、王绍琛：《农民上楼与资本下乡：城镇化的社会学研究》，《中国社会科学》2015年第1期。

政府通过对城市建设用地的垄断供给，获取了"级差地租"的主要部分，而且进一步将其作为资本金，以撬动金融资金参与城市的公共投资和基础设施建设。这个"三位一体"模式顺利实现了土地和资金的相互转换，解决了城市建设中基础设施投入的难题。同时，地方政府在"工业城镇化"阶段形成的"经营"意识和"经营"策略在此阶段转而用于"经营土地"和"经营城市"。我们可以看到，这套"三位一体"模式运作的关键在于土地的抵押价格，而且土地价格只有在高位运行，城市基础设施建设和公共投资才能顺利展开。从这个意义上看，城市的高地价和高房价是城镇化的前提而非城镇化的结果。

地方政府在"经营土地"和"经营城市"方面的竞争在推动中国迅速发展的同时，也带来了一些问题，其中最为重要的，是城市迅速扩张所导致的耕地面积减少的威胁以及与大规模征地拆迁相伴随的上访和群体性事件对社会稳定的威胁。这是中央政府和地方政府在发展问题上的利益不一致的关键所在。因此，在"土地城镇化"阶段，中央与地方在土地上的博弈实际上构成了城镇化发展的主要决定力量。"工业城镇化"阶段，中央和地方关系的关键在税收；在"土地城镇化"阶段，中央和地方关系的关键在土地。从图2我们可以看到，控制地方城镇化速度和规模的关键因素是土地征用，而这个权力则掌握在中央政府手里，或者说是中央与地方互动的结果。

中央对地方政府征地规模的控制，主要通过分级制定的全国土地总体利用规划和年度计划来进行。中央政府每年会向下层层分配"新增建设用地指标"，地方政府的土地征用规模不能超过所分配的指标。自21世纪初开始，中央和地方之间就征地指标问题展开了多重的博弈，如占补平衡、土地整理、折抵指标等，地方政府的城市建设在不间断地对指标额度的突破中进行。2008年后，在美国金融危机的刺激下，中央政府出台了"四万亿"的经济刺激计划，在"四万亿"及其带动的地方政府投资中大部分都是银行的金融资金。这些金融资金要用于投资和城市建设，就需要有国有建设用地的抵押。所以城镇化及其带动的征地拆迁才是这个阶段经济发展的关键，而这些都需要"建设用地指标"，可见，中央政府对地方政府经济增长的压力都反映在地方政府对土地指标的需求上，这反过来给中央政府施加了巨大的压力。

中央政府对地方政府的征地指标控制，一直在松紧交替中展开。就常态而言，中央下达的"新增建设用地指标"一直是"紧"的，因为这些指标是从每15年制定一次的全国土地利用总体规划中来的。但是如果地方政府积极执行中央政府所引导的土地政策，则会有各种形式的"奖励指标"出现。2005年左右鼓励地方政府通过土地整理增加耕地面积的"折抵指标"如此，2007年鼓励地方政府通过减少农村宅基地面积来保护耕地的"建设用地增减挂钩指标"更是如此，可谓"严控与激励并存"[①]。2008年后，由于"四万亿"政策的巨大压力，地方政府需要更多的土地指标和抵押贷款来加速推进城镇化，"增减挂钩指标"就变成了这段时期"土地城镇化"的核心目标。所谓"建设用地增减挂钩指标"，简单而言，指的是地方政府每占用一亩农地进行城市建设（相当于国有建设用地增加一亩），在其管辖的行政区域范围内必须相应减少一亩宅基地（农村集体建设用地减少一亩）。在作为土地制度综合改革试验区的成都和重庆，城市中的用地单位，尤其是房地产开发企业，必须持有这种"增减挂钩指标"才能获得拍买国有建设用地的准入资格。那么，这些指标如何得到、从哪里

---

① 谭明智：《严控与激励并存：土地增减挂钩的政策脉络及地方实施》，《中国社会科学》2014年第7期。

来呢？

到此为止，我们看到，城镇化要获得加速发展，关键在农村。具体而言，是要农民让出宅基地，而让出宅基地的办法，最先是在成都和重庆，后来蔓延到全国各地，就是地方政府与城市房地产资本一起，推动"农民上楼"。通过合村并村，农民集中住进当地的楼房，宅基地面积就可以大幅度减少。将农民的旧房拆除、将土地平整和复垦之后，这些原先的宅基地就变成了可以在空中漂移的"指标"或"地票"①。这些指标和地票可以直接用来作为"准入资格"去拍买城市中的国有建设用地，也可以在成都的"农村产权交易所"或重庆的"农村土地交易所"作为"票据"出售。这种制度在成都和重庆最为完善，在其他地区则多为以"项目对接"形式展开的直接置换，但是无论如何置换，农民上楼是先决条件，这就是我们自 2008 年以后看到的全国多地的"农民上楼"现象的深层原因。

"土地城镇化"能否加速发展的关键在于"农民上楼"，这是 2008 年后中国城镇化发展的最重要的现象之一。各地政府提出的"城乡统筹""城乡一体化"以及"建设社会主义新农村"等发展战略许多最终都围绕着农民是否"集中居住"展开。城镇化从表面上看，是政府和企业关系、中央和地方关系互动的结果，但是从深层来看，城镇化发展的速度、规模和前景，取决于国家和农民关系的重新调整。

在中华人民共和国发展的历程中，农民始终是做"贡献"的一方。中华人民共和国成立初期为了加速实现重工业优先的发展战略，国家实行粮食及大宗农产品的"统购统销"政策，实际上

---

① 成都叫作"指标"，重庆叫作"地票"。关于地票的细致而深入的研究，参见曹亚鹏《指标飘移的社会过程——一个基于重庆"地票"制度的实证研究》，《社会发展研究》2014 年第 2 期。

相当于农民通过低价出售粮食来支持工业化;"工业城镇化"阶段,大量的企业无偿使用农村土地,大大降低了工业化的成本[1];到"土地城镇化"阶段,一方面,低标准的征地拆迁补偿支持了"三位一体"的城镇化;另一方面,当这种模式的城镇化发展到一定程度之后,农民必须通过"让出"宅基地来为城镇化加速和"续航"。

按照《中华人民共和国土地管理法》以及相关的土地政策,村集体以及农民无权"出让"宅基地,所谓"让出",是指农民"上楼"之后,宅基地变成"增减挂钩指标"进入城市。农民得到的收益就是居住的楼房[2]。通过宅基地置换"楼房"居住的"上楼"行为,被有些学者视为农民"间接"分享城镇化收益的改革[3]。但是,如果我们将"农民上楼"放在中央与地方关系推动的土地指标博弈下的城镇化中来看,无论是地方政府,还是帮助农民拆旧建新的城市资本,其目的都是以楼房置换农民的宅基地,然后以宅基地置换"增减挂钩指标",而这些指标背后是城市的发展战略以及地方政府的政绩和收益,这一连串"置换"的背后,农民失去的宅基地的真正的价值或者说潜在的价值并未能体现出来[4]。在"土地城镇化"过程中,那些被征地的农民当然是利益受损的一方,他们只是因为居住于城市周边而受到波及,是农民中极少的一部分。但是,"上楼"过程中的农民则覆盖面要大得多,"上楼"的农民实际上和城镇化没有任何直接的关系,而且

---

[1] 刘守英、周飞舟、邵挺:《土地制度改革与转变发展方式》,中国发展出版社2012年版。
[2] 全国各地的情况有较大的差别。成都实际上是宅基地置换楼房,农民不需要再交钱。其他一些地区农民则还需要交各种上楼费用,多少不等(张鸣鸣,2017)。
[3] 北京大学国家发展研究院综合课题组:《还权赋能:奠定长期发展的可靠基础(成都市统筹城乡综合改革实践的调查研究)》,北京大学出版社2010年版。
[4] 周飞舟、王绍琛:《农民上楼与资本下乡:城镇化的社会学研究》,《中国社会科学》2015年第1期。

从政府和资本的角度来看,"上楼"的农民离城市越远,"上楼"的成本则越低。这些农民就这样在各种复杂的关系作用之下成了制约城镇化发展的核心要素之一。

总的来看,"土地城镇化"阶段是中国城镇化速度发展最快的阶段。这个阶段的主要特色是通过"三位一体"的运作模式,解决了城市基础设施建设和公共投资的资金约束。同时,在中国加入世界贸易组织以及城市住房制度改革的双重背景下,城市进入了中国历史上建设速度最快、景观最为繁荣的历史时期。从世界历史的城镇化进程来看,人口和产业向城市地区的集中是城市繁荣的必要条件。但是中国"三位一体"的城镇化模式则是以土地和资金运作为核心,人口和产业集中并非城镇化的必要前提。这并不意味着城镇化不需要人口和产业的集中,而是指只要具备了土地、财政和金融三个条件,即使缺乏人口和产业的集中,城市也可以被迅速地建设起来。有研究表明,这个阶段城市建设用地的扩张、城市建成区面积的扩张速度明显高于城镇化率的增长速度[1],出现了一些所谓的"空城""鬼城"[2],就是这种"土地和资金先行,人口和产业滞后"的结果,这也构成了第三阶段城镇化的主题。

三 人口城镇化(2012年至今)

2012年后,中国的经济形势开始发生重要变化,逐步进入以

---

[1] 乔小勇:《"人的城镇化"与"物的城镇化"的变迁过程:1978—2011年》,《改革》2014年第4期。

[2] 所谓"空城""鬼城"都是指建筑豪华、道路宽阔、景观超大、楼房空置,到晚间一片黑暗的"新城"。具体的内容可以参见柳臻《我国土地出让金制度的历史变迁研究》,硕士学位论文,中共中央党校,2007年;周励《"鬼城"蔓延沉思》,《西部大开发》2013年第3期。

产业升级、结构调整为主的经济"新常态",城市基础设施投资的规模缩减、速度放缓[①]。这使得前一阶段城镇化的高速增长中所遗留的问题显得越来越突出,这其中最为重要的问题就是流动人口或者说"农民工"的问题。在这个背景下,中国共产党第十八次全国代表大会报告提出了"坚持走中国特色新型工业化、信息化、城镇化、农业现代化道路",此后,"新型城镇化"成为中国城镇化政策的指导方针。所谓"新型城镇化",其核心就是以人为本、以人为核心的城镇化[②]。这个城镇化方针的提出,从中国城镇化发展的历史阶段看,可以说适逢其时。

规模巨大的"流动人口"或"农民工"群体的存在是中国特色城镇化的重要特征之一。从世界范围的城镇化来看,人口呈现出从农村到城市的单向迁移特征。而在中国,人口流动的最重要特征是往返流动而非单向迁移。中国的城镇化率虽然保持快速的增长,但这是以常住人口为标准的。在东部地区,这些常住人口中相当大的部分处在流动、替换和更新之中。从图3来看,常住人口城镇化率和户籍人口城镇化率之间的缺口就是流动人口。这个缺口明显是在"土地城镇化"阶段迅速扩大的,直到2013年以后才有所缓解。虽然流动人口的主体是从西向东流动,但是流动主体的目的并非在东部地区"落地"。这种状况持续了多年,而且随着"土地城镇化"的快速发展,人口"落地"的滞后现象越来越突出。这种现象的形成,除了城乡二元体制形成的户籍制度壁垒、农村现有的集体

[①] 1995—2012年,全国市政公用设施固定资产年投资总额从807亿元增加到15296亿元;而2015年的投资总额只有16204亿元,增长十分缓慢。资料来源:《中国建设年鉴(2009)》《中国建设年鉴(2010)》《中国建设年鉴(2016)》。

[②] 李强、王昊:《什么是人的城镇化?》,《南京农业大学学报》(社会科学版)2017年第2期。

土地所有制[①]之外，还与我们上述"土地城镇化"的基本模式有很大的关联。

在"三位一体"的城镇化模式之下，高地价、高房价以及由此带来的生活成本是东部地区城市的主要特点。一般农民工的工资通常在支付完房租之后即所剩无几，更谈不上买房。农民工外出打工的主要目的是外出挣钱和回乡盖房，这导致了中国在土地城镇化阶段的一个独特现象，即在城市发展、国有建设用地迅速扩张的同时，农村居民点用地也在同时扩张。按照中共中央中发〔2014〕第4号文件印发的《国家新型城镇化规划（2014—2020年）》，2000—2011年，农村人口减少1.33亿，农村居民点用地却增加了3045万亩。从其他的一些研究来看，1996—2007年，城市和建制镇居民点用地年均增长3.66%，而农村居民点用地年均增长0.12%[②]；1996—2008年，农村常住人口累计减少了2.09亿人，而同期农村居民点用地却增加了350余万亩[③]。这背后主要的原因是农村持续发酵的"建房热"。1996—2012年，农村平均每年新建住宅面积超过8万公顷，并且自2005年以来每年新建住宅量呈现增加的趋势[④]。

由以上的分析可见，流动人口持续增加的原因无疑与"土地城镇化"阶段以土地为中心的城镇化战略有关。与此相对应，在

---

① 关于户籍制度及其引发的其他效应的影响，参见吴晓刚《户口、职业隔离与中国城镇的收入不平衡》，《中国社会科学》2014年第6期；陈云松、张翼《城镇化的不平等效应与社会融合》，《中国社会科学》2015年第6期。农村集体制度的影响，可参见苏祯《农民进城落户意愿调查分析》，《党政干部参考》2013年第12期。

② 李裕瑞、刘彦随、龙花楼：《中国农村人口与农村居民点用地的时空变化》，《自然资源学报》2010年第10期。

③ 这个数字与《国家新型城镇化规划》的相关数字相比出入较大，因两者均未指明数据来源，所以原因不明。但是无论如何，农村居民点用地有着明显扩张的事实是肯定的。

④ 蔡国立：《城乡统筹背景下建设用地优化配置的动力机制研究——以武汉市五里界街道为例》，硕士学位论文，华中农业大学，2014年。

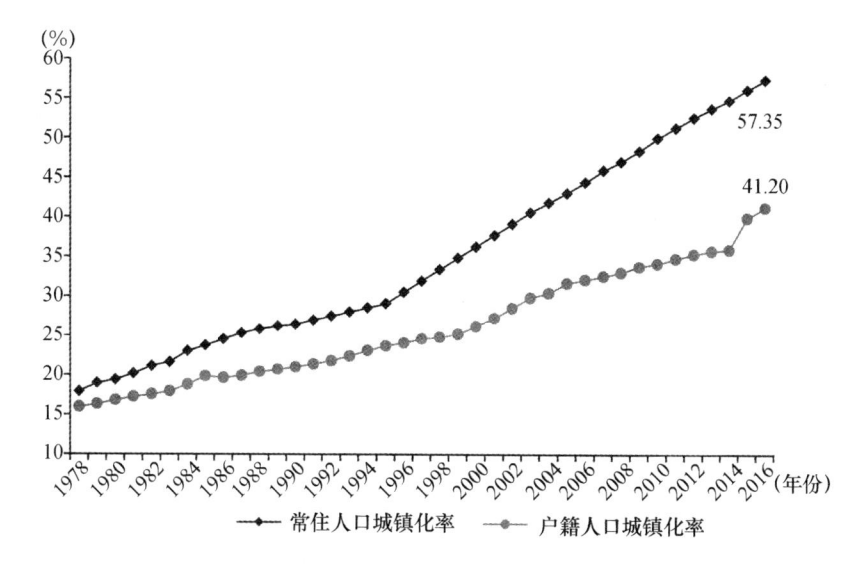

图3 常住人口城镇化率与户籍人口城镇化率

资料来源：历年《中国统计年鉴》,《国家新型城镇化规划（2014—2020年）》,《全国分县市人口统计资料》,《国家新型城镇化报告（2015）》,《国家统计局数据显示2013年中国城镇化率为53.7%》（中国经济网，2014年1月20日）,《努力提升我国真实城镇化率》（《经济参考报》2015年3月9日）,《2016年全国户籍人口城镇化率达到41.2%》（《光明日报》2017年2月10日）。

这个新的"人口城镇化"阶段，城镇化的战略是以人为中心的。具体而言，在东部地区，意味着如何解决流动人口市民化的问题；在广大的中西部地区，则是如何解决农民"就地""就近"城镇化的问题。

从社会学的视角看，研究以人为中心的城镇化与研究以工业和土地为中心的城镇化有很大的不同。对于以工业和土地为中心的城镇化而言，各方互动和博弈所形成的利益和权力格局具有决定性的作用，在中国的政治经济背景下，政府与企业关系的基本框架及其变动非常有助于我们理解前两个阶段中国城镇化道路的基本特点。但是，对于以人为中心的城镇化而言，在国家和农民关系的分析框架下，我们不能简单地将农民工看成如企业、资本或地方政府那样的利益行动主体，而应该从"人"的角度去看待他们。所以说,对于以人为中心的城镇化研究,其本身的视角也应该向以"人"为中心的视角转变。

所谓以"人"为中心,是指应该站在农民、农民工群体自身的角度去理解其行动的逻辑和意义。过去的农民工和流动人口研究,在研究视角上存在两个不够以"人"为中心的缺陷。一个是简单的"劳动力"视角,即将农民工看成完全按照劳动力价格在行业和区域间流动的生产要素,在城镇和乡村的"拉力"和"推力"下,以收入为流动的动力。另一个是简单的"个体主义"视角,即将农民工看成为了追求自身的效用函数或福利最大化而流动的个体性群体。在这种视角下,一个农民工决定去哪里、做什么、做多长时间,都是以个体福利为核心目标的决策。他的这些决策,尽管受到其出身、地域、年龄、教育程度、家庭结构以及社会关系等经济社会特征的复杂影响,但是这些特征都从属于他追求城市收入乃至城市生活方式的这个研究者已经假设成立的"效用"。所以,对于大部分以此为视角的社会学研究而言,无论是使用定量还是定性方法,流动人口在本质上都是"单向迁移"的,社会学研究的对象并非流动人口的流动意愿,而是何种社会经济因素阻碍了他们流动意愿的实现。在这两种研究视角占主流的背景下,社会学的农民工研究极易陷于一种简单化的社会批判的立场——或者批评户籍制度、社会保障制度、义务教育制度对人口留城所造成的屏障,或者批评现有的土地制度对人口流动的阻碍,或者批评地方政府驱赶某些流动人口群体的政策,等等。在很多情况下,这实际上是以研究者对农民工意愿的"假设"代替了他们的真实意愿。在现实中,我们看到的农民工现象是极为复杂的,他们的行为模式往往不符合研究者或者政策目标的"预期"。在东部地区,有些对劳动力需求大的城市往往会出台许多优惠的市民化政策,包括落户、买房的政策,期望外来人口实现市民化。另外,有些追求产业升级和结构转型的城市往往会将以产业工人为主的农民工群体视为"低端产业人口"而驱赶他们,但是结果常常都事与愿违。这些现象说明,基于上述两种视角的"假设"并不是错误的,而是不完备的。那么,农民工流动的意愿除了上述因素之外,还有哪些有待完备的补充呢?

首先,农民工的流动意愿并不是个人的,而是家庭的。在世界上常规的城镇化进程中,人口和产业向城市地区的集中是城镇化的主要内容,一个家庭里首先进城的劳动力,就是举家迁移的探路者和先行军。而在中国几十年的城镇化过程中,大部分流动人口始终处于流动的状态。对于这些流动人口而言,他们是在不断探索"落地"和"落户"的可能性,但是对于他们留守在农村的其他家庭成员而言,他们就是"在外挣钱"的人[1]。十多年飞速发展的"土地城镇化"使大部分打工的农民工和他们的家庭成员意识到,除非发了财或者有特别的机遇,靠打工而"落户"的可能性是很小的,所以现实的选择是靠打工挣下的钱回乡建房。这正是"土地城镇化"阶段农村人口不断减少,但是农村住宅用地不断扩张的深层原因。有些社会学研究表明,农民外出、流动、回乡的意愿是个复杂的家庭决策系统,谁外出、谁留守、谁陪读等是一个复杂家庭结构的分工[2]。

其次,农民工的流动意愿是随年龄和生命历程不断变化的,具有鲜明的代际特征。结婚前的流动意愿是远程、单向、"一去不复返"的,而且多从事服务业行业,追求城市的生活方式[3]。中国

---

[1] 张翼:《农民工"进城落户"意愿与中国近期城镇化道路的选择》,《中国人口科学》2011年第2期。

[2] 李代、张春泥:《外出还是留守?——农村夫妻外出安排的经验研究》,《社会学研究》2016年第5期。

[3] 李强:《影响中国城乡流动人口的推力与拉力因素分析》,《中国社会科学》2003年第1期。

从 20 世纪 90 年代中期开始，经历近三代农民工的更替，每一代农民工的"新生代"都具有以上的特征。但是当他们开始准备结婚时，就需要回到家乡、依靠父母置办房产和彩礼，结婚生子后便以持续的往返流动为主，开始进工厂劳动，成为产业工人的主力军[1]。对于已经有孩子的农民工父母来说，其最大的意愿是孩子的教育，孩子只有将来考上好的大学才能摆脱农民工的命运。当他们进入四五十岁以后，女人返乡，男人成为建筑业的主力。建筑业是劳动力市场上最苦最累的行业，作为主力的中老年男劳动力群体的劳动意愿通常很简单，大都是为了子女的婚嫁。年龄到一定程度后便开始频繁返乡[2]。

这种流动意愿的代际差异，表现在行为上，我们会看到农民工代际鲜明的职业分布与流动模式的差异[3]。随着年龄的增长，农民工群体在行业间、城市间流动，不断地返乡外出，越来越频繁地返乡。这与他们在各自家庭中所担当的分工、扮演的角色有极为密切的关系，他们是为人子女、为人夫、为人妻、为人父母、为人祖父母，随着越来越年长，上代以下代的抚养、教育、婚姻为重，逐渐变成自己的工作和生活的目标。

最后，农民工的"落地"和"返乡"呈现出"层级分流""层级沉淀"的情况。所谓层级，是指分层次、分区域、分类型，表现出不同的"落地"和"返乡"模式。对中国人来说，买房是生活的核心问题，同样，对于大部分农民工来说，"房子"是落地的核心问题，而且"房子"大多是为子女准备的。少数较高收入

---

[1] 白南生、李靖：《农民工就业流动性研究》，《管理世界》2008 年第 7 期。
[2] 韩俊、崔传义、金三林：《现阶段我国农民工流动和就业的主要特点》，《发展研究》2009 年第 4 期；国家统计局住户调查办公室：《新生代农民工的数量、结构和特点》，《数据》2011 年第 4 期。
[3] 卓玛草：《农民工留城意愿再研究——基于代际差异和职业流动的比较分析》，《人口学刊》2016 年第 3 期。

的群体会举家迁移到东部城市"落地";中等收入的群体则会在家乡城镇、县城买房;低收入群体则会在家乡村庄翻盖新房[①]。

由此我们可以看到,"人口城镇化"阶段的核心问题无疑是流动人口的"沉淀"和"落地"问题,但是在哪里"落地"却是一个尚不清楚的问题。东部地区的城市并非流动人口的主要归宿这是毫无疑问的,但无论东部地区的城市是接纳也好,还是排斥也好,流动人口的主体随着年龄的增长以代际替换的方式逐次"返乡"是这个阶段的主流。返乡并非简单地"返回乡村",更多的是返回家乡的乡镇、县城,而且"返乡"是以"流动"的方式,随着年龄的增长逐渐实现的,这正是"返乡人口"难以统计,研究界至今也缺乏数量研究的原因所在。这种"流动返乡"的行为方式,"回乡不回村"从事地方特色产业和非农产业的现象,预示着"人口城镇化"的未来前景。未来的"城乡融合"也是通过这些流动性返乡的人实现的融合,城市的生产、生活方式和精神文化通过这些流动的人群传播到乡村,乡村从一个"乡土中国"走向"城乡中国"[②]。

强调以"人"为中心来研究人口城镇化,实际上是为了补充学术界相对忽视家庭和文化对流动人口群体深层次影响的研究缺憾。事实上,看不到家庭和文化的作用,就很难看到城镇化过程中人口流动所体现出来的中国特色。中国城镇化过程中的人口流动,其规模之巨、历时之久,是世界历史上从未有过的。人口流动成为城镇化的正面推进力量而不是负面的破坏力量,除了国家政策之外,文化和家庭所起的作用是不容忽视的。费孝通先生曾说,"我看到了一个稳定的因素,那就是在新兴城市打工的民工,

---

① 苏祯:《农民进城落户意愿调查分析》,《党政干部参考》2013 年第 12 期。
② 刘守英:《从"乡土中国"到"城乡中国"》,《中国乡村发现》2016 年第 6 期。

每人几乎都有一个家在内地。……农民有家可归的社会基础，就是以农户为基础的联产承包责任制和我们中国特别密切的传统家属关系，发生着西方人士所不易理解的社会保险的巨大力量"[1]。费孝通先生写这段话的时候，民工潮才刚刚兴起，人口只有几千万；20年之后，流动人口规模已经两亿多，这段话仍然适用于当前的国情。在流动的农民工中，举家外出的只占1/5左右[2]，流动人口的主体可以说处于一种"妻离子散"的状态，但是恰恰是这种状态显示出家庭所蕴含的力量。这种力量当然来自中国的文化传统，仍然用费孝通先生的话来说，就是"一个人不觉得自己多么重要，要紧的是光宗耀祖，是传宗接代，养育出色的孩子"[3]。"养育出色的孩子"，支撑着中国城镇化中外出农民工的基本意识。

以上是对城镇化中流动人口现状的一些社会学意义上的认识。流动人口的这些特征，与中国特色的"土地城镇化"道路密切相关，这也给进入"人口城镇化"阶段的国家发展战略提出了巨大的挑战。要解决这个阶段的主要问题，国家和农民关系的调整和重新定位无疑是其中的关键所在。具体而言，就是农民要从国家工业化和城镇化过程中利益受损者、受冲击者的角色变为城镇化的真正受益方。实际上，这正是新时代中国特色社会主义思想的主要内容之一。

四 余论：城镇化的中国特色

城镇化过程中的中国特色，从表面上看起来是零散的。其中

---

[1] 费孝通：《浦东呼唤社会学》，《费孝通全集》第15卷，内蒙古人民出版社2009年版，第285页。
[2] 参见2008—2013年国务院《全国农民工监测调查报告》。
[3] 费孝通：《关于"文化自觉"的一些自白》，《费孝通全集》第17卷，内蒙古人民出版社2009年版，第348页。

最为突出的部分如"异军突起"的乡镇企业、"三位一体"的城市建设模式、持续增长而延绵不断的流动人口等，都是世界历史上城镇化过程中独一无二的现象。本文通过回顾和考察中国自改革开放以来的城镇化道路，将城镇化过程分成三个阶段以求获得对城镇化中国特色的整体性理解。总结起来看，三个阶段各自面对不同的发展任务，各自解决了不同的问题，有各自不同的主题，体现了中国"渐进式"改革的特点，我们可以概括为"接力式发展"的城镇化。

"工业城镇化"阶段，利用计划经济的一些"集体"特征和积累的大量剩余劳动力，在农村就地以低成本实现了快速的工业化。由于乡镇企业的"集体性质"，其发展过程中极大地利用了地方政府的资源优势，一举建立了中国制造业的工业基础和原始积累，为中国在下一阶段成为"世界工厂"奠定了基础。但是这个阶段"集体+农村+工业"的快速发展遗留下城市建设滞后的问题，这构成了"土地城镇化"阶段的发展主题。这个阶段，在分税制对地方政府带来的巨大财政压力下，在城市住房制度改革与中国加入世界贸易组织的背景下，地方政府发展出了一套高效的土地、财政和金融"三位一体"的城镇化模式，解决了城市建设中公共投入的资金瓶颈约束，也刺激了商业和住宅的开发，这带来了城市空前的高速发展。以"土地"为中心的快速发展，一方面造就了日新月异的城市面貌，另一方面也带来了空前规模的民工潮。由于土地运作所伴随的高房价、高地价和高生活成本，这些城市建设和工业化的主力军难以在城市"落地"，所以我们会看到一系列的矛盾现象：城市一方面高楼林立，景观壮阔，另一方面又存在一些人气不足的"空城"；高成本的城市与低收入的人群形成了鲜明的对比。解决"人"和"人气"的问题就构成了"人口城镇化"阶段的主题。总结三个阶段的发展，可以说它们分别解决的是"钱""地""人"的问题，其成就和问题首尾衔接，环环相扣，是一场关于"钱""地""人"的接力式发展。

这个接力式发展的背后是政府主导，这是中国城镇化道路背后最本质的中国特色。通过本文的分阶段考察，我们可以发现，所谓政府主导并不是政府指令、政府操办，而是在以政府为主的一系列"关系"的互动中完成的。结合本文考察的城镇化，我们可以发现三对关系即政府和企业关系、中央和地方关系、国家和农民关系及其彼此之间的关系是我们理解城镇化发展的锁钥。在这些关系中，每个阶段又各有其主导性的关系。在"工业城镇化"阶段，政府和企业关系是主导，"放水养鱼""养鸡下蛋"的政企关系不但繁荣了企业，实现了快速工业化，而且也改变了政府的组织和管理结构，出现了政府间竞争的"公司化"倾向，这成为理解中国改革开放几十年实现持续高速增长的基本因素。在"土地城镇化"阶段，中央和地方关系是主导，其关系的核心内容从"税收"变为"土地指标"，中央力图通过控制土地来控制城镇化的速度和方向，这也引发了一系列政府和企业关系、国家和农民关系的变化。自2008年后出现了大量的"农民上楼""资本下乡"的新现象，都需要从这些关系中进行理解。在"人口城镇化"阶段，也就是"新型城镇化"阶段，国家和农民关系是主导，农民在经历了"失地""上楼""打工"等多重波折之后，成为这个发展阶段国家民生政策的主要对象。城镇化的道路还很漫长，以"人"为中心的城镇化才刚刚展开。

总结城镇化的发展道路，我们看到这些中国特色的形成，其中既有计划经济的遗产，也有传统文化的要素，更有新时期坚持走中国特色社会主义道路的精神指引，是多种因素相结合的产物。

就国家和农民的关系来看，流动人口的规模仍然非常巨大，农村的空心化和衰落的态势已经显露出来，如何改善民生、振兴乡村，是城镇化过程中更为艰巨的任务。

人口流动与农业转移人口市民化

江立华[*]

在人类文明的历史进程中,实现由农业社会向工业社会的转型,必然伴随着产业结构和城乡结构的转换,必然伴随着农业人口向城市人口的转换。改革开放以来,快速的工业化、城镇化和市场化加速了城乡关系的变动,数以万计农业转移人口在不断放松束缚的制度变革中开始跨越城乡的边界,带动人口的空间再分布和身份的再定位,这无疑成为中国建设现代化强国面临的巨大挑战。

《国家新型城镇化规划(2014—2020年)》指出,中国"被统计为城镇人口的2.34亿农业转移劳动力及其随迁家属,未能在教育、就业、医疗、养老、保障性住房等方面享受城镇居民的基本公共服务,难以融入城市社会,市民化进程滞后"。截至2017年年底,中国过半的人口居住在城镇地区,常住人口城镇化率达58.52%,但户籍人口城镇化率仅达到42.35%,[①]也就是说存在

---

[*] 江立华,华中师范大学社会学系教授。
[①] 国家统计局:《中华人民共和国2017年国民经济和社会发展统计公报》,2018年2月28日,国家统计局官网(http://www.stats.gov.cn/tjsj/zxfb/201802/t20180228_1585631.html)。

16.2%的农业转移人口，未能真正实现市民化。城市农业转移人口的就业、居住、社会保障等问题受到广泛关注，城市承载的市民化压力问题突出。

农业转移人口，就其主体而言是指不与农村土地发生直接的生产关系，从事非农产业但又仍然具有农民身份的群体。相较于仍然从事农业生产的传统农民，该群体更多地与现代化和市场化发生关联。由于中国的二元社会经济体制，他们的诸多合理权利和诉求往往难以得到保障和实现。尽管这个群体内部发生了分化，在职业类别、个人禀赋和理想追求等方面存在巨大差异，但他们都共同面临着生活方式的转变，在平等的就业权、公平的教育权与市场准入权、同等的社会保障权和社会参与权等方面有着更为强烈的诉求。因此，党的十九大提出，要"以城市群为主体构建大中小城市和小城镇协调发展的城镇格局，加快农业转移人口市民化"。由此需要解决一系列重大问题，包括如何处理农业转移人口与土地的关系；如何处理不同群体权益缺失和诉求的多样性与统一性问题，这需要顾及当前农业转移人口内部分化较大的现实情况；如何处理国家政策制度与农业转移人口的能动性和积极性的问题，即如何处理"赋权"与"自我增权"之间的关系问题；如何解决农业转移人口市民化的财政投入机制及组织领导体制问题，以及需要中央、地方及基层政府在体制上、政策上、职能上及行政方式上做出哪些转变；如何规划农业转移人口在生存权、发展权、保障权等诸多方面的制度和政策支持问题；如何发挥国家角色、市场力量与社会力量在农业转移人口市民化中的作用问题；等等。回顾农业转移人口向城市流动40年的历程，系统梳理农业转移人口管理理念、体制及其经济社会背景的变化历程，回顾农业转移人口政策的"融合之路"，能帮助我们提出促进农业转移人口市民化的新构想以及体制机制改革的可行对策。

一 农业转移人口概念的变迁

对于流动于城乡之间的这个群体,人们给予了不同的称谓,在政府文件、大众传媒、学界术语和百姓口语中使用的名称多达数十种,如"流动人口""外来人口""流入人口""外来流动人口""暂住人口""外来务工人口""盲流""打工者""打工仔""打工妹""自发迁移人口""流迁人口""暂时迁移人口""农民工""民工""进城务工人员""进城务工就业农民""城市新移民"等。

20世纪90年代初期,国家政策法规正式使用"农民工"一词,明确城市中全民所有制和集体所有制企业中的城市户口"工人"与"农民工"的区别。《国务院关于解决农民工问题的若干意见》认为,农民工是指"户籍仍在农村,主要从事非农产业,有的在农闲季节外出务工、亦工亦农,流动性强,有的长期在城市就业,已成为产业工人的重要组成部分"。王春光认为,应该从职业、制度身份、劳动关系和地域四个层面认识和界定农民工。国务院研究室农民工课题组指出,"农民工"是中国经济社会转型时期的特殊概念,是指户籍身份还是农民、有承包土地,但主要从事非农生产、以工资为主要收入来源的人员。

"农业转移人口"这一称谓最早可追溯到2009年12月召开的中央经济工作会议,会议提出,"要把解决符合条件的农业转移劳动力逐步在城镇就业和落户作为推进城镇化的重要任务……"随后,"推进农业转移人口市民化"在中共中央和国务院有关文件以及国家一些领导讲话中多次出现。2012年11月召开的中国共产党第十八次全国代表大会明确提出"加快改革户籍制度,有序推进农业转移人口市民化,是促进工业化、信息化、城镇化和农业现代化相互协调、共同发展的重要举措"。2017年习近平总书记在党的十九大报告中指出：过去5年，中国城镇化率年均提高1.2个百分点，8000多万农业转移人口成为城镇居民，下一步要"以城市群为主体构建大中小城市和小城镇协调发展的城镇格局，加快农业转移人口市民化"。

目前对于农业转移人口内涵的研究不多，从文字所包含的内容看，在"农业转移人口"中，"农业"是指包括农、林、牧、渔在内的第一产业，与"人口"搭配反映出这一群体的身份，即为中国户籍划分中的农业人口；"转移"体现了该群体所在地域的转换，即由农村转移到城镇，且既有就地转移，也有异地转移。但农业转移人口的内涵比农民工的内涵丰富，既有农业转移劳动力，又包含农村非劳动适龄人口。

城市蓝皮书《中国城市发展报告》分别从广义和狭义的角度讨论农业转移人口的内涵。从狭义来看，农业转移人口是对"农民工"概念的替代。相对而言，"农业转移人口"较为含蓄和中性，关注的重点在于农业人口从农村向城镇转移，进而逐步成为城镇居民的过程；以"农民工"为代表的多个称谓直接体现的是进城务工人员的身份和职业，在日常使用中始终带有一定的歧视色彩。从广义来看，农业转移人口具有两个方面的含义：一是指从农村转移到城镇的，如进城务工经商人员、随迁家属、失地农民等；二是从农业转移到非农业的，包括进城务工经商及进入城镇就业和在农村从事非农产业的。

二 农村人口向城市流动的历程

（一）"离土不离乡"时期（1984—1991年）

改革开放以前形成的城乡二元社会制度是中国城乡人口流动

的基本制度背景。中国的城乡二元社会制度形成于20世纪50年代。其基本特征：一是城乡分治，即实行"一国两策"，为城市居民提供就业、粮食供应、社会保障、教育等方面的一系列优越待遇，而农村居民则几乎不享受任何福利待遇；二是城乡隔离，即通过户籍制度、粮油统购统销制度和人民公社制度等，严格限制农村人口向城市流动和迁移。

1979年以来，随着重工业优先发展战略退出历史舞台，以及以市场化为取向的经济改革的推行，中国限制"乡—城"人口流动的城乡隔离制度开始松弛。第一是人民公社制度走向终结，家庭联产承包责任制在农村普遍实施，使农民获得了生产经营自主权，这为农村劳动力进城就业提供了可能。第二是农产品统购统销制度逐步废除，商品性粮食的供应量不断增加，使得农民进城不再会因为无法获得口粮而无法在城市生存，消除了农村人口向城市流动的一大障碍。第三是户籍制度逐步松动，国家逐渐放松了对农民进城和流动的限制。同时，农村经济体制改革促进了农业劳动生产率的迅猛提高，导致原先隐藏于集体经济制度的农村剩余劳动力得以显现出来并急剧增加，亟须向非农产业和城市转移。

随着中国乡镇企业的异军突起，农村经济结构发生了重大改变，国家开始提倡农民"离土不离乡，进厂不进城"，并逐步放宽了对农民进城的限制（尤其是在小城镇）。1984年国家启动了城市经济体制改革，城市二、三产业迅速发展，对劳动力产生了巨大需求。特别是在东南沿海地区，得益于国家的对外开放政策，"三资"企业和"三来一补"企业迅速发展，对劳动力提出了旺盛的需求。城市经济体制改革开始之后，国家还放宽了对发展个体经济、私营经济的限制，由此引发了城市体制外就业空间的发育和扩大。这些经济变革大大增加了城市经济建设所能提供的就业机会，为农村人口大量涌入城市就业提供了必不可少的经济条件。在这种背景下，国家开始逐步放松对农民进城的限制，使得大量农民在无城市户籍的条件下进入城市就业、居住。为此，1985年7月13日，公安部颁布了《关于城镇暂住人口管理的暂行规定》，决定对流动人口实行《暂住证》《寄住证》制度，允许暂住人口在城镇居留[①]。但与城乡户籍身份相联系的就业、社会保障、教育和居住等方面的城乡分治政策在很大程度上得到了延续。此后这一群体规模日益庞大。农民开始利用已有的改革环境，去冲击城乡隔绝的旧体制和传统的工业化战略，形成年盛一年的农村劳动力的异地转移，即所谓"民工潮"。据统计，1989年，全国外出务工农业转移劳动力达到了3000万人[②]。

这一时期，人口流动的特点主要表现在：第一，呈现出短距离的"离土不离乡"形式。以省内迁移为主，且主要集中在乡镇内。这主要是因为这一时期乡镇企业发展迅速，增速最快时年均增长达30%。1984年年末乡镇企业606万家，到1991年，乡镇企业数目达到1900多万家，就业人员0.96亿人，其中就地转移的农村劳动力占转移劳动力总数的60%，异地转移只占40%。

第二，规模增长快。流动人口从1983年的535万人，上升到1992年的1.1亿人，后者大约是前者的21倍。1984—1988年，由于乡镇企业的迅速发展，中国农村劳动力转移数量大量增加，每年转移的农业劳动力都在450万人以上，农业劳动力年平均转移率达到了2.63%以上。特别是1984年和1985年，每年转移的农业劳动力数量更是在1100万人以上，年均转移率超过了3.8%。

第三，转移方式以兼业为主。外出打工的农村劳动力绝大多

[①] 王海光：《当代中国户籍制度形成与沿革的宏观分析》，《中共党史研究》2003年第4期。
[②] 国务院研究室课题组：《中国农民工调研报告》，中国言实出版社2006年版，第3页。

数都未放弃原有的承包土地,他们农忙时在家务农,农闲时外出打工。

第四,人口特征上,男性所占比例明显高于女性,在省际迁移人口中尤为明显。年龄多集中在15—30岁的青壮年人口中,该群体占总体的65%左右。流动的地域选择主要遵循"临近优先"原则。迁入地主要集中在东部沿海各省市,其中广东迁入人口占比最高。迁出地主要集中在四川、湖南、河北等地,其中四川流出人口占比最高。

表1　改革开放以来主要年份外出务工的农业转移劳动力数量(万人)

年份	国家统计局调查数据[①]	农业部调查数据[②]	其他估算结果	其他估算结果来源
1983	—	—	200	《中国农民工调研报告》
1989	—	—	3000	《中国农民工调研报告》
1993	—	—	6200	《中国农民工调研报告》
1995	7000	—	—	—
1997	—	—	3890.3	劳动和社会保障部调查[③]
1998	—	—	4935.5	劳动和社会保障部调查
1999	—	—	5203.6	劳动和社会保障部调查
2000	7849	—	6133.4	劳动和社会保障部调查
2001	8399	8961	—	—
2002	10470	9430	—	—
2003	11390	9820	—	—
2004	11823	10260	—	—
2005	12578	10824	—	—
2006	13181[④]	11490	—	—
2007	—	12600	—	—

续表

年份	国家统计局调查数据	农业部调查数据	其他估算结果	其他估算结果来源
2008	14041	—	—	—
2009	14533	—	—	—
2010	15300	—	—	—
2011	15863	—	—	—
2012	16336	—	—	—
2013	16610	—	—	—
2014	16821	—	—	—
2015	16884	—	—	—
2016	16934	—	—	—
2017	17185	—	—	—

注：①国家统计局每年都对全国31个省（自治区、直辖市）6.8万个农村住户和近7100个行政村进行抽样调查，调查口径为该年度内在本乡以外的地域就业1个月以上的农村劳动力。2009年统计样本扩大。②农业部全国农村固定观察点系统每年对全国30个省（自治区、直辖市）的20084个农户进行两次调查，调查口径为该年度内在乡镇之外从业3个月以上的农村劳动力。③劳动和社会保障部调查口径为该年度内在乡镇之外就业的农村劳动力，时间未限定。④本数据为第二次全国农业普查数据，与当年抽样调查数据13212万人有一定差异，误差率为0.2%。

（二）"离土又离乡"时期（1992—2001年）

1992年，以邓小平同志"南方谈话"和党的十四大为标志，中国的改革开放和现代化建设进入了新的阶段。"四小龙"产业的转移，外企、外资的大举进入，东部地区乡镇企业的成功转型，使东南沿海地区经济快速发展，创造了丰富的劳动就业机会。同时，国有企业改革的全面推进，城市民营经济的迅速发展，特别是在原来的计划经济体制下发展相对薄弱的城市建筑业、饮食服务业等部门开始得到迅速的增长，对劳动力需求大量增加。因此，中西部农村剩余劳动力大量向东部城市和乡镇迁移。根据1995年

1% 人口抽样调查资料，1995 年半年以上的跨乡、镇、街道的流动人口已经达到 7073 万人，其中从农村迁出占 60%。

20 世纪 90 年代后期，受亚洲金融危机的影响，中国经济增速回落，就业容量下降。一方面城市人口就业问题逐渐突出，国有企业开始出现大量下岗人员，仅 1999 年和 2000 年就有 1800 万失业和下岗职工。下岗人员再就业矛盾尖锐。另一方面乡镇企业吸纳就业增幅下降。尽管国家采取积极的财政政策和新一轮户籍制度改革，"居住证"新政也打开了农业转移劳动力入迁城市居住之门，但在城乡分割体制未消除、经济就业吸纳能力有限的情况下，一些城市为安排国有企业下岗、失业人员就业，开始采取了更为严格的准入制度。种种原因导致中国农业劳动力转移在总规模不断扩大的同时，速度上出现逐步放慢的趋势。

这一时期，农业劳动力转移主要表现为以下特征：第一，外出务工取代乡镇企业的就地转移，成为中国农业劳动力转移的主要方式。同上一阶段相比，本阶段劳动力转移不仅规模空前，数量增加到 1 亿多人，而且跨县及省际的流动比例大大提高，以"离土又离乡"形式为主。省际劳动力转移整体呈现由西向东阶梯状分布。根据国家统计局农村社会经济调查总队的数据，传统意义上的乡镇企业的稳定就业劳动力有所下降，2000 年全国农业劳动力转移人数为 11340 万人，其中农业转移劳动力在本乡内就业的比例为 45.9%，在城镇就业的比例为 65.8%。[①] 而据 2000 年第五次人口普查显示，离开户籍所在地半年以上的人口为 1.2 亿，其中农业转移劳动力有八九千万。

---

① 劳动保障部培训就业司、国家统计局农调队：《2000 年中国农村劳动力就业及流动状况》，2002 年 9 月 2 日，中国就业网（http://www.chinajob.gov.cn/DataAnalysis/content/2002－09/02/content_342379.htm）。

第二，农业劳动力转移速度呈现缓慢下降趋势。改革开放以来，中国农业劳动力转移经历了两个高潮期：一是1984—1988年，转移农业劳动力的数量平均每年达到1100万人，年均增长23%；二是1992—1996年，平均每年转移农村劳动力超过800万人，年均增长8%。1997年以来，农业转移劳动力数量的增长速度呈逐年下降趋势，1997—2003年年均转移500万人左右，年均增长约4%。[①]

第三，在流向上，跨省迁入和迁出地集中度进一步提高，流入重心向东部沿海和新疆地区偏移。人口净流入呈现"离土又离乡"的特点，东南沿海占比达到80%以上，开始形成京津冀、珠三角、长三角和新疆"四大迁入圈"。且浙江、上海和福建净流入人口占比加大。人口净迁出以四川、湖南、安徽、江西和河南为主，占比达到70%以上。

第四，亿万农民从田间、乡村进入工厂、城市，用辛勤的劳动推动工业化、城镇化快速发展。根据2000年第五次人口普查资料，农业转移劳动力在第二产业从业人员中占58%，其中在加工制造业占68%，在建筑业中占80%，在第三产业从业人员中占52%。[②]

（三）"离土不回乡"时期（2002年至今）

2001年中国加入WTO之后，出口的迅猛增长不仅为劳动密集型部门和制造业部门创造了新的就业机会，而且通过新一轮经济增长，也为服务业部门提供了新的就业机会，城市就业形势发生

[①] 《我国农村劳动力转移速度有所放慢》，2004年5月26日，安徽农网（http://www.ahnw.gov.cn/2006nwkx/html/200405/%7B6FE46A79-8B03-436D-BBFD-3CFF8ADF425F%7D.shtml）。

[②] 《国务院研究室发布报告：我国农民工正发生3大转变》，2006年4月16日，中国政府网（http://www.gov.cn/jrzg/2006-04/16/content_255157_2.htm）。

根本性的好转①。从 2004 年春天开始，沿海地区甚至一些中西部城市普遍都出现了严重的"民工荒"。各地因而纷纷取消了针对农业转移劳动力的各种就业歧视。这使得农业转移劳动力城市就业的经济和制度环境都大为改善。

从 2007 年开始，由于国际环境不景气，国内能源、原材料价格上涨，劳动力成本上升以及人民币升值等原因，珠三角和长三角地区的劳动密集型制造业开始面临一场前所未有的危机，许多企业出现了关停倒闭，一些台资、港资企业迁往了越南、印度尼西亚等劳动力成本更低的国家②。进入 2008 年，国际金融危机的爆发给中国沿海地区的出口导向型产业带来更沉重的打击，更多的企业陷入了大幅减产、裁员或倒闭的境地。据人力资源和社会保障部课题组的数据，金融危机导致中国企业现有就业岗位大约减少 8%，城镇失业率同比上升 0.2%，其中受影响最大的就是农业转移劳动力和城市困难群体③。该年下半年引发了较大规模的农业转移劳动力返乡。2009 年第二季度后农业转移劳动力就业较快恢复，但就业的地域结构、行业结构、总体供求关系都在发生深刻的调整。

这一时期农业劳动力转移的主要特征是：第一，从流向看，主要流入地和流出地泾渭分明。东部沿海和新疆 10 个省份为主要流入地，长江以南中西部 10 个省份为主要流出地。流入地开始有

---

① 王德文、蔡昉、高文书：《全球化与中国国内劳动力流动：新趋势与政策含义》，国务院研究室课题组《中国农民工调研报告》，中国言实出版社 2006 年版，第 513 页。

② 《多重因素导致发达地区部分企业生存压力加大》，2008 年 5 月 15 日，新浪网（http://finance.sina.com.cn/roll/20080515/07392219393.shtm）；《迁移，还是升级？"广东制造"遭遇"成长的烦恼"》，2008 年 8 月 21 日，南方网（http://news.southcn.com/gdnews/nanyuedadi/content/2008-08/21/content_4555738.htm）。

③ 人力资源和社会保障部课题组：《中国就业应对国际金融危机研究报告——我国就业面临的挑战和机遇》，《中国劳动》2009 年第 11 期。

所分散，由广东珠三角向长三角和环渤海地区扩展，东部沿海二三线城市对人口吸引力加大。

第二，从流动群体的特征看，"80后""90后"新生代所占比重越来越大。他们与第一代相比发生三大转变。一是受教育水平较高。第二次全国农业普查报告显示，农业转移劳动力初中文化程度占70.1%，高中文化程度占8.7%，比以前高出8.5个百分点和2.0个百分点。数据统计显示，2005—2013初中及以下文化程度的农业转移劳动力由2005年的83.5%下降到76.3%，高中以上文化程度由16.5%上升到23.7%。其中新生代农业转移劳动力中高中及以上文化程度占36.4%。同时，他们接受过职业培训的人员比例不断上升，年轻化、知识化、技能化趋势明显。二是丧失农业劳动技能。新生代农业转移劳动力外出务工平均年龄在降低，他们虽然在户籍上属于农民，但实际上离开学校之后很少参加农业劳动，无法胜任农业生产。三是对家乡的情结弱化。思想观念、生活习惯、行为方式已趋于城镇化。由此带来三个转变：从亦工亦农向全职非农转变；从城乡双向流动向融入城市转变；从寻求谋生向追求发展转变。

第三，21世纪以来，农村劳动力供求关系进入重要转折期，农业转移劳动力数量增长稳中趋缓。2002—2008年，全国外出就业农业转移劳动力数量年均增长595万人，年均增长5%左右，低于20世纪90年代的平均增速（15%），进入稳定增长阶段。虽然总体上农村劳动力仍然富裕，但结构性供求矛盾开始突出，农村劳动力供求关系正从长期"供过于求"转向"总量过剩、结构短缺"。表现在劳动力市场上则外化为熟练技术工人和35岁之下普通工人的"双紧缺"，其中普工尤为紧缺。

第四，人口流向区域，开始向纵深、均衡化方向发展。随着国家产业结构和区域经济布局的调整，西部大开发、中部崛起政策的深入实施,以及沿海地区劳动密集型产业向中西部转移,人口流向区域进一步扩大。外出农业转移劳动力的就业地虽然仍以东部地区为主,但人口省内流动、县市流动比例也明显增加。中西部地区省会城市对省内人口吸引力加大。

总之,从历史轨迹看,改革开放以来,正是中国产业结构的调整、经济的持续高速增长,特别是劳动密集型产业的迅速发展,为庞大的农业转移劳动力群体提供了城市就业的机会。而当宏观经济形势陷入低落时,农业转移劳动力的就业处境就会比较困难,有的被迫返回农村。

三 政府的政策选择

改革开放以后,随着人口流动规模的不断扩大,政府开始关注农业转移劳动力问题,并强调对其进行管理。进入21世纪以来,随着农业转移劳动力问题作为"总体性社会事实"对社会各个领域、各个层面的辐射作用以及所造成的广泛影响,政府管理的理念和方式方法也在不断发生变化。在管理上大致可以分为三个时期。

(一) 防范型管理 (1978—2001年)

1978年以后,随着城市和农村经济体制改革不断深入,城乡严格分割的户籍、行政管辖政策有所松动,政府允许农民自理口粮进入城镇务工经商,商品要素市场也得到迅速发展,促进了农业转移劳动力队伍的壮大,"劳动力移民"问题开始引起社会的广泛关注,政府开始实施干预,严格禁止农业转移劳动力跨地域盲目流动。具体政策措施主要有:一是积极动员准备外出异地流动的农民按照国家的积极政策,坚持就地转移就业。二是到车站、码头等现场劝阻外出异地寻找工作的农民。三是在国有企事业单位清理临时工,对盲目流动的农民实行收容遣送。这些措施的实施通常采取铁路与地方政府条块结合,流入地与流出地政府结合,以及跨地域合作的方式进行。①

1984年中央1号文件明确"允许务工、经商、办服务业的农民自理口粮到集镇落户"。1984年10月,《国务院关于农民进入集镇落户问题的通知》规定,凡在集镇务工、经商、办服务业的农民和家属,在集镇有固定住所,有经营能力,或在乡镇企事业单位长期务工,准落常住户口,口粮自理〔其标志是1985年中央1号文件和1987年的中国共产党政治局通过的《把农村改革引向深入》决议(允许农村剩余劳动力向劳动力紧张地区流动)和公安部的一个《暂行规定》〕②。1985年以后,在农民的流动问题上,国家开始实行有条件控制的基本政策。

一是设置流动门槛。对可以允许流动人口跨地域流动就业的地区、行业与时间做出规定,禁止流动人口在政策范围外盲目流动。

二是规范流动行为。公安部《关于城镇暂住人口管理的暂行规定》规定,对流动人口实行《暂住证》《寄住证》制度,允许暂住人口在城镇居留,这些规定对《中华人民共和国户口登记条例》中关于超过3个月以上的暂住人口要办理迁移手续或动员其返回常住地的条款,作了实质性的变动。在实践中有一套具体的

---

① 《国务院办公厅严格控制民工外出的紧急通知》(1989年3月2日)、《民政部、公安部关于进一步做好控制民工盲目外流的通知》(1989年4月10日)、《国务院批转人口普查领导小组、公安部关于在第四次全国人口普查前进行户口整顿工作报告的通知》(1989年12月8日)。转引自宋洪远等《改革以来中国农业和农村经济政策的演变》,中国经济出版社2000年版,第366页。劳动和社会保障部:《关于切实做好春节后控制民工盲目外出的紧急通知》,2000年2月13日。

② 中共中央文献研究室编:《十一届三中全会以来重要文献选读》,人民出版社1985年版,第811页;国家工商行政管理局个体经济司编:《个体工产业政策法规汇编》,经济科学出版社1987年版,第459页。

制度，主要是对农业转移劳动力的流动行为进行包括暂住证、婚育证、外出务工证、身份证等在内的证件管理。[①] 对证件不全者或无证人员，采取罚款、补办证件或强制遣送等措施。

1993年11月3日，劳动部下发了《关于印发〈再就业工程〉和〈农村劳动力跨地区流动有序化——"城乡协调就业计划"第一期工程〉的通知》，提出要实现主要输入、输出地区间的农村劳动力流动就业有序化，即输出有组织，输入有管理，流动有服务，调控有手段，应急有措施。11月中旬的党的十四届三中全会又通过了《中共中央关于建立社会主义市场经济体制若干问题的决定》，指出："允许农民进入小城镇务工经商，发展农村第三产业，同时要发展劳动力市场，鼓励剩余劳动力转移并在地区间有序流动。"1994年11月17日，劳动部颁布《农村劳动力跨省流动就业暂行规定》，这是国家关于农村劳动力跨地区流动就业的第一个规范化文件，开始实施以就业证卡管理为中心的农村劳动力跨地区流动就业制度。1997年6月，国务院批转公安部《关于小城镇户籍管理制度改革的试点方案》。根据此方案，已在小城镇就业、居住，并符合一定条件的农村人口，可以在小城镇办理城镇常住户口。同年11月25日，国务院办公厅转发了劳动部等部门《关于进一步做好组织民工有序流动工作的意见》，提出鼓励和引导农村剩余劳动力就地就近转移；加强劳动力市场建设，把农业转移劳动力流动的管理服务工作纳入经常化、制度化轨道；把组织农业转移劳动力有序流动工作落到实处。

1998年8月，国务院批转公安部《关于当前户籍管理中几个突出问题的意见》，主要规定：实行婴儿落户随父随母志愿的政

[①] 温锐、游海华：《劳动力的流动与农村社会经济变迁》，中国社会科学出版社2001年版，第296页。

策；放宽解决夫妻分居问题的户口政策；投靠子女的老人可以在城市落户；在城市投资、兴办实业、购买商品房的公民及其共同居住的直系亲属，符合一定条件可以落户。2000年1月10日，劳动与社会保障部办公厅下发了《关于做好农村富余劳动力流动就业工作的意见》，提出要促进劳务输出产业化，发展和促进跨地区的劳务协作，开展流动就业专项监察，保障流动就业者合法权益。国务院提出清理和取缔了不少对外来人口的收费项目。

2001年3月15日，九届全国人大四次会议批准通过了《中华人民共和国国民经济和社会发展第十个五年计划纲要》，政府又提出"打破城乡分割体制，逐步建立市场经济体制下的新型城乡关系，改革城镇户籍制度，形成城乡人口有序流动的机制，取消对农村劳动力进入城镇就业的不合理限制，引导农村富余劳动力在城乡、地区间有序流动"。

（二）保障权益（2001—2012年）

进入21世纪以后，国家关于农村劳动力移民的就业政策已开始发生积极的变化。这些变化有两个主要特点：一是突出强调城乡统筹就业；二是积极推进相关方面的配套改革。其目的就是为劳动力移民在就业、保障、户籍、教育、住房、卫生、小城镇建设等多个方面提供制度性保障。自2001年10月1日起，中国开始以2万多个小城镇为重点推行户籍制度改革试点，但实施范围主要限于县级市市区、县人民政府驻地镇及其他乡镇所在地，而且必须是在上述范围内有"合法固定住所"和"稳定职业或生活来源"的人员及其共同居住生活的直系亲属，才可根据本人意愿办理城镇常住户口。这标志着制约中国农民向城市移民长达50年之久的户籍制度终于开始解体了。与此同时，石家庄市在全国省会城市中率先宣布全面拆除户籍藩篱，紧接着，许多大中城市纷纷效仿。

在流动人口的管理与服务方面,党的十六大以后发生了质的变化。2002年,党的十六大报告明确提出:"农村富余劳动力向非农和城镇转移,是工业化和现代化的必然趋势。"国家对农业转移人口的认识发生了明显变化,社会政策开始调整。政策的目标是在以人为本的科学发展观的指引下,实行城乡统筹,保护农业转移人口的利益,逐步解决农民入城的问题。[①]

2004年1月,中央1号文件再次强调,"进城就业的农民已成为我国产业工人的重要组成部分",这说明中央政府承认了农业转移劳动力的工人阶级属性和重要地位。在农业转移人口子女教育问题上明确规定:流入地政府负责其子女接受义务教育工作,以全日制公办中小学为主;要减免有关费用,做到收费与当地学生一致;要切实把农业转移人口子女教育纳入正常的财政预算,已经落实的要完善政策,没有落实的要加快落实;等等。

2006年3月,《国务院关于解决农民工问题的若干意见》明确提出:根据流动人口最紧迫的社会保障需求,坚持分类指导、稳步推进,优先解决工伤保险和大病医疗保障问题,逐步解决养老保障问题。[②]

此后,政府出台了一系列政策,农业转移人口及其相关问题已经进入政策议程,维护农业转移人口权益的法律和政策陆续出台。

(三) 市民化推进 (2012年至今)

随着城镇化的推进,解决农业转移人口工作生活困境,提供相关服务,不仅更为重要,而且更加紧迫。为此,党的十八大以

[①] 《中共中央国务院关于促进农民增加收入若干政策的意见》,2005年7月4日,中国政府网 (http://www.gov.cn/test/2005-07/04/content_11870.htm)。

[②] 《国务院关于解决农民工问题的若干意见》,2015年6月13日,中国政府网 (http://www.gov.cn/zhuanti/2015-06/13/content_2878968.htm)。

来，中央提出到 2020 年实现约 1 亿农业转移人口落户城镇的目标，出台了推进户籍制度改革、实施居住证制度等举措。2013 年党的十八届三中全会指出：要推进农业转移人口市民化，逐步把符合条件的农业转移人口转为城镇居民，稳步推进城镇基本公共服务常住人口全覆盖。2014 年 3 月，中共中央、国务院发布《国家新型城镇化规划（2014—2020 年）》，把有序推进农业转移人口市民化作为重要工作，并从健全落户制度和政策、共享基本公共服务、建立合理成本分担机制等方面明确了任务。国务院《关于进一步推进户籍制度改革的意见》（国发〔2014〕25 号）提出全面放开建制镇和小城市落户限制、有序放开中等城市落户限制、合理确定大城市落户条件、严格控制特大城市人口规模的城镇化政策。习近平总书记在党的十九大报告中指出："以城市群为主体构建大中小城市和小城镇协调发展的城镇格局，加快农业转移人口市民化。"

在农业转移人口管理服务方面提出：建立城乡统一的户口登记制度，全面实施居住证制度，健全人口信息管理制度，完善农村产权制度，扩大基本公共服务覆盖面，加强基本公共服务财力保障，加强教育培训服务等政策措施。

四 对农业转移人口的研究

20 世纪 80 年代中期出现民工潮以来，学术界从多角度对农业转移人口问题进行了深入的研究，到 90 年代农业转移人口问题渐成学术界的一个研究热点。面对汗牛充栋的农业转移人口问题的研究成果，我们这里的梳理是从众多的成果中抽出各自的某种主导性理论视角进行归类总结、评述。

(一) 社会结构视角下农业转移人口问题研究

这方面研究以社会分层、社会冲突、社会排斥等理论研究农业转移人口问题。如社会分层理论从社会地位垂直变化的角度观察社会,将人们分成不同的群体,反映出了人们之间的利益或资源占有的相互关系。这种理论认为中国社会长期以来一直存在着城乡二元的社会结构,户籍制度又强化着城乡的分离状态,这种社会结构中深藏着不平等的基因。因此,这些研究关注城市融入的制度性问题,特别是户籍制度及其派生出的福利、教育、医疗、公共服务等制度性障碍。我们可将这些研究视为农业转移人口研究的"制度范式"。解决问题的办法,在他们看来,在于改革现有的户籍制度和农地制度,建立城乡统一的劳动力市场与适合农业转移人口的社会保障制度,创建平等的就业机制。[①] 一些学者主张通过市民化来保障农业转移人口的权益。他们认为农业转移人口问题是在中国结构转型和体制转轨时期,基于特定制度设置而出现的过渡性社会问题,终将在中国社会的城镇化、工业化与现代化中完成自身的历史使命,于是化解农业转移人口权益保障和城市融入等诸多矛盾和问题的根本进路也在于农业转移人口转为市民,实现市民化。[②] 如钱文荣和黄祖辉以中国社会经济转型为背景,以农业转移人口市民化进程为主线,在借鉴其他国家农村劳动力非农化经验的基础上,以长江三角洲区域的农业转移人口为主要研究对象,对相关问题进行了理论与实践相结合的分析探索。他们认为,包括权益保障在内的诸多农业转移人口问题因中国社会经济的转型而产生,也将随着转型期的基本结束、中国进入一

---

① 邓鸿勋:《走出二元结构:农民、农民工与新农村建设》,中国发展出版社 2006 年版;秦兴洪、廖树芳:《关注农民工问题的三个视点》,《学术研究》2007 年第 11 期。

② 刘传江等:《中国农民工市民化进程研究》,人民出版社 2008 年版。

个成熟的现代经济与社会而最终消失。[①]

（二）社会政策视角下农业转移人口的服务管理研究

该视角的研究通过对权益保障现状的定量与定性调查，对比现有的政策法规，提出一些完善农业转移人口权益保障体系的政策和对策建议。因此，这个视角下的研究通常都非常注重国家和政府的作为。大多数研究者主张，切实完善并保障农业转移人口的合法权益必须强化政府的角色、职能与责任，从制度政策上消除不合理因素的障碍，加强与农业转移人口权益相关的法律法规保护，规范地方政府行为，制定相应的社会支持政策。[②] 有的学者从立法、执法、司法等方面提出保护农业转移人口合法权益的建议，保障农业转移人口的财产权利、迁徙自由权、人身权利等权利和利益。也有研究发现，农业转移人口的权益保障并不存在所谓的"法律盲区"或"立法空白"，恰恰是许多的具体制度（包括行政规章、地方性法规）或地方政府行为的偏差导致保护农业转移人口合法劳动权益的法律法规不能有效实施。[③]

从制度本身来探讨农民的社会保障权是另一大研究热点。从政治学角度来看，中国农村社会保障制度建设的经济条件、人口条件已经具备，但由于政治因素而导致农村社会保障制度建设还不到位。利益表达权渠道的畅通、自组织的构建、政府公共决策

[①] 钱文荣、黄祖辉：《转型时期的中国农民工：长江三角洲16城市农民工市民化问题调查》，中国社会科学出版社2007年版。

[②] 彭多意、唐东生：《保障进城农民工权益的政策建议》，《中国行政管理》2003年第11期；郑功成：《农民权益需要用法律制度来维护》，《学习与探索》2007年第3期；黄平等：《西部经验：对西部农村的调查与思索》，社科文献出版社2006年版；蒋月：《中国农民工劳动权利保护研究》，法律出版社2006年版；于定勇：《论农民工合法权益之法律保障》，《社会科学》2004年第8期；何延军、张建兵：《论农民工劳动权益保护与劳动法律的完善》，《法学杂志》2007年第6期。

[③] 舒建玲：《农民工劳动权益受侵害的原因及对策》，《经济问题》2007年第2期；严新明、童星：《从自然和社会层面看农民工的劳动保护及社会保障》，《南京大学学报》（哲学·人文科学·社会科学）2007年第6期。

的公平以及政府职能的合理定位,是目前中国社会保障制度建设的关键。

一些研究者还提出,相关的政策制定者应当在公民权的视野下来认识、界定和处理农业转移人口问题。这种观点认为,公民权的实质在于特定共同体间的承认与排斥的关系,在中国表现为本地居民与农业转移人口群体之间的资源分配问题,且这一关系是在各种力量的博弈中不断变化发展着的,[①] 相对于本地居民,博弈中的农业转移人口处于明显弱势,这也解释了为何地方政府在制定公共政策时会限定农业转移人口某些权利。还有一种观点用公共选择理论来解释农业转移人口管理服务体制改革问题,认为地方政府是事实上的中国农业转移人口管理体制的选择主体,是具有理性的"经济人",他们也关心自己在政治活动中的成本和收益。因此,为追求交易中的利益最大化,地方政府主要根据农业转移人口对实现其自身政绩目标作用的大小来决定对他们的态度,根据自身的农业转移人口管理理念来选择相应的农业转移人口管理体制,农业转移人口管理体制的选择是各个利益相关者,尤其是政府主导下的各部门之间根据自身动机和目标进行博弈的结果。[②]

(三) 城镇化视角下的农业转移人口市民化研究

基于该视角的研究体现出一种动态的纵向视角,从更为广阔的历史视野来定位、分析农业转移人口的服务和管理问题。不少学者认为农业转移人口问题是在中国结构转型和体制转轨时期,基于特定制度设置而产生的过渡性社会问题,城市政府应为农业

[①] 潘鸿雁:《"民工荒"透视城市流动人口管理与服务:问题与对策》,《天府新论》2011年第4期。

[②] 肖周燕、郭开军、尹德挺:《我国流动人口管理体制改革的决定机制及路径选择》,《人口研究》2009年第11期。

转移人口提供公共产品与服务，解决之道在于实现农业转移人口的市民化。① 基于现代性视角的研究认为，农民从传统向现代、从乡土向城市、从封闭向开放转变的过程和变化以及由此所获得的现代性特征，强调农业转移人口与城市文明的整合和个体的现代化。② 从社会分层的研究认为，对农业转移劳动力群体在城市中的社会地位、社会功能、生活或生存方式、社会特征以及与其他群体之间的关系进行剖析，指出农业转移劳动力自身并不认为他们是归属于城市的，而是认为他们是归属于农村的社会群体。③

从国内外已有研究看，影响农业转移人口市民化的制约因素大致可以分为主体性障碍、制度性障碍、社会性障碍和经济性障碍。首先，影响农业转移人口市民化的制约因素来自农业转移人口自身，主要表现为：一是素质障碍，即由于自身文化素质不高，职业技能缺乏，自我发展能力严重不足。二是文化障碍，即农业转移人口由于受到城市社会的歧视性而产生自卑心理及对城市的"文化抗拒"，并因而形成自我封闭的"亚文化"圈，自觉选择与城市文化、价值观念、行为规范等方面的隔离，④ 缺乏对城市生活的认同感与归属感。三是认识障碍，即农业转移人口由于自身观念陈旧，"小农意识"浓厚，而与现代城市社会的思想观念、社会

---

① 程新征：《农民工问题与政府作为》，《当代世界与社会主义》2008年第1期；程建林：《第二代农民工市民化：现状分析与进程测度》，《人口研究》2008年第5期；钱文荣、黄祖辉：《转型时期的中国农民工：长江三角洲16城市农民工市民化问题调查》，中国社会科学出版社2007年版。

② 李培林：《流动民工的社会网络和社会地位》，《社会学研究》1996年第4期；池子华：《中国"民工潮"的历史考察》，《社会学研究》1998年第3期；周晓虹：《流动与城市体验对中国农民现代性的影响——北京"浙江村"与温州一个农村社区的考察》，《社会学研究》1998年第5期；时宪民：《中国沿海经济中心城市劳动力流动与体制选择》，《社会学研究》1999年第3期；江立华：《城市性与农民工的城市适应》，《社会科学研究》2003年第5期。

③ 李强：《社会分层与社会空间领域的公平、公正》，《中国人民大学学报》2012年第1期。

④ 甘满堂：《社会学的"内卷化"理论与城市农民工问题》，《福州大学学报》（哲学社会科学版）2005年第1期；叶鹏飞：《探索农民工城市社会融合之路——基于社会交往"内卷化"的分析》，《城市发展研究》2012年第1期。

规范等方面产生脱节。

其次，农业转移人口市民化也面临着许多制度性障碍，突出表现在三个方面：一是城乡分割的户籍制度以及附着其后的教育、医疗、社会保障等差别化制度，使转移农民很难享有与城市市民平等的权利与福利，在事实上被排斥在城市社会福利保障体系之外，从而不得不继续依赖农村土地作为保障，难以割断与农村土地的纽带关系[①]。二是城乡割裂的二元劳动力市场，使得"首属劳动力市场和次属劳动力市场之间有一条难以逾越的制度性鸿沟"[②]，迫使大多数农业转移人口不得不通过次属劳动力市场，进入那些劳动强度大、收入报酬低、工作稳定性差的非正规性和边缘性就业岗位，从而很难实现与城市主流社会的融合。三是僵化的农村土地承包制度和宅基地制度，前者缺乏流动性和经营权转让市场，后者缺乏合理的退出机制，使农民始终无法彻底脱离乡村土地到城镇生活，从而很难实现完全的市民化。对于土地制度的研究，当前学术界关注的重点是如何改革农村土地制度。韩立达、谢鑫认为应转化农民的土地承包权和宅基地使用权，从而增加农业转移人口的财产性收入，突破其市民化的私人成本障碍。[③] 安虎森、刘军辉认为，农村土地制度改革应该在农村设立退出机制、在城市设立进入机制并在城乡之间设立鼓励转移的激励机制。[④]

再次，农业转移人口市民化还面临着一些社会性障碍，主要来自三个方面：一是来自于城市政府。由于长期以来形成的偏见，

[①] 卢海元：《走进城市：农民工的社会保障》，经济管理出版社2004年版；魏后凯、苏红键：《中国流动人口市民化进程研究》，《中国人口科学》2013年第5期。

[②] 李斌：《中国劳动力市场结构：从"刚性"走向"渗透"》，《求实》2004年第1期。

[③] 韩立达、谢鑫：《变"权"为"利"，突破流动人口市民化私人成本障碍》，《理论与改革》2015年第1期。

[④] 安虎森、刘军辉：《劳动力的钟摆式流动对区际发展差距的影响——基于新经济地理学理论的研究》，《财经研究》2014年第10期。

中国城市农业转移人口管理政策，普遍存在着重管理而轻服务、重义务而轻权益的取向，城市管理更多的是在现有框架下寻找减少人口流动负面效应的途径，在维护城市人口特权方面的努力远远大于给予农业转移人口以公平待遇的探索。[1] 这种管理上的错位，客观上加剧了转移农民边缘化的倾向。二是来自于城市居民。城市居民对农业转移人口普遍持轻视和排斥心理，成为阻碍转移农民融入城市社会的又一重要原因。三是来自于农业转移人口自身社会资本的匮乏。农业转移人口往往倾向于构建小范围的以地缘、血缘、亲缘等为基础的社会关系网络，而与整个城市社会的联系较少。这种同质性强、异质性差的社会资本很难为他们提供在城市中向上流动的机会。[2]

最后，农业转移人口市民化还面临着一些经济性障碍，突出表现为农业转移人口市民化的成本巨大。一些学者认为目前农业转移人口市民化进展缓慢，表面上是户籍制度、就业制度、社会保障制度、城乡土地制度等二元体制改革的滞后，但根本原因还是改革这些制度需要付出高额的成本。[3]

关于中国农业转移人口市民化道路问题，辜胜阻等认为中国农业转移人口市民化必须采取二维路径，在部分转移人口通过差别化落户政策享受市民待遇的同时，大多数转移人口通过居住证制度实现基本公共服务逐步全覆盖。[4] 推进转移人口市民化不仅要

---

[1] 彭希哲：《推动人口合理流动，促进社会经济发展》，《都市里的村民——中国大城市的流动人口》，中央编译出版社2001年版。

[2] 李培林：《流动民工的社会网络和社会地位》，《社会学研究》1996年第4期；李汉林、王琦：《关系强度作为一种社区组织方式——农民工研究的一种视角》，中央编译出版社2001年版。

[3] 蔡昉等：《户籍制度与劳动力市场保护》，《经济研究》2001年第12期；张国胜：《中国农民工市民化：社会成本视角的研究》，人民出版社2008年版。

[4] 辜胜阻、李睿、曹誉波：《中国农民工市民化的二维路径选择》，《中国人口科学》2014年第5期。

"因城而异"，针对不同城镇规模，实施差别化落户政策，而且要"因群而异"，存量优先，把"沉淀型"农业转移人口转为城市居民，让那些有知识、有本领、有才能、有经济实力的农业转移人口优先积分入户。张翼将目前农业转移人口市民化的实现路径概括为"农业转移人口户籍地城镇化"和"农业转移人口常住地城镇化"两类代表性的路径选择。① 此外，也有学者认为农业转移劳动力返乡后一般能顺利地"与村庄进行人际交往和人情往来，并参与到村庄的社会性竞争"②，从而可以开拓一条符合农业转移人口市民化的城镇化意愿和人口流动规律的"就近城镇化"和"就地城镇化"道路。③

针对中国农业转移人口市民化存在的问题，学术界提出了大量探索性的对策建议。具体地说，目前学术界普遍认为可以通过三种路径来推动中国农业转移人口市民化进程。一是通过制度化改革推进农业转移人口市民化。其重点是围绕转移农民的农村退出、城市进入和城市融合三个环节进行制度改革和创新。在农村退出环节，需要解决的核心问题是耕地流转制度创新和农地征用制度创新。在城市进入环节，需要解决的核心问题是户籍制度改革和城乡一体化的就业制度改革等。④ 在城市融合环节，需要解决的核心问题是转移农民的居住、社会保障以及公共服务均等化等方面的改革。⑤ 政府必须推进制度创新，尤其是户籍制度、社保制

---

① 张翼：《农民工"进城落户"意愿与中国近期城镇化道路的选择》，《中国人口科学》2011年第2期。

② 贺雪峰、袁松、宋丽娜：《农民工返乡研究——以2008年金融危机对农民工返乡的影响为例》，山东出版社2010年版。

③ 厉以宁：《中国应走农民"就地城镇化"道路》，光明日报出版社2013年版，第117页。

④ 柯兰君、李汉林：《都市里的村民——中国大城市的流动人口》，中央编译出版社2001年版。

⑤ 刘传江、徐建玲：《中国农民工市民化进程研究》，人民出版社2008年版。

度改革，实行财政平衡、土地平衡、提高农业转移人口成本支付能力等政策。

张翼认为当前推进城镇化的优选之路是"常住化城镇化"而非"户籍化城镇化"，必须淡化户籍区隔功能或撤开户籍，让生活在同一城市的人们，不会因为身份不同而遭受制度化歧视。促进城镇化，不在于将农业转移人口户籍落在当地城市，而在于首先以居住地和就业地配置社会保障与公共服务政策，使农业转移人口能够与城市户籍居民均等共享保障与公共服务。

二是通过能力建设加快农业转移人口市民化。郑杭生则强调在农民向市民转化的过程中，除了外部"赋能"，农民自身也必须"增能"。[1] 将政府、企业、社会的外部"赋能"与农民的自身"增能"有机结合，全面加强转移农民的素质与能力建设。重点包括转移农民的现代素质培养与积累、人力资本投资与积累、社会资本投资与积累等，目标是全面提升农业转移人口的就业竞争能力和城市适应能力。[2]

就业是民生之本，农业转移人口只有在城市有稳定的就业，才能有资格谈市民化。农业转移人口市民化不只是在身份意义上获得"城市户口"，更重要的是，他们如何能够依靠自身条件找到较好的工作，获得稳定可观的收入，摆脱对土地的依赖。因此，提升就业质量和劳动收入就是农业转移人口实现市民化的基础和前提。

提升就业质量不能仅依靠政策保护和产业结构调整，还要从根本上提升农业转移人口的市场能力。已有大量研究证明了人力资本对农业转移人口实现经济融合的重要作用[3]。教育程度越高，

---

[1] 郑杭生：《农民市民化：当代中国社会学的重要研究主》，《甘肃社会科学》2005年第4期。
[2] 单菁菁：《城市发展转型的缘起、内涵与态势》，《城市观察》2010年第3期。
[3] 赵延东、王奋宇：《城乡流动人口的经济地位获得及决定因素》，《中国人口科学》2002年第2期；谢桂华：《中国流动人口的人力资本回报与社会融合》，《中国社会科学》2012年第4期。

接受过正规培训者,更有可能获得较高的收入,提高在劳动力市场上的融入程度,也更容易接受城市文化。因此,许多学者都指出,只有通过加强农业转移人口及其子女的教育和培训,提高其市场能力,才能使他们获得在城市长久生存的能力。[1]

三是通过完善组织、提升服务促进农业转移人口市民化。其重点是以社区为主体、以服务为导向建立城市农业转移人口管理新模式,将他们视为城市的有机组成部分,并按照常住地原则将他们纳入当地社区的管理和服务,给予他们平等的市民待遇,更好地保障他们的合法权益。同时,鼓励、引导农业转移人口积极参与社区建设和管理,通过参与式管理和自治化管理,将他们纳入社区的民主生活中,提高他们的主人翁意识,增强对城市的认同感和归属感,以推动转移农业人口更快、更好、更顺利地融入城市。任远和陶力从社会参与、社会信任和社会交往三个方面分析了农业转移人口本地化的社会资本与社会融合的关系,研究发现本地化的社会资本对农业转移人口社会融合具有显著影响。[2] 郑广怀和刘焱基于"扩展的临床视角",从人与环境的双重改变入手,研究发现,企业社工干预有助于促进员工的企业融入,降低流失率。[3]

(四)社会建设视角下农业转移人口自身的自主性问题

在社会建设和社会管理方面,沈原从"能动社会"与"公民社会"两个维度,以"社会学的马克思主义"为重要理论指导,主张用"包容性发展"理念构建一个具有弹性的社会结构;同时

---

[1] 韩长赋:《加快推进农业现代化努力实现"三化"同步发展》,《农业经济问题》2011年第11期。

[2] 任远、陶力:《本地化的社会资本与促进流动人口的社会融合》,《人口研究》2012年第5期。

[3] 郑广怀、刘焱:《"扩展的临床视角"下企业社会工作的干预策略》,《社会学研究》2011年第6期。

认为构建和谐社会"底层赋权"最重要。①

在新的农业转移劳动力阶级形成方面,刘建洲从意识形态和文化角度论述了农民工阶级的形成,认为阶级话语的消逝及打工文化的形成使农民工成为一个新的阶级。②而潘毅等人认为农民工是未完成的阶级化。农民工作为一种阶级的外在条件早已成立,但这不代表他们从自在走到了自为,这需要一个相当漫长的历史过程。③沈原从"马克思模式"和"波兰尼模式"两个方面分别对"农民工"和原国有企业工人如何成为市场社会中的工人阶级进行了分析;④受经典马克思主义影响下的阶级形成理论强调,农民工不完全的"无产阶级化"阻碍了工人阶级的形成。马克思主义视野下的阶级形成理论认为,工人阶级形成有赖于劳动者的"无产阶级化"。⑤也有学者认为:人为分离了劳动力生产与再生产的空间,通过让乡村接续城镇完成劳动力再生产大大降低了农业转移人口对于城镇工业体系社会保障的心理预期,提高了这一群体对于城镇制度排斥的忍耐度,从而阻碍其形成工人阶级。⑥

---

① 沈原:《构建和谐社会"底层赋权"最重要》,《领导决策信息》2005年第1期;沈原:《社会建设:下一个30年》,《行政管理改革》2011年第3期。

② 刘建洲:《打工文化的兴起与农民工的阶级形成——基于卡茨尼尔森框架的分析》,《人文杂志》2011年第1期;刘建洲:《农民工的抗争行动及其对阶级形成的意义》,《青年研究》2011年第1期。

③ 潘毅、卢晖临、张慧鹏:《阶级的形成:建筑工地上的劳动控制与建筑工人的集体抗争》,《开放时代》2010年第5期;潘毅、卢晖临、严海蓉等:《农民工:未完成的无产阶级化》,《开放时代》2009年第6期;潘毅、陈敬慈:《阶级话语的消逝》,《开放时代》2008年第5期。

④ 沈原:《社会转型与工人阶级的再形成》,《社会学研究》2006年第2期。

⑤ 黄斌欢:《双重脱嵌与新生代农民工的阶级形成》,《社会学研究》2014年第2期;Zhang, Q. Forrest and John A. Donaldson, "From Peasants to Farmers: Peasant Differentiation, Labor Regimes and Land-rights Institutions in China's Agrarian Transition", *Politics & Society*, Vol. 38, No. 4, 2010。

⑥ 潘毅、卢晖临、严海蓉等:《农民工:未完成的无产阶级化》,《开放时代》2009年第6期;魏万青:《劳工宿舍:企业社会责任还是经济理性——一项基于珠三角企业的调查》,《社会》2011年第2期;郑广怀:《迈向对员工精神健康的社会学理解》,《社会学研究》2010年第6期;刘林平、郑广怀、孙中伟:《劳动权益与精神健康——基于对长三角和珠三角外来工的问卷调查》,《社会学研究》2011年第4期。

在劳资关系和劳动关系研究方面，许叶萍、石秀印则把市场条件下的劳资冲突与马克思所描述的冲突进行了比较，分析了市场条件下的社会结构、权力结构的变化，认为在变化了的情况下，中国尽管同样出现了劳方与资方在权力、收入维度上的分化，但是因中间阶层的出现而更多地呈现出"层级谱系"特征，这一多阶层的共存在一定程度上缓解了马克思时代的"二元阶级对立"。[①] 还有一些学者从阶级的视角来看待农业转移劳动力问题，突出资本主义生产关系的"内在利益对立的结构性基础"，强调劳资之间不可避免的阶级冲突，主张"只有将处于失语、错位和扭曲的阶级话语拯救出来，才能够直面和回应产生利益对立、制造社会不公的结构性根源"。[②] 在对打工妹群体及其日常抗争的研究中，潘毅呼吁重归阶级的视角来理解全球化时代中国社会暴力的本质，以此"召唤一种崭新的，可以超越个人行动或集体行动、非政治冲突或政治冲突、地方性斗争或全球斗争的抗争理论"[③]。沈原指出，当国际社会与经济学家们纷纷断言中国已经成为一座"世界工厂"时，也就表明世界上最庞大的产业工人阶级正在中国形成。因此，他呼吁"把工人阶级带回分析的中心"。[④] 刘建洲认为农业转移人口作为劳动的主体，其劳动力的出现、使用与再生产在空间和社会意义上被割裂和拆分开来，他们的劳动力以工人的身份在城市被使用，却必须回到农村、以农民的身份得到再生

[①] 石秀印、许叶萍：《市场条件下中国的阶层分化与劳资冲突——与马克思时代对比》，《学海》2005 年第 4 期；许叶萍、石秀印：《工资决定：从统治—造反模式走向统合—协商模式——基于中国社会和历史的分析》，《经济社会体制比较》2010 年第 5 期。

[②] 刘剑：《把阶级分析带回来——〈大工地：城市建筑工人的生存图景〉评述》，《开放时代》2011 年第 1 期。

[③] 潘毅：《阶级的失语与发声——中国打工妹研究的一种理论视角》，《开放时代》2005 年第 2 期；潘毅、任焰：《农民工的隐喻：无法完成的无产阶级化》，《中国左翼评论》2011 年第 4 期。

[④] 沈原：《社会转型与工人阶级的再形成》，《社会学研究》2006 年第 2 期。

产。① 农业转移人口的半无产阶级化源于其劳动力使用与再生产过程的分离，无法在城市进行劳动力的世代再生产，让一些学者注意到农业转移人口在城市的居住方式对其身份与阶级塑造的影响。②

"话语范式"的研究为农业转移人口群体的城市融入提供了新的理论视角，其学术价值在于重新关注农业转移人口的话语权问题，认识到当今新生代农业转移人口话语权的缺乏会导致其他权利与权力的弱化，因而永远无法真正地融入城市社会生活。③ 有学者将农业转移人口的失语状态分为四种：自生性失语、信息贫乏性失语、制度缺陷性失语和文化垄断性失语。④ 新生代农业转移人口话语权建构与选择，是他们融入城市的基础。因此，要在政府层面解决话语权"支撑点"问题；在社会层面解决话语权"外环境"问题；在主体层面解决"源动力"问题；在社区层面解决话语权"落脚点"问题，用制度与机制保障新生代农业转移人口的话语权实现。⑤ 新生代农业转移人口的媒介话语权呈现出"主体性表达缺失"的图景，媒体应努力实践公共性，积极发挥赋权和商议的功能，注重新生代农业转移人口的主体地位，增强他们的主体性表达的建议。⑥

（五）总括性的评述

国内外农业转移人口问题的研究和实践已经为我们的研究积

---

① 刘建洲：《无产阶级化历程：理论解释、历史经验及其启示》，《社会》2012 年第 2 期。
② 宁夏、叶敬忠：《改革开放以来的农民工流动——一个政治经济学的国内研究综述》，《政治经济学评论》2016 年第 1 期。
③ 邓玮：《话语赋权：新生代农民工城市融入的新路径》，《中国行政管理》2016 年第 3 期。
④ 陈成文、彭国胜：《在失衡的世界中失语》，《天府新论》2006 年第 5 期。
⑤ 徐建丽：《建构与选择：新生代农民工的话语权》，《中国劳动关系学院学报》2012 年第 6 期。
⑥ 吴麟：《主体性表达缺失：论新生代农民工的媒介话语权》，《青年研究》2013 年第 4 期。

累了丰富的实践经验和理论资源，但是仍有许多问题的研究需要进一步推进。

第一，农业转移人口及其市民化的基础数据及变化趋势缺乏深入研究。农业转移人口作为一个特殊的群体，需要对他们的生存权、经济权、就业权、财产权以及政治、文化、教育等方面的权利和利益进行整体性的考察和探索。同时，农业转移人口的存量判断和增量变化趋势是农业转移人口市民化研究的基础，也是相关部门制定决策的依据。虽然目前对农业转移人口市民化问题进行多角度和多层面研究，但对不同地区的农业转移人口问题缺乏全面系统的认识和清晰的判断。已有研究对农业转移人口问题的评价大多是基于特定区域的调查样本，开展市民化进程和程度的实证研究，对于判断和预测中国宏观层面农业转移人口市民化所处阶段的指导意义不明显；尽管国家统计局有针对农业转移人口的专项监测，但缺少基于监测数据对农业转移人口市民化现状及变化趋势的动态跟踪研究；农业转移人口市民化水平评估指标体系的科学性、合理性值得商榷；缺少对农业转移人口大样本数据的分析与跟踪研究以及市民化现实状况的比较研究。

第二，以城市性为中心展开的研究，表现了一种城市文化中心主义的倾向。具体表现在：（1）在关于农业转移人口城市适应的研究中，缺乏对农业转移人口市民化意愿的讨论，导致不少农业转移人口无形中"被市民化"。这种预设和潜在前提无法代表农业转移人口自身的真实意愿。虽然不少调查数据显示大多数农业转移人口，尤其是新生代农业转移人口倾向于定居城市而不是返乡。但从农业转移人口自身的实践来看，其市民化的行动并没有其所表达的意愿那么普遍。随着当前农村城镇化进城的加快，农村基础设施的完善以及公共产品和福利的进一步覆盖，加之土地价值的升值，农民对土地的保护预期越来越强，存在很多农业转移人口不愿意定居城市的情况,或者是在市民化的实践中遭遇困境时,最终选择返乡而不是定居城市。显然,许多研究者对农业转移人口的这种表达和实践之间的张力并没有给予足够的重视。(2)在农业转移人口市民化的研究中,存在"融入"和"融合"的争论。持融入观点的学者一般将农业转移人口的城市融入视为一个单向的过程。持融合观点的学者认为,农业转移人口市民化实际上是一个双向的融合过程。(3)没有区分不同类型农业转移人口具体多样的需求维度、力度与向度。作为一种移民,农业转移人口的迁移存在各种不同的类型,他们带着不同的意图、目标来到城市。因此,在需求的维度上也表现出不同的意愿。

第三,现有研究视角的不足。社会结构与政策制度视角下的研究对当前农业转移人口的现实困境之形成原因、表现形式及对策举措进行了有益的探索,对结构和制度因素作用的现状及其成因有较为翔实的描述和分析,但对这些因素通过何种机制得以运作的深层次根源却缺乏应有的深入挖掘。因此,在结构因素何以运作、怎样运作等问题上进行深入的理论挖掘,剖析政府行为和制度政策背后的深层次运作逻辑与机制而不是仅仅停留在对现状的简单描述之上,是今后研究的一个努力方向。城镇化或市民化视角下对农业转移人口问题的分析思路和视野较前两种视角更为开阔,更具有历史眼光。这种视角将农业转移人口诸多困境的形成归因于城镇化和现代化进程的代价,由此提出的解决途径便是加速中国的城镇化和现代化进程。问题在于,对于化解农业转移人口困境本身来说,这种视角究其实质却是一种消极主义思想,因为它将农业转移人口问题的出现归结为城镇化过程中不可避免的环节,事实上也就为农业转移人口合法权益缺失的当前现实提供了一种必然性的解释和论证。同时,已有的研究不同程度地忽视了农业转移人口市民化过程的模糊性、流变性和即时性。而农民与城里人、农民与商人的所有非理性与理性、传统性与现代性的差别实际上都是人为设定的，这种人为设定主要是服务于某种学术性常识的形成和研究范式的符号化，而不是服务于现实农业转移人口市民化问题的解决。而城乡"二元论"的理论预设和价值判断，认为城市比农村更文明、工业比农业更发达、市民比农民更幸福，这种惯性思维以及持续增加的自农村向城市的农业转移人口无疑也强化了其市民化的强烈意愿和主动性的表象。

五 研究展望

在中国经济不断发展、社会不断进步的背景下，农业转移人口不断增长新诉求，萌生新意愿；同时政府也在不断面对时代提出的新问题，解决时代提出的新课题。而这一社会现实给我们也提出了新的研究课题。从农业转移人口自身的角度看，他们从农村向城市的流动，绝不是简单的空间地理学意义上的位移，而更多的是一次从思想观念到行为方式、从心理意愿到制度形态的全方位的转型与变迁。我们认为，在新型城镇化以及乡村振兴推进过程中，有必要进一步深入而系统地研究如何服务和管理农业转移人口的对策，促进这一群体共享社会发展成果。

（一）当代中国农业转移人口问题的理论解释和理论概括

成功的实践需要科学的理论作为指导，丰富的社会实践也为理论的创新提供了条件。当代中国农业转移人口服务管理中面临不少重大理论问题需要我们研究，一些新的实践经验需要我们总结和概括。如何保障农业转移人口的权益，为服务管理农业转移人口提供理论支持，并在实践中总结出新的理论进而更好地指导实践，是今后研究的重要问题之一。要努力回答在中国迅速的城镇化和工业化过程中如何确定农业转移人口的历史定位，在城乡日益开放和人口流动频繁的社会条件下如何加强对农业转移人口的管理和服务，新时期中国农业转移人口发展的内在逻辑及其走向如何，如何促进农业转移人口的市民化，如此等等，在理论上回答这些问题，能为加快实现党的十九大提出的"加快农业转移人口市民化"的基本目标任务提供理论支持。

（二）构建基于现有的时空约束背景下政府的主体性地位及其角色边界

许多学者都在将农业转移人口问题难以破解的根源归结于城乡二元的户籍制度。但是这一结构因素的化解不是一朝一夕的事情，需要一个长期的过程。而且二元的户籍制度的取消并不等于农业转移人口问题的迎刃而解。因此，在现有结构因素背景下探索农业转移人口市民化的可行性对策，这需要我们从更为广阔的历史视野，基于当前社会现实来定位、研究农业转移人口的权益保障、城市融入及其对策。基于这样的出发点，对农业转移人口自身主体性和政府作为的挖掘而不是对社会结构因素的无效谴责就具有极大的研究空间。

针对现有研究往往将农业转移人口置于受动的被服务和被管理地位，对农业转移人口的管理和服务保护举措也体现出相当的"给予式"或"强制式"特征。下一步研究要针对农业转移人口的特点，提出帮助他们建立自我维权能力的具体举措和办法。进而，农业转移人口作为行为主体的权利诉求意愿和诉求能力得到展现、重视。我们认为政府在农业转移人口问题中实际上处于一个主导性的地位上，如何让这一主导角色朝着正确的方向发挥服务管理农业转移人口的龙头作用，是下一步研究的另一重点与方向。

（三）构建多方参与的综合性服务管理体系的问题

构建多方参与的综合性服务管理体系也是一个亟待研究的问

题。由此需要解决一系列重大问题，包括如何处理农业转移人口，尤其是农村转移劳动力与土地的关系；如何处理不同群体权益缺失和诉求的多样性与统一性问题，这需要顾及当前农业转移人口内部分化较大的现实情况；如何处理国家政策制度与农业转移人口的能动性和积极性的问题，即如何处理"赋权"与"自我增权"之间的关系问题；如何解决农业转移人口问题中的财政投入机制及组织领导体制问题，以及需要中央、地方及基层政府在体制上、政策上、职能上及行政方式上做出哪些转变；如何规划农业转移人口在生存权、发展权、保障权等诸多方面的制度和政策支持问题；如何处理国家角色、市场力量与社会力量在服务管理农业转移人口中的关系；怎样利用市场手段和社会力量来保障农业转移人口的权益；等等。

（四）加强农业转移人口市民化的多向度研究

大多数学者认为"市民化"是指农业转移人口向城市居民转变的过程，是身份由农民转变成市民，自身素质的进一步提高，生活方式和行为方式不断城镇化的过程。也就是说将城市市民为主的城市主流社会视为农业转移人口社会融合的唯一方向和标尺。现实中，大多数农业转移人口确实在为自身社会地位的提高、经济地位的改善付出艰辛的努力，也确实在城市适应中遇到了很大障碍。但正是这种农业转移人口市民化困境与农业转移人口的积极努力之间的张力给人以误解：农业转移人口必须市民化。众多学者在关于农业转移人口市民化的研究中有意识无意识地将农业转移人口市民化不经调查和论证地作为了研究的理论预设和潜在的假设前提。在这种假设的基础上，他们试图回答的是，农业转移人口市民化过程是基于怎样的一种道路或怎样的一种模式，为什么是这样的道路或模式，此等道路或模式说明了什么，有何意义？需要指出的是，这样的研究及其所建构的理论模式存在本体性的缺陷——把为解释实践而构建的模型当作实践的根由,从理论来推理实践,人为地设定"应然—必然"之关系,采取化简方式来达到预期的解释目标。因此,如何深入推进农业转移人口与城市社会的融合程度来提升市民化水平并消除社会隔阂与矛盾,如何应用新兴信息技术研究农业转移内部的亚群体并分析亚群体差异及相关因素的影响程度,如何剖析市民化过程中城市多元文化融合的各种障碍,如何了解农业转移人口和城市居民的融合现状及需求差异,如何构建城市群体间融合交流平台,如何创新农业转移人口与城市融合的体制机制等是下一步研究的重要任务。

（五）加强对相关制度安排的全面梳理与评估研究

农业转移人口市民化作为一个正在进行的伟大实践。要研究农业转移人口退出农村后,怎样引导农民规模化、集约化、生态化、市场化的现代农业道路；农业转移人口进入城市以后,如何实现农业转移人口市民化和新型工业化的良性互动与同步发展；农业转移人口市民化对转入地造成巨大的财政压力,在中央层面,如何协调转出地和转入地之间的财政关系；农业转移人口巨大的住房需求如何与当前的房地产去库存相匹配；农业转移人口市民化与经济增长的相关性有多大,中央政府站在全局的高度,如何才能更好地进行顶层设计、妥善协调好各方的利益冲突；等等。结合当前的宏观背景,采取多学科交叉、多视角结合的方法,系统研究经济社会发展变化对农业转移人口文化、教育、就业、家庭等方面的影响,并以此为基础,对当前各领域与农业转移人口密切相关的制度安排进行全面梳理与评估,有赖于后续研究。

（六）强调农业转移人口在宏观结构背景下的能动选择

在研究中,我们在强调宏观层面的制度和结构因素的同时,也将充分注重农业转移人口自身行动策略的选择,把农业转移人口看作结构和网络的适应者,探讨和分析他们为了追求美好生活所采取的行动与策略,考察农业转移人口市民化的实践形态和具体路径。探讨农业转移人口市民化"行动"必然绕不开行动中的"理性"这个基本的问题。我们将从社会学的理性选择理论出发,将生活在城市环境下的农业转移人口视为理性的行动主体。农业转移人口的"理性"具有多样性和建构性的特征,它可以体现为"生存理性"或"经济理性"或更具包容性的"社会理性",同时,它又是一个经由农业转移人口自身的经历和实践而不断建构的对象。我们将在此认知基础上,深入分析农业转移人口是如何发挥自身的能动性以应对城市的各种制度、政策和机会结构。

农村社会养老问题演变

钟涨宝　聂建亮[*]

1949年以后中国农村社会养老问题的演变与时代变迁高度契合。实践层面的变迁仍然以家庭养老为主，但家庭养老的形式逐渐发生变化。随着中国人口老龄化形势加剧以及国家经济实力的迅速提升，农村社会养老保险逐渐完善，虽然老农保未能持续，但是新农保却发展迅速，且保障能力逐步提高。面对人口老龄化及人口乡城转移导致的农村空巢及高龄老人照料困难，农村社会养老服务被提上了议事日程。目前农村社会以家庭养老为主，社会养老为补充的养老体系已经初步形成。对农村社会养老的研究呈现出与实践相匹配的进程，家庭养老研究相对持续稳定，社会养老保险的研究则随国家政策的发展而起落，而对农村社会养老服务的研究，目前尚处于初步阶段。

赡养老人是每个社会都需要面对和解决的问题[①]，让人们到了晚年能够保持一定的生活水平并免于陷入贫困，是一个社会文明

---

[*] 钟涨宝，华中农业大学社会学院教授；聂建亮，西北大学公共管理学院副教授。
[①] 费孝通：《家庭结构变动中的老年赡养问题——再论中国家庭结构的变动》，《北京大学学报》（哲学社会科学版）1983年第6期。

进步的重要标准，是社会发展水平的重要尺度，同时也是现代民族或国家应该承担的责任。在中国，长期以来国家在农村老人养老责任上发挥的作用极其有限，农村老人的养老保障一直被排斥在国家保障体系之外。随着中国由农业社会快速向工业社会的转变与城镇化进程的加速，作为农村社会主要养老方式的家庭养老面临着多方面的挑战和冲击，新的农村养老保障方式需求激增。2009年新型农村社会养老保险（简称"新农保"）在全国范围内的试点实施，标志着农村老年人被纳入国家的保障体系内。近年来社会养老服务在农村发展也十分迅速，幸福院、日间照料中心等多种形式的社会养老服务机构或场所在农村建立起来，成为农村养老另一个可以依靠的保障。本文意在梳理1949年以后中国农村社会养老问题的演变，从实践和研究两个角度展现农村家庭养老、社会养老保险、社会养老服务的发展轨迹和研究理论脉络。

一 农村社会养老实践的变迁

（一）家庭养老的延续与式微

中国在长达两千多年的农耕文明中，养老主要在家庭中进行，依托土地在自我劳动终身积累的基础上通过家庭内部的抚养—赡养关系的转换得以实现。这样，形成了以家庭养老为主体的养老保障体系，也即养老是以家庭为单位进行，家庭承担着经常性的养老职责。根据1949年以后农村社会家庭养老经济基础的变化情况，这里将农村家庭养老的变迁分为两个阶段。

1. 集体化时期家庭养老的逐步减压阶段

1949年以后，农村逐渐步入农业合作化时期，土地等主要农业生产资料由原来的家庭私有制转变为集体所有制，家庭养老的经济基础随之逐渐改变，家庭养老的压力部分向集体转移。中华人民共和国初期，农村持续进行了大规模的土地改革，广大农民获得了土地及其他生产资料和生活资料，农村家庭养老的经济基础更加巩固。在土地改革过程中，各地逐渐出现了农业生产的互助合作运动。1951年12月，中国共产党中央委员会下发《关于农业生产互助合作的决议（草案）》，规范全国农村的农业生产互助合作运动。1953年12月《中共中央关于发展农业生产合作社的决议》通过，引导和规范农业生产合作社的发展。1955年11月，全国人大常委会第24次会议通过《农业合作社示范章程草案》规定，农业合作社在吸收社员的时候，要有计划地吸收参加辅助劳动的老弱孤寡入社。老人被有计划有选择地吸纳入农业合作社。在这一时期，农村老人仍然参与劳动，并获得相应的回报，而对于失去劳动能力的老人，仍然主要依靠家庭承担养老责任。

1956年6月全国人民大代表大会第三次会议通过《高级农业生产合作示范章程》。在高级农业合作社吸收社员时，要吸收老、弱、孤、寡、残疾的人入社，即由原来的"有计划地吸收"发展到"要吸收"，老年人被吸纳入高级农业合作社。该《章程》规定，不使老年担负过多的体力劳动，且"农业合作社对于社内缺乏劳动力或者完全丧失劳动能力、生活没有依靠的老、弱、孤、寡、残疾的社员，在生产上和生活上给以适当的安排和照顾，保证他们的吃、穿和柴火的供应，保证年幼的受教育和年老的死后安葬，使他们生养死葬都有依靠"。这一时期，对于加入高级社的老人，一方面降低其劳动量，另一方面对于缺乏劳动力或者完全丧失劳动能力、生活没有依靠的老人在生产上和生活上给以适当的安排和照顾。

1958年12月10日，中国共产党第八届中央委员会第六次全体会议通过了《关于在农村建立人民公社问题的决议》，政社合一的人民公社正式登上历史舞台。人民公社实行工资制和供给制相结合的分配制度，对老人等群体在伙食上要给予必要和可能的照顾，且为那些无子女依靠的老年人"五保户"提供一个较好的生活场所。1978年12月，中国共产党第十一届中央委员会第三次全体会议原则通过的《农村人民公社工作条例（实行草案）》规定，"无论男女老少，不论干部社员，一律同工同酬"，"基本口粮应按人分等定量"，"对生活没有依靠的老弱孤寡残疾的社员，实行供给"。也即在人民公社时期，农村老人一般仍然会继续参加劳动，因为实行基本口粮的按人分配，因此即使丧失劳动力的老人也会获得口粮，对于生活没有依靠的老人，更是实行供给制，所以这一时期是家庭养老的经济支持功能逐渐外移，从而实现家庭养老逐步减压的阶段。不过，在生活照料方面则与传统家庭养老无异，在老年夫妻只要有一方身体仍比较健康的情况下，他们的日常生活主要由自己或者老伴照顾，如遇疾病时生活在一起的子女才会给予辅助型照料；而在老年夫妻双方或一方过世剩下一方生活不能自理时，此时由儿子家庭成员来提供生活上的照顾。

2. 后集体化时期家庭养老回归与式微阶段

后集体化时期是指农村实行家庭联产承包责任制以来的阶段，这一阶段社会的经济形势发生了很大的变化。人民公社制度逐渐解体，集体对养老进行支持的经济基础逐渐消失，人民公社的解体使得集体原来发挥的养老作用随之消解，家庭作为养老主体的地位进一步凸显，家庭养老责任完全回归。1982年12月，中央政治局讨论通过的《当前农村经济政策的若干问题》指出，党的十一届三中全会后，中国农村发生了许多重大变化，影响最深远的是普遍实行了多种形式的农业生产责任制，而联产承包责任制又越来越成为主要形式。1984年的中央1号文件提出继续稳定和完善联产承包责任制。随着联产承包责任制的实施，1983年10月《关于实行政社分开建立乡政府的通知》下发。到1985年春，全国农村政社分开建立乡政府工作全部结束，标志着人民公社体制的最后结束。在集体化时期，无论是在劳动安排中，还是分配制度上，集体都会给予老年人一定的优待，从而对家庭养老给予有力的支持。家庭联产承包责任制实行以后，家庭的生产功能得以恢复，拥有了对土地等主要生产资料的承包经营权，家庭获得了养老所需要的经济支持力，家庭重新承担起养老的主要责任。也即在后集体化时期，集体原本承担的养老功能弱化，家庭养老得到回归。

虽然家庭联产承包责任制实行，人民公社解体，原有的集体保障逐渐丧失了存在的组织和经济基础，老年人的养老保障重新回归家庭保障模式，但是市场经济的发展使得家庭面临的风险也随之增大，家庭养老式微。首先，中国农村家庭结构趋于小型化和核心化，家庭养老承载力减弱。其次，中国农村人口老龄化速度快，农村家庭养老负担系数不断加重。最后，中国农村外出务工人员增多，家庭养老资源供给面临挑战。20世纪80年代末以来，随着中国工业化、城镇化进程的加速，农村大批青壮年劳动力涌入城市务工，在农村形成了大量的"留守家庭"，特别是老年空巢家庭。子女的外出使得代际空间距离拉大，对老年父母生活照料增加的可能性大大降低了。从目前来看，子女外出使得家庭不仅对于高龄老人的生活照料难以提供，而且农村老年人口的精神慰藉也难以满足。可见，随着中国农村人口流动与农村人口老龄化速度的加快，传统的家庭养老方式面临着巨大挑战。

（二）农村社会养老保险的变迁

随着中国农村地区经济的快速发展以及社会结构的变迁，农村地区对老年人传统的家庭保障逐渐式微，于是制度性养老保障的建立便纳入了政府的议事日程。根据政策实施的内容及对农村老人可能的福利效应，这里将中国农村地区社会养老保险的发展划分为两个阶段。

1. 老农保阶段

从20世纪80年代开始，中国开始探索建立农村社会养老保险。1986年10月，民政部在江苏省沙洲县召开了全国农村基层社会保障工作座谈会，形成了《关于探索建立农村基层社会保障制度的报告》，并由民政部于1987年3月14日印发。而后，一些农村特别是一些比较富裕的地区对社区型社会养老保险制度进行了有益的探索。1990年7月，国务院总理办公会议明确了农村社会养老保险由民政部负责的精神。1991年民政部制定了《县级农村社会养老保险基本方案（试行）》，并在山东、湖北、江苏等省开展了大范围的农村社会养老保险试点。而后，农村社会养老保险的各种规章制度与操作方案陆续出台，制度逐渐完善。1993年12月，民政部宣布将农村社会养老保险推向全国有条件的地区。1995年10月，随着民政部《关于进一步做好农村社会养老保险工作的意见》被国务院办公厅转发，农村社会养老保险工作进入一个规范发展的轨道。

老农保发展迅猛，到1998年年底发展到了高峰。1998年政府机构改革，劳动与社会保障部下发《关于机构改革期间切实做好农村社会养老保险工作的紧急通知》指导工作的移交。也正是在这一年，农村社会养老保险突然急刹车。自1999年开始农民参保人数骤然下降。同时，随着1997年中央银行多次降息，农保基金的支付风险显著增加；1997年，东南亚金融危机来临，国内开始金融领域的整顿，老农保被列为保险业整顿的工作之一。1999年7月，国务院批转的《整顿保险业工作小组〈保险业整顿与改革方案〉的通知》指出："目前我国农村尚不具备普遍实行社会保险的条件。"农村社会养老保险开始进行清理整顿。但是由于当时整顿规范的方向不明确，部门之间的意见并不一致，政策多变，多数地方处于停滞状态，部分地方甚至还出现了大规模退保现象[①]。

2. 新农保及统一城乡居民养老保险阶段

2002年以后，各地开始尝试建立新型农村社会养老保险，具有代表性的有青岛市、东莞市、北京市、通江市、宝鸡市等，形成了不同的模式，这些试点地区的共同点是增加和明确了政府责任。2007年3月8日，时任国务院总理的温家宝在有关建议上做出批示，要求人力资源和社会保障部会同有关部门研究提出推进农村社会养老保险工作的意见。温家宝在2009年的《政府工作报告》中提出，2009年在10%的县开展新农保试点。2009年9月1日《国务院关于开展新型农村社会养老保险试点的指导意见》印发，新农保试点工作正式启动。2011年，国务院决定加快新农保试点进度，并决定启动城镇居民养老保险（简称"城居保"）试点。新农保与城居保两条线并行不悖，同步进行。这样中国建立起了覆盖全体国民的社会养老保险体系。截至2012年7月1日，全国所有县级行政区已全部开展新农保和城居保工作，基本实现了制度的全覆盖。

2014年2月《国务院关于建立统一的城乡居民基本养老保险制度的意见》发布，计划在"十二五"末，实现新农保和城居保制度在全国范围内的合并，同时实现与职工基本养老保险制度的有效衔接。2015年1月15日，经国务院批准，自2014年7月1日起，全国城乡居民基本养老保险基础养老金最低标准从每人55元/月提高到每人70元/月。这是中国首次统一提高城乡居民基本养老保险基础养老金标准。这一举措可提高社会养老保险的养老

---

① 胡晓义：《走向和谐：中国社会保障发展60年》，中国劳动社会保障出版社2009年版。

保障能力，实现社会养老保险迈向更高的福利。

（三）农村社会养老服务的兴起

如果说家庭可以为农村老人提供全方位的养老资源，那么社会养老保险则主要为农村老人提供经济支持，而社会养老服务则主要为农村老人提供生活照料。总体来看，从服务对象角度划分，中国的农村社会养老服务可以划分为两个阶段。

1. "五保"集中供养阶段

农村"五保"制度起源于20世纪50年代的农业合作化时期。伴随着农村生产组织从互助组、合作社到人民公社的发展，对农村中孤寡老人的照顾被提上日程。1956年1月，由中央政治局提出并经最高国务会议讨论后以草案形式下发的《一九五六年到一九六七年全国农业发展纲要》第30条规定："农业合作社对于社内缺乏劳动力、生活没有依靠的鳏寡孤独的社员，应当统一筹划，指定生产队或者生产小组在生产上给以适当的安排，使他们能够参加力能胜任的劳动；在生活上给以适当的照顾，做到保吃、保穿、保烧（燃料）、保教（儿童和少年）、保葬，使他们的生养死葬都有指靠。"当年6月30日第一届全国人民代表大会第三次会议通过的《高级农业生产合作社示范章程》第53条也进行了相应的规定。以上两份文件是中国最早提出五保概念及其规范含义的法规性文件，中国的农村五保户制度初步形成。

随着农村经济社会的发展，一些地方开始兴办敬老院，对五保对象实行集中供养，提供社会养老服务。1958年12月，中国共产党第八届中央委员会第六次全体会议通过《关于人民公社若干问题的决议》，提出"要办好敬老院，为那些无子女依靠的老年人（'五保户'）提供一个较好的生活场所"。而后农村中的敬老院大量地建立起来。但在集体经济财力物力有限的情况下，当时兴办的养老院等公共福利设施很多地方都调用了社员家庭的财物，甚至占用了民房，侵犯了农民的生活财产。后来经济发生困难，对老人的供养水平急剧下降，这次兴办的养老院大多未坚持多久就解散了[1]。1962年以后，在贯彻"调整、巩固、充实、提高"八字方针的同时，各省市自治区遵照《农村人民公社工作条例（修正草案）》的规定，制定颁布了一些关于农村人民公社五保户、困难户供给补助的办法，并对各地的五保供给政策落实情况开展检查，统筹安排五保户的生活，进而使五保供给和困难补助工作有所改进[2]。但是，"文化大革命"期间全国敬老院大量减少，给五保制度的发展造成了较大的损失[3]。

在家庭联产承包责任制改革以后，很多地方的农村敬老院保留了下来，供养经费也主要由政府承担。1994年1月，国务院颁布《农村五保供养工作条例》，对五保供养的对象、内容、形式以及财产处理、监督管理等进行了规定，是中国第一部关于五保供养工作的专门法规。2006年1月，国务院公布新的《农村五保供养工作条例》，规定农村五保供养资金在地方人民政府财政预算中安排。为了加强农村五保供养服务机构管理，提高供养服务能力和水平，保障农村五保供养对象的正常生活，2010年10月8日民政部公布《农村五保供养服务机构管理办法》，并于2012年12月印发《农村五保供养服务机构等级评定暂行办法》。

2. 社会养老服务对象扩大化阶段

进入21世纪后，人口老龄化问题日益严峻，中国开始重视普惠性的养老服务发展。2006年国务院办公厅转发全国老龄委办公

---

[1] 王胜：《20世纪50年代后期中国农村建设的历史回顾》，《求实》2010年第5期。
[2] 宋士云：《新中国农村社会保障制度结构与变迁（1949—2002）》，博士学位论文，中南财经政法大学，2005年。
[3] 崔乃夫：《当代中国的民政（下）》，当代中国出版社1994年版。

室和国家发展改革委等部门制定的《关于加快发展养老服务业意见》，指出养老服务业是为老年人提供生活照顾和护理服务，满足老年人特殊生活需求的服务行业。要逐步建立和完善以居家养老为基础、社区服务为依托、机构养老为补充的服务体系。正是在这一背景下，为解决广大农村老人，尤其是空巢、孤寡等农村老人非经济养老支持问题，与专门解决"五保户"问题的原有敬老院不同的一些新型的农村幸福院在部分农村地区兴起。一般认为河北省邯郸市肥乡县的互助幸福院是此次农村幸福院建设兴起的起源。2008年年初，肥乡县以"村级主办、互助服务、群众参与、政府支持"为原则，在全国率先探索"集体建院、集中居住、自我保障、互助服务"的农村养老模式。

肥乡县互助幸福院模式首先在河北省得到大力推广，河北各地普遍加大财政投入力度，同时鼓励社会捐助，推广建设农村互助幸福院。河北肥乡的互助幸福院也受到了民政部的关注，2011年2月，民政部相关领导到河北省肥乡县实地调研后，认为肥乡走出了一条符合农村实际、具有当地特色的低成本养老之路，自此肥乡的经验开始向全国推广。而后山西、内蒙古、辽宁、吉林、黑龙江、湖北、广东、广西、陕西、甘肃等地相继出台了建设农村幸福院的政策文件。各地农村幸福院建设基本是基于对河北肥乡模式的学习与创新，一些地区形成了异于河北肥乡模式的幸福院模式，如山西省的日间照料中心。因此，目前幸福院以及日间照料中心等成为农村主要的养老服务机构或场所。

2012年，民政部部署实施了"农村养老服务建设幸福计划"，要求在农村社区建设一批养老服务设施，为老年人提供集中养老服务，并逐步为农村老年人提供居家养老和日间照料服务。为支持和帮助农村幸福院建设，经国务院批准同意，中央专项彩票公益金从2013年起连续3年，共投入30亿元用于支持农村幸福院建设，为此2013年4月28日财政部、民政部联合下发了《中央专项彩票公益金支持农村幸福院项目管理办法》。在这一支持下，全国掀起来了创办农村幸福院的高潮。

二 农村社会养老研究梳理

（一）农村社会养老的总体研究

1. 农村养老保障演变研究

目前，学术界普遍认为中国农村养老保障制度演变先后经历了三个主要阶段：一是传统时期，农村的养老保障建立在以个人的终身劳动积累为基础、家庭内部进行代际交换的"反哺式"家庭养老[1]；二是集体化时期，建立了以集体保障为主、家庭保障弱化的制度体系[2]；三是后集体化时期，农村养老主要是以家庭保障和土地保障为主、集体和国家保障为辅[3]。三个阶段具体的开始和结束的时间，在划分上仍然存在分歧。就集体化开始的时间来讲，有认为应该以1949年中华人民共和国的成立为时间截点[4]，也有观点认为应该以1956年为时间截点[5]，还有观点认为应该以1958年为时间截点[6]。而关于集体化结束的时间，也形成了两种观点：一种以1978年党的十一届三中全会前后为标志[7]；另一种观点则

---

[1] 张仕平、刘丽华：《建国以来农村老年保障的历史沿革、特点及成因》，《人口学刊》2000年第5期。
[2] 杨翠迎：《中国农村社会保障制度研究》，中国农业出版社2003年版。
[3] 张敬一、赵新亚：《农村养老保障政策研究》，上海交通大学出版社2007年版。
[4] 苏保忠：《中国农村养老问题研究》，清华大学出版社2009年版。
[5] 张敬一、赵新亚：《农村养老保障政策研究》，上海交通大学出版社2007年版。
[6] 张仕平、刘丽华：《建国以来农村老年保障的历史沿革、特点及成因》，《人口学刊》2000年第5期。
[7] 苏保忠：《中国农村养老问题研究》，清华大学出版社2009年版。

以 1984 年人民公社正式解体,家庭联产承包责任制的实施为标志①。之所以会有这些不同观点,只是参照标准和线索不一所致,但实际上的差异不大。

2. 农村社会养老模式研究

针对当前农村养老问题的现状,学者们提出了农村养老的不同理想模式,具有代表性的观点有:(1)一元养老模式,如周莹、梁鸿认为基于土地基础上的传统家庭养老保障模式具有内生脆弱性和不可持续性,必须由国家财政来承担农村养老;②(2)双轨养老模式,如杨复兴认为家庭养老在未来仍具有强大的生命力,应建立起家庭赡养和政府干预相结合的农村双轨养老保障体系;③(3)三层次养老模式,如穆光宗认为在未来虽然家庭养老仍旧是农村的主要养老方式,但是自我养老和社会养老的比例会逐渐上升,因此应建立家庭养老、社会养老和自我养老三者结合的农村养老保障体系;④(4)四机制模式,如谭克俭认为家庭养老仍然是目前农村主要的养老方式,但社区养老可以起到引导和督促作用,同时自我养老和社会养老能够有效弥补家庭养老和社区养老的不足,因此要建立家庭养老、自我养老、社区养老和社会养老互补的养老保障方式。以上关于养老模式的不同观点,主要是由于各自对养老内容及其供给主体理解的不同而导致的。⑤

3. 农村养老保障现状分析

目前,学界普遍认为中国经济社会的转型对农村地区养老保

---

① 王习明:《乡村治理中的老人福利》,博士学位论文,华中师范大学,2006 年。
② 周莹、梁鸿:《中国农村传统家庭养老保障模式不可持续性研究》,《经济体制改革》2006 年第 5 期。
③ 杨复兴:《中国农村家庭养老保障的历史分期及前景探析》,《经济问题探索》2007 年第 9 期。
④ 穆光宗:《中国传统养老方式的变革和展望》,《中国人民大学学报》2000 年第 5 期。
⑤ 谭克俭:《农村养老保障机制研究》,《人口与经济》2002 年第 2 期。

障造成了影响，使得农村养老保障出现了以下问题：一是家庭养老照顾资源不足。从资源理论视角出发，研究者认为目前家庭养老面临的主要问题是照料资源不足，老年人建立在婚姻与血缘基础上的亲情支持网的规模下降，其承担的功能弱化，使得老年人在经济、日常照顾和精神支持方面都面临家庭支持资源减少的问题。[1] 二是土地养老保障功能下降。土地收入是农村家庭养老的重要经济来源，有土地收入的老人，一般依靠家人养老，但是随着社会经济的发展，土地收益增加缓慢，在养老中的作用和地位开始下降。[2] 在城乡分割背景下土地越来越多地转变为以承担农民社会保障功能为主[3]，但土地已经不能担负起抵御农民家庭生活风险的重任[4]。三是国家和集体分担的养老责任"缺位"。张敬一、赵新亚研究发现政府分担的责任过小，虽然国家努力探索农村养老保障制度改革，但是政府承担的财政与管理责任一直长期处于"缺位"状态。[5]

4. 转型期构建农民养老保障体系的对策研究

针对中国农村养老保障存在的问题，学者们普遍认为应当对目前的养老保障体系进行改革，具体表现在改革理念、改革思路和责任分担三个层面。在改革理念方面，景天魁认为养老保障制度改革要确立"底线公平"，政府必须明确自己责任的边界。[6] 在具体实施改革时，林闽钢认为要坚持均等化原则，既要保证城市和农村居民在保障面前有相同的权利和机会，也要保证城乡居民

---

[1] 张友琴：《老年人社会支持网的城乡比较研究——厦门市个案研究》，《社会学研究》2001年第4期。
[2] 苏保忠：《中国农村养老问题研究》，清华大学出版社2009年版。
[3] 温铁军：《农民社会保障与土地制度改革》，《学习月刊》2006年第10期。
[4] 梁鸿：《苏南农村家庭土地保障作用研究》，《中国人口科学》2002年第5期。
[5] 张敬一、赵新亚：《农村养老保障政策研究》，上海交通大学出版社2007年版。
[6] 景天魁：《底线公平与社会保障的柔性调节》，《社会学研究》2004年第6期。

有相同的保障效果。① 而郑功成则指出，短时间内不宜让农民享受与城市居民一样的待遇，而要根据农民的现实需求与可能按照分类保障的原则来提供养老保障。② 在改革思路方面，有学者从经济层面出发，主张以"土地换保障"③。因地制宜地做好农民土地以外的社会保障，把土地内外的保障方式结合起来，努力实现养老方式的转变④。也有学者从文化层面出发，主张将家庭养老的文化基因发扬光大⑤。在责任分担机制方面，学界并没有达成共识，争论的焦点是谁来承担责任主体：一种观点认为政府应当承担保障的主体责任⑥，另一种观点认为未来的养老保障不可能是家庭全包，也不可能是政府全包，应该建立起一种社会化的保障模式，以个人为责任主体、国家来帮助，建立一种多渠道的养老资源整合方案或终身养老计划来满足养老的需求⑦。

（二）家庭养老研究梳理

1. 农村家庭养老的内容研究

学界就家庭养老的内容已基本达成一致，即包括经济支持、生活照料和精神慰藉三个层面，但侧重点不一样，由此形成三种观点：一是强调经济支持。有学者认为，经济支持是老人赡养的主要问题⑧。陈彩霞从社会交换论的角度指出，经济独立才是农村老年人晚年幸福的首要条件⑨。二是强调生活照料。中国农村人口

---

① 林闽钢：《中国社会救助体系的整合》，《学海》2010年第4期。
② 郑功成：《中国社会保障制度变迁与评估》，中国人民大学出版社2002年版。
③ 陈颐：《论"以土地换保障"》，《学海》2000年第3期。
④ 姜长云：《农村土地与农民的社会保障》，《经济社会体制比较》2002年第1期。
⑤ 高和荣：《文化变迁下的中国老年人口赡养问题研究》，《学术论坛》2003a年第1期。
⑥ 郑功成：《中国社会保障制度改革的新思考》，《山东社会科学》2007年第6期。
⑦ 姜向群：《养老转变论：建立以个人为责任主体的政府帮助的社会化养老方式》，《人口研究》2007年第7期。
⑧ 张晖：《建立我国农村社会养老机制的迫切性及可行性》，《人口学刊》1996年第4期。
⑨ 陈彩霞：《农村老年人晚年幸福的首要条件——应用霍曼斯交换理论对农村老年人供养方式的分析和建议》，《人口研究》2000年第2期。

的老龄化和高龄化趋势越来越严峻，有学者认为日常照料问题将变得更为突出，老人普遍缺少日常生活照料和扶助，生活照料存在很大风险[1]。三是强调精神赡养。精神慰藉是老年人生活质量的重要内容，但是在中国农村地区经济快速发展的今天，老年人的精神赡养问题却日益突出[2]。

2. 农村家庭养老需求研究

关于老年人养老需求的研究主要包括两个方面：一是基于老年人生活状况对养老需求现状进行描述，二是对影响老年人养老需求的因素进行分析。在对农村老年人养老需求的描述性分析中，由于学者们对"养老需求"的操作化存在差异，得出的结论也不尽相同，但就希望或现实境遇中"谁来养"这个问题上，基本达成以下共识：一是从资源供给来看，家庭养老仍然是大多数农村老年人的首要选择，但随着农村社会养老保险事业的发展，农民的养老意愿也在发生变动，养老意愿日益呈现出多元化特征[3]；二是在性别偏好方面，由男性后代提供养老资源仍然是当今农村老人的主要选择，但是这种养老的性别偏好呈现出弱化趋势，女性在养老中发挥着越来越重要的作用[4]；三是依靠自己及配偶养老的老年人的比例上升[5]。在对农村老年人养老需求的解释性研究中，变量选择主要包括个体特征、家

---

[1] 贺聪志、叶敬忠：《农村劳动力外出务工对留守老人生活照料的影响研究》，《农业经济问题》2010年第3期。

[2] 方菲：《劳动力迁移过程中农村留守老人的精神慰藉问题探讨》，《农村经济》2009年第6期。

[3] 李建新、于学军、王广州、刘鸿雁：《中国农村养老意愿和养老方式的研究》，《人口与经济》2004年第5期。

[4] 杨立雄、李星瑶：《性别偏好的弱化与家庭养老的自适应——基于常州市农村的调查》，《江海学刊》2008年第1期。

[5] 阳义南、詹玉平：《农村养老谁是主体》，《经济论坛》2003年第20期。

庭特征、地区特征等①。值得提出的是，多数研究都是从经济因素入手研究家庭养老意愿，但是却忽略了非经济因素的影响。田北海等则从非经济因素出发研究农村老年人的家庭养老偏好，认为农村老年人的养老意愿是一种"情境理性"，并不完全是一种"经济理性"②。

3. 农村家庭养老的功能及其作用研究

针对中国目前家庭养老的功能，学术界形成了两种观点：一种观点认为家庭养老出现弱化，主要理由有：社会转型期家庭养老的文化基础转变，使得家庭养老规范渐失③；家庭结构的变化使得家庭资源供给不足④；劳动力外流使得家庭养老的载体与内容发生分离⑤。另一种观点认为不能轻易做出家庭养老功能弱化的结论，家庭在经济支持、生活照料和其他日常服务方面仍然发挥着不可替代的重要作用⑥。此外，有学者通过对老年人养老性别偏好的变化研究认为，农村家庭养老具有一定的自适应能力，因而会继续发挥作用⑦。关于家庭养老的作用，也存在两种认识。一种观点认为家庭养老强化了农村的养儿防老的观念，助长了农村的高生育率，不利于调动广大干部群众参加社会养老保险的积

---

① 郭于华：《代际关系中的公平逻辑及其变迁》，《中国学术》2001年第4期；孔祥智、涂圣伟：《我国现阶段农民养老意愿探讨——基于福建省永安、邵武、光泽三县（市）抽样调查的实证研究》，《中国人民大学学报》2007年第3期；曹艳春、吴蓓、戴建兵：《中国农村老年人长期照护意及其影响因素——基于上海、湖北两地的对比分析》，《大连理工大学学报》（社会科学版）2014年第1期。

② 田北海、雷华、钟涨宝：《生活境遇与养老意愿——农村老年人家庭养老偏好影响因素的实证分析》，《中国农村观察》2012年第2期。

③ 郭于华：《代际关系中的公平逻辑及其变迁》，《中国学术》2001年第4期。

④ 李培林、李强、马戎：《社会学与中国社会》，社会科学文献出版社2008年版。

⑤ 张文娟、李树茁：《劳动力外流对农村家庭养老的影响分析》，《中国软科学》2004年第8期。

⑥ 姚远：《中国家庭养老研究述评》，《人口与经济》2001年第1期。

⑦ 杨立雄、李星瑶：《性别偏好的弱化与家庭养老的自适应——基于常州市农村的调查》，《江海学刊》2008年第1期。

极性[①]；另一种观点认为家庭养老不仅能够保证老人得到经济上的供养和生活上的照料，最重要的是还能够保证老人的精神赡养问题。此外，家庭养老还能够极大地缓解政府在社会保障方面的负担[②]。

4. 农村家庭养老的前景研究

家庭养老的前景如何，这也是众多学者关注的焦点，围绕着这个问题基本形成了两种观点：一种观点认为家庭养老的社会基础正在遭到破坏，家庭养老不宜片面提倡。周莹、梁鸿[③]认为基于土地基础上的传统家庭养老保障模式具有内生脆弱性和不可持续性，必须由国家财政来承担农村养老。张敏杰[④]也认为中国家庭养老制度存在一定的弊端，渐渐不适应新经济发展的需要，为了加快社会经济的发展和满足老年保障的需要，必须克服以家庭养老为主的狭隘性[⑤]。另一种观点认为虽然家庭养老会向社会养老转化，但是这一转化需要一个过程，在长时间内家庭养老仍将继续存在。从养老资源的供给来看，中国现阶段低下的生产力水平决定了国家和社会无法保障老年人日益增长的养老物质需求，另外，家庭在生活照料和精神慰藉方面发挥着社会化服务难以替代的功能。从社会基础来讲，由家庭来养老符合传统和习惯，受到中国法律的保障，也得到了国际社会的认可和肯定[⑥]。郑功成认为，尽

[①] 方新：《农村养老方式对家庭生活的影响——湖南省同仁村调查》，《中国人口科学》1992年第2期。

[②] 姜向群：《家庭养老在人口老龄化过程中的重要作用及其面临的挑战》，《人口学刊》1997年第2期。

[③] 周莹、梁鸿：《中国农村传统家庭养老保障模式不可持续性研究》，《经济体制改革》2006年第5期。

[④] 张敏杰：《中外家庭养老方式比较和中国养老方式的完善》，《社会学研究》1994年第4期。

[⑤] 王海江：《我国农村养老保险面临的挑战和农村社会养老保险制度的建立》，《人口学刊》1998a年第6期。

[⑥] 刘庚长：《我国农村家庭养老存在的基础与转变的条件》，《人口研究》1999年第3期。

管家庭养老保障的功能在持续弱化,但是中国家庭文化传统的影响比较深厚,有意识地扶持家庭养老可以发挥其不可替代的作用,因此社会化养老保障体系的建设和发展,应当有利于维护这个基础而不是简单地替代。①

(三) 社会养老保险研究梳理

1. 老农保阶段的研究梳理

老农保自开始实施到整顿规范不足10年,发展如昙花一现。在20世纪90年代对老农保的研究开始兴起。起初研究一方面论证建立社会养老保险的必要性和意义②,一方面总结部分地区的试点工作③,分析老农保存在的问题,如政策执行、居民参保等,并尝试提出解决对策④。随着老农保的试点推进,其基金积累规模不断膨胀,因此基金管理问题也受到了关注,包括基金筹集⑤、基金运营和保值增值⑥、基金给付等⑦。

到20世纪90年代后期,相对科学的实证研究开始出现,如

---

① 郑功成:《中国社会保障改革与发展战略——养老保险卷》,人民出版社2011年版。
② 桂世勋:《中国人口老龄化与县级农村社会养老保险试点》,《人口与经济》1991年第6期;刘书鹤:《农村计划生育系统工程的基本环节——论建立农村养老保障体系》,《人口学刊》1991年第1期。
③ 时由今:《养老保险制度改革的新探索——大连市建立农村养老保险制度的几点做法》,《财经问题研究》1991年第7期;李豫、张彦、齐恺:《北京市社会保险制度改革调查与研究》,《社会学研究》1993年第1期。
④ 周建国、汤志宏:《农村社会养老保险的艰难现状与出路》,《社会工作研究》1994年第6期;徐琴:《农村社会养老保险事业的问题和对策》,《江海学刊》1995年第2期。
⑤ 倪波:《农村社会养老保险资金交付的综合平衡及模型设计》,《西南民族学院学报》(哲学社会科学版)1994年第1期;陈颐:《关于农村社会养老保险基金的筹集标准问题》,《学海》1996年第5期。
⑥ 徐广荣、彭石保、李国光:《农村社会养老保险基金的管理与保值增殖》,《中国行政管理》1995年第4期;吴明华:《农村社会养老保险基金运营过程中应注意的几个问题》,《社会工作研究》1995年第2期。
⑦ 谢圣远:《农村社会养老保险养老金给付标准的计量及其在会计核算中的处理》,《中国保险管理干部学院学报》1997年第5期。

对农民参保行为和影响因素的研究[1]，但之后对老农保的实证研究并未大规模兴起。而后的研究逐渐关注到了社会养老保险的缺陷[2]，刘书鹤[3]认为目前正在全国推行的《县级农村社会养老保险基本方案》存在着重大理论和实践上的错误，农村社会养老保险不具有社会养老保险或社会保障所共有的根本点，是名不副实的；乔晓春[4]也分析了农村社会养老保险类似的原则性问题。一些研究者发出了"农村社会养老保险请缓行"的呼吁[5]，何文炯等[6]则提出了农村社会养老保险应当有进有退的观点。面对这些质疑，唐晓群[7]认为当时推行的农村社会养老保险制度是符合中国国情，较为切实可行的。

老农保被叫停后，研究者们提出了进一步完善老农保的对策建议[8]，或者对老农保制度进行反思和重构[9]。一些研究者关注到部分地区，尤其是发达地区对农村社会养老保险的实践创新[10]，这

---

[1] 薛兴利、史建民、靳相木：《农村社会养老保险制度的实证分析与政策建议——山东农村社会养老保险制度的调查》，《中国农村观察》1997年第2期；王海江：《影响农民参加社会养老保险的因素分析——以山东、安徽省六村农民为例》，《中国人口科学》1998b年第6期。

[2] 王国军：《现行农村社会养老保险制度的缺陷与改革思路》，《上海社会科学院学术季刊》2000年第1期；王金安：《人口老龄化与我国农村社会养老保险制度缺陷分析》，《数量经济技术经济研究》2003年第7期。

[3] 刘书鹤：《我对"农村社会养老保险"的看法及建议》，《社会学研究》1997年第4期。

[4] 乔晓春：《关于中国农村社会养老保险问题的分析》，《人口研究》1998年第3期。

[5] 马利敏：《农村社会养老保险请缓行》，《探索与争鸣》1999年第7期。

[6] 何文炯、金皓、尹海鹏：《农村社会养老保险：进与退》，《浙江大学学报》（人文社会科学版）2001年第3期。

[7] 唐晓群：《试析我国初级形态的农村社会养老保险制度——兼与刘书鹤同志商榷》，《社会学研究》1998年第2期。

[8] 李迎生：《论我国农民养老保障制度改革的基本目标与现阶段的政策选择》，《社会学研究》2001年第5期。

[9] 高和荣：《中国〈县级农村社会养老保险方案〉为何难以推广实施》，《市场与人口分析》2003b年第5期。

[10] 赵德余、梁鸿：《中国发达地区农村社会养老保险制度的试验：一个比较制度分析》，《人口研究》2007年第1期；米红、杨翠迎：《农村社会养老保障制度基础理论框架研究》，光明日报出版社2008年版。

些地方实践创新对形成国家层面的新农保制度具有重要的借鉴意义。2007年后，随着对新型农村社会养老保险的呼声高涨，研究者直接开始探讨新型农村社会养老保险制度①。

2. 新农保阶段的研究梳理

（1）新农保政策研究。2009年国家层面的新农保政策形成，并开始在全国范围内试点实施，学者们的研究进入新农保阶段。面对国家层面的新农保政策，有学者分析了其缺陷②，也有学者开始对新农保与相关制度的衔接问题展开探讨③，特别是城乡养老保险制度衔接④。不过，更多学者关注新农保基金的筹集与管理，包括评价和优化新农保的筹资机制⑤、新农保的账户结构⑥、新农保的财政投入与管理等⑦。

（2）新农保实施状况研究。2009年新农保制度确立并开始试点实施后，起初的研究主要总结分析新农保试点的进展、成效及问题。随着新农保的进一步推行，有学者开始关注新农保在农村基层的推进路径，并认为新农保在农村的推进是一种双层嵌

---

① 赵殿国：《积极推进新型农村社会养老保险制度建设》，《经济研究参考》2008年第32期；卢海元：《建立全覆盖的新型农村社会养老保险制度》，《农村工作通讯》2008年第2期；米红：《农村社会养老保障理论、方法与制度设计》，浙江大学出版社2007年版；刘昌平、殷宝明、谢婷：《中国新型农村社会养老保险制度研究》，中国社会科学出版社2008年版。

② 丁煜：《新型农村社会养老保险制度的缺陷与完善》，《厦门大学学报》（哲学社会科学版）2011年第3期。

③ 邓大松、刘远风：《制度替代与制度整合：基于新农保的规范分析》，《经济学家》2011年第4期。

④ 彭浩然、肖敏慧、徐政：《我国城乡养老保险制度衔接研究——基于参保人权益保护的视角》，《保险研究》2013年第11期。

⑤ 何晖、殷宝明：《"新农保"基础养老金计发办法与筹资机制研究》，《中国软科学》2012年第12期；赵建国、海龙：《我国新农保财政补贴筹资责任分担机制研究——基于公共服务横向均等化的视角》，《宏观经济研究》2014年第7期。

⑥ 张思锋、张文学：《我国新农保试点的经验与问题——基于三省六县的调查》，《西安交通大学学报》（社会科学版）2012年第2期。

⑦ 薛惠元、邓大松：《新农保基金入市及资产配置比例模拟分析》，《江西财经大学学报》2012年第4期。

入过程[1]。经办能力不足也已经成为该制度的效率"瓶颈"[2]，一些研究者深刻分析了新农保经办问题，评估了新农保的经办能力，提出了提高经办能力的对策建议[3]。

农民参与是新农保制度实施的基本保障。在新农保试点初期，学者们首先关注到了农民的参保意愿[4]，但是农民的参保意愿并不能完全等同于参保行为。所以，更多人关注农民的参保行为及其影响因素。已有实证研究发现，影响农民参保行为的因素主要包括农民的个体特征、家庭人口经济特征、政策认知及地区差异等[5]。这些研究主要侧重于从经济理性的角度解释农民参保行为，就当前的现实看，农民的行为受众多因素共同约制，尤其受一些非理性因素影响[6]。吴玉锋[7]研究指出村域信任和村域互动因子有助于农民参保，村域认同因子不利于农民参保。钟涨宝、李飞[8]着重探讨社会动员对农户参保行为的影响。各地的实践显示，农民

---

[1] 聂建亮、钟涨宝：《新型农村社会养老保险推进的基层路径——基于嵌入性视角》，《华中农业大学学报》（社会科学版）2014a 年第 1 期。
[2] 钱振伟、王翔、张艳：《新型农村社会养老保险经办服务体系研究：基于政府购买服务理论视角》，《农业经济问题》2011 年第 2 期。
[3] 刘晓梅、卢立群、韩金：《末端经办：新农保全覆盖后的重点问题分析——以辽宁省建昌县为例》，《农业经济问题》2014 年第 4 期；封铁英、仇敏：《新型农村社会养老保险经办机构服务能力及其影响因素的实证研究》，《西安交通大学学报》（社会科学版）2013 年第 1 期。
[4] 张朝华：《农户参加新农保的意愿及其影响因素——基于广东珠海斗门、茂名茂南的调查》，《农业技术经济》2010 年第 6 期；钟涨宝、聂建亮：《政策认知与福利判断：农民参加新农保意愿的实证分析——基于对中国 5 省样本农民的问卷调查》，《社会保障研究》2014 年第 2 期。
[5] 吴玉锋：《新型农村社会养老保险参与行为实证分析——以村域社会资本为视角》，《中国农村经济》2011 年第 10 期；穆怀中、闫琳琳：《新型农村养老保险参保决策影响因素研究》，《人口研究》2012 年第 1 期；罗遐：《政府行为对农民参保选择影响的实证分析——基于新农保试点的调查》，《山东大学学报》（哲学社会科学版）2012 年第 12 期。
[6] 钟涨宝、李飞：《动员效力与经济理性：农户参与新农保的行为逻辑研究——基于武汉市新洲区双柳街的调查》，《社会学研究》2012 年第 3 期。
[7] 吴玉锋：《新型农村社会养老保险参与行为实证分析——以村域社会资本为视角》，《中国农村经济》2011 年第 10 期。
[8] 钟涨宝、李飞：《动员效力与经济理性：农户参与新农保的行为逻辑研究——基于武汉市新洲区双柳街的调查》，《社会学研究》2012 年第 3 期。

往往更倾向于选择最低档次缴费①，所以一些研究对影响农民缴费档次选择的影响因素进行了研究②。

（3）新农保的可持续研究。随着新农保的进一步推广，中国已基本实现了新农保制度在所有县级行政区的全覆盖。这时候，研究新农保可持续问题的重要性更加凸显出来，并逐渐受到了众多研究者的关注③。越来越多的研究者开始从新农保资金筹集角度分析新农保的可持续性，尤其关注政府财政对新农保资金的承担能力④。与这些研究不同的是基于农民参保角度对新农保可持续性进行的探讨。钟涨宝、聂建亮⑤从农民参保行为选择视角出发，研究认为基于农民的理性判断并考虑到新农保的制度设计，农民的参保行为发生比将长时间在高位保持稳步增长，从而保证新农保制度的可持续性。他们进一步从农民参保缴费档次选择视角出发探讨了新农保养老保障能力的可持续问题⑥。

（4）新农保制度评价及其产生的经济社会效应研究。对新

---

① 金刚、柳清瑞：《新农保补贴激励、政策认知与个人账户缴费档次选择——基于东北三省数据的有序 Probit 模型估计》，《人口与发展》2012 年第 4 期；王国辉、陈洋、魏红梅：《新农保最低档次缴费困境研究——基于辽宁省彰武县新农保的调查》，《经济经纬》2013 年第 2 期。

② 赵光、李放、黄俊辉：《新农保农民参与行为、缴费选择及其影响因素——基于江苏省的调查数据》，《中国农业大学学报》（社会科学版）2013 年第 1 期；邓大松、董明媛：《"新农保"中农民缴费能力评估与影响因素分析——基于湖北省试点地区的调研数据》，《西北大学学报》（哲学社会科学版）2013 年第 4 期；金刚、柳清瑞：《新农保补贴激励、政策认知与个人账户缴费档次选择——基于东北三省数据的有序 Probit 模型估计》，《人口与发展》2012 年第 4 期。

③ 薛惠元：《新农保个人筹资能力可持续性分析》，《西南民族大学学报》（人文社会科学版）2012 年第 2 期；米红、贾宁、周伟：《未来 70 年新农保收支预测与制度完善》，《西北农林科技大学学报》（社会科学版）2016 年第 4 期。

④ 薛惠元：《新农保个人筹资能力可持续性分析》，《西南民族大学学报》（人文社会科学版）2012 年第 2 期；曹信邦、刘晴晴：《农村社会养老保险的政府财政支持能力分析》，《中国人口·资源与环境》2011 年第 10 期。

⑤ 钟涨宝、聂建亮：《新农保制度的可持续性探讨——基于农民参保行为选择的视角》，《中国农村观察》2013 年第 6 期。

⑥ 聂建亮、钟涨宝：《新农保养老保障能力的可持续研究——基于农民参保缴费档次选择的视角》，《公共管理学报》2014b 年第 3 期。

农保制度的评价首先基于对其养老保障能力的评价。新农保的养老保障能力自其试点实施开始即受到了质疑，众多研究显示新农保的养老金不够用[1]，是有限保障[2]。虽然已有研究较多关注了新农保的养老保障能力，但遗憾的是对新农保制度农民满意度或评价的研究却极少[3]。在新农保实施数年并实现全覆盖后，研究者们开始关注新农保产生的经济社会影响。聂建亮[4]研究发现，社会养老保险的实施对农村老人具有福利的提升效用，且不同方面福利提升的程度不同。在新农保的经济福利效应方面，学者们研究发现，新农保具有收入再分配效应[5]，新农保还可以普遍提高农民的消费水平和消费意愿[6]。一些学者也关注到了新农保对劳动力迁移与供给的影响，认为新农保减少了农村老人的劳动供给[7]。在新农保的社会福利效应方面，新农保对养老模式的影响首先得到了学者们的关注。张川川、陈斌开[8]研究发现，"社会养老"对传统的"家庭养老"具有一定程度的替

---

[1] 张思锋、张文学：《我国新农保试点的经验与问题——基于三省六县的调查》，《西安交通大学学报》（社会科学版）2012年第2期。

[2] 钟涨宝、聂建亮：《政策认知与福利判断：农民参加新农保意愿的实证分析——基于对中国5省样本农民的问卷调查》，《社会保障研究》2014年第2卷。

[3] 柳清瑞、闫琳琳：《新农保的政策满意度及其影响因素分析——基于20省市农户的问卷调查》，《辽宁大学学报》（哲学社会科学版）2012年第3期。

[4] 聂建亮：《社会养老保险对农村老人的福利效应分析研究》，中国社会科学出版社2017年版。

[5] 王翠琴、薛惠元：《新型农村社会养老保险收入再分配效应研究》，《中国人口·资源与环境》2012年第8期。

[6] 岳爱、杨矗等：《新型农村社会养老保险对家庭日常费用支出的影响》，《管理世界》2013年第8期。

[7] 黄宏伟、展进涛、陈超：《"新农保"养老金收入对农村老年人劳动供给的影响》，《中国人口科学》2014年第2期；程杰：《养老保障的劳动供给效应》，《经济研究》2014年第10期。

[8] 张川川、John Giles、赵耀辉：《新型农村社会养老保险政策效果评估——收入、贫困、消费、主观福利和劳动供给》，《经济学》（季刊）2014年第1期。

代，不过程度有限。陈华帅、曾毅[①]研究也发现，新农保对家庭代际经济支持有着显著的"挤出效应"。程令国等[②]研究发现，新农保提高了参保老人的经济独立性，降低了老人在经济来源和照料方面对子女的依赖。

（四）农村社会养老服务研究梳理

1. 农村社会养老服务总体研究

（1）农村养老服务的需求研究。已有研究实质上更多关注农村养老服务的供给方，而对需求方的关注较少。对农村养老服务需求的关注存在以下不同的视角：一是从养老服务的内容角度测量农村老人的养老服务需求[③]；二是从养老服务的类型角度测量农村老人对养老服务的需求，包括对机构养老[④]、社区养老[⑤]、居家养老[⑥]等需求的研究；三是从养老服务的内容和养老服务的类型两个角度综合测量农村老人的养老服务需求[⑦]。

（2）农村养老服务的模式研究。基于资源筹集方式、服务提供方式、服务享受条件、居住方式等不同的视角，可以将养老服务模式划为不同的类型。姚兆余[⑧]基于居住方式将农村养老模式分为机构养老服务模式、集中居住服务模式、居家养老服务模式、

---

① 陈华帅、曾毅：《"新农保"使谁受益：老人还是子女?》，《经济研究》2013年第8期。
② 程令国、张晔、刘志彪：《"新农保"改变了中国农村居民的养老模式吗?》，《管理世界》2013年第8期。
③ 王俊文、杨文：《我国贫困地区农村养老服务需求若干问题探讨——以江西赣南A市为例》，《湖南社会科学》2014年第5期。
④ 狄金华、季子力、钟涨宝：《村落视野下的农民机构养老意愿研究——基于鄂、川、赣三省抽样调查的实证分析》，《南方人口》2014年第1期。
⑤ 李伟：《农村社会养老服务需求现状及对策的实证研究》，《社会保障研究》2012年第2期。
⑥ 张国平：《农村老年人居家养老服务体系研究》，中国社会科学出版社2015年版。
⑦ 黄俊辉、李放、赵光：《农村社会养老服务需求评估——基于江苏1051名农村老人的问卷调查》，《中国农村观察》2014年第4期。
⑧ 姚兆余：《农村社会养老服务：模式、机制与发展路径——基于江苏地区的调查》，《甘肃社会科学》2014年第1期。

社区养老服务模式。和红[①]则用养老服务供给来源标准来划分养老服务模式，分为集中居住服务模式、农村居家养老服务模式、互助养老服务模式。而在已有的政府文件以及研究文献中，养老服务模式一般包括居家养老、社区养老和机构养老三种模式。

（3）农村养老服务体系研究。农村养老服务体系的构建研究基本遵循多元主义思路。姚兆余[②]认为农村养老服务是一项系统性的工程。郑文换[③]提出建立以基层社区组织为依托的农村养老服务体系。李学举（2009）提出构建一个"以居家为基础形式、以社区为依托、以机构为补充，以政府的政策和制度等为导向"的农村养老服务体。谷彦芳、柳佳龙[④]基于伊瓦思的福利三角理论与农村实际情况，提出构建包括国家、市场与家庭在内的同新型城镇化相适应的新型农村养老服务体系。显然，农村养老服务体系不同于农村养老服务模式，也不是模式的简单堆砌，而是多元责任主体的有机组合。

2. 农村幸福院研究

（1）农村幸福院产生的背景研究。已有研究认为，正是家庭养老功能的弱化和现有社会养老的发育不足，迫使农村地区探索新型养老模式，以弥补以上两种养老方式在解决养老问题上的缺陷。在家庭养老功能弱化方面，孟丹[⑤]认为随着中国计划生育政策

---

① 和红：《福建农村社会化养老服务的模式、机制及其适应性研究》，《华侨大学学报》（哲学社会科学版）2014年第4期。

② 姚兆余：《农村社会养老服务：模式、机制与发展路径——基于江苏地区的调查》，《甘肃社会科学》2014年第1期。

③ 郑文换：《构建以基层社区组织为依托的农村养老服务体系——从制度整合和社会整合的角度》，《人口与发展》2016年第2期。

④ 谷彦芳、柳佳龙：《新型城镇化背景下的农村养老服务体系研究》，《经济研究参考》2014年第52期。

⑤ 孟丹：《河北省农村社区互助式养老模式研究——以肥乡"互助幸福院"为例》，《时代金融》2016年第35期。

导致家庭结构转型,农村独生子女现象随处可见,而且城镇化进程加速,吸引大量青壮年进城发展,农村老人无人照拂,"老无所养"问题严重。在社会养老的发育不足方面,张彩华[①]认为当前农村的养老保障制度主要是以现金福利为主的生存型保障,缺乏生活照料和精神慰藉方面的服务保障。另外,祁麟等[②]认为机构养老和社区居家养老在农村也有很大的局限性,互助幸福院模式更加符合农村实际情况。

(2)农村幸福院存在的问题研究。陈志斌、起建凌[③]通过对河北省邢台县互助幸福院的调研发现,幸福院内部互助的可持续性差。赵志强、杨青[④]指出政府自上而下所推广形成的互助幸福院作为政府干预下的新兴事物,面临着政策保障和资金支持的可持续性、运行监管等问题,一旦政府支持缺位或不积极作为,该模式的可持续性将面临挑战。周娟、张玲玲[⑤]认为资金困难是幸福院建设的最大问题,大多数村庄的村集体经济较为困难;同时,对幸福院建设没有明确的长期补助机制,幸福院建设存在不确定性。高灵芝[⑥]调查发现大多数农村幸福院面临运营困境,很多根本没有开张,只为财政补助金而增设的生活居住设施。

(3)推动农村幸福院运行的对策研究。学者们主要从资金、服务及管理三方面提出完善农村幸福院建设的对策建议。

[①] 张彩华:《村庄互助养老幸福院模式研究:支持性社会结构的视角》,博士学位论文,中国农业大学,2017年。

[②] 祁麟、李红、窦孟朔:《农村新型互助养老模式探析——以河北省平乡县幸福院为例》,《邢台学院学报》2014年第1期。

[③] 陈志斌、起建凌:《农村互助养老模式探讨——以邢台县互助幸福院为例》,《当代经济》2014年第17期。

[④] 赵志强、杨青:《制度嵌入性视角下的农村互助养老模式》,《农村经济》2013年第1期。

[⑤] 周娟、张玲玲:《幸福院是中国农村养老模式好的选择吗?——基于陕西省榆林市R区实地调查的分析》,《中国农村观察》2016年第5期。

[⑥] 高灵芝:《农村社区养老服务设施定位和运营问题及对策》,《东岳论丛》2015年第12期。

在资金来源方面，甄炳亮、张晓峰[①]指出要坚持多方联动融资，激活政府、集体和社会多方面的活力。张健、李放[②]认为要建立起多元化、稳定的农村互助养老注资长效机制。在服务对象方面，甄炳亮、张晓峰[③]认为农村幸福院的服务对象应优先保障身边无人照顾的独居、空巢、高龄老人。孟丹（2016）则认为服务对象应扩大，既要考虑生活能够自理的独居老人，也要考虑生活不能自理的独居、失能老人。在服务人员方面，张荣举[④]认为可采取"聘用与义工"相结合的方式，通过村委会推荐、民政局考察，选用公道正派、身体健康、热爱老年事业的村民入院服务，并积极吸纳党团志愿者。在服务内容方面，可以通过建立互助养老服务需求档案，为老年人提供个性化的养老服务[⑤]。在管理方面，张荣举[⑥]指出通过制定出台幸福院建设实施方案以及管理办法，实现幸福院各项事务制度化、高效化，形成幸福院长效、规范的运行机制。也可以说，在硬件上要建立满足老人基本服务需求的设施设备，软件上要建立完善的日常活动管理制度[⑦]。

[①] 甄炳亮、张晓峰：《破解农村养老难题的生动实践——东平县农村幸福院考察调研报告》，《中国民政》2015年第18期。

[②] 张健、李放：《农村互助养老的成效及价值探讨——以河北省F县农村互助幸福院为例》，《社会福利》（理论版）2017年第4期。

[③] 甄炳亮、张晓峰：《破解农村养老难题的生动实践——东平县农村幸福院考察调研报告》，《中国民政》2015年第18期。

[④] 张荣举：《慈善助老开先河 农村养老谱新篇——河南省武陟县慈善幸福院建设纪实》，《社会福利》2014年第6期。

[⑤] 陈志斌、起建凌：《农村互助养老模式探讨——以邢台县互助幸福院为例》，《当代经济》2014年第17期。

[⑥] 张荣举：《慈善助老开先河 农村养老谱新篇——河南省武陟县慈善幸福院建设纪实》，《社会福利》2014年第6期。

[⑦] 彭文洁、程良波：《湖北：探索农村互助式养老服务新模式——解读〈湖北省民政厅关于开展农村互助式养老服务工作试点的指导意见〉》，《社会福利》2012年第3期。

三　小结与展望

"老有所养"是目前中国人口老龄化日益严峻背景下亟须解决的现实问题。实现"老有所养"首先需要明晰的是由谁来养的问题。根据养老主体来划分，养老保障主要有两种方式：一是家庭养老保障，主要是由家庭成员为老年人提供养老保障；二是社会养老保障，主要由国家和社会来承担老年人养老保障的责任。1949年以后中国农村社会的养老问题的演变与时代变迁高度契合，实践层面的变迁仍然以家庭养老为主，但家庭养老的形式逐渐发生变化，而在1949年以后长期的集体化时代，家庭养老更是打上了集体化的烙印。随着中国人口老龄化形势加剧以及国家经济实力的迅速提升，农村社会养老保险逐渐完善，虽然老农保未能持续，但是2009年开始试点推行的新农保却发展迅速，在短时间基本实现了在全国的全覆盖，且保障能力逐步提高。而面对人口老龄化与人口乡城转移重合导致的农村空巢问题，农村社会养老服务被提上了议事日程。目前以农村家庭养老为主、社会养老为补充的养老模式已经初步形成。从对农村社会养老问题的研究来看，呈现出与实践相匹配的进程，除家庭养老研究相对比较稳定以外，社会养老，尤其是社会养老保险的研究随国家政策的变化而起落，政策需求、政策设计、居民参与行为、政策评估、政策可持续等成为研究的总体脉络。而对于农村社会养老服务，目前尚处于研究的初步阶段，一方面探讨政策的规范，另一方面分析总结地方经验。

结合对已有实践和研究的梳理，这里认为，今后农村社会的养老实践和研究可能从以下几个方面开展：一是继续加强农村社会养老的基础理论研究，基于中国农村社会发展的现实背景，分析养老条件变化的状况，检验和调整已有理论，并根据新的时代背景创新理论。二是关注农村家庭养老的变化，探讨农村社会代际关系的资源流动，以及新的社会结构、社会文化中家庭养老的变迁，同时也需要将科技发展的影响进行考虑，通信手段、交通工具、支付方式等的迅速变革将会改变家庭养老的物质基础，从而影响家庭养老的实践样态和理论创新。三是继续关注农村地区社会养老保险制度的完善，2014年在国家层面将新农保和城居保合并后，城乡居民基本养老保险成为目前农村的社会养老保险模式，但是其体制机制以及保障能力还需进一步改革优化。四是进一步发展农村社会养老服务，探讨适合农村基本实际的社会养老服务模式，以补充家庭养老、社会养老保险的不足。五是加强多种养老模式或方式的融合实践及研究，发展具有中国特色的农村社会养老模式。

城市社区发展与变迁

文　军[*]

改革开放以来，随着中国经济体制改革和社会治理结构转型的不断深入，原来由政府和企事业单位统包统揽的城市社会管理与社会服务职能开始分化并逐渐回归社会和社区，社会成员原有的"单位人"属性逐渐过渡到"社区人"，城市社区在改革开放和现代化进程中的独特地位、价值、功能等日渐凸显，城市社区发展的议题越来越受到学术界、实务界的重视。[①] 中共十八届三中全会指出了"全面深化改革的总目标是完善和发展中国特色社会主义制度，推进国家治理体系和治理能力现代化"。社区作为构成国家和社会的基本要素，是架通个体与社会的桥梁，社区发展与社区治理现代化是提升国家治理能力现代化的基础和基本着力点。在国内经典的社区研究中，学者们常常把"社区"理解为一种地域性社会，希望将"小社区"确立为勾连"大社会"的方法论和认识论单位。显然，这种观点在很大程度上建立在传统社区相对封闭、独立以及多重边界高度重合的现实基础上。今天，伴随着

---

[*] 文军，华东师范大学社会发展学院教授。
[①] 徐永祥：《社区发展论》，华东理工大学出版社2001年版，第1页。

城镇化、信息化和全球化的进程，中国城市社会正变得越来越具有开放性和流动性。毫无疑问，改革开放以来，中国城市社区发展与变迁的状况在很大程度上折射出了整个中国社会发展与变迁的轨迹及趋势。

一 当代中国城市社区发展的基本历程

（一）社区研究的多重取向与发展实践的演变

自德国社会学家滕尼斯提出"社区"的概念并加以分析以来，社区及其相关研究就越来越受到各国学术界和实务部门的共同关注和推崇。[①]尽管"社区"在不同地区、不同时期的表现形式和内涵特征不完全一致，但人们很多时候都倾向于将"社区"理解为一种"共同体"，而对究竟是一种什么样的"共同体"至今却仍未获得一致的看法。[②]比如，有些人认为"社区"主要是一种实体性的"地域共同体"，也有些人认为它是一种心理性的"情感共同体"，还有一些人则认为它主要是一种制度性的"文化共同体"。概括起来说，当前，从对城市社区发展的研究来看，"社区"主要集中在三重意义上来延续其学术脉络。

第一重是作为社会共同体的"社区"。即将"社区"本身作为研究对象，以"向内"的研究取向关注社区内部的治理结构、

---

① 以中国为例，如果我们从"中国知网"上搜索主题为"城市社区"的论文，仅2000年以来就有超过10000篇的论文全文被收录，其中属于CSSCI期刊的论文有1431篇，特别是2006年中共中央提出构建社会主义和谐社会之后，有关城市社区研究的论文，无论是在数量上，还是在质量上都有明显提升，特别是2008—2017年十年间，每年都有上百篇的有关城市社区研究的学术论文在CSSCI期刊上发表。

② 根据滕尼斯对"社区"的界定，社区是成员之间休戚与共、出入相友、守望相助的具有共同意识和情感的社会生活共同体，因此，社区关系和社区意识是界定社区的本质要素。社区之所以受到青睐，主要是因为它是实现人际关系整合的重要方式和途径，也是一个人类社会生活的共同体。

社会关系、社会规范、社会互动、利益关联、情感认同等方面的现状与变化。在这一重意义上，社区发展与社区研究集中展现了社区的地方性，强调其内在的特殊性和社会关联。这可能是目前对"社区"最为普遍性的看法。

第二重是作为情境设置的"社区"。① 即以"向外"的研究取向将"社区"作为探查基层社会转型、各类社会关系变动与宏观社会结构的重要棱镜。在这一重意义上，社区研究将认识抽象的结构性关系锁定于特定的情境之中，从而能够在社会转型的大背景下，通过相对中观、微观层面的社区研究来投射宏观的社会结构变迁，因此，这种社区常常被看作架通"个体"与"社会"的桥梁。

第三重是作为社会行动的"社区"。即将"社区"视为有助于目标达成的资源以及蕴含公共性和现代性的价值精神。在这一重意义上，社区研究聚焦于不合理的经济社会结构、社区问题以及权力不平等，致力于通过集体行动来促成改变。从这一意义上来说，对"社区的探寻"（the quest for community）也是一种积极的反思性行动实践。与"社区"的三重定义相对应，社区研究因此也形成了三条并进的研究脉络，即共同体取向的社区研究、结构取向的社区研究、行动取向的社区研究。

对"社区"本质属性和内涵特征的不同认识不仅会产生不同的研究取向，而且在实践层面上也会形成完全不同的社区发展理念和社区治理模式。即使都认同"社区"首先是一种地域共同体的观念，其在实践形式上也是多种多样的。比如在中国的城市社区发展实践中，作为一个地域性社会，"社区"至少具有三个完全

---

① 比如，费孝通的《江村经济》一书，从某种程度上来讲，其之所以能够成为20世纪上半叶中国乡村社会研究的典范，就依赖于社区研究方法在社会学研究中的成功运用。

不同的发展形式和实践样态：一是将"社区"定位在街道这个层面。比如在上海，"社区"就是指作为区政府派出机构的街道所管辖的地域范围，一个个街道就是一个个"社区"，社区管理和发展重心也落在街道这个层面；二是将"社区"定位在一个居委会所管辖的范围内，目前全国大部分的城市社区实际上都是指居委会的自治范围，一个居委会就是一个社区；三是将"社区"定位在"街道"和"居委会"中间这个层面，一个街道划分为3—6个"社区"，一个"社区"再管理和服务3—6个"居委会"，目前全国也有相当一部分的城市社区建立在"街道"和"居委会"之间。毫无疑问，了解当前中国城市社区的这种不同设置，对于我们深入理解不同城市的社区发展模式具有非常重要的作用。

从世界范围的社区发展实践来看，社区发展（community development）作为一项世界性的运动，"第二次世界大战"以后一经联合国倡导，便立刻引起了世界各国的普遍重视，尤其是20世纪70年代以来，因越来越受到许多国家和政府的欢迎和推广而得到迅速发展。现在全世界有100多个国家都在执行全国性的社区发展计划，其发展主旨已从原先的针对新兴不发达国家存在的大量落后社区，转化为一种普遍适用于各类国家和地区的目标。总的来说，社区发展实践大体经历了以下几个方面的变动。

一是从发展中国家的社区发展扩展至全球性的社区发展。一方面整个"社区运动"从发展中国家向全球扩展，另一方面社区的服务组织越来越趋于联合，朝着国家化的方向发展。[①] 在传统的社区发展规划制定中，人们更多地将注意力放在发展中国家，甚至认为社区发展只是发展中国家的事。然而，20世纪80年代以来，随着全球化的迅速扩展和深化，全球的整体性和相互依赖性

---

① 汪大海、魏娜、郇建立主编：《社区管理》，中国人民大学出版社2005年版，第359页。

日益增强。越来越多的人已经认识到，发展中国家的贫困绝不仅局限于发展中国家，也是影响世界安定的重要原因。可以说，任何一个发达国家都依然存在着一个不断完善自身、发展自身的任务，对社区发展的重视已成为世界各国的共同特征。①

二是从应时性的社区发展转变为可持续协调的社区发展。社区发展实践刚开始的时候，大多数人都只是将社区发展看成解决现实困境，摆脱贫困和失业，为社会和经济发展等服务的应时性举措。而今天，随着社会发展观念的不断改进，可持续发展观已成为世界各国普遍接受的观念，其在社区发展中也得到了相应的体现。

三是社区发展的科学性和系统性不断增强。在联合国倡导社区发展的初期，各国对社区发展的有关理论、方法问题的认识还较为肤浅和单一，世界各国的社区发展事实上主要是凭借经验办事，实际工作者与理论工作者的联系并不密切，导致社区工作缺乏一定的科学性、严密性和系统性。20世纪80年代以来，随着社区发展事业的蓬勃开展，人们对社区发展的科学性和系统性要求越来越高，社区发展的理论研究因而得到迅速加强，各种经过社区组织或社区发展工作理论与方法专门训练的社区工作人员不断增加，推进了社区发展工作的科学化和系统化。

四是社区治理组织体系越来越趋向自治化，治理主体越来越趋向多元化，治理方式越来越趋于法制化。社区自治是社区发展的重要内容和管理手段，也是社区居民实现自我管理、自我教育、自我服务、自我监督的一种基层民主形式。社区治理在一定程度上承担起了政府的部分社会治理职能，成为培育基层社会自治能

---

① 文军：《社区发展及其在我国的现实意义》，《岭南学刊》1998年第2期。

力的起点，也是重构基层社会治理模式的基础。当前，社区治理的主体越来越趋向多元化和合作化，治理的方式也越来越趋向法制化和规范化。

（二）当代中国城市社区发展的三个阶段

从某种意义上来说，当代中国城市社区发展实践不仅是改革开放的产物，也是伴随着改革开放的推进而不断深化与变革的。如果将城市社区发展与变迁放在改革开放这个历史语境中加以考察，不难发现截至今天，当代中国城市社区发展实践大致经历了从"社区建设"到"社区管理"再到"社区治理"的发展脉络，同时在这一发展脉络中，我们不难看出首先是国家与社会关系的重构，接着是社会秩序与效率的追求，到如今是进行协同互动和对共同体的超越。

1. 城市社区发展的第一阶段——国家与社会关系的重构：社区建设的提出（1986—1997年）

1978年的改革开放对中国经济制度和社会结构产生了重大影响。一方面，计划经济向市场经济转型，经济改革直接打破了原有资源分配的格局以及国家对资源的绝对垄断权；另一方面，"单位办社会"解体与社会福利体系的改革，使原有的国家与社会同构关系赖以存在的制度因素被不断消解，社区的兴起正是国家与社会日益分离的产物。在这一社会急剧转型过程中，社会转型带来的众多问题导致了城市社会公共事务剧增。这些问题在城市的基层社会沉淀，并最终回落到最为基层的政府机构街道办事处身上。

为了找到一条既能有效解决这些问题，又能稳定推进市场化改革和政府职能转换的途径，民政部在1986年率先提出开展社区服务工作，满足人民生活需求的策略。从而，第一次把社区概念引入政府的实际工作中来。1987年，民政部在武汉市召开"全国城市社区服务工作座谈会",提出建立具有中国特色的社区服务系统,并倡导民间互助的精神,提出以灵活多样的社会服务形式,为居民特别是有困难的人提供社会福利。社区服务活动在初期一般以传统的民政服务对象如烈军属、孤老户、特困户、残疾人等为服务对象。随着中国老龄化进程的加快,老年人也逐步成为社区的服务对象,社区服务在城市中普及开来,并不断向其他领域拓展。随着社区需求的扩大,社区队伍也在不断扩大,社区的人才资源也越来越多地被挖掘出来,"社区服务"延伸扩展为"社区建设"。1991年5月,民政部原部长崔乃夫在听取基层政权建设司汇报工作时,提出基层组织建设应着重抓好社区建设,首次提出了具有中国特色的社区建设。同年,民政部下发了《关于听取对社区建设意见的通知》,征求各地对开展社区建设的意见和建议。随后,全国许多大中型城市纷纷掀起社区建设的高潮。在全国建立了26个"城市社区建设实验区",有100多个城区参加了省级实验。与此同时,民政部先后在北京、上海、天津、武汉设立四个"中国城市社区建设研究中心"。2000年,中共中央办公厅和国务院办公厅转发《民政部关于在全国推进城市社区建设的意见》,明确提出了下一阶段城市社区建设的指导思想、基本原则和主要目标,提出了城市社区建设的基本任务,至此,城市社区建设以前所未有的速度在全国广泛推进。[①]

总体来讲,这一时期的社区建设可以说是政治权力推动并建构的一种被动回应经济发展需要的社会安排,而非对作为一种共同体的社区的自觉建构,它在根本上仍然依附于经济发展的逻辑,为经济发展做注解。尤其是在1992年社会主义市场经济体制确立

[①] 吴群刚、孙志祥:《中国式社区治理——基层社会服务管理创新的探索与实践》,中国社会出版社2011年版,第10—11页。

以后，大量从"单位制"下释放出来的人员回归到了城市社区中，使得整个20世纪90年代的中国社区建设更加突出和强化了其在"社区服务"方面的功能。①

2. 城市社区发展的第二阶段——社会秩序与效率的追求：社区管理的凸显（1998—2012年）

伴随着改革开放的深化和市场经济的再发展，逐步迈入21世纪的中国城市社区建设越来越受到各种社会问题不断社区化的挑战：一方面，随着市场经济体制改革的加快，城镇化进程的加速发展，以及20世纪90年代末围绕住房、户籍和企业的一系列改革举措，城市基层社区开始积压越来越多的社会问题，社会管理任务日益加重；②另一方面，以1998年国务院机构改革为中心而启动的新一轮行政体制改革，逐步暴露了传统社区建设中基层管理上的矛盾与弊端。③这种改变要求中国社区建设必须寻找新的方式来不断强化政府的管理和服务功能，以有力回应21世纪来临之际面临的一系列挑战，于是以初步社区服务为主的"社区建设"逐步过渡到对社区管理的强调。

1998年国务院机构改革，明确赋予民政部以"指导社区服务管理工作，推进社区建设"的职能，将"民政部基层政权建设司"正式改名为"民政部基层政权和社区建设司"；2004年，党的十六届四中全会提出要"加强社会建设和管理，推进社会管理

---

① 吴越菲、文军：《作为"命名政治"的中国社区建设：问题、风险及超越》，《江苏行政学院学报》2015年第5期。

② 比如城市社区中大量流动人口的激增，下岗、失业人员的社会保障与再就业任务突出，社会治安与精神文明问题丛生，基于产权的住房利益纠纷频发，社会矛盾与冲突日益增加。这些问题最后都沉淀到了基层社区中，亟待通过社区建设与管理来予以解决。

③ 比如，城市社区建设中突出存在的"三驾马车"（业委会、居委会、物业公司）之间关系问题以及居委会与街道和区级政府的权、责定位问题；农村社区建设中出现的村两委、乡镇政府等管理主体之间的管理矛盾；国家权力下移的同时居委会自治的空间和功能受到严重挤压的错位问题……，许多问题都与社区管理体制相关。

体制创新"并确定"党委领导、政府负责、社会协同、公众参与"的社会管理格局,进一步强化了社区管理作为社区建设的重要意识和手法。

社区管理主要强调通过管理路径和技术的再造以及行政能力的提升来提高社区建设的科学性和效率,从而有效地解决沉淀于社区的各种问题,以满足因经济体制、社会结构转型带来的基层政权建设、社会秩序稳定以及社会成员再组织的迫切需求,更多地强调了社区建设的社会控制功能和政治导向,突出体现了对社会秩序和效率的强烈追求。

3. 城市社区发展的第三阶段——协同互动与共同体的超越:社会治理的探索(2013年以来)

伴随着中国社会经济结构的深刻转型,社区管理结构也逐步从国家主导的一元结构开始转向国家、市场、社会的三元结构,传统单向化、纵向化的科层政府本身也日益显露出它的效能危机、信任危机、权威危机和合法性危机。[①] 就中国社区目前的社区建设而言,主要问题在于各主体的发育还不成熟。各主体在社区功能的发挥上尚需要一个培育的过程,需要国家与社会合作作为其创造条件。社区治理理论的提出无疑为社区建设和制度创新注入了新的活力,它旨在超越传统政府与市场二分的局面。

2013年,中共十八届三中全会明确提出了"推进国家治理体系和治理能力现代化"的发展总目标,使得"治理"理念所标榜的民主、平等、对话、多元、公共性价值越来越成为社区公共事务处理的主流话语。进一步调整国家—社会关系、为社区进行行政松绑、开放治理结构并促成部门间治理的合力成为当下社区建

---

① 杨冠琼:《政府治理体系创新》,经济管理出版社2000年版,第1页。

设自我革新的新共识。[①]

至此，社区治理不再是控制导向下的单向线型的中心—边缘治理结构，而是拥有了信任与合作的协同互动的网络型结构，它开始回到对"生活共同体"的追求，其最基本的特征就是通过基本的社会秩序供给而服务于社会，使社会逐渐实现真正的自治。

总的来讲，从"社区建设"的提出到"社会管理"的强调再到"社会治理"的探索，整个过程反映了中国城市社区发展实践三个不同阶段的现实需要，是不同时期社区发展内容侧重点变化的体现。当然，这三个阶段的社区发展内容并不是完全相互分割运行的，相反，它恰好是为了回应不同阶段的城市社区发展需求，以新的意识和手法来促成新的社区发展实践的持续建构过程。

二 当代中国城市社区发展的模式选择

（一）城市社区发展及治理主体的关系

城市社区是现代城市发展的必然产物，它在中国的出现，与社会主义市场经济的推行有着密不可分的联系。在社会转型的大背景下，伴随着社区公共生活空间呈现出的一个明显现象就是城市社区主体日益多元化。城市社区的主体至少包括了：（1）政府。通常为市区级政府、街道办事处或乡、镇政府。还有些是区级行政单位直接作为社区治理主体，如一些开发区管委会设立社管局直接管理社区。（2）党的基层组织。街道、乡、镇党的基层委员会和村、居委会党组织，领导本地区的工作，支持和保证行政组织、经济组织和群众自治组织充分行使职权。（3）居民委员会。

[①] 吴越菲、文军：《作为"命名政治"的中国社区建设：问题、风险及超越》，《江苏行政学院学报》2015年第5期。

居民委员会是城市社区中居民自我管理、自我教育、自我服务的基层群众性自治组织。(4) 社区居民。既包括拥有社区户口的户籍人口，也包括无社区户口的常住人口。(5) 社区中介组织。社区中介组织是指以社区居民为成员，以社区地域为活动范围，以满足社区居民的不同需求为目的，由居民自主成立或参加的组织，如业主委员会、志愿者组织、老年协会、妇女协会、读书会、秧歌队、摄影协会、书法协会、钓鱼协会等。社区中介组织中的业主委员会代表全体业主在物业管理活动中行使合法权益。业主委员会的权力基础是业主对物业的所有权，对该物业有关的一切重大事项拥有决定权。(6) 物业公司及其他。物业公司是指按照合法程序成立并具备相应资质条件的经营物业管理业务的企业型经济实体，另外还有一些针对社区服务的营利性单位……这些社区治理主体可以被划分成不同的类别，比如，从职能的角度可以将社区治理主体划分为3类，即"决策主体""执行主体"和"监督主体"。

　　就从目前中国城市社区的发展现状来讲，从社区发展主体的属性来划分或许可以更加有助于厘清治理主体间的关系。首先，是从纵向来分，城市社区治理的主体：市政府、区政府、街道、居委会、居民；其次，从横向来划分：社区中介组织、物业公司及其他营利性单位。在诸多的社区治理研究的文献中，谈及社区治理的问题，不可避免地会提到居委会的性质和划分。居委会到底是属于纵向这根线上的，还是属于横向这根线上的呢？

　　从理论上来讲，居委会作为居民自治组织，本来应该是居民的"头"，但实际上却需要承担街道下派的大量行政事务，成为街道的"腿"，导致其不堪重负、功能错位。最典型的案例就是上海的"两级政府、三级管理、四级网络"体制。这种体制的重心实质上是"两级政府、三级管理"，其特征是强化了街道办事处的管理职能，在社区管理中具有明显的行政化倾向，街道办事处成了社区管理实质上的唯一主体，而作为群众自治组织的居委会处于街道办事处"事实上"的行政领导之下，很大程度上缺乏自主权。[①] 显然，这种局面的形成十分不利于居民委员会自治功能的发挥。"两级政府、三级管理"体制的重心在于加强街道办事处的管理职权与地位，实现政府管理的重心下移。而居民自治的培育与发展则要求减少街道办事处的干预，为居民自治留下一个适宜的空间，因此二者之间毫无疑问就存在着一种张力。为了还原居委会社区自组织的本来面目，很多地方的城市社区也进行了各具特色的实践探索，但是摆脱了行政化的困境，却又很容易陷入"边缘化"的困境。[②] 另一方面，既然居委会属于横向系列上的，那么居民委员会和业主委员会、物业公司同属于群众自治组织，都是平等的社会主体，不存在相互隶属的关系，而是一种相互协作、各司其职的关系。[③] 居委会的性质和功能定位非常重要，它对城市社区发展和治理起着最为基础性的作用，但遗憾的是，由于居委会这一关键性的社区组织在地位和功能属性上的定位模糊，导致了当前中国城市社区发展常常陷入各种主体的交织摩擦之中，从而在很大程度上弱化了社区发展的基础作用。

---

① 严格地说，街道办事处不具有对居委会的领导权，街道办事处对居委会的管理名义上为指导，街道党工委则可以借由领导小区党组织实现对居委会的领导；现实情况则是街道办事处通过人头经费和办公经费的支付实现领导权。再加上街道办事处的财政拨款是社区服务的主要资源，因此居委会的社区服务活动只能以街道办事处的指示为主，而不能按照居民的自主意愿安排。其结果必然是街道办事处与社区居民之间无法形成充分、良好的互动，社区居民对社区发展的参与热情不高。

② 郑杭生、黄家亮：《论我国社区治理的双重困境与创新之维——基于北京市社区管理体制改革实践的分析》，《东岳论丛》2012年第1期。

③ 唐江平：《社区治理主体间关系：问题、成因与重构》，《社会工作》（学术版）2011年第6期。

(二) 当前中国社区发展实践中的三种治理模式

城市社区治理中的主体多元化参与是一种必然的趋势。然而，这些主体间关系在现实的国情、地域中由于城镇化进程不同以及各社区发育情况的不同构成了不同的互动模式。如果我们从政府、社会和市场三大部门的关系出发来分析，改革开放以来中国城市社区发展实践中主要存在着三种并存的典型社区治理模式。

1. 政府主导型的上海社区治理模式

1996年上海明确了以基层为城市建设和管理的基础、以社区为载体的管理方式，同时确立了"两级政府、三级管理、四级网络"的管理新体制。这一城市管理模式的两个支点：街道办事处和居委会。一是将社区建在街道办事处层面，提出"街道社区"的概念。城市社区建设的所有配套改革举措和政策法规都是以"街道社区"为基础来设计的，其"两级政府、三级管理"城市管理体制的核心就是放权给街道，强化街道的社区管理功能。"社区党建"的提出与落实也同样是在加强街道一级的党组织领导能力。二是居委会成为四级网络的最基层一级。主要通过社区党组织、社区居民会议、居委会三个组织维持日常运行。旨在加强街道管理权力的同时，推进居委会建设，加强居委会的公共事务管理能力。2006年上海民政局发布了《上海市社区委员会章程》，规定社区委员会要在社区（街道）党工委的领导下，对社区事务进行议事、协商、评议和监督。上海的实践是在政府部门统筹管理的前提下，对城市治理条条进行了分层分块，形成了"以块为主，融条于块"的组织创新，缓解了原有的条块分割、各自为政的矛盾。[①]

这种模式在实际运行的过程中是市、区两级政府向街道办事

[①] 姜雷：《城市社区治理模式的理论探讨与实践》，《理论视野》2010年第12期。

处赋权，街区行政权力在重组的同时也存在着向社会分化的趋势，权力中心正在由以往的单纯的政府控制向半行政半自治的社区管委会过渡，因此在中国城市街区的内部，国家与社会自治空间并非一定就是此消彼长的关系，而是有可能处于一种共生共长、良性互动的关系，从而形成强国家、强社会的双强态势。[①]

但是上海模式的前提是政府拥有雄厚的财力，官员具有为社区居民谋福利的良好愿望，以及国家具有良好的规范官员行为的机制。这三个条件尤其是第一个条件不是每个城市都具备，即使具备，也很难去效仿和推广，因为这种模式存在着效率不高和可持续发展性不强的问题，[②] 其行政色彩过于浓厚常常成为被诟病的要害。

2. 社区自治型的沈阳社区治理模式

沈阳在选择打造居民生活自治体、强化社区组织自主权的改革取向中，逐渐形成了以"社区组织自治模式"为鲜明特点的"沈阳模式"。沈阳模式主要解决了社区建设的三个基本问题，即居民自治的原则、居民自治的区域定位、居民自治的组织体系。

一是从组织体制上解放居委会的行政化束缚，恢复居委会的自治功能，实现居民自治。沈阳市通过在街道办事处和居委会之间重新划分出社区这一方式，将居委会从浓厚的行政化色彩中释放出来，旨在恢复居委会群众自组织的本来面目。通过公开招聘社区工作者，让社区居民自己选择管理者，在社区民主选举制度的建设上进行了有益尝试，一再规范和强化社区自治行为，使社区自治不再是一句空话。

[①] 朱健刚：《城市街区的权力变迁：强国家与强社会模式——对一个街区权利结构的分析》，《战略与管理》1997年第4期。

[②] 夏建中：《中国城市社区治理结构研究》，中国人民大学出版社2012年版，第22页。

二是合理划分居民自治的地域范围，保证社区自治的有效开展。沈阳模式中的显著特点之一就是将社区定位在街道办事处和居委会之间。这样做的好处在于：（1）社区自治的空间扩大。社区规模的调整，合并了一些居委会，扩大了社区的辖区范围，社区自治有了较广阔的空间；（2）社区自治的资源增多。经过社区规模调整，社区内的单位资源被整合进社区，使社区可利用的资源增加，增强了社区资源的行为能力；（3）社区自治的操作便利。社区的定位没有触及城市基层管理体制，对政府行政管理体制改革要求较少。相比较而言，改革涉及的面比较小，难度小。

三是在社区创造性设立了社区党组织、社区成员代表大会、社区协商议事委员会、社区委员会，建立和完善了居民自治的组织体系。这一模式类似国家政权机构的设置，构造了社区领导层、决策层、执行层、监督层以及四者之间的互动机制，从而形成了议行分离、相互制约的运行机制。这种组织体制将社区内各种力量和资源纳入统一的社区管理范畴之中，建立了完善的组织体制，形成了严密的社区网络体系，扩大了基层民主，强化了监督和制约机制，为社区服务、社区教育、社区文化等各项事业的发展提供了条件和制度基础，真正体现了社区自治、议行分离的原则。

但沈阳模式也有其局限性。其一，居民自治的体制环境尚不具备。沈阳的社区自治是在不触及城市管理体制和政府行政管理体制的基础上形成的，这种情况下实现的居民自治是不彻底的，由于政府与社区自治组织之间的关系没有明确，一旦二者出现矛盾或者冲突，这种社区居民的自治功能就很有可能被剥夺。因此，这种自治只能说是小环境下的自治。其二，社区中多元主体的关系还没有真正理顺。居民的多样化需求、参与的主观意识不同以及居民自治的能力素养等原因，致使决策权、监督权的行驶还没有真正落到实处。因此沈阳模式的进一步完善可能还需要相应的政府行政管理体制改革以及社会力量在资金、资源和人力方面的广泛参与。

3. 市场主导型的深圳社区治理模式

深圳社区治理结构创新首先是在国家推动社区建设的宏观背景下实现的。不过，由于深圳的经济特区区域属性和移民社会属性，深圳市的社区发展制度安排具有地方性特征，而使实践中的社区治理结构展示出其市场化的独特性，尤以其中的"罗湖模式"具有代表性。罗湖模式产生于20世纪90年代，起初是在推行"安全文明小区建设"的基础上建立起来的，包括三部分的实践内容：一是以居住小区为基础，居委会与物业管理公司紧密结合的社区服务市场化模式。即在政府的统一规划指导下，在一些有条件实行市场化的社区服务领域引入市场运作机制，立足于建设安全文明小区，化整为零，分散管理，把居委会的社会性职能与物业管理公司的商业性运营结合起来，形成一种高度市场化的社区管理模式。二是2003年开始以点带面逐步推进的"综治进社区"。所谓"综治进社区"是指以社区为单位，成立由社区管委会（城中村股份公司）、社区警务室以及辖区单位、物业小区组成的社区维护稳定及社区治安综合治理领导小组，下设办公室。社区综治办由社区民警担任主任，负责社区维护稳定及社会治安综合治理日常工作的协调、指导和组织落实。这样，就有效整合政府的、企业的、民间的各种治安资源，建立起社区治安联防联动新机制，凝聚社区里各种各样的治安力量，形成一个有力的拳头。三是2004年开始以点带面推行"警民联调"进社区工作。所谓"警民联调"，则是罗湖公安分局和罗湖区司法局根据新时期维稳综治的特点，依法将人民调解工作和治安调解有机结合，探索创建的一种新型社区矛盾调解工作机制。

"罗湖模式"的独特性就是以市场化方式解决社区公共服务问

题。采用优化社区治理结构的办法,整合社区内居民委员会、物业企业、城中村原籍居民的集体股份公司,下沉到社区的公共权威机构如社区警务室、司法调解室等各种力量,提升社区公共服务的供给质量。

(三) 寻求社区发展的新机遇:社区治理的新转向

《中共中央关于全面深化改革若干重大问题的决定》首次把"推进国家治理体系和治理能力现代化"作为全面深化改革的总目标,从而开启了一个新的国家治理时代。国家治理的重心落在城乡社区。为了进一步完善国家治理体系,促进社会治理创新,中央及各级政府都加快了社区治理体制的改革步伐,积极探索新的社区治理模式,其中包括从纵向理顺街居体制,转变政府职能,为社区减负,强化社区自治功能等;从横向整合资源,培育社会组织,探索发挥多元主体作用,完善社区治理结构,利用信息技术,走网格化、社会化、信息化道路,实现立体化社区服务和服务型社区治理等。

当前,在许多城市社区治理特别是一些新建商品房居住区的治理中,存在着明显的"寡头化治理"和"碎片化治理"的问题。[①] 要么对业委会领导集团缺乏有效制约,使之形成寡头化治理倾向,要么业委会、居委会、物业公司之间的治理架构尚未完全厘清,呈现出了碎片化治理的现象。这两种现象形成的主要原因在于"社区治理"与"社区服务"还没有形成有效衔接和有机结合。在城市社区发展实践中,与社区服务对象的延伸、服务内涵的扩展以及服务主体的多元形塑直接相关的是,专业性的社会组织、非营利机构正在以"项目制"的形式将自上而下的基本公共

---

① 陈鹏:《城市社区治理:基本模式及其治理绩效——以四个商品房社区为例》,《社会学研究》2016年第3期。

服务与自下而上的志愿/互助服务链接起来,并且整合城市社区在社会转型过程中社会福利、社会救助、优抚安置等方面的一些具体服务性内容,逐渐完善社区服务体系。具体而言,城市基层政府不断加大政府购买服务的力度,越来越多的社区公共服务由专业性的社会组织、非营利机构提供,比如专业性社会组织、非营利机构的专业服务在社区救助方面的介入;而社区居民的自组织由于组织结构的松散性及组织成员的流动性,其服务效率较低。由此,为了进一步满足社区居民的服务需求和提高服务效率,专业性社会组织、非营利机构逐渐倾向于采取项目化的形式来运作,通过专业性社会组织、非营利机构"项目制"运作的系统过程,逐渐型构出一种新的治理形态。[①]

2000年以来,随着中国快速城镇化过程中的城市内部动迁和城市外部摊大饼式地向外扩张导致大量流动人口、群体性事件不断涌向城市社区,城市基层社会管理与服务的压力持续加大。但是,城市基层各行政部门之间职责不清、责权不明、条块分割、各自为政,难以形成一种高效率的社会管理联动机制。为此,各地城市政府在社会管理中积极引入现代信息技术,将城市社区划分为若干单位网格,构建城市网格化社会管理模式,进而确保城市基层管理的精细化、动态化和高效化。然而,网格化管理也有可能导致城市基层治理形式偏离目标实质、增加治理的复杂程度、

---

① 需要特别指出的是,专业性社会组织、非营利机构的"项目制"运作不同于"项目治国"或"项目治理"等概念,更多地具有"项目"一词本身的意涵,其主要特点在于为了完成一项专门的任务打破纵向的层级安排和横向的区域安排,进而重新组合完成这一项目的各种组织要素。因此,项目化运作一般为临时性,具有一种"事工目标"(task goal)。不过,专业性社会组织、非营利机构的服务项目大多是政府购买的,在制度条件上(如分税制及财政转移支付的灵活处理等)和"项目治国"或"项目治理"等概念类似。并且,项目的制定、申请、设计、执行、管理、监督、评估等一系列的环节和过程,已经成为基层政府与业主委员会、社区居民、社区自组织以及提供专业服务的专业性的社会组织、非营利机构等联动运行的重要机制。

制约社区社会资本生成、治理手段运用不当的风险上升、网格泛化等。① 更为重要的是，随着项目制在社区服务当中的运用，逐渐将基层政府各层级关系以及社会各领域统合起来，实现城市基层的政社关系从行政指令向契约合作的整体转型；同时，项目化运作"更是一种思维模式，决定着国家、社会集团乃至具体的个人如何构建决策和行动的战略和策略"②，即城市基层治理的形态从网格化转向网络化。相比于网格化而言，网络化强调城市基层治理中的利益主体并非像"城市部件"那样固定不变而是高度分化、流动的，是各利益主体之间共享"具有自相似性的分布式资源"③；是一种建立在契约基础上的协同合作，而不是科层制向下延伸的脚或隶属关系；同时，不同于基层政府自上而下服务以及社区居民自组织自下而上服务形成的纵向整合④，专业性的社会组织、非营利机构的项目制运作在城市基层中建立一种横向的社会联结，或者可以称之为社会性团结，进而型构出一种合作主义的网络⑤。因此，网络是城市基层治理中的一种全新的组织运作方式，旨在凸显城市基层中政府与业主委员会、社区居民、社区自组织以及提供专业服务的专业性的社会组织、非营利机构等各组织之间的联动性。

因此，中国城市社区管理体制改革无论如何设计、如何实践，最终都无法脱离社区服务，始终都应把社区服务作为社区发展首要因素考虑进去，一切治理模式和制度安排都是为了最终满足社区居民的服务需求。⑥ 在当前，中国城市社区发展不仅是国家基层

---

① 田毅鹏：《城市社会管理网格化模式的定位及其未来》，《学习与探索》2012年第2期。
② 渠敬东：《项目制：一种新的国家治理体制》，《中国社会科学》2012年第5期。
③ 王颖：《扁平化社会治理：社区自治组织与社会协同服务》，《河北学刊》2014年第5期。
④ Warren, Roland L., *The community in America* (3rd ed.), New York: University Press of America, 1978.
⑤ Fulda, Andreas. Li, Yanyan Song, Qinghua, "New Strategies of Civil Society in China: A Case Study of the Network Governance Approach", *Journal of Contemporary China*, Vol. 76, No. 21, 2012.
⑥ 周宏宇：《北京市城市社区管理体制改革研究》，中国财政经济出版社2010年版，第160页。

政权建设的过程,同时更是基层社会发育的过程。一方面,随着社区发展的不断推进,来自于市场和民间社会的力量获得了更大的体制空间,并初步形成了自身资源汲取、机制获得与利益表达的方式方法;另一方面,国家通过社区发展实践,使基层政权建设不断加强,工作重心也随之不断下沉。由于这两方面的持续双向作用力,城市基层社区在最近几年也悄然地发生了一些变化,其中最典型的变化有以下两点:一是作为一个满足市民生活、居住需求的实体,社区的资源供给系统变得越来越复杂。各级政府、市场以及林林总总的社区自组织都成为了社区社会资源的供给方;二是社区层面的公共事务越来越依赖一种由多个相关组织共同参与决策和执行的体系。多组织并存已然成为城市社区建设的"新常态"。这些变化都意味着曾经政府作为单一主体的集权管理模式正逐渐朝向一个多元参与的治理模式演进。

在这一从"单位制"到"社区制"的社会改革转向中,针对城市基层社区的相关治理主体、治理机制以及治理行文的研究对于我们构建中国城市社区治理体系至关重要。"治理"(Governance)是各种公共的或私人的个体或机构管理其公共事务的诸多方式的总和。它是一个持续的过程,同时通过治理,相互冲突或不同的利益会得以调和并进而促成联合行动的产生。这里面既包括具有强制执行力度的正式制度,也包含各种个体和机构认同或认为符合其利益的非正式制度安排。[1] 可见,治理是以协调为基础

---

[1] 全球治理委员会(Commission on Global Governance)在 1995 年发布的名为《天涯成比邻》(Our Global Neighborhood)的研究报告《第一章:一个新世界》(Chapter One—A New World)中对"治理"一词有详尽的定义:"Governance is the sum of the many ways individuals and institutions, public and private, manage their common affairs. It is a continuing process through which conflicting or diverse interests may be accommodated and cooperative action may be taken. It includes formal institutions and regimes empowered to enforce compliance, as well as informal arrangements that people and institutions either have agreed to or perceive to be in their interest",全文链接:http://www.gdrc.org/u-gov/global-neighbourhood/。

的动态发展过程,这其中既涉及公共部门,也与私人相关,而其重心并不是所谓的规章制度,而是持续的互动反馈。治理的本质在于建立在市场原则、公共利益和社会认同之上的协同合作。在治理的框架体系内,管理的机制主要依靠的不再是政府的权威,而是各合作网络的力量集合,其权力向度是多元且相互作用的,不再是单一自上而下的。受到有效监督的政府、得到有效监管的市场以及逐渐成熟的社会之间的有机结合是应对复杂社会的最佳选择。而在当前中国城市社区治理主体多元并进,客体多样化存在的发展过程中,城市社区治理中的首要任务就是解决社区活力与社区秩序的张力问题。①

三 当代中国城市社区发展的几点反思

2015年5—7月,中共中央办公厅和国务院办公厅关于社区建设连续出台了两个重要文件:一个是5月出台的《关于深入推进农村社区建设试点工作的指导意见》的文件,另一个是7月份出台的《关于加强城乡社区协商的意见》的文件。"两办"在如此短的时间内,就一个领域连续出台高规格的文件,充分显示了国家最高决策层对社会治理与社区发展的重视,也从某个方面为我们今后进一步开展社区发展的研究提供了方向。2017年6月,中共中央、国务院又下发了《关于加强和完善城乡社区治理的意见》(中发〔2017〕13号),文件指出要以居民需求为导向,健全完善城乡社区治理体系,提升城乡社区治理水平,补齐城乡社区治理短板,推动形成党领导下的政府治理和社会调

---

① 易臻真、文军:《城市基层治理中居民自治与社区共治的类型化分析》,《安徽师范大学学报》(人文社会科学版)2017年第6期。

节、居民自治良性互动格局，全面提升城乡社区治理法治化、科学化、精细化水平。这是迄今为止，中国在社区发展领域中最高层次的政策文件。

"社区"作为构成社会的基本要素，在国内经典的社区研究中，学者们常常把"社区"理解为一种地域性社会，希望将"小社区"确立为勾连"大社会"的方法论和认识论单位。[①] 显然，这种观点在很大程度上是建立在传统社区相对封闭、独立以及多重边界高度重合的现实基础上。今天，伴随着工业化、城镇化、信息化、全球化的进程，中国社会正在由相对封闭转向日益开放，使得当下社区研究所要处理的空间性与社会性关系问题变得越来越复杂了。如今，"社区"与"社会"的区别不再是滕尼斯进化论意义上的一种社会存在，而是逐步演化成了一种社会性、空间性、文化性、情感性等多重特性交织在一起的复杂体。毫无疑问，当前不断增加的社会流动和新的利益关联对传统社区研究构成了新的挑战，这将给当下及未来的中国城市社区发展与研究增加许多新的变量。当前，中国在城市社区发展，无论是理论研究方面，还是实务推进方面，都存在着许多困惑。概括起来，笔者认为，以下几个方面的问题是当前中国城市社区发展中首先要思考和解决的关键问题。

第一个问题就是"社区"的概念及其操作化问题。究竟什么是"社区"？当前，我们推进城市社区发展时，更多的不是从文化认同和情感归属的角度去界定社区，而是把它当作一种地域性的单位。比如1991年出版的《中国大百科全书·社会学卷》中，将

[①] 早期的中国社区研究吸收了人类学的功能主义观点和整体主义方法，对一个地域性的社会单位展开"解剖麻雀"式的研究。比如，费孝通就认为：社区分析的初步工作是在一个具体的时空坐标中去描绘地方人民赖以生存的社会结构；第二步是比较研究，即比较不同社区的社会结构。

"社区"就直接定义为一种地域性社会。这种过于强调地域而非文化和社会心理认同的社区，其结果就是在实际操作中导致我们只存在实质上的"居住区"概念，而不是一个真正意义上的"社区"观念。社区作为社会的缩影，是以共同居住的地域为基础，具有共同的社会联系和价值认同的社会生活共同体。所以，强化社会文化层面上的认同和心理归属非常重要。今天的"社区"的概念越来越与地域的特征脱钩，成为一个"脱域的共同体"或"互不相关的邻里"。① 而一旦社区作为地域性的人类生活共同体失去了意义，人们对共同情感和群体归属的脱域性认同将不可避免地导致真正意义上的"社区"的复兴和回归。所以未来的城市社区可能会逐步由地域共同体走向情感共同体或者文化共同体，其社区发展的实践与治理模式也可能由此发生相应的变化。

第二个问题就是要理清"社区"究竟是一个国家治理单元，还是一个独立的公民社会。当前，社区已逐步被各级政府建构成一个具有严格边界的"政治空间"了，它实际上在很大程度上发挥着社会整合和社会控制的作用。特别是随着中国城镇化程度和人口流动性的提高，居民的社会支持网已经逐渐从社区内部转移到了社区外部，这无疑会导致居民的社区认同和社区参与减弱，也就是说原来由居民社会关系构成的自然社区将逐步向国家划分的行政社区以外扩散，政府越来越趋向于将社区作为一个新的国家治理单元来对待了。② 但从理论上来讲，社区发展的底蕴和方向却在于构建或培育一个相对成熟的公民社会（当然，对"公民社

---

① 肖林：《"'社区'研究"与"社区研究"——近年来我国城市社区研究述评》，《社会学研究》2011年第4期。
② 黎熙元、陈福平：《社区论辩：转型期中国城市社区的形态转变》，《社会学研究》2008年第2期。

会"的理解我们可以做多方面的探讨，它不仅仅是现代西方意义上的）。尤其是随着利益主体的多样化，个体反思能力和公民权利意识的增强，对国家在生产生活资源上的依赖性也随之削弱，而社区也由传统意义上的高度同质化的单一社区转变为复杂的流动性社区，也有可能进一步在一定程度上发展成为独立的公民社会。从某种意义上来说，社区发展正在成为公民社会赖以形成的一个重要载体。通过社区发展营造一种属于社区层面的公共领域，发育社会性的自组织，并以某种制度化方式来促使社区居民和社会性力量参与到社区公共管理和社会服务之中，从而促进社区"居民"向"公民"转变。[1]

第三个问题就是社区发展的行动主体，究竟是坚持政府主导还是社会多元参与。党的十八届三中全会以来，我们把原来社会管理格局"党委领导、政府负责、社会协同、公众参与、法治保障"中的"政府负责"改为了"政府主导"，意味着政府在许多社会管理和公共服务方面不再是单一的责任主体了，企业、社会组织甚至公民个体都可以参与其中，社区发展更是如此。[2] 笔者认为，在一些公共服务领域里，政府可以往后再退一步，让社会组织来主导社区服务。如果这样，我们可以看到，在社区发展实践中，从"政府负责"到"政府主导"再到"政府引导"或"政府指导"，这三个词的变化意味着政府的权力在不断让渡和后退，社会性力量在不断地成长，并在社区发展中发挥越来越大的作用。当然，这一切的社会多元参与都需要一系列的制度性建构来保障。

---

[1] 一个有趣的现象是，中国居民身份证不叫"公民身份证"，似乎在某种意义上意味着我们更强调公民在空间上的居住特性，即把居住在某一个社区的人叫作"居民"，而不是要突出其政治权利意识和身份的"公民"。但有趣的是，在"居民身份证"的另一面，我们把身份证号码的全称又写成了"公民身份证号码"。似乎在此又与国际惯例接轨了，更加突出了"公民"的意识。

[2] 中共十九大报告在阐述社会治理格局时，又重新强调了"党委领导、政府负责、社会协同、公众参与、法治保障"，对在社会治理体系中的政府责任重新予以了强调。

第四个问题就是社区发展的主导力量,究竟是依托"精英治理"还是社会大众共同参与。社区"精英治理"一直是很多学者推崇的一种社区治理模式,实际上在很多地方也都在实践和推广。这些学者认为,社区发展首先是需要较大的物力和财力投入的,而基层社区的资源本来就非常有限,如果再依靠没有任何资源优势的普通大众来搞社区发展,其结果不仅只能停留在一种低水平的建设层次上,而且很容易诱导民众为了某种物质利益而去参与社区发展。因此,倡导一些具有社会公益精神的精英回归社区,不仅可以提升社区发展的水平和层次,而且还可以弥补社区发展中各种物质资源的不足。对此,我并不反对当前各地正在实施的社区精英治理的模式,因为就当前中国的实际情况而言,社区精英一般都掌握着许多资源,具有较高的治理水平和能力,的确能够在社区发展中发挥较大的引领作用。但必须注意的是,我认为单一地依托社区精英来搞社区发展的道路还有很长的路要走,社区精英自身首先要有非常较高的道德意识和社会责任感,否则就可能演变为一种社区寡头治理。在这方面,建立合理的制度就显得特别重要:一是要有制度安排来保障和激励各种社会精英去从事社区发展,而不能仅仅靠政治动员和道德推崇来实施;二是还要有制度来保证社会精英的社区发展是真正为了普通大众而不是为了精英自己。如果不能在制度上保证精英的治理是面向大众的,就有可能形成社区精英对社区大众的再次剥夺,其后果将是非常严重的;三是必须有制度通道让广大的社区普通民众也能够参与到社区发展中来,使得社区发展工作变成一种全体居民都可以参与的事业,而不只是几个社区精英的个体行为。

第五个问题就是在社区发展的实践路径上,究竟是坚持"问题—需求"的取向还是"优势—资产为本"的取向。从各地的社区发展实践来看，主要是一种"问题—需求"取向的路径。人们的注意力较多地放在社区存在的各种问题以及其他不利因素之上，而忽视社区原本所存在的资源与优势。① 一旦国家或外来的配置减少、短缺或取消，由此会导致社区发展面临一系列难题，而这也是中国城市的社区发展长期以来效果并不理想的重要原因之一。近年来，一些学者积极借鉴"资产为本"的社区发展模式，倡导中国当前的社区发展应当由"问题—需求"取向转向"优势—资产为本"取向，即重视社区的"优势"，集中关注、洞察并利用城市社区内可获得的社区资产（Community Assets）或社区优势/能力（Community Strengths or Community Capacity）。② 换言之，"资产/优势"为本的社区发展强调不应当使用一个"需要镜片"（Needs Lens）去看社区，而应该以"资产镜片"（Assets Lens）或"能力镜片"（Strengths or Capacity Lens）去了解社区。与"需求取向"的社区建设路径相比，"资产/优势"为本的社区建设路径首先在认识论层面上对"社区"概念及其内涵的理解不同，更加重视社区的优势、潜能以及当地社区居民的能动性。在操作层面上，"优势—资产"为本的社区发展路径不会过分关注社区存在的问题及社区居民所缺乏的需要，反而更加着眼于社区的资产及其优势，倾向于认为社区居民、组织及团体都有能力去为社区的

---

① 具体而言，在社区发展当中，社区是一个充满问题的空间，而社区居民则是特别需要外来的人员或专业人士的帮助来解决社区问题的。沿此取向，社区成员也将不自觉地降低对社区认知的关注，进而影响其参与社区事务的动力。并且，当采取"问题—需求"视角看待社区发展时，救济式、开发式等自上而下的帮扶模式成为当前社区发展的首选方案，多从社区需要、社区问题或社区缺失入手，着重找出社区存在的问题和社区居民的需要，进而解决这些社区问题，满足社区居民的那些需要。与此同时，来自各级政府官员的动员、指示和规划以及各类专家的主张、建议和对策出现在有关社区建设的各种讨论之中，甚至也成为主流媒体的主要表达方式，而作为社区发展的主体和社区发展最终的居住者、受益者的居民却在此过程中失语了。

② 文军、黄锐：《论资产为本的社区发展模式及其对中国的启示》，《湖南师范大学学报》（社会科学版）2008年第6期。

发展做出应有的贡献。①

此外，我们在城市社区发展的实践中还面临着一系列其他的两难困境。比如，当前我们在推进社区发展实践中，究竟是效率优先还是公平优先？是侧重于软件建设还是硬件建设？是推动标准化服务模式好还是保留多样化的服务模式好？这些实践中的两难选择在很大程度上困扰着实务工作者，也在一定程度上影响社区发展政策的制定。尤其是当前中国社区文化价值呈现出"碎片化"危机，严重影响了社区发展所要求的公共立场的建构。比如，现阶段，中国城市社区存在一个不争的事实就是结构不断分化，利益主体日益多元，再加上城市社区外来流动人口的不断涌入，各种价值观念相互交织且错综复杂，出现了多元化甚至是"碎片化"趋势。在缺乏公共性的社区里，碎片化的价值观极易导致私欲膨胀，限制理性的公共运用，从而也增加了社区基层协商过程中促成多元共识的困难。对此，重构社区精神，整合离散化的价值观，形成共识、凝聚智慧，才能使社区治理与服务创新实践拥有坚实的思想基础。

总之，现代主义的理性"囚笼"正在极大地压制着人类的情感世界和精神生活，现代人在心灵上越来越变得无"家"可归，也无处可"逃"。"社区"能够成为超越家庭之外的人们寄托情感的最后的"精神家园"吗？中国城市社区既具有地域性关系体的

---

① 总之，"优势—资产"为本的社区建设路径是以社区优势为核心，社区工作者更为强调社区资产、优势，尽可能地发挥社区自身的能力和优势，并利用社区的这些优势来推动社区的发展。其中，最为重要的步骤是描绘社区的资产地图，而这是一个不断推进的过程。一般在刚开始的时候，资产地图并不能找寻出社区的所有资产，而只有在社区发展的实践过程中，社区的技能、能力、财富、资产、潜力、优势等才能出现在资产地图上。参见 John L. McKnigh & John Kretzmann, "Mapping Community Capacity", A Report of the Neighborhood Innovations Network funded by the Chicago Community Trust, 1996, pp. 17-22.

社会面向，又带有一定的行政色彩和社会管理要求。[①] 社区发展既反映了政党与国家对基层社会进行制度化再组织的企图、实践和深远影响，又暗示了社会转型为城市基层社会带来的基于自组织的公共性和集体性的可能。如今，"社区—社会"已经不是以进化谱系而存在，而是成为社会性与空间性的一种复杂交织。在现代城市社会，社区的重要性并未减弱。"社区"作为一种观念、符号和抱负重新被找回，在多重话语中被重新确立了现代价值，并重返理论与实践的中心。为此，在实践层面，我认为在未来的社区发展过程中应当更加重视社区的优势和居民的能力，并以此作为社区发展的持续动力。同时，依托社区组织，激发出社区居民的信心和希望，最大限度地发挥其主体性与能动性，整合社区内外资源力量，健全社区管理和服务体系，提高社区居民生活水平，将城市社区打造成为一种真正的新型社会生活共同体。

---

① 比如，许多地方政府在规划其社区建设的目标时，明确提出了要把城乡社区建设成为"管理有序、服务完善、环境优美、治安良好、生活便利、人际关系和谐，各个社会群体和谐相处的社会生活共同体"。这种表述实际上想把政府对基层管理的要求融入社区建设的原本特质之中，以重建一种新的社区精神。

中国高等教育发展

吴愈晓　杜思佳[*]

1979年以来，尤其是改革开放以来，中国的高等教育建设经历了不同的发展阶段，在规模、质量、公平和国际影响等各个方面取得了历史性成就。与此同时，也面临着不均衡发展和"大而不强"的挑战。本文在全面回顾改革开放40年来高等教育研究走过的道路、审视中国高等教育分层的本土依据和经验研究的基础上，归纳当前社会历史背景下中国高等教育发展阶段性特征，并提出新时代高等教育事业发展的新方向。

一　导言

在社会分层与流动的视野里，教育是实现社会公平和促进社会流动的重要机制，也是促进社会发展的重要动力。高等教育作为教育的重要组成部分，不仅关乎国家进步与民族复兴，更深刻地影响着人类文明的发展。1949年以来，中国高等教育发展取得历史性成就。尤其是改革开放以后，更是中国高等教育事业发展

---

[*] 吴愈晓，南京大学社会学院教授；杜思佳，南京大学社会学院硕士研究生。

进程中极不平凡的一个历史阶段。回顾和总结过去近40年来中国高等教育事业的历史性变革、取得的成就以及面临的问题和挑战，对开启新时代全面建设高等教育强国的新征程有较重要的意义。

中国现代高等教育在19世纪末刚刚起步，直到1949年才真正揭开中国高等教育崭新的一页。1978年改革开放以来，特别是21世纪90年代以来，中国政府实施科教兴国和可持续发展战略，对高等教育改革发展不断做出新的部署，先后启动实施"211工程""985工程"和"2011协同创新计划"，并从2016年开始部署高等教育一流大学和一流学科建设（简称"双一流"建设）。通过这一系列推动高等教育规模和质量发展的重要举措，中国的高等教育实现了量和质的飞跃《2016年全国教育事业发展统计公报》显示，截至2016年年底，全国各类高等教育的在学总规模达到3699万人，绝对数量居世界第一；高等教育毛入学率达到42.7%，超过中高收入国家平均水平6个百分点。我们建成了世界上最大规模的高等教育体系，并成功实现了由人口大国向人力资源大国的历史转变。此外，高等教育质量切实加强，科学研究质量稳步提高。2016年，普通高等学校专任教师160.20万人。专任教师学历层次持续提升，部分学科已达到或接近世界一流水平。[1] 根据《2015年全国教育经费执行统计公告》，截至2015年年底，全国教育经费投入36129.19亿元，其中，全国普通高等学校为18143.57元，比上年的16102.72元增长12.67%。[2]

同时我们也已经深刻认识到，高等教育近几十年发展取得巨

---

[1] 《2016年全国教育事业发展统计公报》，2017年7月10日，教育部网站（http://www.moe.gov.cn/jyb_sjzl/sjzl_fztjgb/201707/t20170710_309042.html）；《努力让十三亿人民享有更好更公平的教育》，《人民日报》2017年10月17日第1版。

[2] 《2015年全国教育经费执行情况统计公告》，2016年11月10日，教育部网站（http://www.moe.gov.cn/srcsite/A05/s3040/201611/t20161110_288422.html）。

大成绩的同时，仍然存在许多问题或挑战。首先，高等教育机会公平和均衡发展问题是面临的最重要问题之一。党的十九大报告指出，中国特色社会主义进入新时代，中国社会主义矛盾已经转化为人民日益增长的美好生活需要和不平衡不充分的发展之间的矛盾。这种对中国社会主要矛盾的重大判断，实际上与当前中国高等教育改革发展的现状也是切合的。高等教育虽已进入大众化阶段，但区域差距、城乡差距差异依然存在，东部省份聚集了大部分高等教育资源；根据2016年《中国劳动统计年鉴》，截至2015年，主要劳动年龄人口受高等教育比例最高的省份是北京，为54.6%；上海次之，为45.5%；远超过西藏的10.3%和贵州的10.2%。[①] 总体而言，高等教育的地域均衡发展和不同地区或阶层的居民的高等教育机会公平的状况有待于进一步改善。其次，提高高等教育发展的质量问题也迫在眉睫。虽然在规模上中国已经实现了人力资源大国的目标，但是我们离人力资源强国仍有一定的距离，高等教育在科研创新能力以及人才培养的质量等方面，与发达国家相比仍有较大的差距。

二 中国高等教育的发展历程

1949年以来，中国教育改革发展历程大致可以划分为四个阶段。第一阶段可称作高等教育的奠基阶段。起点是1949年12月教育部召开的第一次全国教育工作会议。经过几十年的努力，中国逐步形成比较完整的国民教育体系，高等教育粗具规模。但

---

① 主要劳动年龄人口受高等教育的比例，是指20—59岁劳动力人口具有大专及以上学历人口的比例，本指标用于考察主要劳动年龄人口接受高等教育的情况，可作为教育效益类指标。主要劳动年龄人口接受高等教育的比例越高，表明劳动者主体人员接受高等教育的人数越多，代表人力资源水平越高。

"文化大革命"期间，高等教育陷于停顿。直到"文化大革命"结束后，邓小平通知开始在教育战线全面拨乱反正。1977年开始恢复中断了十年的高考制度。邓小平指出教育是一个民族最根本的事业，在实行改革开放的同时，他提出教育应优先发展的思想，把发展科技和教育事业放在现代化建设的首位。20世纪80年代，邓小平提出"教育要面向现代化，面向世界，面向未来"的指导方针，成为中国教育工作的重要指导思想，高等教育改革的步伐加快。

第二阶段为中国高等教育改革阶段。1985年颁布的《中共中央关于教育体制改革的决定》推动了教育体制改革的进程。具体的做法包括：(1) 实行简放政权，扩大高等学校办学的自主权；(2) 调动社会力量参与办学的积极性，鼓励各民主党派、人民团体、社会组织、离退休干部和知识分子、集体经济单位和个人采取多种形式和方法，积极自愿地为发展教育事业贡献力量；(3) 赋予高校开展创收活动自主权，高校有权具体安排国家拨发的基建投资和经费，有权利用自筹资金，开展国际教育和学术交流；(4) 高等学校可以在计划外招收少量自费生，学生应缴纳一定数量的培养费，并逐步形成高等教育收费"双轨制"[①]。

1993年，党中央、国务院提出分期分批重点建设100所左右的高等学校和一批重点学科、专业，共有112所高校纳入"211工程"。"211工程"是面向21世纪，中国政府集中力量重点建设100所左右的高等学校和一批重点学科、专业，使其达到世界一流大学水平的高校建设工程。在"211工程"的基础上，教育部分批将39所国内知名高校列入国家跨世纪重点建设的高水平大学名单，即"985工程"。"211工程"和"985工程"以国家财政

[①] 杨东平主编：《2020：中国教育改革方略》，人民出版社2010年版。

经费支持的方式提高中国高校办学水平、建设世界一流大学,对中国高等教育水平的提高带来很大帮助,一批重点高校、重点实验室迅速发展壮大,培养了大批建设中国社会主义现代化事业的人才,成为贯彻落实党的"科教兴国"战略的重大举措。

第三阶段为高等教育大众化发展阶段。起点是 1999 年的大规模高等教育扩招。数据显示,1998 年全国普通高等学校招生数仅为 108.4 万人,而 1999 年招生人数达 159.7 万人,较上一年增长 47.3%,是 1949 年以来高校招生数量最多、增幅最大、发展最快的一年。2000 年招生 220.6 万人,2005 年招生 504.5 万人。在 1999 年至 2005 年间,每年扩招速度在 20% 以上。截至 2012 年,中国高等教育毛入学率已达 26.7%,全国高等教育机构 3613 所,其中普通高等学校 2442 所,普通高校学校的数量和比例持续增加。另外,截至 2011 年,中国高等教育支出占政府教育支出比例约为 21.7%,高于世界平均值(20.4%),国家财政性教育经费的投入规模达 4023 亿元,约占普通高校教育经费的 58.5%,生均事业性经费支出从 2007 年的 14968 元增长到 2011 年的 23783 元,增幅 58.9%。高校扩招是经济发展和社会进步的客观要求,较好地满足了 20 世纪 90 年代中国工业快速发展对大量高素质人才的迫切需求,极大地增加了人民群众接受高等教育的机会,对提高民族素质和推动社会主义现代化等都具有积极作用。

2010 年,胡锦涛同志在全国教育工作会议上提出,"加快从教育大国向教育强国、从人力资源大国向人力资源强国迈进,为中华民族伟大复兴和人类文明进步作出更大贡献"。2011 年 4 月,胡锦涛同志在清华大学百年校庆上发表讲话时提出了"推动协同创新"的理念和要求。为落实胡锦涛同志重要讲话精神,2012 年 5 月教育部和财政部正式启动实施《高等学校创新能力提升计划》(即"2011 计划")。"2011 计划"是中国高等教育领域继"211

工程"和"985 工程"之后第三个发展高等教育的战略性计划,是推进高等教育内涵式发展的现实需要,是深化科技体制改革的重大行动。"2011 计划"以"国家急需、世界一流"为根本出发点,以人才、学科、科研三位一体创新能力提升为核心任务,以协同创新中心建设为载体,以创新发展方式转变为主线,通过构建面向科学前沿、文化传承创新、行业产业以及区域发展重大需求的四类协同创新模式,推进高校八个方面的机制体制改革,营造有利于协同创新的文化环境,通过任务牵引和中心建设推动转变高校创新发展方式,促进高等教育质量的提高,支撑中国经济社会又好又快发展,是中国高校由外延扩张向内涵发展转型的必然举措。[①]

第四个阶段是高等教育内涵发展阶段。党的十八大以来,以习近平同志为核心的党中央坚持把教育摆在优先发展战略地位,强调扎根中国、融通中外、立足时代、面向未来,多次对教育工作指示和部署,发展具有中国特色世界水平的现代教育。完善以章程为统领的高校内部治理体系,全国普通本科高校章程制定核准工作基本完成。深化"放管服"改革,扩大高校在学科专业设置、编制及岗位管理、职称评审等方面自主权。

党的十九大报告面向新时代,对全党、全社会、全教育战线提出,建设教育强国,优先发展教育,深化教育改革,加快教育现代化。正确认识中国国情和中国发展新的历史起点,中国社会主要矛盾发生变化,这对教育事业发展提出了新要求。党的十九大提出全面建设社会主义现代化强国的宏伟目标,把"建设教育强国"确立为"中华民族伟大复兴的基础工程",并将"双一流"

[①] 《实施"2011 计划"提升高校创新能力》,2013 年 3 月 11 日,教育部网站(http://old.moe.gov.cn//publicfiles/business/htmlfiles/moe/s7244/201303/148418.html)。

建设作为"优先发展教育事业"的重要内容。"双一流"即"加快一流大学和一流学科建设",这是党和国家在中国特色社会主义进入新时代的关键时期,对高等教育提出的新要求。"双一流"的建设以学科为基础,通过一流大学和一流学科建设来强化高校的内涵建设,带动整体高等教育内涵发展。

三 高等教育发展取得的成就和面临的挑战

(一)高等教育取得的成就

总体而言,随着中国高等教育改革的深化,高等教育在规模、质量、公平和国际影响等各个方面都取得了巨大的成绩。

第一,高等教育规模迅速扩大。1978年高考制度恢复时,高等教育毛入学率[①]仅为1.56%,本专科及研究生在校数为85.71万人。1990年,高等教育毛入学率为3.4%,高中升大学的升学率[②]为27.3%。1998年扩招后无论是学生数量、教师数量,还是硬件设施和教育支出,高校规模从各个方面都取得了历史性突破。1999年高等教育毛入学率升至10.5%,同年高中升学率为63.8%。2002年高中升学率达83.5%,从2003年开始高中升学率有小幅回落,2007年降至70.3%。截至2016年,高中升学率升至94.5%。1990—2016年,高中升大学的升学率虽有起伏,但整体波动上升。此外,2015年高等教育毛入学率达40%,2016年毛入学率为42.7%。总体而言,1990—2016年,高等教育毛入学率和高中升学率呈现大幅的上升趋势(见图1)。

[①] 某年全国高等教育毛入学率等于某学年全国高等教育在学人数除以某年全国18—22岁人口数。

[②] 高中升大学的升学率为普通高校招生数与普通高中毕业生数之比。

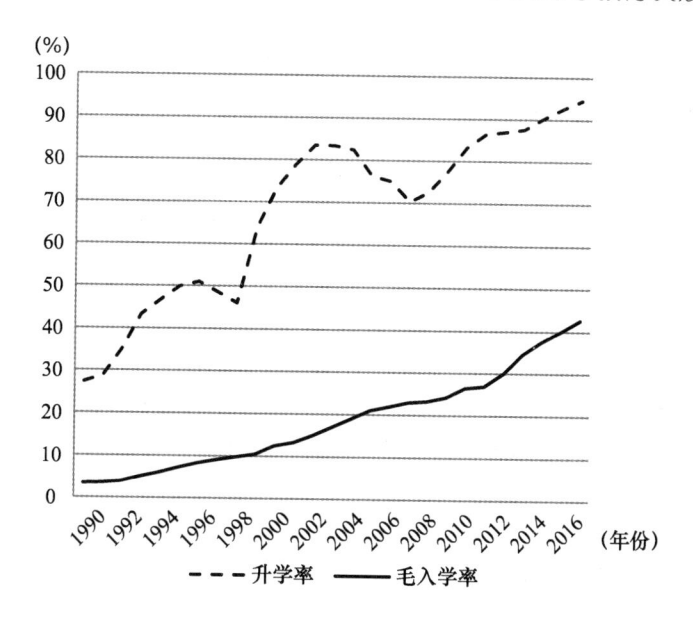

图 1　高中升学率和高等教育毛入学率（1990—2016 年）

资料来源：升学率：《中国统计年鉴》2017；毛入学率：均来自教育部网站，其中，1990 年：http://www.moe.gov.cn/s78/A03/moe_560/moe_1651/moe_1652/201002/t20100226_27063.html；1991—2014 年：http://www.moe.edu.cn/s78/A03/moe_560/jytjsj_2014/2014_qg/201509/t20150901_204903.html；2015 年：http://www.moe.gov.cn/srcsite/A03/s180/moe_633/201607/t20160706_270976.html；2016 年：http://www.moe.gov.cn/jyb_xxgk/xxgk_jyta/jyta_ghs/201801/t20180109_324119.html。

根据《中国教育统计年鉴（1990）》，1990 年普通高等学校本专科在校生共 2062695 人，其中普通本科在校生 1320124 人，普通专科在校生 742571 人。1990 年全国在学研究生共 93018 人，其中攻读博士学位研究生 11345 人，攻读硕士学位在学研究生 80685 人。而《2017 年全国教育事业发展统计公报》显示，2016 年全国各类高等教育在学总规模达到 3699 万人，高等教育毛入学率达到 42.7%。全国共有普通高等学校和成人高等学校 2880 所，比上一年增加 28 所。其中普通高等学校 2596 所（含独立学院 266 所），比上一年增加 36 所。在学研究生 198.11 万人，比上一年增加 6.96 万人。其中，在学博士生 34.20 万人，在学硕士生 163.90 万人。普通高等教育本专科共招生 748.61 万人，比上一年增加 10.76 万人；普通高等教育本专科在校生 2695.84 万人，比上一年增加 70.55 万人。其中，普通本科生 1612.95 万人，普通专科生 1082.89 万人。另外，2016 年，成人高等教育本专科共招生 211.23 万人，比上一年减少 25.52 万人；成人高等教育本专科在校生 584.39 万人，比上一年减少 51.55 万人。整体来看，1990—2016 年，中国各层次在校生规模显著扩大（见图 2）。

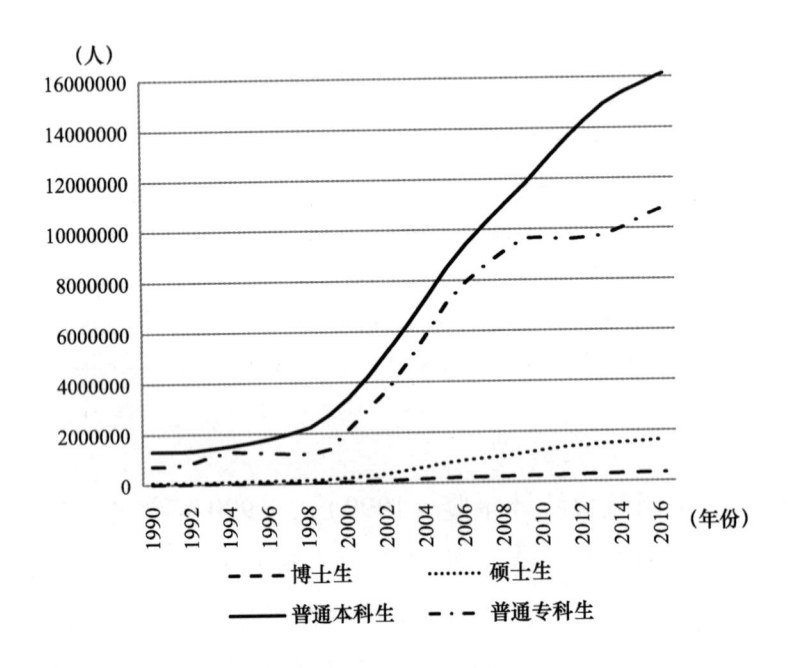

图 2　普通高校各层次在校生规模（1990—2016 年）

资料来源：1990—2013 年、2016 年《中国教育统计年鉴》。

2016 年普通高等学校教职工 240.48 万人，比上一年增加 3.55 万人；专任教师 160.20 万人，比上一年增加 2.94 万人。普通高校生师比为17.07∶1。普通高等学校校舍总建筑面积92671.05万平方米，比上一年增加455.86万平方米；教学科研仪器设备总值4514.42亿元，比上一年增加456.82亿元。另外，根据《2015年全国教育经费执行情况统计公告》，2015年全国教育经费总投入为36129.19亿元，全国公共财政教育支出（包括教育事业费、基建经费和教育费附加）为25861.87亿元。全国普通高等学校生均公共财政预算教育事业费支出为18143.57元，比上一年的16102.72元增长12.67%；全国普通高等学校生均公共财政预算公用经费支持为8280.08元，比上一年的7637.97元增长8.41%。[1]

第二，高等教育质量切实加强。近年来，中国高等学校的师资队伍质量、人才培养质量和科学研究质量都有较显著提高。2012年，中国普通高校专任教师中具有博士学位的专任教师25.44万人，占专任教师总数的17.66%。中国2012届大学毕业生的就业率为90.9%，其中本科院校学生毕业半年后的就业率为91.5%，高职高专院校学生毕业半年后的就业率为90.4%。

从学科建设情况来看，2012—2016年，进入世界大学四大排行榜前500名的内地高校从31所增加至98所，进入基本科学指标（Essential Science Indicators，ESI）排名前1%的学科数从279个增加到770个，有学科进入ESI前1%的高校从91所增加到192所。工程教育加入"华盛顿协议"，质量实现了完全国际实质等效。高校科技经费总额达到6531亿元，牵头承担80%以上的国家自然科学基金项目和一大批973、863等国家重大科技任务，高校

---

[1] 《教育部 国家统计局 财政部关于2015年全国教育经费执行情况统计公告》，2016年11月4日，教育部网站（http://www.moe.edu.cn/srcsite/A05/s3040/201611/t20161110_288422.html）。

服务企业社会需求获得的科研经费总额超过1791亿元,占高校科研经费总量的27.4%。科技成果直接交易额超过130.9亿元,发明专利授权量超过全国年发明专利授权总数的1/5。教育部人文社科研究各类项目批准立项高达18700余项,高校提交各类资政报告4.3万篇。[①] 2016年,全国有研究生培养单位793个、学科11328个。在学研究生人数198.11万,授予博士、硕士学位人数56.39万,分别比2012年增长15%和16%。中国已经成为世界排名第二的研究生教育大国。仅2016年,中国高校科技论文数量占全球的1/8,部分学科已处于世界领先地位。从发表论文数量的排名来看,截至2015年,在22个学科领域中,中国有17个领域分别位于世界前五名,特别是化学和材料科学这两个领域多年位于世界第一。[②] 2017年9月国家双一流建设名单公布。"双一流"名单包括一流大学建设高校42所,其中A类高校36所,B类高校6所。一流学科建设高校95所,包括25所非"211工程""985工程"高校。

第三,高等教育机会均等持续推进。改革开放以来,中国高等教育机会的民族差异、性别差异和地区差异逐渐缩小,教育机会均等有较明显改善。首先,高等教育机会的民族差异逐渐缩小。2012年,普通本专科少数民族学生177.96万人,占普通本专科学生总数的7.44%;研究生中少数民族学生9.94万人,占研究生总数的5.78%;其次,各层次高等教育的女性毕业生不断增加,不同性别学生接受高等教育的机会渐趋均衡。2012年,普通高校女性本专科毕业生139.82万人,占普通高校本专科毕业生总数的

---

① 《进入四大世界排名500强的内地高校四年增至98所!》,2017年9月29日,搜狐网(http://www.sohu.com/a/195523614_182872)。
② 《全国第四轮学科评估结果公布》,2017年12月29日,教育部网站(http://www.moe.edu.cn/jyb_xwfb/s5147/201712/t20171229_323331.html)。

51.19%；普通高校女性研究生23.82万人，占普通高校研究生总数的50.04%。女性专科和本科毕业生的占比分别为52.38%、49.93%，女性硕士和博士毕业生的占比分别为51.44%、37.56%；最后，高等教育机会的区域差异依然存在，但近年来这种差异在不断缩小。2012年华北、东北、华东地区每十万人口高等教育平均在校生数最多，分别为3270人、2714人、2499人；中南、西北、西南地区的每十万人口高等教育平均在校生数都低于全国平均水平，分别为2219人、2101人、1847人。每十万人口高等教育平均在校生数最多的华北地区比西南地区高出1423人，高等教育机会在不同地区之间的差异比较显著。2008—2012年，这种地区差异有所缩小，每十万人口高等教育平均在校生数最多的华北、东北、华东地区增幅分别为2.25%、6.67%、2.27%，而中南、西北、西南地区的增幅则达到17.68%、21.82%、27.39%[1]。可见，高等教育入学机会的地区差异正在日渐缩小，教育机会日益均等化。党的十八大以来，教育公平取得新进展。实施了"一省一校"高水平大学建设项目，共有14所高校获得56亿元的中央财政支持；实施了中西部高校基础能力建设工程，共有24个中西部省份的100所高校获得100亿元中央财政支持；实施了"千名中西部大学校长研修计划"，支持了1012名中西部高校领导赴世界一流大学专题研修；实施了面向中西部高校教师学历提升的优惠政策，每年单独划拨400名左右定向培养博士研究生计划；实施了对口支援西部高校工作，已有100所高校对口支援75所西部高校；累计支持73所医学院校为中西部招收培养4.2万余名定向本科全科医学人才；实施国家农村和贫困

---

[1] 张男星等：《中国高等教育发展报告2012》，教育科学出版社2013年版；张男星等：《中国高等教育发展报告2013》，教育科学出版社2015年版。

地区定向招生专项计划，2012年以来累计招生27.4万人；通过实施特殊招生政策，累计培养少数民族人才60多万人。① 统计显示，过去5年，中国累计资助学前教育、义务教育、普通高中、中职教育和高等教育学生（幼儿）达4.25亿人次，资助总金额近7000亿元，基本实现了"不让一名学生因家庭经济困难而失学"的庄严承诺。②

第四，高等教育国际影响力稳步提升。中国出国留学生数居世界第一，而来华留学生数也大幅增长。据《中国留学回国就业蓝皮书（2016）》统计，2016年中国出国留学人员总数为54.45万人，较2012年增幅为36.26%；学成回国的留学人员总数43.25万人。来华留学人数持续增加，"一带一路"沿线国家学生数量增长明显。2016年来华留学规模突破44万人次，同年"一带一路"沿线64国在华留学生共207746人，同比增幅达13.6%。③ 党的十八大以来，在国家开放大局中谋划教育新定位、展现教育新作为，全方位、多层次、宽领域的教育对外开放格局已经形成。2016年，来自205个国家和地区的40多万人次留学人员在华学习，中国成为亚洲最大、全球第三的留学目的国。建成一批示范性高水平中外合作办学项目和机构，与世界上188个国家和地区建立了教育合作与交流关系，与46个重要国际组织开展教育合作与交流。成功建立中俄、中美、中欧、中英、中法、中印度尼西亚、中南非、中德8个高级别人文交流机制，人文交流

---

① 《教育部：进入四大世界排名500强的内地高校四年增至98所！》，2017年9月29日，搜狐网（http://www.sohu.com/a/195523614_182872）。

② 《中国教育的深水突围》，2017年10月12日，教育部网站（http://www.moe.gov.cn/jyb_xwfb/moe_2082/zl_2017n/2017_zl48/201710/t20171012_316112.html）。

③ 刘博超：《我国留学工作呈现新趋势》，《光明日报》2017年3月2日第6版；《中国成为世界最大的留学输出国和亚洲最大留学目的国》，2017年3月1日，人民网（http://edu.people.ocm.cn/n1/2017/0301/c/006c/006_29117152.html）。

已与政治互信、经贸合作一道成为中国外交的三大支柱。大力加强国别研究,重视培养小语种人才,更好地服务"一带一路"建设。建成遍布全球140个国家和地区的500多所孔子学院和1700多个孔子课堂。2018年,《教育部2018年工作要点》印发,指出构建教育对外开放新格局。具体举措包括:(1)继续实施"一带一路"教育行动,与节点省份签署共建国际合作备忘录,实现全覆盖;(2)发挥中国政府奖学金引领作用,实施"丝绸之路"留学、师资培训、人才联合培养等推进计划;(3)继续扩大与"一带一路"沿线国家签署学位学历互认协议国别范围;(4)落实《关于加强和改进中外人文交流工作的若干意见》,实施好中外人文交流机制;(5)深化国别和区域研究;(6)研究修订《中外合作办学条例》及实施办法;(7)研制鼓励和规范高等学校境外办学工作的意见;(8)加强国家公派留学工作,加大拔尖创新高层次人才、国际组织人才、国别和区域研究人才等的选派和培养力度,做好留学生回国服务和为国服务工作;(9)出台来华留学教育质量标准,加强来华留学质量保障机制建设;(10)继续实施"鲁班工坊""中非20+20""丝路1+1""友好使者"等特色项目;(11)推动内地与港澳台教育交流合作深度发展;(12)加强双边、多边教育交流合作,继续实施"中国—东盟教育交流周"等活动;(13)进一步做好联合国教科文组织有关工作,深度参与全球教育治理;(14)发布实施《孔子学院发展行动计划》。

(二)高等教育面临的挑战

随着中国高等教育进入大众化阶段,中国高等教育在取得显著成就的同时,也面临着不均衡发展和"大而不强"的问题。在教育领域,教育资源分配不均问题广受关注,促进和实现均衡发展被提高到了前所未有的高度。尽管高等教育的不均衡是客观必然的存在,但如果资源分配差异超过了社会良性运转的限度,势必会带来"富者越富,穷者越穷"的"马太效应",不利于社会人力资本的均衡发展和社会稳定。

首先是高等教育区域发展不平衡。经济发展的不均衡,导致了优质教育资源基本集中在东部发达地区和一些中心城市。无论是高等院校的数量和规模,还是师资力量和教学设施,西部地区和中小城市都处于绝对的劣势。根据《中国统计年鉴(2017)》,以2016年共有2596所全国普通高校为例,其中:东部1189所、中部872所、西部535所。按照每十万人口在校大学生数(人)来测算,2016年全国平均每十万人口有在校大学生2530人,东部2897人、中部2484人、西部2209人。特别的,北京最多,为5028人;青海最少,仅为1319人。此外,中西部地区优质高等教育资源严重匮乏。作为衡量高等学校办学水平重要标志的重点学科、领军人物、创新团队、重点研究基地等西部地方高校相对偏少。以全国高校国家优势学科分布情况为例,根据教育部学位与研究生教育发展中心公布全国第四轮学科评估结果,按地域看,A+学科最多的5个省份是北京市(93个)、上海市(26个)、江苏省(23个)、湖北省(14个)和浙江省(13个);A学科最多的5个省份是依旧北京市(39个)、上海市(27个)、江苏省(17个)、浙江省(11个)、湖北省(10个);A-学科最多的5个省市依次是北京市(62个)、江苏省(40个)、上海市(38个)、湖北省(24个)和广东省(24个)。西藏、青海、宁夏、海南、贵州、内蒙古、新疆、广西和山西9省份均没有A+、A和A-学科。此次学科评估结果首次采用"分档"方式公布,将前70%的学科分为了9档公布,不公布分数且不排名次。其中,A+档为进入全国前2%的学科,A档为进入全国前2%—5%的学科,A-档为进入全国前5%—10%的学科。

其次是高等教育学校发展不平衡。"985工程"和"211工程"对提升中国整体高等教育水平,培养中国经济和社会发展需要的高层次人才,加快国家经济建设和科技发展,增强综合国力和国际竞争能力,发挥了巨大作用。但是,重点高校和重点学科点可以获得更多国家投资和建设,从而形成累积优势,带来了不同学校之间悬殊的差距。"985 工程""211 工程"建设存在的身份固化、竞争缺失、重复交叉问题困扰了高等教育的进一步发展。此外,中西部地区普通高校所获投资严重不足,办学条件落后。在这样的情况下,中国教育部直属高校及各地区间教育经费支出均存在着显著差距。为了提升中国高等教育的综合实力,解决"985 工程"和"211 工程"建设中出现的问题,国家启动"双一流"建设,统筹推进建设世界一流大学和一流学科。国家"双一流"建设既肯定了以往高等教育重点建设已取得的成效,又避免了重点终身制的弊端,突出绩效导向,明确在公平竞争中体现扶优扶强扶特,动态调整支持力度,增强建设的有效性。

最后是高等教育入学机会不平衡。教育公平是中国教育事业发展永恒的价值追求。入学机会的地域差异、户籍差异和阶层差异深刻地影响着学生能否享有同等的竞争机会、公正的应试过程和公平录取结果。高等教育的毛入学率可反映入学水平和能力,可用作对高等教育机会的监测,毛入学率高,表明提供的入学机会多。2016 年,全国共有高等学校 2880 所,高等教育在学总规模达到 3699 万人,占世界高等教育总规模的 1/5,规模位居世界第一;普通高校招生规模已经达到 748 万人,毕业生规模突破 700 万人,高等教育毛入学率增长到 42.7%,中国正在快速迈向高等教育普及化,但不同区域接受高等教育入学机会存在差异。北京、上海和天津 3 个省份已实现高等教育的普及化,河南、西藏、甘肃、云南、贵州和广西 6 个省份高等教育远低于全国平均水平。

除地域差异外，城乡之间的差距是中国高等教育入学机会方面较显著的差距。而很多研究表明，教育机会获得的劣势具有累积性，农家子弟"上好大学难"肇始于义务教育阶段的城乡分化。根据2017年全国义务教育均衡发展督导评估工作报告，自2013年启动义务教育发展基本均衡县（市、区）（以下简称县）督导评估认定工作以来，2017年全国义务教育均衡发展又取得新进展，截至2017年年底，全国实现义务教育发展基本均衡的县累计达到2379个，占全国总数的81%。其中东部地区819个，中部地区782个，西部地区778个。①

四　国内有关高等教育的研究综述

改革开放40年来，随着经济发展、社会进步、科技创新、文化繁荣和民生改善，中国高等教育事业亦取得重要进展。回顾40年来高等教育研究走过的道路，全面审视中国高等教育分层的理论依据和经验研究，对理解中国高等教育分层的历时性变化，分析教育改革发展中涌现的新问题，探讨中国教育未来发展新动向，无疑具有十分重要的意义。

（一）高等教育扩张与教育机会公平

长期以来，教育被视为促进社会流动的重要机制，尤其是自1999年高等教育扩招后，"谁获得了高等教育入学机会"成为学术界研究的主要议题。针对高等教育的扩招到底使教育机会分配变得更加平等，抑或是反而扩大了教育不平等，大多数学者都从教

---

① 《2017年全国义务教育均衡发展督导评估工作报告》，2018年2月27日，教育部网站（http：//www.moe.gov.cn/jyb_xwfb/xw_fbh/moe_2069/xwfbh_2018n/xwfb_20180227/sfcl/201802/t20180227_327990.html）。

育政策和制度变迁的角度出发，考察社会历史发展和政策设计如何影响高等教育的机会公平。一个普遍的结论是："文化大革命"时期的教育机会分配呈现"去分层化"状态，"文化大革命"后尤其是 1999 年高校扩张以来，基于家庭背景的教育机会不平等呈上升趋势。例如，李春玲对 1949 年以来家庭背景及制度因素对个人教育获得的历时性影响进行研究，她指出 1978 年是带来中国社会教育机会分配形态变化的重要分水岭的一年。1978 年以前，家庭背景对个人教育获得的影响在减弱；而 1978 年之后，教育机会分配的不平等程度逐步增强，家庭背景及制度因素对教育获得的影响力不断上升。① 在此基础上，李春玲基于 2005 年 1% 人口抽样调查数据的一个次级数据集，发现高校扩招并没有缩小各阶层之间的教育机会差距。② 郝大海的研究发现，改革前由于政策干预对较高社会阶层特别是专业技术阶层教育需求的抑制，一定程度上缩小了教育分层；改革后，中国教育分层正显现出 MMI（"最大化维持不平等"）假设的诸项特征：优势阶层在教育分层体系的升学转化中依旧占据优势。③ 李煜强调教育不平等产生机制、具体制度设计和社会状况背景三者间的联系，指出 1992 年后随着改革的深化，教育体制受市场化的冲击，基于家庭背景的教育不平等仍将维持。④ 李代基于 A 省某年高考成绩的总体数据，采用计算方法来模拟扩大招生对优势与劣势地区间升学机会分配的影响，发现始于高分段的扩张会导致教育不平等程度上升，始于低分段的扩张

---

① 李春玲：《社会政治变迁与教育机会不平等——家庭背景及制度因素对教育获得的影响（1940—2001）》，《中国社会科学》2003 年第 3 期。
② 李春玲：《高等教育扩张与教育机会不平等——高校扩招的平等化效应考查》，《社会学研究》年 2010 第 3 期。
③ 郝大海：《中国城市教育分层研究》，《中国社会科学》2007 年第 6 期。
④ 李煜：《制度变迁与教育不平等的产生机制——中国城市子女的教育获得（1966—2003）》，《中国社会科学》2006 年第 4 期。

则会减少教育不平等。①

除了从宏观层面如教育政策、制度变迁考察高等教育扩招与教育分层的关系,也有学者从微观层面探讨教育不平等的产生机制,现有文献涉及的微观机制主要包括阶层文化、教育策略、教育期望和教育分流机制。从阶层文化这一视角出发的学者强调在阶层结构之外,阶层文化在教育的代际传递中发挥着重要作用。例如,李煜提出文化再生产模式、资源转化模式和政策干预模式,以解释家庭背景影响教育获得的机制。他发现1992年后,高等教育阶层不平等通过文化再生产和资源转化两模式得以维持。② 仇立平、肖日葵指出家庭背景以文化资本为中介对子女的教育获得产生正面影响。③ 关于教育决策机制,吴愈晓从微观决策过程理解中国教育不平等及历史演变,他的研究发现,1978年以来升学机会的阶层不平等并没有随高等教育扩招而发生变化,但户口、家庭文化资本和兄弟姐妹人数等影响教育决策的微观机制导致的教育不平等呈扩大趋势。④ 侯利明基于理性选择理论,将家庭的微观教育策略分为地位下降回避策略和学历下降回避策略,发现学历下降回避策略是影响子代教育获得的重要微观机制。⑤ 而关注教育期望的学者大多沿袭威斯康星学派的观点,强调父母的教育期望、职业热忱和价值取向等会逐渐灌输给子代,并与学业表现、重要

---

① 李代:《阈值依赖的教育扩张与教育机会不平等——以A省某年高考数据为例》,《社会学研究》2017年第3期。
② 李煜:《制度变迁与教育不平等的产生机制——中国城市子女的教育获得(1966—2003)》,《中国社会科学》2006年第4期。
③ 仇立平、肖日葵:《文化资本与社会地位获得——基于上海市的实证研究》,《中国社会科学》2011年第6期。
④ 吴愈晓:《中国城乡居民的教育机会不平等及其演变(1978—2008)》,《中国社会科学》2013年第3期。
⑤ 侯利明:《地位下降回避还是学历下降回避——教育不平等生成机制再探讨(1978—2006)》,《社会学研究》2015年第2期。

他人等社会心理因素一起，作为家庭背景的中介变量，对子代的教育期望和教育成就产生直接、微妙的影响[①]。例如，王甫勤、时怡雯引入大学教育期望作为家庭背景影响子女大学教育获得的中间机制，发现家庭社会经济地位越高的子女，其上大学的期望也越高，这种期望最终会转化为大学教育获得的优势。[②] 最后，教育分流机制。从教育分流机制出发的学者关注教育经历和升学路径选择对个体教育获得的影响。例如，刘精明区分了两种类型的教育——生存取向和地位取向。他指出在地位取向明确的本科教育中，高校扩招导致优势阶层较大程度地扩大了他们的相对优势；而生存取向明确的成人高教领域的机会扩大，则使下层社会群体获得了更多的益处。[③] 吴愈晓探讨了重点学校制度和学轨制与中国教育分层之间的关系，基于 CGSS 2008 数据，他发现家庭社会经济地位越高的学生，越有可能进入重点高中，而获得重点高中的机会对重点大学有重要影响。[④] 唐俊超指出随着入学阶段的提升，学校等级的作用逐渐显现，家庭社会经济地位和家庭文化背景对教育获得的影响随之减弱。以上研究都从不同的角度丰富了中国教育不平等的研究。[⑤]

（二）家庭背景与高等教育获得

高等教育获得的代际流动是社会分层和流动的重要机制。关于高等教育获得差异的解释，主要有精英流动和社会再生产两种

[①] William H. Sewell & Vimal P. Shah 1968, "Parents' Education and Children's Educational Aspirations and Achievements", *American Sociological Review* 2.
[②] 王甫勤、时怡雯：《家庭背景、教育期望与大学教育获得基于上海市调查数据的实证研究》，《社会》2014 年第 1 期。
[③] 刘精明：《高等教育扩展与入学机会差异：1978～2003》，《社会》2006 年第 3 期。
[④] 吴愈晓：《教育分流体制与中国的教育分层（1978—2008）》，《社会学研究》2013 年第 4 期。
[⑤] 唐俊超：《输在起跑线——再议中国社会的教育不平等（1978—2008）》，《社会学研究》2015 年第 3 期。

理论取向。前者强调现代教育制度的绩效主义原则,即以个人努力和能力为基础的自致性因素在个体教育获得中发挥着重要作用。换言之,高等教育"择优录取"的筛选机制促进了社会流动。例如,刘精明分析和比较了能力和出身两种机制对进入不同层次高等学校的效应差异,研究发现,学生个人的能力作用较大程度地高于先天禀赋效应和出身效应,并且高层级的大学对能力(特别是学生的学业能力)的要求也越高。由此他认为,这些都表现了绩能主义社会"唯才是举"的典型特征。① 梁晨、李中清等依据1952—2002年北京大学和苏州大学学生学籍卡资料,发现1949年以来高等精英大学的生源逐渐多样化,即中国高等教育系统表现出较大的开放性,有效地削弱了父辈职业阶层对子女精英教育获得的影响。② 梁晨、董浩等指出不同于欧美国家固化的精英教育体系,中国的精英教育体系相对开放,精英教育群体的社会来源构成,具有较强的流动性与多元性。③ 吴晓刚认为中国教育体制中的重点中学制度和考试制度通过对学生的能力进行筛选,在某种程度上可以削弱家庭背景对不同层次高等教育机会获得的影响,反映出教育与社会流动公平性的一面。④

后者强调家庭背景对高等教育获得的重要作用,高等教育扩招并没有缩小不同阶层升学结果的差距,恰恰相反,教育获得的阶层差异是父辈优势地位整体性社会再生产的结果。优势阶层不

---

① 刘精明:《能力与出身:高等教育入学机会分配的机制分析》,《中国社会科学》2014年第8期。

② 梁晨、李中清:《无声的革命:北京大学与苏州大学学生社会来源研究(1952—2002)》,《中国社会科学》2012年第1期。

③ 梁晨、董浩、任韵竹、李中清:《江山代有才人出——中国教育精英的来源与转变(1865—2014)》,《社会学研究》2017年第3期。

④ 吴晓刚:《中国当代的高等教育、精英形成与社会分层来自"首都大学生成长追踪调查"的初步发现》,《社会》2016年第3期。

仅在获得高等教育机会的总量上占据优势，甚至获得优质教育（精英教育）的机会也越大。例如，胡荣、张义祯的研究发现，高等教育机会分布存在严重的阶层差距，国家与社会管理者阶层子女接受高等教育机会远大于商业服务人员阶层子女。[1] 杨东平指出高等教育入学机会的阶层差距呈现扩大的趋势，低阶层家庭子女的高考录取分数普遍高于优势阶层的子女。[2] 尹银等依据北京某高校 2010 年和 2011 年的调研数据发现，自主招生带来很大程度的教育不公平，优势阶层子女更易成为招生的对象。[3] 李春玲对"80后"人群（1980—1989 年出生）的教育经历及其教育机会不均等分配状况进行分析，发现尽管教育机会数量增长明显，但优势地位家庭的子女有更多机会获得优质教育机会，教育路径选择显示出明显的阶层分化。[4] 丁小浩、梁彦也发现高校扩招以来，优质的高等教育资源更易被社会经济地位高的群体获取。[5] 吴晓刚将北京高校分为精英高校、211 大学和其他非 211 大学三类，发现家庭背景对于获得优质高等教育资源的机会具有直接的影响。[6] 此外，各种招生加分优惠政策加剧了优势阶层的再生产。以上研究发现仁者见仁，智者见智，都从不同的角度反映出中国教育机会不平等的发展状况，为深入了解中国高等教育变化趋势提供了经验支持。

---

[1] 胡荣、张义祯：《现阶段我国高等教育机会阶层辈出率研究》，《厦门大学学报》（哲学社会科学版）2006 年第 6 期。

[2] 杨东平主编：《2020：中国教育改革方略》，人民出版社 2010 年版。

[3] 尹银、周俊山、陆俊杰：《谁更可能被自主招生录取——兼论建立高校自主招生多元评价指标体系》，《清华大学教育研究》2014 年第 6 期。

[4] 李春玲：《"80 后"的教育经历与机会不平等——兼评〈无声的革命〉》，《中国社会科学》2014 年第 4 期。

[5] 丁小浩、梁彦：《中国高等教育入学机会均等化程度的变化》，《高等教育研究》2010 年第 2 期。

[6] 吴晓刚：《中国当代的高等教育、精英形成与社会分层来自"首都大学生成长追踪调查"的初步发现》，《社会》2016 年第 3 期。

（三）高等教育获得的城乡差异

1949年以来，户籍制度带来的城乡分割不仅深刻地影响着社会结构的资源配置，也形塑着不同社会分层体系中个体的人生际遇。目前关于城乡出身与高等教育获得的实证研究主要是围绕着城乡之间的教育不平等展开的。例如，李春玲发现高校扩招后城乡之间的教育不平等有扩大趋势。[1] 通过对"80后"群体的考察，李春玲认为无论是高等教育的升学机会，还是学校质量（优质高等教育机会），农村学生都处于相对劣势的位置。[2] 魏晓艳基于CFPS 2010、CFPS 2012和CFPS 2014数据，发现城市身份的个体从高等教育代际传递效应中受益更大。[3] 刘云杉等（2009）以1978—2005年北京大学录取新生中的农村学生为研究对象，数据显示，20世纪90年代中期后北大农村新生比例明显下降，2000年以后，农村户籍新生的比例为10%—15%。与此同时，干部出身的新生比例明显增长。[4]

那么如何解释扩招以来教育机会总量增加但农家子弟上大学的机会反而下降呢？李春玲基于2006年、2008年和2011年全国抽样调查数据，发现教育存在阶段性累积特征，初中升高中阶段的城乡升学概率差距持续扩大，是导致农村家庭子女上大学相对机会下降的源头。[5] 庞圣民发现城乡间高等教育机会不平等主要肇

---

[1] 李春玲：《高等教育扩张与教育机会不平等——高校扩招的平等化效应考查》，《社会学研究》年2010第3期。

[2] 李春玲：《"80后"的教育经历与机会不平等——兼评〈无声的革命〉》，《中国社会科学》2014年第4期。

[3] 魏晓艳：《高等教育代际传递及其影响因素的实证研究——谁是"学二代"》，《中国经济问题》2017年第6期。

[4] 刘云杉、王志明、杨晓芳：《精英的选拔：身份、地域与资本的视角——跨入北京大学的农家子弟（1978—2005）》，《清华大学教育研究》2009年第5期。

[5] 李春玲：《教育不平等的年代变化趋势（1940—2010）——对城乡教育机会不平等的再考察》，《社会学研究》2014年第2期。

始于小学升初中和初中升高中两个阶段,而由后者产生的不平等尤为严重。① 吴愈晓指出"当教育成本增加和教育的预期收益下降时,农村居民、低教育家庭或子女数量较多的家庭由于教育资源限制或缺乏文化资本机制,更容易作出放弃教育的'理性'决策"②。

(四) 高等教育获得的性别差异

高等教育获得的性别不平等是教育分层领域的一个重要议题。学者们普遍发现,从总体上看,男女受教育差距逐渐缩小,但某些弱势群体女性的教育获得远远处于劣势状态。因此,研究中国教育获得性别差异的学者主要围绕三个主线展开。其一是探讨中国教育机会性别差异的演变趋势。例如,李春玲指出近几十年来中国教育的迅速发展,使女性的平均受教育机会日益接近于男性。在相同家庭背景情况下,女性上大学的机会还高于男性。③ 叶华、吴晓刚发现1970年以来,随着生育率下降,性别间的教育差距在年轻的出生世代中缩小了。④ 邵岑通过教育扩张不同时期的比较发现:教育扩张前后,高等教育获得机会均不存在性别不平等,教育扩张导致了中等教育阶段和基础教育阶段教育性别平等化。⑤ 吴愈晓、黄超探讨了中国居民教育获得性别不平等的程度、变化趋势的城乡差异,他们发现城镇居民教育获得性别不平等程度较小,并且呈现逐渐缩小的趋势,近年来已经基本消失。而农村居民的

---

① 庞圣民:《市场转型、教育分流与中国城乡高等教育机会不平等(1977—2008)兼论重点中学制度是否应该为城乡高等教育机会不平等买单》,《社会》2016年第5期。
② 吴愈晓:《中国城乡居民的教育机会不平等及其演变(1978—2008)》,《中国社会科学》2013年第3期。
③ 李春玲:《高等教育扩张与教育机会不平等——高校扩招的平等化效应考查》,《社会学研究》年2010第3期。
④ 叶华、吴晓刚:《生育率下降与中国男女教育的平等化趋势》,《社会学研究》2011年第5期。
⑤ 邵岑:《教育扩张与教育获得性别差异(1978—2008)》,《青年研究》2015年第2期。

教育获得性别不平等程度非常大，虽然也显示出逐渐缩小的趋势，但缩小的幅度很小。[1] 李春玲指出最近10年，中国女性的教育水平超过男性，女性在学校教育中的优势越来越明显。[2]

其二是探讨高等教育获得性别平等化的原因。例如：叶华、吴晓刚发现家庭中兄弟姐妹数量的减少。[3] 张兆曙、陈奇检验了影响高等教育机会的性别平等化的机制，他发现扩招之后女性新增的教育机会主要来自两类群体：父辈文化程度为初中的女性群体和农村地区的女性。[4] 邵岑讨论了教育分流体制对教育获得性别差异的影响，发现无论是初中升学还是高中升学，男性和女性在教育分流过程中均不存在性别不平等。[5] 李春玲的研究发现，随着入学阶段的上升（小学升初中、初中升高中、高中升大学），男女受教育机会的差距逐渐缩小至不存在显著差异，教育机会性别不平等主要存在于小学阶段。[6]

其三是检验教育获得的性别不平等是否存在群体差异。例如，李春玲（2009）发现家庭背景因素对女性的教育地位获得的影响明显大于对男性的影响，出身于较差的家庭环境女性的受教育机会明显少于其他的人。[7] 李春玲指出性别不平等与城乡不平等存在

---

[1] 吴愈晓、黄超：《中国教育获得性别不平等的城乡差异研究——基于CGSS 2008数据》，《国家行政学院学报》2015年第2期。

[2] 李春玲：《"男孩危机""剩女现象"与"女大学生就业难"——教育领域性别比例逆转带来的社会性挑战》，《妇女研究论丛》2016年第2期。

[3] 叶华、吴晓刚：《生育率下降与中国男女教育的平等化趋势》，《社会学研究》2011年第5期。

[4] 张兆曙、陈奇：《高校扩招与高等教育机会的性别平等化——基于中国综合社会调查（CGSS 2008）数据的实证分析》，《社会学研究》2013年第2期。

[5] 邵岑：《教育扩张与教育获得性别差异（1978—2008）》，《青年研究》2015年第2期。

[6] 李春玲：《教育不平等的年代变化趋势（1940—2010）——对城乡教育机会不平等的再考察》，《社会学研究》2014年第2期。

[7] 李春玲：《教育地位获得的性别差异——家庭背景对男性和女性教育地位获得的影响》，《妇女研究论丛》2009年第1期。

交叉作用。① 吴愈晓基于 CGSS 2008，发现影响教育遭遇的各主要因素（户籍、父亲职业地位指数、父母受教育程度、兄弟姐妹数、不同教育层次入学机会）存在性别差异。农村户口居民较之城市户口居民教育遭遇的性别不平等更严重；父亲的职业地位指数或父母的受教育水平越低、兄弟姐妹人数越多的群体，教育获得的性别不平等越严重。教育层次越低，升学机会的性别不平等越严重。② 吴愈晓、黄超指出当前中国教育获得的性别不平等主要存在于农村地区，而造成农村居民教育性别不平等的因素是因父权制（或传统的性别角色观念）所导致的性别歧视。③

（五）高等教育的求学过程

除了探讨高等教育获得和升学机会外，一些研究者开始关注不同群体在高等教育阶段的学习和生活经历，阐明学校过程如何形塑或改造了不同阶层整体的际遇。现有研究从不同议题出发试图揭示"大学的效应"，呈现了截然相反的两种结论。归纳而言，关注大学生群体在校表现的研究者，指出大学教育促进了社会流动；与之相反，关注科类、专业和升学结果的研究者，发现大学四年的教育过程可能加剧社会不平等。首先，在校表现。朱斌认为工农阶层子女在大学中更加努力，学习成绩最好。而精英阶层子女更多地受益于家庭文化资本，他们更可能成为学生干部，英语成绩也更高。④ 许多多发现，贫困大学生在学业成绩、荣誉获得、社团活动参与、入党、实习兼职等方面的表现都要比非贫困

---

① 李春玲：《高等教育扩张与教育机会不平等——高校扩招的平等化效应考查》，《社会学研究》年 2010 第 3 期。
② 吴愈晓：《中国城乡居民教育获得的性别差异研究》，《社会》2012 年第 4 期。
③ 吴愈晓、黄超：《中国教育获得性别不平等的城乡差异研究——基于 CGSS 2008 数据》，《国家行政学院学报》2015 年第 2 期。
④ 朱斌：《文化再生产还是文化流动——中国大学生的教育成就获得不平等研究》，《社会学研究》2018 年第 1 期。

大学生更为优秀，大学四年的经历可以缩小贫困生和其他学生在非认知能力上的差距。①

其次，科类和专业。如谢作栩、王伟宜基于对陕西、福建、广东、浙江、湖南、安徽及上海等地的 8 所部属重点高校的调查，发现科类和专业的入学机会存在阶层差异，上层社会子女大多选择那些优势或就学成本较高的专业，而下层社会子女大多就读于一般的基础理论或就学成本较低的专业。② 刘云杉等以 1978—2005 年北京大学录取新生中的农村学生为对象，发现高校扩招前，农村文科学生聚集在人文学科专业，城镇学生比例居高的文科专业是应用型学科与专业。2000 以来，农村新生更集中于冷门专业，譬如图书馆、编辑、考古学、哲学等，城镇文科学生的专业更凸显其应用价值与功利性特征，譬如管理学、经济学与法学。③

最后，后续教育机会（未来升学结果）。李忠路的研究发现，读研学生的家庭背景和学业表现都要显著地优于毕业后直接就业的学生。此外，在海外留学与国内读研的选择中，家庭背景正面影响子女选择海外留学；在国内研究生教育机会获得中，家庭背景基本上通过本科就读高校的类型和学业表现来影响子女国内研究生升学。④ 权小娟和边燕杰通过某 985 高校学生数据，考察城乡背景对大学生在校表现的影响，发现尽管农村大学生学习成绩显著高于城市大学生，农村学生毕业后继续深造和海外留学的可能

---

① 许多多：《大学如何改变寒门弟子的命运：家庭贫困、非认知能力和初职收入》，《社会》2017 年第 4 期。
② 谢作栩、王伟宜：《社会阶层子女高等教育入学机会差异研究——从科类、专业角度谈起》，《大学教育科学》2005 年第 4 期。
③ 刘云杉、王志明、杨晓芳：《精英的选拔：身份、地域与资本的视角——跨入北京大学的农家子弟（1978—2005）》，《清华大学教育研究》2009 年第 5 期。
④ 李忠路：《家庭背景、学业表现与研究生教育机会获得》，《社会》2016 年第 3 期。

性却相对较低。[①]

五　总结与展望

（一）中国高等教育发展的阶段性特征

对当前社会历史背景下中国高等教育发展阶段做出符合客观实际的判断，厘清高等教育转型发展面临的主要矛盾与机遇挑战，对探索有中国特色的高等教育发展非常重要。总体而言，中国高等教育发展的阶段性特征可以归纳为以下三点。

第一，高等教育规模和质量已进入大众化发展阶段。世纪之交，中国高等教育迈出了大改革大发展大建设的步伐，实现了高等教育大众化，成为名副其实的高等教育大国。当前，中国高等教育站在了由大向强的新起点上，近年来，中国高等学校办学质量全面提升，各个方面成效明显。

第二，全面推进高等教育强国和人力资本强国阶段。目前，中国高等教育改革发展取得了新成就，迈上新台阶，进入新阶段。习近平同志提出的"发展具有中国特色、世界水平的现代教育"，是对中国教育现代化目标的最好诠释。党的十八大把教育现代化这一重大任务写入十八大报告，成为全面建成小康社会的一项战略任务。党的十九大也对推进新时代高等教育强国事业做出了总体部署。

第三，高等教育发展不平衡不充分持续改善阶段。针对中国高等教育供需不均衡，表现出的民族、阶层、区域和学校性质差异，近年来，教育部采取一系列措施解决中国高等教育发展不平衡不充分问题。例如，部省合建支持中西部高水平大学建设，按

[①] 权小娟、边燕杰：《城乡大学生在校表现比较研究》，《中国青年研究》2017年第3期。

"一省一校"原则,重点支持河北大学、山西大学、内蒙古大学、南昌大学、郑州大学、广西大学、海南大学、贵州大学、云南大学、西藏大学、青海大学、宁夏大学、新疆大学、石河子大学14所高校建设,努力开创中西部地区高等教育发展新局面;2017年高等教育阶段资助政策体系进一步完善,根据《2017年中国学生资助发展报告》,在高等教育阶段,共资助学生4275.69万人次,资助金额1050.74亿元,比上一年增加94.90亿元,增幅9.93%。国家学生资助政策不断完善,财政资金投入力度不断加大,科学化、规范化管理水平不断提高,为保障不让一个学生因家庭经济困难而失学奠定了坚实基础。[①]

(二)新时代高等教育事业发展的新方向

党的十九大报告指出,建设教育强国是中华民族伟大复兴的基础工程,必须把教育事业放在优先位置,加快教育现代化,办好人民满意的教育。加快一流大学和一流学科建设,实现高等教育内涵式发展。发展是社会学的永恒议题,而内涵式发展道路,是培养创新型人才、全面优化结构、提高质量和效益的高等教育之路。习近平在全国高校思想政治工作会议上的讲话指出:要注重文化浸润、感染、熏陶,既要重视显性教育,也要重视潜移默化的隐形教育,实现入"芝兰之室,久而自芳"的效果。只有培养出一流人才的高校,才能够成为世界一流大学。办好中国高校,办出世界一流大学,必须牢牢抓住全面提高人才培养能力这个核心点,并以此来带动高校其他工作[②]。党的十九大报告和习近平在

[①]《2017年中国学生资助发展报告显示去年受资助学生近9600万人次》,2018年3月1日,教育部网站(http://www.moe.gov.cn/jyb_xwfb/xw_fbh/moe_2069/xwfbh_2018n/xwfb_20180301/mtbd/201803/t20180302_328419.html)。

[②]《习近平总书记在全国高校思想政治工作会议上的重要讲话》,《人民日报》2016年12月9日第1版。

全国高校思想政治工作会议上的讲话，站在新的历史起点上，为新时期中国特色社会主义高等教育的发展指明了方向。

首先，新时代高等教育需要为中国特色社会主义事业服务。党的十九大报告中的第一个"明确"是，明确坚持和发展中国特色社会主义，总任务是实现社会主义现代化和中华民族伟大复兴，在全面建成小康社会的基础上，分两步走在本世纪中叶建成富强民主文明和谐美丽的社会主义现代化强国。高等教育作为中国特色社会主义事业的重要组成部分，要致力于办好中国特色社会主义大学、推进党和国家事业发展。

其次，新时代高等教育应把人民日益增长的对更优质高等教育资源的需求作为高等教育发展的出发点和落脚点，努力促进教育公平。党的十九大报告中的第二个"明确"是，明确新时代中国社会主要矛盾是人民日益增长的美好生活需要和不平衡不充分的发展之间的矛盾，必须坚持以人民为中心的发展思想，不断促进人的全面发展、全体人民共同富裕。中国社会的主要矛盾反映在高等教育领域，就是人民日益增长的对更优质高等教育资源的需求与高等教育发展不平衡不充分之间的矛盾。

最后，新时代高等教育应坚持内涵发展，加快建设世界一流大学和一流学科，增强"四个自信"。党的十九大报告中的第三个"明确"是，明确中国特色社会主义事业总体布局是"五位一体"，战略布局是"四个全面"，强调坚定道路自信、理论自信、制度自信、文化自信。高校应当坚持党对高校的领导，增强道路自信、理论自信、制度自信、文化自信，培养中国特色社会主义合格建设者和可靠接班人。[1]

---

[1] 参见《习近平在全国高校思想政治工作会议上的讲话》，2016 年 12 月 8 日，央视网（http://news.cctv.com/2016/12/08/ARTIihpHZs56dGPSnK5b5x5y161208.shtml）。

第二部分
转型趋势

中国社会救助政策的发展

关信平[*]

社会救助是政府和社会直接向有需要的困难家庭和个人提供帮助,以保障他们基本需要的各种制度。在当代社会中,社会救助是各国社会政策体系中最基本的内容,也是社会保障体系中的重要组成部分。经过多年的努力,中国已经建成较为完善的社会保障制度体系,在反贫困行动中发挥了积极的作用,为城乡困难家庭提供了坚实的民生保障基础。但是,目前中国的社会救助体系还存在一些问题,并且随着经济与社会的发展,社会救助也应该与时俱进,通过进一步的改革而不断地优化其制度体系。

一 中国社会救助制度的历史发展及特点

从全世界范围看,社会救助有悠久的历史,是社会保障制度体系中历史最长的,但同时也是变化很大的制度体系。中国社会救助制度的情况也是如此。了解中国当代社会救助制度发展的基本情况,对于深入理解当前中国社会救助制度的成就及问题,把

---

[*] 关信平,南开大学周恩来政府管理学院教授。

握社会救助未来发展具有重要的基础性意义。

（一）中国社会救助制度历史发展概况

1. 改革开放前的社会救济制度

中国社会救助制度已有较长的历史。早期社会救助实践和思想可追溯到两千多年前。[①] 在长期的历史发展中有许多的社会救助实践，主要包括对灾民的救济，以及为困难老年人、孤儿、困难残疾人等困难群体提供的各种服务。古代思想家们对社会救助也有各种思想争论和学理讨论，当代学者们的社会救助思想大都能够在早期的思想中找到其渊源。

中国在 20 世纪 50 年代早期就建立了传统的社会救助制度。1949 年中华人民共和国成立之后的初期阶段，面临城市中大量的贫困人口，政府开始在城市中开展社会救济，以帮助当时最困难的人员。此后，逐渐建立城市和农村的社会救济制度。在计划经济体制下，中国建立了一整套的社会保护制度，通过各种制度安排而保障人们的基本生活，而社会救济制度是其中的一种。当时，在城市中有"社会救济"制度，向"三无对象"（无劳动能力、无家庭供养、无其他收入来源的人）提供帮助，即那些既没有家庭，也无法从国有企业或集体企业获得帮助的困难老年人、困难残疾人和困境儿童等特殊困难者。只有这些人才能从地方政府那里获得救助待遇。在农村则有"五保供养"制度，在五个方面为农村"三无对象"提供救助待遇：保吃、保穿、保住、保医、保葬（对老人）或保教（对儿童）。

2. 改革开放后最低生活保障制度的建立

当前中国的社会救助制度起源于改革开放以后的 20 世纪 90 年代。其前身是计划经济体制下的城市社会救济制度和农村五保

[①] 陈井安、郭丹、瓮晓璐：《中国古代社会救助考察》，《中华文化论坛》2016 年第 1 期。

供养制度。这两类制度都只针对城乡中的"三无人员"。改革开放以后，随着三无人员的减少及非三无人员中生活遭遇困难的人员大幅度增加，尤其是在 90 年代由于城市国有企业改革而导致下岗失业人员增多，以及农村集体经济体制的解体等原因导致部分非三无人员贫困现象凸显，急需新的制度去解决当时新型的城市贫困和农村贫困问题。在这一背景下，20 世纪 90 年代前期，部分城市和农村开始了建立新型社会救助制度的实践。

城市社会救助制度开始于 1993 年上海等地率先建立城市居民最低生活保障制度。随着部分城市建立城市低保制度取得的成功，国务院于 1997 年发文，要求各地都建立城市低保制度。到 1999 年全国各个城市基本普及了城市低保制度。同年，国务院发布了《城市居民最低生活保障条例》，标志着这项制度的成型。在城市低保制度运行的初期阶段，由于全部地方政府财力限制等原因，其覆盖面相当窄。在 2000 年全国城市低保对象仅有 402.6 万人。[①]这种情况在中央财政承担了部分财政负担之后迅速好转。在 2001 年和 2002 年连续两年全国城市低保对象规模翻番，到 2002 年年底全国共有 2064.7 万城镇居民得到了最低生活保障。[②]

由于城乡二元结构等方面的原因，农村社会救助制度的建立同城市社会救助制度体系的建立与发展并不同步。早在 1992 年就在山西等地率先进行了建立农村低保制度的地方实践，但此后这项制度的扩展速度并不很快。直到 21 世纪最初几年里，农村低保仍没有成为一项全国性的制度，而是由部分地方政府自行决定建立的地方性制度。

[①] 民政部财务与机关事务司：《2000 年民政事业发展统计报告》，2001 年 4 月 3 日，民政部网站（http://www.mca.gov.cn/article/sj/tjgb/200801/200801000093959.shtml）。

[②] 同上。

3. 进入 21 世纪后社会救助制度的扩展

在城市低保制度建立和普及的前后，针对城市贫困家庭在其他各个方面的需要，中国又在城市中建立了医疗救助制度、住房救助制度（廉租住房制度）、流浪乞讨人员救助制度、教育救助制度、法律援助制度等多项社会救助制度，初步形成了较为全面的社会救助制度体系。

从全国范围看，进入 21 世纪以后农村社会救助制度也在逐渐发展，先是在各地推行农村特困户救助制度，然后建立了农村医疗救助制度（2003），改革了农村五保供养制度（2006）。在 2007 年在全国普及了农村低保制度，并在 2010 年更新了自然灾害救助制度。至此，农村社会救助制度体系基本建立了起来。

（二） 当前中国社会救助制度的主要内容

在城市和农村社会救助制度体系都初步建立的基础上，国务院于 2014 年发布了《社会救助暂行办法》，对中国的社会救助制度体系加以规范。按照这一《暂行办法》，当前中国的社会救助体系包括以下一些具体的制度。

1. 城乡居民最低生活保障制度

城乡居民最低生活保障制度是政府向家庭人均收入低于当地最低生活保障标准的家庭提供现金救助，以保障其最低生活水平的一项社会救助制度。目前，各地的最低生活保障标准由省、自治区、直辖市或者设区的市级人民政府按照当地居民生活必需的费用确定、公布。救助资金由地方政府出资，中央政府对财政困难地区提供转移支付。城乡居民最低生活保障制度是一项基于家计调查的社会救助制度，有比较严格的申请、审核、审批制度，只有符合政府规定的标准，通过审核的家庭才能获得最低生活保障待遇。最低生活保障待遇按照补差原则，由地方政府向符合条件的低保对象家庭提供相当于家庭人均收入与当地低保标准之间差额的现金救助待遇,以保障低保对象家庭人均收入不低于当地低保标准。

2. 特困人员供养

特困人员供养制度来源于过去的农村五保供养制度。2014 年以后此项制度扩大到城市地区。其对象是无劳动能力、无生活来源且无法定赡养、抚养、扶养义务人,或者其法定赡养、抚养、扶养义务人无赡养、抚养、扶养能力的老年人、残疾人以及未满 16 周岁的未成年人。供养的内容包括:提供基本生活条件,对生活不能自理的给予照料,提供疾病治疗,办理丧葬事宜。特困人员供养标准,由省、自治区、直辖市或者设区的市级人民政府确定、公布。

3. 受灾人员救助

自然灾害救助制度的基本目标是国家对基本生活受到自然灾害严重影响的人员,提供生活救助,主要包括国家和地方政府建立灾害预防机制、自然灾害救助应急救助,以及灾后重建救助和灾民生活救助等方面的内容。

4. 医疗救助

医疗救助制度的基本目标是帮助有需要的人获得基本医疗卫生服务。其对象包括最低生活保障家庭成员、特困供养人员以及县级以上人民政府规定的其他特殊困难人员。医疗救助的主要方式一是对救助对象参加城镇居民基本医疗保险或者新型农村合作医疗的个人缴费部分,给予补贴;二是对救助对象经基本医疗保险、大病保险和其他补充医疗保险支付后,个人及其家庭难以承担的符合规定的基本医疗自负费用,给予补助。医疗救助标准,由县级以上人民政府确定并公布。获得医疗救助待遇也需要经过申请和审批的程序,只有符合条件的并通过审核的家庭及个人才能获得医疗救助待遇。此外,国家还建立了疾病应急救助制度,对需要急救但身份不明或者无力支付急救费用的急重危伤病患者给予救助。符合规定的急救费用由疾病应急救助基金支付。

5. 教育救助

教育救助的主要对象和内容一是对在义务教育阶段就学的最低生活保障家庭成员、特困供养人员，给予教育救助；二是对在高中教育（含中等职业教育）、普通高等教育阶段就学的最低生活保障家庭成员、特困供养人员，以及不能入学接受义务教育的残疾儿童，根据实际情况给予适当教育救助。教育救助的主要方式包括减免相关费用、发放助学金、给予生活补助、安排勤工助学等方式。教育救助的标准由省、自治区、直辖市人民政府确定并公布。教育救助也要通过申请和审批的程序。

6. 住房救助

住房救助的对象是符合规定标准的住房困难的最低生活保障家庭和分散供养的特困人员。住房救助的方式包括配租公共租赁住房、发放住房租赁补贴、农村危房改造等。住房困难标准和救助标准，由县级以上地方人民政府确定并公布。获得住房救助也要通过申请和审批程序，只有符合条件的家庭才能获得住房救助。

7. 就业救助

就业救助的对象是最低生活保障家庭中有劳动能力并处于失业状态的成员。就业救助的主要方式是贷款贴息、社会保险补贴、岗位补贴、培训补贴、费用减免、公益性岗位安置等办法。按照法规要求，最低生活保障家庭有劳动能力的成员均处于失业状态的，县级以上地方人民政府应当确保该家庭至少有1人就业。最低生活保障家庭中有劳动能力但未就业的成员，应当接受人力资源和社会保障等有关部门介绍的工作；无正当理由，连续3次拒绝接受介绍的与其健康状况、劳动能力等相适应的工作的，县级人民政府民政部门应当决定减发或者停发其本人的最低生活保障金。此外，法规还规定吸纳就业救助对象的用人单位，按照国家有关规定享受社会保险补贴、税收优惠、小额担保贷款等就业扶持政策。

8. 临时救助

临时救助的对象是因火灾、交通事故等意外事件，家庭成员突发重大疾病等，导致基本生活暂时出现严重困难的家庭，或者因生活必需支出突然增加超出家庭承受能力，导致基本生活暂时出现严重困难的最低生活保障家庭，以及遭遇其他特殊困难的家庭。临时救助也要按规定向基层政府机构申请，并经审批后对符合条件的提供相关待遇。情况紧急的，可以按照规定简化审批手续。此外，临时救助还包括对生活无着的流浪乞讨人员的救助，具体内容包括为他们提供临时食宿、急病救治、协助返回等救助。

9. 法律援助与司法救助

法律援助和司法救助项目没有被列入《社会救助暂行办法》，但国务院另有《法律援助条例》对法律援助制度进行了规范。按此《条例》的规定，法律援助的主要内容是，公民对下列需要代理的事项，因经济困难没有委托代理人的，可以向法律援助机构申请法律援助：一是依法请求国家赔偿的；二是请求给予社会保险待遇或者最低生活保障待遇的；三是请求发给抚恤金、救济金的；四是请求给付赡养费、抚养费、扶养费的；五是请求支付劳动报酬的；六是主张因见义勇为行为产生的民事权益的。

此外，最高人民法院在 2010 年出台文件，规定了司法救助的制度，主要内容是人民法院对于当事人为维护自己的合法权益，向人民法院提起民事、行政诉讼，但经济确有困难的，实行诉讼费用的缓交、减交、免交。

（三）中国社会救助制度的基本特点

经过多年的发展，中国的社会救助已经形成一个较为完善的制度体系，在反贫困行动中发挥了重要的作用。概括起来看，中国的社会救助制度有如下一些特点。

1. 针对实际需要的现金救助

与其他许多国家社会救助制度相比，中国的社会救助制度最大的特点之一是其针对困难家庭实际需要而提供现金救助的特点。一方面，社会救助体系中的每项具体的制度都针对困难家庭在某方面的特殊困难，将这些制度加在一起，就形成了一套较为完整的综合性保障体系，能够解决困难家庭各个方面的困难。另一方面，绝大多数项目的救助方式都是提供现金，包括直接提供现金、报销现金和减免现金支付等。相比之下，整个社会救助体系中制度化的服务救助很不完善，实物救助的分量也很低。现金救助有其相对比较简单的好处，但过分依赖现金救助也容易引发不合理的福利依赖。并且，缺乏服务救助和实物救助在有效利用资源方面也有一定局限，并且难以提高社会救助在增能和激励就业动机方面的作用。因此，从积极救助的角度看，单纯依赖现金救助的制度安排有明显的局限性。

2. 较低的低保标准

社会救助标准对整个社会救助的资金投入、救助水平和覆盖面等方面的影响很大。与国际水平相比，中国城乡最低生活保障标准一直偏低。2014年，全国城市平均低保标准占全国城市居民人均收入中位数的比例仅为18.5%，全国农村平均低保标准占农村居民人均纯收入中位数的比例稍高些，但也只有29.2%。[1] 由

---

[1] 全国城市和农村平均低保标准的数据来源于民政部《社会服务统计（2014）》，2015年1月29日，中华人民共和国民政部网站（http://files2.mca.gov.cn/cws/201501/20150129172531166.htm）；全国城市居民可支配收入和农村居民人均纯收入中位数的数据来源于国家统计局《中华人民共和国2014年国民经济和社会发展统计公报》，2015年2月26日，国家统计局网站（http://www.stats.gov.cn/tjsj/zxfb/201502/t20150226_685799.html）。

于低保标准偏低，直接导致救助对象的覆盖面较低，以及低保救助待遇水平也偏低。

3. 以低保制度为基础的综合性救助体系

中国的社会救助制度是以低保制度为基础的综合性社会救助体系。在其中，低保制度起到了基础性的作用。从功能上看，低保制度是针对基本生活困难的基础性救助，其他各项制度是针对各个方面特殊困难的专项救助。但从制度设计的角度看，低保制度在整个社会救助制度中还扮演了"守门人"的作用。在一般情况下，城乡困难家庭及其成员只有进入了低保对象的范围，才有申请其他社会救助待遇的资格，只有少数情况下才会有例外。由于低保制度有此特殊的功能，因此导致绝大部分的社会救助资源都集中到了低保对象身上，形成了救助集中化的局面和所谓的"悬崖效应"（低保对象能够获得很多的待遇，而非低保对象则获得很少），并因此使得低保对象资格具有很高的"含金量"，刺激很多人想方设法要获得低保对象资格，已经获得低保对象资格的则千方百计地要保留其低保对象资格。

4. 基于家计调查的高度瞄准性

由于依赖现金救助，并且低保标准偏低、覆盖面较小和待遇很多，导致以低保为基础的社会救助制度必须要将资源有效地集中到很小规模的救助对象身上，这就要求必须对受益者有严格的瞄准机制。由于几乎所有的社会救助项目的受益者都是按低保对象来界定的，而低保对象资格是按家庭人均收入的标准来界定的，因此，对低保申请者必须要有严格的收入审查制度。为此，低保制度建立了居民自治组织评审、基层政府审核与群众监督相结合、入户调查、经济状况比对技术手段与社会公示制度相结合的相当严格和复杂的收入及家庭财产审查制度。但是，这种严格的瞄准性只是针对家庭收入维度，而没有有效地考虑到家庭实际困难情况。近年来，民政部和各地民政部门都在强调要重视"支出型贫困"问题，但迄今为止尚未有效地将支出需要的因素纳入低保资格认定的指标体系。

5. 以户籍为基础的地域性责任体系

尽管从总体制度建构上看，中国已建立起全国统一的社会救助制度体系，但从管理体系上看中国的社会救助制度仍是由地方政府具体负责的。每个地方政府有责任向其管辖的区域内符合条件的家庭提供各项社会救助待遇。但这种地域性的管辖范围并不是以区域内居住为标准，而是以是否具有本地区户籍为标准。也就是说，并非所有居住在一个区域中的人都可以向负责管辖该区域的地方政府申请社会救助，而只是具有该区域户籍的家庭和个人有此权利。在当前存在着2亿多非户籍人口的情况下，这种制度安排将大量的人事实上排除在了除临时救助之外的绝大多数社会救助制度的覆盖之外。

6. 以中央和地方政府相结合的财政支付体系

按照最初的制度设计，最低生活保障制度是由地方政府负责其财政投入。但由于许多地方政府的财力有限，中央政府从2001年起开始向城市居民最低生活保障制度投入资金。中央财政向城市居民最低保障制度投入资金的方式是按照中央财政专项转移支付的方式，根据各地地方政府在城市低保项目上支出负担及地方政府财政能力情况确定转移支付的力度，因此中央政府对各地的实际转移制度数额有很大的差异。从城市低保制度实行中央财政转移支付补贴以后，地方财政能力有限的地区的其他各项社会救助制度都在不同程度上得到了中央财政的转移支付支持。根据民政部发布的《2014年社会服务发展统计公报》，2014年全年各级财政共支出城市低保资金721.7亿元，其中中央财政补助资金518.88亿元，占总支出的71.9%。全年各级财政共支出农村低保资金 870.3 亿元，其中中央补助资金 582.6 亿元，占总支出的 66.9%。[①] 这说明中央财政在全国社会救助支出的分担中已经占到了大头。

二 中国社会救助制度的成就

社会救助体系有三个显著特征：首先它是政府/社会向贫困者提供的单向补助，受助者无须任何预付费或做出贡献就可以受益。其次，这是以贫困者为目标进行经济情况调查之后的补助，所以申请者只有在提供贫穷和缺乏能力的确凿证据后才能得到社会救助。最后，社会救助是一种"低水平原则"下的低水平补助。在中国，社会救助体系有以上三种特征之外还有现金支付的显著特点。经过多年的努力，中国社会救助在各个方面取得了显著的成就。

（一）低保制度所取得的成就

1. 低保待遇在缓解贫困中的作用

低保制度是保障低保对象收入达到当地政府所规定的低保标准。低保对象在获得低保待遇后其收入都能够达到当地的低保标准，甚至超过一些。因此，从最直接的目标上看，各地的低保制度在保障最困难家庭的基本生活方面达到了目标。此外，在当前综合性的社会救助体制下，他们还能享受其他许多社会福利待遇，如各种补贴等。低保边缘户虽然不能得到低保救助，但是能从当地政府得到一些其他福利，也能对其生活有一定的改善。

2. 低保制度的成就

迄今为止，低保制度在中国的反贫困行动体系中扮演了相当

---

① 民政部：《2014 年社会服务发展统计公报》，2015 年 6 月 10 日，民政部网站（http://www.mca.gov.cn/article/sj/tjgb/201506/201506008324399.shtml）。

重要的角色，发挥了很大的作用，其突出的成就可以从以下几个方面看出。

第一，低保制度为全体中国人建构了一个坚实的安全网。虽然其实际受益者只是人口中很小的一部分，不到总人口的5%，但它担当了社会保护体系中最后安全网的角色，能够为任何一个在其他社会保护体系中未能得到有效保护的人提供支持。换言之，中国政府通过低保制度履行了对全体人民的法律和道德责任：无条件承诺给全体人民提供基本生活保障，当任何一个家庭确实无法通过其他方式维持其基本生活时，都可以通过低保制度而获得帮助。

第二，中国城乡低保制度在其20多年的历史里为许许多多的穷人提供了帮助，当前仍然覆盖着5000万左右的贫困者，使众多的贫困家庭免遭绝对贫困之苦，因此为中国的反贫困和社会保护事业做出了巨大的贡献。同时，鉴于中国人口在世界上占有很大比例，中国的低保制度同时对全世界的反贫困行动都有着巨大的意义。为此，世界银行的研究者们将中国的低保制度誉为世界上最大的无条件现金转移项目和世界五大社会救助项目之一。[①]

第三，低保制度还在中国经济转型和社会变迁过程中发挥了重要的社会保护作用。例如，在20世纪90年代国有企业改革导致了大量的失业下岗，低保制度向失业下岗人员提供基本生活救助，保障了他们的基本生活。从这个角度看，低保制度不仅对贫困者具有重要的社会保护意义，而且由于它对20世纪90年代和21世纪初的经济体制改革的重要的贡献，因此对经济与社会发展

---

① World Bank, "The State of Safety Net 2014", *The World Ban Publication*, 2014, p. 11. 其中，"无条件现金转移"意指低保与其他以特定人群为对象的项目不同，它面向所有家庭人均收入低于官方规定标准的家庭。

也具有重要的作用，同时还对维护社会和政治稳定具有重要的意义。当前，低保制度仍然具有这些功能，并且仍然期待低保制度在新的经济转型中能够发挥重要的作用。

第四，低保制度为整个社会救助制度体系构建了坚实的制度基础。作为以生计审查为基础的救助项目，所有社会救助项目都面临着审核救助申请的困难任务。如果每个项目都设立一套收入核查制度，加在一起整个社会救助制度就将具有海量的工作。低保制度是当前综合性社会救助制度中最早建立和最大的项目，并且同时承担着社会救助"守门人"的重要作用。其他大多数社会救助项目的受益者资格都依赖于低保对象资格，即只有低保对象才能申请其他大多数社会救助待遇。这种制度安排使整个社会救助制度体系避免了海量的行政管理负担，使得社会救助管理更加容易和成本更低，尽管它同时也导致了"福利集中"的问题。

（二）其他各项社会救助制度的成就

作为综合性的社会救助体系，中国的社会救助在其他各个方面也发挥着重要的作用，做出了显著的成就。

1. 特困人员供养制度的成就

特困人员供养制度（五保制度）是现行社会救助制度体系中历史最为悠久的制度项目，在其长期的历史中取得了相当大的成就，并且在不同的阶段中有不同的成就。概括起来看，特困人员供养制度在其整个发展过程中向最困难的群体提供了很强的福利待遇，使其生活水平维持在当地平均水平。五保对象之所以被称为最为困难，一是因为他们都在农村，而农村的平均经济条件要低于城市；二是因为他们都没有劳动能力，而不是缺乏工作动机和就业机会，因此给他们提供较好的福利待遇没有伦理困境；三是因为他们没有家庭可依赖，或者他们的家庭成员也同样处于困境之中。由于这些特点，这部分人不仅在事实上处于最为困难的境况中，并且从道德上也普遍被认为是最应该救助的人，因为他们的困难绝不会是因为他们自己的意愿或行为所导致。因此，政府向他们提供较高水平的救助不仅可以实现政府救助最困难群体的公共任务，而且还可以更好地体现保护人权和维护公平的价值目标，并因此而获得来自公众的赞扬和支持。然而，这种制度安排在近年来发生了改变。首先，许多地方政府并没有严格按照中央政府文件的要求给五保对象提供不低于当地平均生活水平的救助待遇。然后在2015年国务院新发布的文件中也由过去"不低于当地平均生活水平"的要求改为了"保障基本生活"①。

迄今为止，特困人员供养仍然基本上只是在农村中获得了成功，并且特困人员在农村总人口中也只占很小的比例，不到1%。在他们之中超过2/3的人是分散供养，不到1/3的人集中供养。并且，特困人员供养的财政支出在整个公共财政支出中也只占很小的比例。

多年来民政部和各地民政部门一直探索合理的体制机制，以便使特困人员供养制度能够更好地满足特困人员的需要，并且与经济与社会发展及公共管理体制相适应。在2006年，为了适应当时经济与社会发展情况的变化，政府将五保供养从过去的集体福利改为了公共福利制度，并承担起了财政责任，以维持其运行。当前，五保供养是一项多方负责的制度。一方面，五保供养制度的决策和财政责任由中央政府与地方政府共同负责；另一方面，在基层运行中，向五保对象提供服务的责任也是由政府与村委会共同负责。地方政府有责任为五保供养制定相关政策和制度规范，并提供相应的资金保障，基层村民自治组织有责任向供养对象提

---

① 《国务院关于进一步健全特困人员救助供养制度的意见》，2016年2月17日，中央人民政府网站（http：//www.gov.cn/zhengce/content/2016-02/17/content_5042525.htm）。

供必要的服务，并且同时鼓励其他社会组织及邻里、亲友等也向供养对象提供帮助，尤其是向分散供养的五保对象提供服务，以进一步改善其生活质量，并节省公共资金。

2. 医疗救助的成就

医疗救助在提高健康水平方面发挥了积极的作用。一是医疗救助帮助困难家庭参加城镇居民基本医疗保险或新型农村合作医疗，为困难家庭的医疗保障奠定了重要的基础。二是困难家庭成员在发生较大额的住院或大病门诊医疗费用后，在医疗保险或新农合报销之后的自费部分，扣除不可报销的部分后，仍然可以按一定比例给予报销，进而进一步缓解困难家庭医疗困难。调查中发现，许多享受医疗救助的家庭对医疗救助项目对他们的帮助非常感谢。但是，医疗救助也有其不足。第一，仍是救助范围偏窄的问题，目前仍只有低保对象、特困供养人员等纳入社会救助对象的人可以享受。不少地方正式界定的边缘户（低收入户）可以以更低的比例享受报销，或者将其家庭中的部分困难成员（老人、儿童、残疾人等）纳入享受的范围，而其他人则享受不了。第二，医疗救助在医疗费报销上仍然留有一定的自费比例，困难家庭个人仍要负担一部分。这对于那些得了重大疾病，需要发生高额医疗费，尤其是需要报销目录以外的药品的病人，则是一个很大的困难。因此在多项调查中有发现相当一部分困难家庭成员呼吁进一步提高医疗救助的报销比例。但是，面临昂贵的和费用弹性较大的医疗服务体系，医疗救助制度也需要有费用控制机制，靠医疗救助制度和政府资金负担困难家庭全部医疗费用也并非既合理又可行。对这一问题在现有体制下暂时还难以找到有效的解决办法。

总而言之，医疗服务是包括贫困者在内的全体民众最基本的需要之一。高昂的医疗费用常常是导致一个家庭陷入贫困或难以脱贫的主要原因之一。在中国20世纪90年代整个医疗体系商业化特点突出而公共服务特点不足的情况下，医疗救助尤为重要，在目前这种情况仍未有根本性的好转。在其十多年的历史中，医疗救助制度帮助大量的贫困家庭解决了看病难的问题。目前，医疗救助制度每年向几千万人提供医疗方面的补贴，保障了贫困者的基本医疗服务，改善了他们的健康条件，并有助于缓解他们的贫困，因此对整个反贫困行动做出了很大的贡献。此外，政府每年还向几百万优抚对象提供医疗补助，帮助他们解决就医难的问题。

医疗救助制度的另外一项成就是其建立了一套与城市医疗保险和农村新农合相衔接的救助方法。为了更加有效地帮助贫困者获得医疗服务，并提高医疗救助的运行效率，医疗救助不是仅靠自身去向贫困者提供医疗保障资金，而是通过与医疗保险和新农合的合作来完成这一任务。如果贫困者所有的医疗费用都由医疗救助制度来承担，它将很难做好医疗费用控制的工作。因此，医疗救助先是帮助贫困者参加医疗保险和新农合，然后只是对医疗保险报销后的自费部分再提供部分报销，这样就可以通过医疗保险和新农合制度去实施医疗费用控制，因而可以获得更高的运行效率和社会效益。

3. 教育救助的成就

多年来，教育救助在帮助获得受教育机会方面发挥了重要的作用。教育救助是针对困难家庭学生受教育的需要而提供的社会救助项目，一般也是以现金救助的方式。教育救助目前项目很多，分别有从生源地和学校不同的渠道；有政府的、学校的、金融机构的和社会捐助的等各类救助项目；有针对各级各类不同学校在校生的救助，以及以不同方式提供的救助，如奖学金、助学金、助学贷款、学费减免、勤工助学、生活补贴、交通补贴等。根据

《2016年全国学生资助发展报告》,① 2016年，全国资助学前教育（幼儿）、义务教育、中职学校、普通高中和普通高校学生9126.14万人次（不包括义务教育免除学杂费和免费教科书、营养膳食补助），累计资助金额1688.76亿元，其中政府财政资金共1109.18亿元（不含免费教科书和营养膳食补助），占当年资助总额的比例为65.68%。这些受资助的学生并非都是困难家庭的学生，但是在学生资助项目投入资金占很大比例的各类助学金、励志奖学金、营养午餐等项目主要针对困难家庭学生，其他一些普惠性的资助（义务教育免学杂费和书费等）中贫困家庭学生受益效果也更大。这些数据说明，在全国范围中教育救助的力度已经较大了。调查中发现，许多困难家庭孩子受教育都获得了一定的教育救助，但同时也发现有不少困难家庭仍然面临着教育费用负担困难的问题。其原因一是他们所获得的教育救助力度不够。二是有些家庭难以获得非义务教育阶段的教育救助。贫困家庭，尤其是边远农村中的贫困家庭在信息获得方面很弱，他们往往不知道从哪里申请，以及如何申请教育救助。三是一些地方政府因为管理方面存在困难，对推动生源地助学贷款不太积极，也在一定程度上影响了困难家庭获得非义务教育阶段的教育救助。鉴于以上情况，一方面需要通过改革而优化教育资助制度，另一方面也需要通过社会工作的介入为困难家庭提供更好的服务，帮助他们更好地申请和获得教育资助。

总体上看，中国的教育救助有几个明显的特点。首先，教育救助政策体系涵盖学前教育至研究生教育阶段，实现了教育阶段

---

① 教育部：《2016年全国学生资助发展报告》，2017年2月28日，教育部网站（http://www.moe.edu.cn/jyb_xwfb/xw_fbh/moe_2069/xwfbh_2017n/xwfb_170228/170228_sfcl/201702/t20170228_297543.html）。

的全覆盖,并从制度上保障了"不让任何一个学生因家庭经济困难而失学"。其次,教育救助政策体系涵盖不同项目和目标受益群体,形成了资金来源渠道广泛、多种资助运行机制有机结合的"多元混合"资助模式。中国的公共教育体系呈现出部分普惠型福利特征,其中大部分教育费用为公共财政支出,因此,困难群体只需支付少量费用,用于剩下的教育支出。虽然教育救助只占总公共教育支出的一小部分,但对于贫困家庭的孩子来说,至关重要,有助于帮助他们获得基本义务教育。换句话说,对贫困群体来说,只有通过教育救助,他们才能从公共教育中获益。实际上,近十年来在贫困地区普及九年义务教育的过程中,教育救助为帮助贫困家庭的孩子实现接受高等教育的梦想做出了巨大的贡献。

教育救助制度促进和扶持了困难群体的教育事业,它不仅促进了教育公平,而且提升了困难群体的人力资本,为国家整体人力资本提升做出了巨大的贡献,从教育部 2015 年的评估报告来看,教育救助是学生资助制度的主要组成部分。从调查结果来看,被访者对国家资助政策的总体满意度较高,接近 90%。其中学校对国家资助政策的满意度最高,超过 95%;学生对国家资助政策的满意度较高,接近 91%;家长对国家资助政策的满意度稍微低些,也达到约 83%。[①]

4. 住房救助的成就

住房救助在改善住房困难方面发挥了积极的作用。住房救助的具体方式在城市中是通过对符合条件的住房困难户配租公共租赁住房、发放低收入住房困难家庭租赁补贴,在农村是通过对困

[①] 教育部:《〈国家中长期教育改革和发展规划纲要(2010—2020 年)〉中期评估——学生资助中期评估报告》,2015 年 12 月 19 日,教育部网站(http://www.moe.gov.cn/jyb_xwfb/xw_fbh/moe_2069/xwfbh_2015n/xwfb_151209/151209_sfcl/201512/t20151209_223925.html)。

难家庭提供危房改造补贴等方式实施住房救助。

2016年，各级财政直接用于住房救助的公共支出总额为593.34亿元，其中廉租住房支出84.82亿元，农村危房改造支出445.79亿元，保障性住房租金补贴支出62.82亿元。[①] 目前尚缺乏有关住房救助对象的确切官方数据，但基本可以认为住房救助为低收入群体在住房方面做了托底性制度安排，防止其无家可归，切实保障了特殊困难群众获得能够满足其家庭生活需要的基本住房。

5. 就业救助的成就

就业救助是社会救助体系中十分重要的一部分，在整个反贫困战略中发挥着重要的作用。毫无疑问，对于城市就业困难的贫困群体来说，他们可以从就业救助中得到帮助，但是有关实际受助人数和就业救助支出方面尚缺乏相关的统计数据。社会救助的实际效果到底如何，很难从官方数据中评估出来。根据2015年度人力资源和社会保障事业发展统计显示：2015年就业困难人员就业人数173万人，全年全国共帮助5.7万户零就业家庭实现每户至少1人就业。[②]

就业救助对城市贫困者确实起到了积极的帮助，通过职业培训、介绍就业和直接提供公共服务就业岗位等方式解决一些困难家庭就业难的问题。但迄今为止的帮助还没有达到非常理想的状况。城市困难家庭有劳动能力的人对就业救助有较大的需求，包括通用技能培训、专门技术培训、提供就业信息、直接提供就业

[①] 财政部：《2016年全国一般公共预算支出决算表》，2017年7月13日，财政部网站（http://yss.mof.gov.cn/2016js/201707/t20170713_2648981.html）。

[②] 人社部：《2015年度人力资源和社会保障事业发展统计公报》，2016年5月30日，人社部网站（http://www.mohrss.gov.cn/SYrlzyhshbzb/dongtaixinwen/buneiyaowen/201605/t20160530_240967.html）。

岗位、消除歧视、扶持自我创业，以及"帮忙沟通关系"等方面都有不同程度的需求。但是就业救助的覆盖面还很窄。原因一是因为就业救助提供的力度不够大，二是就业救助对许多低保困难家庭的需要不对路，三是就业救助没有与动机激励结合起来。

6. 受灾人员救助制度的主要成就

作为一个自然灾害频发的国家，建立受灾人员救助制度是十分必要的。它有利于帮助社会成员减少因灾而遭受的重大损失，保障受灾人员的基本生活。据官方统计，2016年全国各类自然灾害共造成1.9亿人次不同程度受灾，因灾死亡失踪1706人，紧急转移安置910.1万人次；农作物受灾面积26220.7千公顷，其中绝收面积2902.2千公顷；倒塌房屋52.1万间，损坏房屋334.0万间；因灾直接经济损失5032.9亿元。国家减灾委、民政部共启动国家救灾应急响应22次，向各受灾省份累计下拨中央自然灾害生活补助资金79.1亿元（含中央冬春救灾资金57.1亿元），紧急调拨4.1万顶救灾帐篷、15万床棉被、1.6万件棉大衣、2.5万个睡袋、2.3万张折叠床等生活类救灾物资。[①] 从上述数据可以看出，受灾人员救助制度发挥了重要作用。它不仅通过设立预防性物资储备制度和紧急救助减少了受灾群众的生命和财产损害，而且通过组织对灾后居民住房的修缮和重建补偿了受灾群众的损失。

7. 法律救助的主要成就

20多年的发展过程中，法律救助为经济困难群体的法律诉讼提供了较大帮助，特别是近几年，法律救助的服务范围和救助资金支出不断增加。这两类法律救助项目的成就可概括如下：首先，虽然法律救助没有纳入《社会救助暂行办法》中，但是，有关法

[①] 民政部：《2016年社会服务发展统计公报》，2017年8月4日，民政部网站（http://www.mca.gov.cn/article/sj/tjgb/201708/20170800005382.shtml）。

律救助的法律和行政法规并不比其他社会救助政策少，法律救助的法律法规建设取得了很大成就，已经形成了相对完善的法律救助体系。其次，通过立法和行政监督，法律援助和国家司法救助在为贫困群体提供法律服务方面发挥着重要作用。此外，全国法律援助机构还积极帮助农民工讨薪。2017年，全国办理农民工法律援助案44万余件，受援人达49万余人次，为农民工讨薪83亿余元，有力维护了农民工合法权益。①

特别是随着覆盖面及服务范围的不断拓展，法律援助和国家司法救助为保障贫困群体的社会经济权益、增进社会福祉做出了巨大贡献。

据统计，2015年全年为贫困当事人减免诉讼费2.6亿元。据另一个报告文件显示：2014年中央和地方各级财政共安排救助资金24.7亿元用于国家司法救助，共计救助了80042名当事人；2015年，用于国家司法救助的救助资金超过30亿元，使得更多的法律当事人有机会得到国家司法救助。②2015年，全国法律援助机构共办理法律援助案件132万件。③司法救助和法律援助为更好地维护困难群众的合法权益、增进社会福祉、促进社会法律和司法公正做出了积极贡献。

8. 临时救助制度的主要成就

2016年临时救助累计救助850.7万人次，支出救助资金87.7

---

① 蔡长春：《法律援助让农民工感受法治阳光》，2018年2月2日，中国法律援助网（http://www.chinalegalaid.gov.cn/China_legalaid/content/2018-02/02/content_7466676.htm?node=40875）。

② 李阳：《2015年国家安排近30亿元用于司法救助》，《人民法院报》2015年12月8日第1版。

③ 法律援助工作司：《吴爱英司法部部长：将法律援助拓展至低收入群体》，2016年3月18日，司法部网站（http://www.moj.gov.cn/flyzs/content/2016-03/18/content_6530276.htm?node=7674）。

亿元，平均救助水平1031.3元/人次，其中：救助非本地户籍对象24.4万人次。此外，2016年，全国有各类救助管理机构1736个，床位10.2万张，全年救助生活无着流浪乞讨人员328.3万人次（在站救助283.5万人次，站外救助44.7万人次）。①

迄今为止临时救助属于社会救助体系中规模较小的救助项目，但在社会救助体系中处于快速发展的领域。更重要的是，临时救助制度的建立和发展，在完善社会救助体系，发挥救急难功能方面取得了巨大成就。临时救助能够帮助各类家庭和个人应对各种突发性严重困难，维持其日常生活，满足其常规性的基本需要，在整个"社会安全网"建设中发挥着极其重要的作用。

三 当前中国社会救助制度存在的问题及未来发展建议

中国社会救助在20多年的发展中已经取得了巨大的成就，但在新的社会经济环境中，中国的社会救助又面临着一些新的挑战，需要在进一步的发展中不断改革和完善。

（一）当前中国社会救助制度面临的新挑战和新问题

中国社会救助是在20世纪90年代市场化改革的背景中发展起来的。20年后的今天，社会经济环境再次发生了改变，因此，社会救助体系理应随之不断调整和改革。

1. 当前社会救助面临的挑战

（1）近年来经济"新常态"与转变经济发展方式对社会救助的影响

---

① 民政部：《2016年社会服务发展统计公报》，2016年8月4日，民政部网站（http：//www.mca.gov.cn/article/sj/tjgb/201708/20170800005382.shtml）。

经过40年的高速经济增长，中国正处在从传统经济发展模式向新的经济发展模式转变的新一轮经济转型之中。这种新的经济转型最终将会对社会政策及社会救助产生重大影响。中国目前正在面临经济"新常态"。一方面，在经济"新常态"期间，由于经济增长速度较慢，使得政府公共预算不再像过去增长得那么快速；另一方面，失业率的升高会使社会救助面临一些新的挑战。

（2）当前中国老龄化进程及其对社会救助的影响

当前，中国已经进入人口老龄化的快速增长阶段。2015年，65岁及以上老年人已经占总人口的10%以上，并且在接下来的20年里，老龄化发展趋势将加快。老龄化将会对社会、经济包括社会政策领域产生非常严峻的挑战。就社会救助而言，未来有较高比例的老年人没有被养老金计划所覆盖或获得的养老金水平太低，将对社会救助形成很大的压力。尽管近年来，社会保险体系一直在扩大，但仍然有许多人，尤其是流动人口，没有参加城镇职工基本养老保险。而且对于许多农村人口、城镇非正规就业劳动者和非就业居民，由于他们的缴费年限短，缴费率低，他们领取的待遇也会比较低。当他们进入老年阶段，即使能够领取退休金，他们中的许多人仍然有可能成为低收入群体，不得不依赖社会救助去解决他们的经济困难。将这些所有的影响因素汇总，可以看出在老龄化进程中，社会救助将面临严峻的挑战。

（3）中国快速城镇化和城乡人口流动对社会救助的挑战

在过去的40年中，城市人口比例不断增长，由20世纪70年代不足总人口的20%增加到接近总人口的60%。在这种情况下，社会救助面临的一个直接的挑战就是如何将流动人口即城市中的非户籍人口纳入社会救助体系，当他们中的一些人陷入经济困难和需要政府帮助时为他们提供必要的社会救助。更广泛的说，城市和城市人口的不断扩张可能会导致更多的利益冲突，使人们对贫困群体、社会救助政策和其他相关公共政策的态度复杂多变，从而给社会救助带来新的挑战。

（4）当前在社会福利层面存在的争议及社会政策的发展方向

过去10多年里社会支出水平不断提高，但与发达国家的平均福利水平相比，中国的总体福利水平仍然低很多。在这一情境下，学者们与政策制定者中，"构建福利社会"与"警惕高福利陷阱"两大对立观点激烈抗辩。这些关于社会政策的争议可能会对政府的社会政策选择、未来社会救助的发展产生某些深远的影响。

2. 当前社会救助体系存在的问题

（1）社会救助总体水平偏低

一是低保标准偏低，待遇水平不足。目前中国城市低保标准略高于世界银行提出的每人每天1.93元的国际贫困线，而农村的低保标准则比国际贫困线低很多。即使按照较高的"购买力平价"计算，农村低保的平均标准也只是基本达到世界银行的最低标准。但如果要分省来看，仍有部分省份的低保标准偏低。也就是说，即使按照世界银行针对发展中国家的最低贫困标准，中国的低保标准在总体上及格，但部分省份仍然是不及格的。从相对标准看，目前城市和农村的平均低保标准分别只占当年全国城市居民和农村居民收入中位数的20%和30%左右，明显低于发达国家一般采用居民收入中位数的50%或60%作为贫困线标准。[①] 与发达国家相比，中国人均低保标准仍然比较低。

二是覆盖面小。低保标准偏低的一个结果就是受助者覆盖面窄。目前全国低保对象已经降到5000万人左右，不足全国人口的5%。其中城市低保对象已不足城市人口的2%。

---

① 关信平：《我国低保标准的意义及当前低保标准存在的问题分析》，《江苏社会科学》2016年第3期。

三是低保救助水平不足。较低的低保救助标准使得受助者实际受益水平不高,其反贫困行动的效果较低。由于救助水平低,许多贫困群体即使获得低保救助仍然处在困难之中。社会救助水平不足不仅反映在低保户收入增长方面,而且许多关于困难群体的实际生活状况以及困难群体对于低保救助的主观意愿的实地调研报告也显示:低保救助仍然不足以维持困难群体的基本生活。[①]

四是社会救助支出水平较低。中国财政部门和统计部门都没有公布在社会救助方面公共支出的总体数据,目前研究者估算全部社会救助支出总额占GDP的比例不会高于1/100,远低于发展中国家安全网建设1.6%的平均支出。即使在低收入国家,2008—2012年的平均比率也达到GDP的1.1%;[②] 与发达国家相比,差距更大。例如,2012年OECD国家的社会支出中关于"对工作群体的收入支持"(the "income support to the working age")的平均支出比例约占GDP的4.4%。[③]

总括而言,第一,最低生活保障线的平均水平已基本达到国际贫困标准,然而在某些省份,农村最低生活保障线仍旧低于国际标准。第二,用社会公共支出占GDP比重来衡量,即使与低收入国家相比,中国在社会救助上的公共支出也是偏低的。第三,社会救助在向贫困人员提供现金补助并维持其基本生活上发挥着巨大的作用,但无法帮助穷人享有"常规的生活",很难实现"共享发展"。在覆盖率低、救助待遇水平不高这两大问题中,前者比后者的问题更严重,因为较低的救助待遇水平对低保对象所

[①] 民政部政研中心:《中国城乡困难家庭社会政策支持系统建设研究报告(2013)》,中国社会出版社2015年版。

[②] World Bank,"The State of Safety Net 2014",The World Bank Publication,2014,p.15.

[③] OECD,"OECD Social Expenditure Updated Nov 2014:Figure 4",Public social expenditure by broad social policy area, in percentage of GDP, in 2012 or latest year available, OECD Social database, http://www.oecd.org/els/soc/expenditure.htm.

造成的影响可以通过"福利集聚"效应来弥补,即他们可以从其他社会救助项目中得到补助,但是非低保户的贫困家庭却几乎什么也得不到。

(2) 受助资格认定中的问题

大多数社会救助项目的认定都是以"低保"为基础的,其他大部分社会救助只有低保户才有资格申请。这一特征引起了"福利集聚"效应,亦即所谓的"悬崖效应",使得社会救助的有效性与公平性受到了严重挑战。由于社会救助所救助的人数偏少,从而导致社会效益降低,引发新的社会不公平问题。许多低保对象获得社会救助之后,其实际生活明显好于低保"边缘群体",即那些人均收入仅比当地最低生活保障线稍高而无法申请低保的群体。

当前的认定机制同样存在一些问题。以家计调查为基础的社会救助项目需要某些机制来认定贫困人员是否符合救助条件。当前的问题在于,社会救助制度仅靠收入和财产去认定贫困家庭而无法应对"支出性贫困"问题。

(3) 社会救助制度的公平性和包容性方面的问题

依据一般性救助原则,社会救助是开放的,对所有贫困群体均一视同仁。但在实际操作中,管理体系的一些特点,使得社会救助的公平与包容性依旧存在问题。其一,几乎所有社会救助项目的福利水平尤其是低保项目,都是由地方人民政府确定待遇标准,因而在不同区域之间,待遇标准与福利水平颇为不同。其二,目前尚未将流动人口纳入地方社会救助体系当中。目前有 2 亿多人工作生活在非户籍所在地,但他们仍然被大多数社会救助排除在外。目前某些社会救助项目如一些城市的临时救助、住房救助已经扩展到流动人口,但在很多城市中,流动人口仍然被排除在大多数社会救助项目之外。因此,必须进一步进行体制改革,将流动人口纳入城市社会救助体系之中。

(4) 服务救助方式不足

大多数社会救助项目都有明显的现金给付特征,即向受助者提供现金救助。但贫困群体不仅仅需要改善"物质生活条件",而且对各种社会服务也有很大的需求,尤其是在他们的绝对经济状况有所改善之时,其在社会服务上的需求将会增加许多,而这些服务还没有被纳入社会救助项目的政策制定当中去。尽管市场中的商业服务可能比公共服务拥有更高的效率,但商业服务并不能完全替代公共服务,因为在贫困群体所需要的服务当中,有许多服务是不能按照盈利原则来提供的,尤其是向贫困群体提供增能服务以增加其就业和社会参与能力、增强就业动机和减少社会排斥等方面需要公共服务的方式来提供。

(5) "福利依赖"的问题及原因

福利依赖是一个世界性问题,但在中国的社会救助体系中,福利依赖问题有其特殊性。许多发达国家的福利依赖问题主要是由较高水平的救助标准所引起,与发达国家不同的是,中国社会救助体系中的福利依赖与其社会救助标准偏低并存。更具体地说,中国社会救助中的福利依赖主要是由社会救助制度安排以及整个社会保障体系中的一系列不合理的特征引起。第一,在医疗卫生、住房、非义务教育等方面普遍性福利供给水平低下,其结果是贫困群体只能通过获得"低保"资格来得到这些救助,这也正是困难群体希望被纳入并长期留在低保中的原因所在。他们依赖低保,主要不是为了每月领取救助金,而更多的是为了获得低保所捆绑的其他救助。第二,在某种程度上,低保资格与就业之间的制度性互斥导致了福利依赖。尽管根据相关规定,就业并非获得低保资格的排他性条件,但已就业者的确很难获得低保救助,因为最低生活保障线非常低,一旦一个人得到工作,那么家庭人均收入可能会高于当地最低生活保障线，结果便会失去申请低保的资格。在许多地方，将已就业者排除在低保救助之外是惯常的做法，对那些在正规就业部门工作的人而言尤为如此。这些制度性以及非制度性实践，令贫困群体处于申请低保或积极就业的两难困境之中。大多数贫困者即便找到工作，也无法获得较高收入，相比就业，他们更倾向于选择留在低保当中。因此，有必要对社会救助体系以及社会保障体系的宏观制度安排做一些调整，而不是继续保持低福利水平。

（6）基层管理体系中的问题

社会救助的政府管理体系存在着碎片化特征。同时，在基层社会救助行政体系中也存在非专业化特征，这导致社会救助体系在运转中出现了一些问题。第一，碎片化的管理体系会导致不同救助项目之间缺少协作，会导致出现重复救助或救助不足。从这个意义讲，社会救助管理体系碎片化至少是导致"福利集聚"的部分原因。第二，基层管理体系中的非专业性特征会导致一些漏洞，而当前加强管理的一些措施，如居委会对申请者进行资格审查及受救助者名单公示等，可能给社会救助项目的受助者打上"贫困烙印"。

（7）社会救助的协调问题

首先，社会救助作为整个社会保护体系中的一个重要领域，应该与其他项目达成相互配合和协调。当前的社会保护体系并非一次性"顶层设计"，而是多个子项目碎片化发展的结果。因此，在不同的救助项目的发展当中需要关注其制度间的协调性。社会救助制度应当同时强调发展性与制度协调性。第一，制度协调性应当以社会救助的发展为基础，并根据社会的总体发展，以及贫困群体的需要不断扩展。换言之，社会救助应当不断地延伸到新的未被满足需求的领域。不论是迄今为止尚未满足的需求，还是随着经济的发展与社会变迁所引发的新需求，社会救助都应当向这些新的未被满足的需求领域拓展。第二，社会救助的功能性与制度性拓展应当与其他社会保障体系相协调。关键的是要在社会保障体系发展的动态过程中，既避免重复救助，又避免安全网中的救助罅隙。比如在普惠性福利供给足够充裕，可以基本满足社会成员需求的领域中，如义务教育领域，社会救助可以适当提供补充性救助；而在其他普惠性福利供给较弱，且社会保险尚未覆盖的领域，则需要重点加强社会救助，并使其积极发挥作用。

与农村扶贫开发行动相协调是社会救助体系当前面临的另一个重要问题。社会救助与扶贫开发政策有效衔接问题是一个复杂过程。一直以来，它们是两种不同的反贫困手段，在救助方式以及管理体制上有很大的不同。区域扶贫开发政策于20世纪80年代建立，主要是通过中央和地方政府的财政投入支持贫困地区的经济发展。农村扶贫开发政策作为一个区域性发展计划，主要针对贫困地区而不是贫困家庭。与区域扶贫开发政策不同，社会救助政策主要是针对贫困家庭来提供救助，从而保障人们的基本生活，满足他们在医疗、教育、住房、就业等方面的基本需要。鉴于过去一些年的扶贫开发政策在缓解贫困方面并不十分成功，近几年政府扶贫开发战略从促进区域经济发展转向实现"精准扶贫"，政策更多地倾向于瞄准贫困家庭，使得社会救助和"精准扶贫"这两大反贫困体系出现了一些政策交叉和重叠问题。此外，目前地方扶贫办正在为"精准扶贫"受助对象建档立卡，以此作为向他们提供救助的依据，这与现行的社会救助项目运作方式大致相同。根据中央的要求，低保制度应发挥兜底性作用，更好地帮助那些无法在其他救助项目得到救助的贫困群体。因此，如何使得社会救助体系与"精准扶贫"有效衔接是当前面临的一个重大问题。具体来讲，社会救助和精准扶贫的主要任务包括：如何划分两个救助体系的行动目标，区分目标救助群体和行动效果，如何有效衔接或协调两种贫困标准，如何为不同程度的困难群体提供不同方式的救助，如何避免两个反贫困行动重复救助，等等。

（二）中国社会救助未来发展建议

经过 20 多年的发展，中国建立起了一个囊括多种救助项目的综合社会救助体系，为城镇贫困群体的基本生活、医疗救助、儿童教育、住房、就业等提供了较大帮助，也为陷入特殊困难的社会成员，如"三无对象"、"流浪乞讨人员"、受灾人员、各类临时性困难的群体提供了各种救助，保证他们的基本生活。为了完善这些救助项目，中国颁布了《社会救助暂行办法》以及一些政府指导文件，以制度化的方式确立了社会救助体系。此外，目前社会救助支出已被纳入各级政府常规财政预算。同时，中国已建立了一套管理体系，以维持社会救助制度的正常运行。社会救助在 20 多年的发展中，在社会保护体系的有效运行、增进贫困群体的社会福利、保障经济改革、实现社会稳定方面做出了突出贡献。

但中国社会救助仍然面临一些问题，包括社会救助水平不足，行政管理体系缺乏专业性，等等。尤其是在新的人口、经济和社会条件下，社会救助正在面临一些新的挑战。为了更好地应对这些挑战，保证社会救助制度的可持续发展，需要采取一些新的改革措施，以不断完善社会救助体系，使其为社会保护做出更大的贡献。

1. 提升社会救助的目标

面向未来发展的要求：社会救助的总体目标应该从消除绝对贫困转向减少相对贫困；从维持贫困者的最低生活转向促进社会平等，建立一个更加公平的社会；从保障基本生活转向不断提升人力资本，提高贫困群体的能力建设；从保障贫困群体基本生活转向激励贫困群体，增加贫困群体的活力。

2. 建立更加积极的社会救助体系

所谓更加积极的社会救助体系，一是指要更加强调社会救助在社会保障体系中的作用，实现社会救助与就业协调发展，采取预防性的反贫困行动，使社会救助对经济社会的发展做出更大的贡献。二是指社会救助能够发挥更加积极的作用，不仅要为贫困者提供经济保障，而且要能够帮助贫困者摆脱贫困。为此，应该更加强调贫困者的能力提升和动机激励等方面的服务。

3. 提高社会救助水平

为了实现提升社会救助目标的要求，社会救助的水平应该有进一步的提高，包括提高最低生活保障标准和救助金待遇，扩大覆盖面，增加公共财政支出。确定社会救助水平的基本原则应当从"最低原则"转变为"充足性原则"，以保证社会救助制度能够更好地发挥反贫困、缩小收入差距和增进社会公平的作用。

4. 进一步完善社会救助的项目体系

面向未来保障和改善民生的需要，应该进一步扩大社会救助的供给范围，一方面要将所有有需要的人都纳入社会救助的覆盖范围中，尤其是要尽快解决流动人口享有社会救助权利的问题；另一方面要发展新的社会救助，满足贫困群体新的发展需求，如为贫困的老年人提供长期照护等。

5. 鼓励更多的社会力量参与社会救助

一方面，鼓励更多的社会力量如社区、社会组织、各类企事业单位等社会行动者参与社会救助，为社会救助提供更多的资金和志愿服务；另一方面，在社会共同参与的基础上，通过一些法律和行政管理体系，创建一个良性的社会参与机制，将各种社会力量、资源和救助项目有序整合到一个综合的制度体系中，以便更好地发挥作用。

6. 积极推动社会工作参与社会救助

为了提高反贫困效果，应当鼓励专业社会工作者的参与，一方面，专业社会工作服务有利于提升贫困群体的生活质量，改善精神健康，促进社会融入；另一方面，社会工作的介入有利于更好地实现社会救助管理目标。

7. 进一步优化社会救助的管理体系

社会救助管理体系应当从碎片化走向一体化的发展模式，通过建立综合管理体制来完善社会救助的基层管理体系，使其从非专业化管理转向高度专业化管理。消除家计调查过程中对贫困者产生的贫困烙印，从对贫困群体的严格控制转向更加人性化的管理，使得贫困群体不仅可以获得经济保障，而且能获得有效的社会保护和心理满足。

网络化时代的结构变迁与
社会治理创新

刘少杰　宋辰婷[*]

互联网的兴起与发展深刻改变了中国社会结构的基本格局。这不仅表现在缺场交往快速扩展、传递经验地位提升和社会认同力量开始彰显等社会内在结构层面的变化，也表现在互联网经济兴起与发展推动的经济结构转型、网络权力建构带来的社会政治结构转变、互联网文化创造与传播引发的文化结构变迁等社会结构外显的重大变迁。网络化时代带来的社会结构变迁使得社会治理创新成为必然。在观念和实践上实现网格化管理向网络化治理的双重转向，有利于解决社会治理边缘化、社会脱域等现实困境，开创网络化时代的社会治理新局面。

根据第41次《中国互联网络发展状况统计报告》显示，截至2017年12月，中国网民规模达7.72亿人，互联网普及率达到55.8%，超过全球平均水平（51.7%）4.1个百分点。[①]互联网对个人生活方式的影响进一步深化，从基于信息获取和沟通、娱乐

---

[*] 刘少杰，中国人民大学社会学理论与方法研究中心教授；宋辰婷，北京工业大学社会学系讲师。

[①] 中国互联网络信息中心：第41次《中国互联网络发展状况统计报告》，2018年1月31日，中央网信办网（http://www.cac.gov.cn/2018-01/31/c_1122347026.htm）。

需求的个性化应用，发展到与医疗、教育、金融、商贸、交通等公用服务深度融合的民生服务；同时，伴随着"互联网+"行动计划的出台，互联网带动传统产业的变革和创新，进一步推动政企发展多元化、移动化。网络化的快速发展引发了社会不同层面广泛而深刻的变迁。

作为网民数量世界第一的互联网大国，中国的网络社会正在迅速崛起。互联网在经济、政治、文化、社会等领域发挥着越来越重要的作用，新的网络现象也如雨后春笋般地出现。在具有前瞻性的社会学研究者那里，网络社会已经被看作一个区别于工业社会的崭新社会形态，即人类社会正在发生一场如工业社会产生时那样深刻的社会结构转型。

一 网络化时代社会结构的深刻变迁

社会生活网络化，已经引起了中国社会广泛而深刻的结构变迁。网民队伍快速扩大，网络交往活动日益活跃，以及近些年发生的一系列重大网络事件，都说明了缺场交往已经迅速扩展，传递经验的地位大幅提升，社会认同的力量得到了明确彰显。这些是网络化引起的最重要的社会结构变迁。

（一）缺场交往的快速扩展

尽管还有很多人对网络化时代来临的意义并不很清楚，但大部分社会成员已凭借各种不断提升的网络技术快速扩展了自己的交往空间。人们利用网络技术开展的交往行为，是一种同传统的面对面的在场交往不同的、隐匿了身体存在的缺场交往。虽然身体不在场的交往在传统社会也存在，但利用网络技术进行的缺场交往，它依靠功能强大的网络技术，成为一种充满活力的具有广泛普遍性的缺场交往方式。尽管它曾一度被称为虚拟交往的缺场交往或网络交往，但现在人们越来越清楚地认识到，缺场的网络交往不仅不是虚拟交往，相反却是反应敏感、传播快捷、功能强大的真实交往。

《世界互联网发展报告 2017》对全球各国互联网发展指数进行了排名，美国、中国、韩国、日本、英国位居前五位，中国成为仅次于美国的第二大互联网发展大国。第 41 次《中国互联网络发展状况统计报告》显示，截至 2017 年 12 月底，中国已有半数以上人口成为网民。[①] 又据《2016 年中国社交应用用户行为研究报告》可知，以微信、QQ 为主要代表的即时通信工具的使用率在 90% 左右。[②] 网民队伍的快速扩大和网络交往活动空前活跃，充分体现了互联网的缺场交往快速拓展的趋势。

缺场交往不仅超越了村庄、城镇等物理空间的边界，也在一定程度上超越了社会空间的限制。"社会空间"是近年学术界使用频率较高的一个名词，通常指在特定场域中的由人口、群体、制度、资源、权力和文化等因素构成的社会环境。实际上，这种对社会空间概念的理解同社会结构概念并没有本质区别，但其突出了社会环境的实存性、边界性和间隔性。在场交往一定是发生在特定物理空间和社会空间之中的，因此必然受到个别场域中的各种物理因素和社会因素的制约，特别是受到在个别场域中具有硬性规定作用的制度、资源和权力的制约。而在网络时代，网民们可以在广阔的网络空间中展开信息沟通、事实陈述和价值评价。这虽然不能完全排除局部环境的空间限制，但具有较强局部性或

[①] 中国互联网络信息中心：第 41 次《中国互联网络发展状况统计报告》，2018 年 1 月 31 日，中央网信办网（http://www.cac.gov.cn/2018-01/31/c_1122347026.htm）。

[②] 中国互联网络信息中心：《2016 年中国社交应用用户行为研究报告》，2017 年 12 月 27 日，中国互联网络信息中心网（http://www.cnnic.com.cn/hlwfzyj/hlwxzbg/sqbg/201712/t20171227_70118.htm）。

特殊性的风俗习惯、群体规则、资源局限和部门权力等因素的作用却在很大程度上被淡化了。

空间界限的突破必然引起空间状态的变化。在传统物理学和哲学观念中，物理空间可以呈现相对静止状态，但在以传递信息为其基本内容的网络社会中，空间却一定始终处于流动状态。因此，卡斯特说："我们的社会是环绕着流动而建构起来的：资本流动，信息流动，技术流动，组织性互动的流动，影响、声音和象征的流动。"① 于是，网络社会呈现的空间是流动着的空间，从传统社会的眼光看去，是一种令人眩晕的快速变化的过程。因此，流动空间要求人们突破面对相对静止状态而形成的各种认知观念和评价原则，以崭新的视野去认识不断流动的空间。

流动的空间还不仅仅是一种空间状态的变化，更重要的是流动已经成为社会空间中的一种支配力量。在过去漫长的政治史中，无论何种社会形态的权力掌握者，都是以稳定的机构和稳定的手段去维持社会的稳定的。只要政府、军队、监狱、警察这些国家机器能够被稳定地控制，社会秩序就能被稳定下来。然而，这种情况在今天发生了权力掌握者难以理解的变化。卡斯特称之为"流动的权力优先于权力的流动"②，即流动本身就是强大的权力，传统社会相对静止的权力机构在其面前已经遭遇尖锐挑战。

事实上，虽然缺场交往隐匿身体并超越了社会空间，但其并非完全脱离在场事物而虚拟化，其实质不过是在场交往中已经包含的某些内容的复杂表现。但在场交往并不能把自己的心理活动全部表现于外，一定会受到在场环境的影响而隐匿某些心理过程，

---

① ［美］卡斯特：《网络社会的崛起》，曹荣湘译，社会科学文献出版社2006年版，第383页。

② 同上书，第434页。

由此而决定了在场交往的两面性。缺场交往则不然，它超越了实体环境的限制，并因此而使心理活动能够得到比较充分的表达，特别是在特定实体环境中不能随意表达的价值信念和批评言论，在此也能够比较自由地表达出来，由此显得同在场交往有很大区别。其实，那些在缺场交往中充分表现的价值信念和批评意见，在在场交往中就已经存在，只不过受在场条件限制而被暂时隐匿起来了。

尽管缺场交往表达的某些思想观念是在场交往中已经存在的，但这不意味着缺场交往是在场交往的简单表现。缺场交往，因其技术环境的特殊性而一定具有同在场交往不同的特点与功能。其中最突出的是缺场交往对在场交往的导引作用。在传统社会，以信息交流为基本内容的某些身体不在场的交往行为，如信函邮递和电话沟通等，也能起到引导个体甚至群体社会行动的作用，但是因为通信技术、交往规模和传递速度的限制，信息交流不仅在规模上而且在能量上，都难以达到由网络微博形成的便捷而活跃的效应，进而很难在较广的社会层面上产生缺场交往对在场交往的导引作用。

互联网等新媒体技术的广泛应用，迅速改变了在场交往和缺场交往之间的关系。借助互联网展开的缺场交往，不仅使社会生活增添了新形式，而且也直接影响了在场交往和在场社会的秩序。面对互联网等新媒体技术引起社会生活的变化，福山发现，在工业社会基础上形成的社会秩序正在趋向分裂，一种新的社会秩序将会诞生。他指出："正当西方社会的经济从工业化时代向信息化时代过渡之时，却出现了这样一些负面的社会趋势；这些趋势说明，西方社会中使人们团结在一起的那种社会联系和普遍价值观念正在变弱。""这些变化使20世纪中叶工业社会中盛行的社会价值观念形成了大分裂。"① 不过，福山对这种"创造性破坏"并不悲观，他相信人类理性可以重新构造新的社会秩序，"社会秩序一旦遭到破坏，就会再次得到重建，而且很多情况表明这种事情今天正在发生。我们可以期待发生这种事情，原因也很简单：从本性上说，人是社会的产物"②。所以，人类一定会使自己生存其中的社会保持一种相对稳定的秩序。

（二）传递经验的地位提升

吉登斯曾依据电视等电子媒体的迅速发展论述了"传递经验"（mediated experience）。③ 在吉登斯看来，在高度现代化时代，十分发达的信息技术和通信媒体，使信息流动空前加速，特别是各种影视技术，在人们面前展示了越来越丰富的影像画面，一个似乎可以独立于在场事物的象征系统或符号世界使人们产生了丰富的新体验。这不仅呈现了在场事物同象征符号的分离化趋势，而且更为重要的是使传递经验成为人类社会生活中一种基本经验。传递经验是通过信息沟通而形成的超越身体经历和在场事物的缺场经验，是人们通过信息沟通而相互影响和持续传导的动态经验。

在互联网和手机通信中形成的传递经验，比起吉登斯论述的依据电视等影像媒体所形成的传递经验，无论是在传递内容和传递形式上，还是在传递速度、传递广度和传递深度上，都已经发生了难以估量的扩展和提升。《2016年中国网民搜索行为调查报告》显示，截至 2016 年 12 月，中国综合搜索引擎用户规模达

---

① ［美］福山：《大分裂，人类社会本性与社会秩序的重建》，刘榜离等译，中国社会科学出版社 2002 年版，第 5 页。
② 同上书，第 6 页。
③ ［英］吉登斯：《现代性与自我认同》，赵旭东、方文译，生活·读书·新知三联书店，1998 年版，第 25—29 页。

6.02亿人,使用率为82.4%。[①] 从数据上可以看到,网络中的传递经验已经上升到信息时代中国人经验的主导形式。如果人们赞成吉登斯把依靠电视媒体技术形成的传递经验看作社会生活基本经验的观点,那么可以把当前通过网络正在迅速扩展的传递经验称为具有主导性的基本经验,因为通过互联网和手机通信形成的传递经验要比吉登斯所论述的传递经验已经扩大并强大了数倍。

把网络中的传递经验称为主导经验,是对同时存在的各种经验的结构关系做出的判断。以经验研究为基础的社会学对经验的结构关系重视不够,缺乏对经验结构的具体分析。事实上,任何时代的经验都是多元的,正如马克思所分析的那样,生产实践、科学实验和阶级斗争,是最基本的三大实践经验。如果进一步分析,还可以划分出审美经验、道德经验等。在传统社会,基本的经验是作用于客观存在的生产经验和科学经验,而这些经验的共同特点是在特定环境中经过人们的身体活动而形成的局部的在场经验。到了网络化时代,凭借现代网络技术快速扩展的传递经验,虽然不能完全脱离各种在场经验,但却获得了越来越大的相对独立性。尤为重要的是,传递经验在网络社会的崛起中成为社会经验结构中的重要构成,并且已经上升为可以引导甚至支配在场经验的主导经验。

犹如福柯等人论述的语词秩序独立化一样,传递经验在广阔的网络空间中获得了一种相对独立的扩散能力与传播途径。虽然从归根结底的意义上说,传递经验的根据存在于在场经验之中,但在网络传播的某段过程或某个环节,网民们依靠不断更新提升的网络技术,大量接受川流不息的动态信息,特别是一些具有强

[①] 中国互联网络信息中心:《2016年中国网民搜索行为调查报告》,2018年1月9日,中国互联网信息中心网(http://www.cnnic.com.cn/hlwfzyj/hlwxzbg/ssbg/201801/t20180109_70143.htm)。

烈刺激性的信息，可以激发一种含有集体兴奋的网络意识或网络情结，网民们可以在持续的信息传递和网络情结体验中积累并扩散传递经验。传递经验不仅可以在网络中传递扩展，而且网络中的传递经验还可以快速地影响在场经验，以无孔不入的信息流动把间隔于不同环境中的在场经验联系起来，使在场经验也具有了传递性。正如拉尔（J. V. Laer）和阿尔斯特（P. V. Aelst）所指出的："在政治和经济的权力已经逐步进入全球化水平，互联网已经开始把社会运动的展开与运行推向全球化层面。"[1]

网络交流促成在场经验大规模形成传递性的事实，是传递经验在当代人类社会上升为主导经验的有力证明。经验是人类实践活动的展开和记忆，不同环境中的不同实践一定会形成不同的经验累积，并为具有明显条件差异中的人类生活提供了相互区别甚至分隔的基础。虽然在工业社会乃至前工业社会人类经验也有传递性，但限于地理空间和社会空间的间隔，特别是限于社会制度的制约，不同环境中的人类经验在传递速度和传递幅度上都要受到层层阻隔。只有进入网络化时代，网络交流首先在人们的精神生活或心理结构中产生了无限丰富的共同体验和相似记忆，作为思想观念中的传递经验不可阻挡地要支配人们的实践行为，导致在场经验的传递。

传递经验上升为主导经验，其意义首先在于政治领域。2017年，中国在线政务服务用户规模达到4.85亿人，占总体网民的62.9%，[2] 中国政治领域的传递经验地位上升的速度明显加快。传递经验最重要的意义在于突破经验的间隔，而人类社会中最严重

---

[1] John A. Bargh and Katelyn Y. A. McKenna, "The Internet and Social Life", *Annual Review of Psychology*, Vol. 55, 2004, pp. 573 - 590.

[2] 中国互联网络信息中心：第41次《中国互联网络发展状况统计报告》，2018年1月31日，中央网信办网（http://www.cac.gov.cn/2018 - 01/31/c_1122347026.htm）。

的间隔是政治制度的间隔。政治制度的间隔作用具有强制性，是人们在实践行为中难以超越的限制，因此不同政治制度下的在场经验具有很大的差异性。而当信息沟通在网络传递中超越了政治制度的限制，并直接作用于人们的在场经验也发生传递性时，就意味着传递经验引发了吉登斯所论述的制度抽离化效应，证明了卡斯特所论述的"流动的权力优先于权力的流动"[1]的观点。于是，网络交流促进了传递经验的地位提升，从而强化了网络化发展对各种局部经验的联动或整合作用。

（三）社会认同的力量彰显

传递经验是接受、理解和评价信息的经验，其生成与扩展的根据在于社会认同。在网络社会学研究中，社会认同已经被赋予同传统社会学或心理学界定的社会认同不同的基本含义。卡斯特指出：在网络社会崛起的新形势下，认同已经有了同传统社会学所界定的认同截然不同的含义。"认同是人们意义与经验的来源。""认同必须区别于传统上社会学家所说的角色和角色设定。"[2] 传统社会学所说的角色认同是指个体的社会归属感，是社会成员对自身属于何种身份、何种阶层的接受，是被动的归属性心理过程。在卡斯特看来，网络社会的崛起唤醒了社会成员的自主、自立、自主选择的自我意识，人们已经不再仅仅被动地注意自己在社会生活中属于哪一个层面、处于何种位置，而是对社会的存在状况、资源配置和发展态势提出自己的评价与要求，这是一种主动的建构性认同。

主动的具有建构意义的社会认同，是在社会生活网络化过程

---

[1] ［美］卡斯特：《网络社会的崛起》，曹荣湘译，社会科学文献出版社2006年版，第434页。

[2] ［美］卡斯特：《认同的力量》，曹荣湘译，社会科学文献出版社2006年版，第5页。

中个体获得了比较明确的自主性和自觉性基础上形成的,并且,自主自觉的个体在网络交流和意义沟通中,能够更加清楚地认识相似个体的共同处境和共同利益,并进而对周围的事物达成共识、结成群体,于是,网络社会中的认同一定会从个体认同联结为群体认同或集体认同,即真正意义的社会认同。在这个意义上,卡斯特说:"我在这里的关注点首先是集体的认同,而不是个人的认同。"① 并且,卡斯特所指的集体认同不是政党、政府和领袖集团的认同,而是基层群众的社会共识。

来自基层群众的社会认同,虽然有爱憎分明的价值评价和明确具体的利益要求,但未必是经过周密逻辑思维而形成的理性认同,相反更多的是处于社会心理层面的感性认同。所谓感性认同是在人们的感觉、知觉和表象等感性认识过程中形成的认同,是其认同尚未达到概念化、理论化层面,而主要表现为具体的形象的感性认识。这里没有说来自基层社会的认同全部都是感性认同,而是就其主流或大部分构成而言。事实上,单纯的感性认识和单纯的理性认识都是不存在的,人们的认识过程一定是感性和理性的统一。强调基层群众社会认同的感性特点,是将其同专家系统、政府机构或某些社会管理系统经过充分论证而成的理性认同比较而言。

这种感性认同类似于迪尔凯姆笔下的集体表象。② 集体表象是在集体的活动中形成的感性认同,作为集体成员在交往互动中形

---

① [美]卡斯特:《认同的力量》,曹荣湘译,社会科学文献出版社2006年版,第6页。
② 迪尔凯姆所论集体表象是一种在集体活动中形成的具有生动性的感性认识。他说:"在所有能够产生这种强烈效果的事物中,首先应当属我们的反向状态所造成的表现。实际上,这种表现并不只是一种简单的现实图像,也不是事物映射给我们的死气沉沉的幻影。相反,它是搅起机体和生理现象之波澜的力量。"([法]迪尔凯姆:《社会分工论》,渠东译,生活·读书·新知三联书店2000年版,第24、59页)引文中的"表现"(representation),应当译为"表象"。"表象"是心理学和认识论中指谓感性认识的一种形式,即在感觉和知觉基础上对认识对象的形象性、回忆性再现,是一种具有一定程度反观性、概括性和能动性的感性认识。表象能对人们产生较大作用,根本原因在于它以形象意识直接同具体事物联系起来,进而对人们的行为产生明确的支配作用。

成的集体意识，它包含了集体成员共有的价值评价、利益追求和行动取向，集体表象"形成社会生活网络的表现产生于由此结合起来的个体之间的关系，或者是存在于个体和总体社会之间的中间群体的关系"[①]。并且，正是因为集体表象源于个体或集体的社会关系，而不是源于个体意识，所以集体表象对个体意识和个体行为具有外在的强制作用，并且因为是感性表象，可以得到集体成员具体而形象的理解，因而具有对集体行动的直接导引、激励作用，进而激发集体兴奋，实现集体成员的感性整合。

集体表象能够生成能量巨大的集体兴奋，因而基于集体表象构成的感性认同具有强大的整合功能，它不仅可以使人们在面对面交往的在场群体中实现团结，而且还可以作为宗教的现代形式在广阔的社会空间中掀起狂热的集体兴奋。而在网络交往中，这种集体兴奋不仅可以引发网络信息以排山倒海之势不可阻挡地快速宣泄，而且可以直接引起数以万计社会成员投入实际的集体行动之中，实现网络的缺场行为与特定区域中的在场行为的联动传递，爆发出在网络社会来临之前难以呈现的蝴蝶效应。

根据《2016年中国互联网新闻市场研究报告》，互联网社交媒体正在成为社会热点事件产生和发酵的传播源头，形成传播影响力后带动新闻网站、传统媒体跟进报道，最终形成更大范围的社会认同和认同影响力。2016年下半年内，曾经通过社交媒体获取过新闻资讯的用户比例高达90.7%，在微信、微博等社交媒体参与新闻评论的比例分别为62.8%和50.2%，通过朋友圈、微信公众号转发新闻的比例分别为43.2%、29.2%。[②]

[①] ［法］迪尔凯姆：《社会学与哲学》，渠东译，上海人民出版社2002年版，第24页。
[②] 中国互联网络信息中心：《2016年中国互联网新闻市场研究报告》，2017年1月11日，中国互联网信息中心网（http://www.cnnic.com.cn/hlwfzyj/hlwxzbg/mtbg/201701/t20170111_66401.htm）。

感性认同之所以能够形成强大的社会力量,其根据在于群众认识与群体实践共有的感性本质。虽然群众中蕴含着无尽的智慧,但群众的认识活动通常是在感性层面展开的。无论是马克思主义者论述的作为人民群众基本认识活动的社会心理,还是迪尔凯姆论述的集体表象、布迪厄论述的"具有前逻辑的实践感"、吉登斯论述的"只做不说"的实践意识,其实质都是由感觉、知觉和表象等感性形式构成的感性认识活动。群众的感性认识活动直接来源于人们的社会实践,而人们的社会实践则是"感性的人的活动"①,这不仅在于人们以自己的身体行动投入实践行为,作用于特定的实践对象,使实践具有了物质现实性和具体可感性,而且还在于人们的思想意识活动,只有转化为可以同具体环境和作用对象发生直接对应关系的感性认识时,才可以真实地支配人们的实践行动。

凭借网络传递的广泛性与迅捷性,网络化的社会权力不仅流动于群众的实践活动之中,而且可以传递到社会结构各种层面。在网络技术没有充分发展起来之前,经由基层群众表达出来的言谈权力,尽管对经济社会发展变迁也有某种程度的作用,但却是十分微弱的。在互联网的作用下,基层群众的言谈权力开始在网络中迅速汇集起来,不仅在不断流动的信息传递中整合成强大的横向的认同权力,而且还形成了从底层向中层乃至上层发生直接作用的纵向认同权力,处于社会上层的各种掌权者,也不得不对这些在传统社会可以忽略不计的社会权力刮目相待。

综上所述,交往是社会的展开形式,经验是社会的展开过程,权力是社会的支配力量,而当超越空间限制的缺场交往成为沟通

---

① [德]马克思:《关于费尔巴哈的提纲》,《马克思恩格斯文集》第1卷,人民出版社2009年版,第499页。

交流最活跃、影响层面最广阔的交往方式，传递经验成为可以横向连结且能引导在场经验的主导经验，来自广大社会成员的认同权力改变了社会权力结构之后，社会结构将会因这些基本因素的变化而发生更加深刻的变化，人类社会将形成一种崭新的社会形态。近两年国际和国内社会发生的一系列重大社会事件表明，网络化推进社会变迁已成为不可否认的广泛事实。这些变迁要求，在网络化背景下重新认识在场交往与缺场交往、实地经验与传递经验、实体权力和认同权力的相互关系，从内在的深层变化深入理解网络化引起社会变迁的复杂性。

二 网络化时代的经济、政治和文化的发展

网络社会作为一种新社会形态，其发展变化已经在经济、政治和文化等各种领域广泛展示。明确认识网络社会发展变化的新形势和新趋势，是进一步推进社会持续健康发展的前提。

（一）生机勃勃的互联网经济

20世纪90年代末，美国经济学家保罗·克鲁格曼（Paul Krugman）曾预言：互联网行业的增长速度将急剧放缓，到2005年左右，人们会清楚地发现这样一个事实——就对经济造成的影响而言，与百岁高龄的传真机相比，代表新生力量的互联网其实没什么可炫耀的资本。而今日互联网带动的全球经济飞速发展和深刻的经济结构变迁的事实，使克鲁格曼的悲观论不攻自破。

截至2017年12月，中国境内外互联网上市企业总数为102家，较上年增长12%。其中，在沪深A股、美国和香港上市企业的数量分别为46家、41家和15家。境内外互联网上市企业总体市值为8.97万亿元人民币，较2016年增长66.1%。其中腾讯、阿里巴巴和百度的市值分别为3.1万亿元、2.9万亿元和0.5万亿

元，三家企业的市值占总体上市企业市值的 73.9%。① 可见，在中国，信息技术革命已经产生推动经济结构变迁的效果，互联网经济已经成为中国经济的重要组成部分，乃至核心部分。

在学界，"互联网经济"（Internet Economics）的概念起源于 McKnight 和 Baley 在 1995 年出版的专著《互联网经济》（*Internet Economics*）。书中阐述了互联网经济具有边际效用递增、边际成本递减和聚集分散客户等特征；并指出互联网经济使得原有经济结构变迁最为明显的领域是金融领域，互联网在金融领域的摧毁和重构将使个体金融服务供需模式得到优化，使资金融通的时间、空间和数量边界得以扩展。②

中国网络经济发展的现实经验正验证了 McKnight 和 Baley 关于互联网金融和互联网经济的理论。当互联网融入中国商业生态系统之后，才开始了从第三产业向第一和第二产业等实体经济渗透的过程。从 2013 年开始，互联网金融开始在中国呈现井喷式发展。余额宝、百度百赚、理财通等对接货币基金的网络理财产品一出现就获得成功，规模迅速膨胀；阿里娱乐宝、支付宝钱包、微信钱包等移动金融服务模式，已经成为被大多数网民接受甚至习惯的日常支付模式；京东白条、蚂蚁花呗等则开启了互联网虚拟信用支付的序幕。随着以互联网金融为代表的经济活动领域的进一步扩大，传统产业与互联网经济之间才开始经历从碰撞、抵制、竞争到合作融合的发展过程，真正意义的互联网经济开始发展，互联网技术革命带来的经济结构变迁的大幕正式拉开。

中国互联网金融蓬勃发展，带来了互联网经济的日新月异的

---

① 中国互联网络信息中心：第 41 次《中国互联网络发展状况统计报告》，2018 年 1 月 31 日，中央网信办（http://www.cac.gov.cn/2018-01/31/c_1122347026.htm）。

② Lee W. McKnight and Joseph P. Bailey, *Internet Economics*, 1998, Cambridge: MIT Press.

变化。中国移动支付用户规模持续扩大，用户使用习惯进一步巩固，网民在线下消费使用手机网上支付比例由 2016 年年底的 50.3% 提升至 65.5%，线下支付加速向农村地区网民渗透，农村地区网民使用线下支付的比例已由 2016 年年底的 31.7% 提升至 47.1%；中国购买互联网理财产品的网民规模达到 1.29 亿人，同比增长 30.2%，货币基金在线理财规模保持高速增长，同时，P2P 行业政策密集出台与强监管举措推动着行业走向规范化发展。[①]

互联网平台不仅吸引了拥有丰富销售经验者经商，还吸引了缺少经商经验，甚至不懂网络技术者加盟，各类"淘宝村"的网店店主就是其中的例证。他们中多数为农民或自由职业者，听说能通过开网店赚钱，就在经过短暂培训后或在亲友的带动下，就进驻淘宝等互联网平台，开网店销售商品。并不只小商户如此，大规模的电商企业也在迅速发展中。从腾讯公司推出的以微信支付支撑的"滴滴打车"和阿里巴巴公司推出的以支付宝支付支撑的"快的打车"，到每年"双十一"期间以阿里巴巴、京东为代表的各大电商平台的促销大战，再到互联网理财平台，我们看到：中国互联网经济正呈迅猛的发展态势。目前中国互联网经济面临的市场环境正在发生急剧变化，空白的发展规则正在逐渐形成，严格的市场监管制度逐步得以建构，盲目的消费者正变得日趋理性，围绕经济活动的网络技术不断提升，对于互联网企业的要求也愈来愈高，在这其中中国互联网经济也正趋向稳健。

从社会学角度来看，互联网金融，乃至互联网经济的持续长远发展需要其与互联网自身价值深度契合。从中外较为成熟的互

---

① 中国互联网络信息中心：第 41 次《中国互联网络发展状况统计报告》，2018 年 1 月 31 日，中央网信办网（http://www.cac.gov.cn/2018-01/31/c_1122347026.htm）。

联网经济发展来看，互联网经济的发展不仅需要借助互联网平台这一技术工具，还需深度嵌入互联网空间之中，最终形成基于信息、技术、知识三位一体高度整合的经济新业态。以互联网金融带头的中国互联网经济应当对互联网技术进行深度挖掘，形成蕴含商品与服务的一批技术性专利，以体现互联网经济的技术优势；对信息的利用绝不是单纯地向顾客传递信息，而是打造具有交互性的信息互动平台，发挥核心团队的创新能力，并充分利用普罗大众的智慧，让其直接进入产品设计与创造之中；消费者在网络平台中不仅希望得到好的消费商品与服务，而且希望能够习得相关知识。互联网经济发展应该注重顾客的这一诉求，打造浓缩知识体系的经济平台。信息、技术和知识常常不能截然分离，三者同体互构，统一整合于孕育价值的互联网空间之中，为真正成熟的互联网经济业态提供必要的支撑。

当然，中国互联网经济也面临着受草根追捧和某些处于监管空白的窘境。"互联网＋"作为政府介入互联网经济的政策或许可以在不久的将来于实践层面上回答学界的上述争论。"互联网＋"行动的三个重要方向是运用信息网络技术推进工业化与信息化、互联网与传统产业、金融与实体经济的深度融合。在理想的政府介入状态下，"互联网＋"政策将推动互联网技术从第三产业向农业和工业领域渗透和扩散，从而使得互联网技术对经济社会的影响由导入期向展开期迈进，逐步进入协同发展阶段，充分将资源、要素、技术与市场整合，真正实现互联网与经济的深度结合，达到信息创造与传递、知识生产与应用、技术研发与创新、即时互动与表达等要素高度整合，从而使中国社会真正进入新的社会经济发展形态——互联网经济。

（二）信息交流中的网络权力

互联网的发展不仅成为这个时代技术革命和经济发展的推手，

在政治维度，它深刻改变了中国社会的权力格局，以普通网民为主体的网络权力成为网络社会赋予网民的宝贵政治机会。

从"温州动车事件"互联网信息接力形成的强大社会影响力，到免费午餐、"大爱清尘"和壹基金等引领的网络"微公益"热潮，再到"网络反腐"之中彰显的网民草根正能量，网络化时代，个体普通网民开始拥有网络权力，并且这种网络权力不是仅仅适用于虚拟空间，在现实空间中同样具有巨大影响力。在网络权力实现的过程中，网民个体或者群体的意志得以实现，网民开始具备影响他人行为和改变社会秩序的能力。在网络化时代，权力不再是一个结构化的支配性结果，网络权力体现为一个动态性的运作过程，这个特征在普通网民这里体现得尤为明显。

较早研究网络权力的西方论著，多将"网络权力"视为一种"技术权力"。例如，凯尔纳（Douglas Kellner）提出，互联网通过使用新技术以干预资本主义全球建构的运动和方法，展现了"技术政治"（technopolitics），实现了"权力下放"的效果。[1] 从全球化的层面，约瑟夫·奈（Nye, Joseph）提出了"软权力"（soft power）概念，即网络化时代，"通过吸引力而非威压手段在国际事务中实现目标的能力"，是与"硬权力"相对应的概念。[2] 软权力通过说服他人跟随自己，或使他人同意自己的规范或者制度，以此促使他人产生自己想要的行为。

在"软权力"概念提出之后，西方对于网络权力的研究逐步走出"技术决定论"的视野，开始将网络权力作为一种以信息为中心的"社会权力"进行探索。例如，辛格（Singh, J. P.）将

---

[1] Kellner, Douglas, "Globalisation, Technopolitics and Revolution", *Theoria*, Vol. 98, 2001, pp. 14 – 34.

[2] Nye, Joseph, *Bound to Lead: The Changing Nature of American Power*, 1990, New York: Basic Books.

"网络权力"视为"元权力",即网络权力在逻辑上先在于其他所有权力。[1] 进一步地,卡斯特指出,网络化时代的权力主体发生了变化,普通网民联合起来的网民群体成为网络权力的主体。[2] 对于网络权力的本质和力量来源,卡斯特也给出了解释,"网络社会,权力存在于信息符码形成与再现的意向之中,社会根据网络权力进行制度组织,人们根据网络权力进行生活营造和行动抉择。网络权力的基础是人们的心灵"。[3] 作为一种新型权力,网络权力开始动摇传统的权力格局,其力量的来源,正是人们的心灵,是基层大众的评价性认同。

近年来,网络权力也开始引发国内学者的关注。不同于以往网络民粹主义或者网络文化暴力等消极论断,中国学者开始从积极层面对网络权力展开论述。网络权力在新闻学的视野中主要体现为监督性权力,被视为继自由报刊作为对行政、立法、司法三权起制衡作用的"第四种权力"之后的"第五种权力"。[4]

很多社会学领域的学者也对网络权力区别于传统实体权力的特征进行了深入的辨析。杨国斌和胡泳对网络权力的生成、发展和现实影响力进行了深入的探讨[5];蔡文之对网络权力的出现带来的范式革命,做出了界定和诠释[6];更进一步,刘少杰对网络权力

---

[1] Singh, J. P., "Information Technologies, Meta-power, and Transformations in Global Politics", *International Studies Review*, Vol. 15, No. 1, 2013, pp. 5 – 29.

[2] [美] 曼纽尔·卡斯特:《信息论、网络和网络社会:理论蓝图》,[美] 曼纽尔·卡斯特主编《网络社会:跨文化的视角》,周凯译,社会科学文献出版社2009年版,第36页。

[3] [美] 曼纽尔·卡斯特:《认同的力量》,夏铸九、黄丽玲等译,社会科学文献出版社2003年版,第415页。

[4] 刘畅:《"裁判员困境"与"第三方"入场——对第五种权力一种特性的剖析》,《南京社会科学》2009年第4期。

[5] [美] 杨国斌:《连线力:中国网民在行动》,邓燕华译,广西师范大学出版社2013年版;胡泳:《众声喧哗——网络时代的个人表达和公共讨论》,广西师范大学出版社2008年版。

[6] 蔡文之:《网络:21世纪的权力与挑战》,上海人民出版社2007年版;蔡文之:《网络传播革命:权力与规制》,上海人民出版社2011年版。

结构变迁，展开了本质性的研究①。

从中外学者的论述中，可以看到这样一种共性：他们都倾向于认为网络权力是一种转换能力，而非控制；是一个关系的面向，而非仅仅是一种资源；是一个建构性的过程，而非结构性的结果。在网络社会中，权力不再像传统权力那样，被当作单一中心和精英主导的支配过程。网络权力的主体是普通网民，其实现体现在信息流动、关系营造和意义分享的动态过程中。

互联网技术为人们的沟通和交往方式带来了革命性的变化。2016年，综合社交应用内部，微信朋友圈、QQ空间是以即时通信工具为基础衍生出的社交服务，在社交关系上都偏重熟人社交，网民使用率分别为85.8%、67.5%；新浪微博是基于社交关系进行信息传播的公开平台，网民使用率为37.1%，社交关系上更侧重于陌生人社交。② 通过数以万计，乃至数以亿计的网民对信息的传播和意义的分享，不同的互联网社交网络正在编织出一张庞大的网民关系网络。而这张关系网络就是一种潜在的权力生成机制，它将为网络社会的权力结构变迁，乃至社会结构变迁带来重大影响。于是，网络权力不再是结构性的支配权，而是一种蕴于网民关系网络之中，普通网民共享信息、自愿参与、共同行动，以实现自身意志的能力。

网络权力是网络化时代出现的崭新权力形态。在网络社会，网络权力将与传统实体权力共存，这将创建出新的权力格局。随着互联网技术在中国的深入普及和迅速流行，以及普通网民的日渐理性和权力主体意识的逐渐觉醒，普通网民建构网络权力的实

---

① 刘少杰：《网络化时代的权力结构变迁》，《江淮论坛》2011年第5期。
② 中国互联网络信息中心：《2016年中国社交应用用户行为研究报告》，2017年12月27日，中国互联网络信息中心网（http://www.cnnic.com.cn/hlwfzyj/hlwxzbg/sqbg/201712/t20171227_70118.htm）。

践开始全面展开。其中,既有激烈的网络群体行动,也有温和的非抗争性权力建构行为,更有在日常行为之中搭建关系网络、于"嬉笑怒骂"之间建构网络权力的网民实践。普通网民的权力主体性愈来愈强。最初的网络权力建构实践中还可见核心人物的身影,而随着网络社会的日渐成熟,在普通网民的实践中,核心人物的作用甚至开始逐渐淡化,乃至消失不见。

诚言,传统实体权力依然存在并发挥强势力量,仍然把持着现实社会中的资源与位置优势;然而,普通网民拥有的网络权力却以自下而上的作用方式,[①] 对实体权力产生不可忽视的冲击效果。于是,网络权力不仅自身可以实现主体的意志,产生支配性的现实效力,还能够产生牵制、影响实体权力的作用,进而创建出与实体权力并存的网络社会新的权力格局。

同时,必须清醒地认识到,一方面,中国网民还处于逐渐理性的进程之中,并不是所有网民都已经成长为成熟的网络权力主体,网络空间中的民粹主义倾向还很严重;[②] 另一方面,互联网只是提供给了普通网民建构网络权力的可能,要真正成为权力主体、拥有网络权力,需要网民策略性的权力建构行动——互动性策略。较为明显的是,在现阶段,很多中国普通网民还不具备这种能力。

但是,我们对于网络权力发展的前景仍然应当充满乐观的预期。因为互联网时代,展现在大众面前的是一个空前广阔的社会空间和活动舞台,在这个空间和舞台上,普通网民的主动意识被唤醒,视野也变得广阔,主动参与社会生活的激情也将被激发。同时,网络社会又赋予了网民成为权力主体的机会。基于这个机

[①] 刘少杰:《网络化时代的权力结构变迁》,《江淮论坛》2011年第5期。
[②] 人民论坛问卷调查中心:《中国公众的民粹化倾向调查报告(2012)》,《人民论坛·学术前沿》2012年12月12日。

会，网民中的积极分子展开的权力建构实践将极大地促进社会的变迁与发展。社会变迁是一个复杂的、不可预测的过程，不能简化成为某个人或者某群人的合力，但却是由个体根据新情况做出的独特反应的组合结果。[①] 个体行动与社会变迁之间，存在一个永恒的、复杂的、动态的循环，他们彼此之间都以一种不可预测的方式互相影响。网民的策略性行动千变万化，具体的权力建构实践也不是一个模式化的行动过程。但就是这种灵活多变的、非模式化的实践，会以它独特的方式，以进步向上的姿态和超乎寻常的现实效力，影响社会的变迁，逐步建构出网络社会的崭新图景。

（三）别开生面的网络文化

在文化层面，互联网推动的中国当代社会结构变迁主要体现在普通网民在网络空间展开的缺场交往之上。普通网民的缺场交往活动呈现出潜移默化的网络文化的变迁过程，而正是这种交往中创造和传播的感性文化符号孕育了信息时代的互联网价值。

网民的交往活动其本质上是一个互联网文化的实现过程，多种多样的网络活动呈现出潜移默化的网络文化的变迁过程。在网络社会，网民互动是一个更加广泛的认同形成过程和意义实现过程，普通网民之间各种维度的网络活动呈现出丰富多彩、潜移默化的文化变迁，而正是这些文化变迁促进着网络社会的进程。我们认为，网络文化变迁集中体现在普通网民于缺场空间展开的感性符号交往。

符号的生命力和时代价值在网民的缺场交往之中得以充分彰显。与面对面交流不同，网络社会的信息传递和意义表达不再局限于实体的空间结构之中；在互联网缺场交往中，社会结构和文

[①] Bourdieu, Pierre, *Outline of a Theory of Practice* (trans. R. Nice), Cambridge: Cambridge University Press, 1977, p.73.

化意义结构变成扁平状的宏大整体,观众也由此失去了实体性,需要信息传递者对其进行想象。更为重要的是,普通网民获得了空前的选择与表达的自由,也拥有了筛选信息和自我表达的自主性。由此,网络空间实现了双向交流,普通网民在网络空间中成为真正意义上文化表达的主人。这也为普通网民创造和传播网络符号提供了充足的空间和强大的动力。由此,符号这种古已有之的表达形式,在当今中国网络空间中得到了空前的兴盛。

网络符号则是符号这一表达形式在网络空间的延续和进一步发展。网络符号将许多"在场"交往中使用的语言浓缩编译成文字、图形、字符等多样化的形式,置于网络空间中加以解读与传递。在表现形式上,一方面,网络符号是对实体世界中真实感的再现。浓缩的网络符号能够蕴含和表达丰富真实的内涵。不同的符号被组合起来,通过指代的形式,实现着自我真实意义的表达、传递和跨时空的共享。例如:orz 是网络通用的表情符号,象征失意或者沮丧的心情,其象征意义来自其形状酷似一个人被事情击垮,跪倒在地上的样子。另一方面,网络符号也为隐喻性表达提供了可能。抽象甚至模糊的隐喻性符号只有在接收者对特定网络语境了解的情况下,才能被很好地解读和运用。又例如:"河蟹"常常在网络上被代指"和谐",且伴有讽刺意义,其象征意义来自网络审查制度严格执行时"和谐"二字在一些论坛被禁止使用。

作为普通网民自己的文化表达方式,网络符号比一般的符号形式前进了一大步。在网络符号中,普通网民的主动性得到了前所未有的发展。从来没有一个像互联网这样广阔的交流平台,也从来没有一个像网络符号这样有如此庞大创造者和参与者队伍的大众文化表达。网络符号在传播和使用过程中,不断地被赋予新的意义。严格来说,每个网民参与者都成为了网络符号的创造者,网络符号淋漓尽致地展现着来自普罗大众多元化的思想与价值。[1]

值得注意的是，网络符号具有明显的感性化特征。基层大众的意识形态多表现为具体形象的感性认识。[2]对于个体而言，感性意识形态相比理性意识形态更加内化，也更加稳定。不同于理性意识形态占据统治地位的文字文化时代对感性的忽略与贬低，网络时代的到来，扭转了人们对于感性的态度，人们不再简单地将感性看作低于理性的表层化和浅薄化的思想意识活动，对于感性的压抑与删减开始被去除，感性的重要性和独特的魅力开始重归人们的视野。

"视觉文化或文化影视化的快速发展，推进了社会生活和文化生活的感性化。"[3]作为视觉文化的典型代表，网络符号的生成过程充满新意和偶然性，在形式和内容上又体现出前所未有的丰富多样。就是这样未必严谨理性的，甚至是"不假思索"的网络符号，却能被众多网民理解、认可、接纳和传播，这恰恰体现了网络符号感性特点的强大魅力。

网络符号的创作主体是网络空间中的普通网民。网络符号经过网民的创作和互动参与，不仅得到传播，还常常被赋予新的意义，实现了一定程度上的"再创作"。符号的创作，有的来自网民处于娱乐心理的符号游戏，有的来自其人际交往的灵感迸发，还有的来自对于具体社会事件的情绪体验或思想表达。但是无论哪种情况，网络符号表达的时空都得到极大的延伸和拓展，并且普通网民有了表达的自觉性和自主性，开始具备精神文化层面的主体意识。

---

[1] 宋辰婷：《基于感性象征的互联网价值表达》，《天津社会科学》2016年第3期。
[2] 刘少杰：《意识形态的理论形式与感性形式》，《江苏社会科学》2010年第5期。
[3] 刘少杰：《后现代西方社会学理论（第二版）》，北京大学出版社2014年版，第294页。

普通网民不仅期望在网络符号中"表达",更期望借助网络符号达到"对话"的效果,这充分表现在互联网社交应用的飞速增长上。截至 2017 年 12 月,微信朋友圈、QQ 空间用户使用率分别为 87.3% 和 64.4%,微博的使用率达到 40.9%。知乎、豆瓣、天涯社区的使用率均有所提升,用户使用率分别为 14.6%、12.8% 和 8.8%。截至 2017 年第三季度,新浪微博月活跃用户达到 3.76 亿人。① 在通过网络符号建构的对话中,互联网"去中心化"的特性,使得普通民众由被动的信息接收者,变成了主动的发言者和对话的参与者。于是,网络符号为弱势群体宣泄情绪、发表观点、表达诉求提供了可能。在这种情况下,网络符号使得以往长时间"鸦雀无声"的中国普通民众得以在互联网平台上充分释放自身的表达热情和创作智慧。由此,具有形式灵活多样、内容丰富多彩的网络符号展现出的不同情感、思想和文化在互联网上交汇共享、交流沟通,乃至对立冲突,使互联网文化呈现出了一种山花烂漫、繁荣无比的景象。而正是这种网络符号带来的积极互动过程孕育了互联网文化变迁,呈现了宝贵的互联网时代价值。

　　普通网民的网络对话和参与,进一步使得网络公共空间得以构建:一方面,互联网为普通网民搭建了一种崭新的沟通渠道和一种新型的社会网络,使得多数社会成员拥有了发声的机会和声音被听到的可能;另一方面,互联网在一定程度上屏蔽了进入者的先赋身份和地位,使得普通网民可以在网络空间中享受相对平等的对话环境,提供给网民个体进入公共空间、参与公共事务的机会,建立了网民间对话和交流的良好平台。正是这种"草根式"的对话和联结,给予了网络公共空间强大的生命力,让网络符号

---

① 中国互联网络信息中心:第 41 次《中国互联网络发展状况统计报告》,2018 年 1 月 31 日,中央网信办网(http://www.cac.gov.cn/2018-01/31/c_1122347026.htm)。

的传播变得热烈而活络，富有思想新意，又动态不息。于是，互联网文化就在这种网络象征的传播过程中得到持续的彰显和发展。

褪去最初的亚文化性，网络符号业已成为普通网民约定俗成和习以为常的表达方式。尽管大多数网民不是刻意为之，但是他们创作、使用和传播网络符号的过程，实质上就是自主创造和传播网络文化的过程。于是，网络空间呈现的不再是自上而下的文化灌输，而是网民个体自主进行文化传播、交流乃至创造的过程——普通网民凭借着自身的感性体验，开始自主创造和传播属于他们自己的符号，创造和传播代表自身意志、以自身为主体的网络文化。正是在普通网民创造和传播以网络符号承载的互联网文化的过程中，网络社会的文化结构变迁悄然展开，这种文化结构变迁不仅是网络社会结构变迁的重要组成部分，还构成了经济和社会政治领域变迁的意义基础。

综上所述，互联网引起中国社会发展变迁是总体性的，而这种总体性应当引起学界和社会各界的充分重视。只有充分认识到互联网已经开始将中国社会的经济、政治、社会和文化结构带入了与以往差异明显的新模式，中国社会正在逐渐步入有别于工业社会的网络社会新形态，我们才能够对当今中国社会出现的各种新现象、新问题进行准确理解和深入研究，也才能更加清楚地、前瞻地研究中国社会的治理路径。

三　网络化时代的社会治理创新

网络化时代的到来，不仅推动了社会发展，而且也引发了很多新问题和新矛盾。网络化条件下大量发生的新问题和新矛盾，对行政管理和社会治理提出了严峻挑战。只有直面网络社会的深刻变迁，调整对待传统社会的行政手段或管理模式，采取符合网络社会实际的治理措施，实现社会治理的有效创新，才能积极化解社会矛盾，进而推进社会稳定有序地发展进步。

（一）网络社会对传统社会管理模式的挑战

如果承认网络社会是一种有其真实根据和崭新结构的新社会形态，并且认同网络社会的各种因素已经促使各种社会层面发生了复杂而深刻的变化，那么当前党和政府以及社会相关机构开展社会治理工作时，应当以不可轻视的重大社会变迁为现实基础或重要背景。自党的十八届三中全会明确提出要创新社会治理体制、改进社会治理方式以来，虽然社会建设、社会治理成为中央和地方的中心任务之一，各级党委和政府也在积极努力实践探索，但都未明确把网络社会的崛起作为实现这项战略任务的基础和背景，而往往将之作为一个难题去对待。

那么，怎样从社会治理的角度去看待网络社会这样"一个难题"？一方面，网络社会作为一种新社会形态，在中国的大规模发展才不到十年，人们对这些迅速进入社会生活各种层面的崭新变化，尽管有着身临其境的直接感受，甚至正受益于这些变化，但对这种变化的复杂性和深刻性的认识还十分有限，对网络社会出现的大量新社会现象难以做出符合实际的正确认识和评价；另一方面，也正因为这种局限性，一些政府机构或某些官员往往还是沿用管理工业社会甚至农业社会的模式开展当下的社会治理工作，通常不是把网络社会作为社会治理的新背景或新基础，而是仅从技术手段的角度看待网络社会的快速发展，甚至过高估计网络化发展对社会秩序冲击的消极性，简单把社会成员的网络信息交流和网络群体行动作为严加监控的对象而疲于应对。

如同经济、政治和文化等方面的管理必须适应其管理对象的发展变化一样，社会治理也必须根据社会的发展变迁做出相应的调整，特别是当网络社会作为一种新社会形态已经崛起之时，更应当别无选择地调整原来在工业社会或农业社会基础上形成的社会管理思维定式和社会管理方式。虽然工业社会和农业社会并没有因为新形态的网络社会的崛起而退场，工农业生产以及以之为基础的社会生活仍将持续地发展与存在下去，但正如工业社会崛起并没有消除农业社会却不可否认地获得了社会支配地位一样，网络社会也在同工业社会、农业社会的并存中获得了不可阻挡的支配地位。不仅网络社会本身的崛起与扩展要求社会治理做出调整，而且从网络社会对工业社会和农业社会的支配作用来看，社会治理也应当做出与时俱进的变化。

社会学家对社会治理应根据社会的变迁而发生变革的问题做出过很多论述。面对工业社会快速发展引起传统社会向现代社会转型，迪尔凯姆论述了依靠宗教信仰或道德教化实现的机械社会团结，向依靠社会分工导致社会成员功能依赖的有机社会团结的转变，其实质也可看成是对社会治理方式转变的论述。韦伯关于传统权威、感召权威、合法性权威及科层制的论述，更明确地揭示了伴随农业社会向工业社会的转型，社会统治方式和管理模式发生了性质与形式上的变化。

福柯论述了欧洲古希腊、中世纪到近现代不同历史时期，社会治理的宗旨或目标发生了从城邦安全、君主安全、领土安全到人口安全的变化，西方社会治理方式也发生了多次重要转型。他推崇以人的自由为基础的社会治理，并称之为生命政治或生命治理。生命治理是注重人口安全的治理，它在依靠人的自由意愿、自由行为的基础上，维护个体与集体的利益，追求人口的生命安全和社会秩序的稳定协调。

吉登斯依据当代社会已经从匮乏转向富裕、工业社会转向后工业社会的变化，论述了解放政治向生活政治转变的思想观点。在吉登斯看来，物质生活资料贫穷匮乏问题的解决，不仅导致了统治者对被统治者武装镇压的收敛，化解了被统治者对统治者的暴力反抗，而且也要求社会治理方式随之发生变化。吉登斯提倡用生活政治替代解放政治。解放政治所关心的是消灭剥削、不平等和压迫，把人从被压迫和被奴役的状态中解放出来，因而它是一种"脱离"的政治；而生活政治则是对"我们怎样生活"的问题进行反思的政治，是在高度现代性条件下重建人类自由和有道德的生活的政治，因而是一种个体获得自主性的政治。不难看出，吉登斯的所谓生活政治也就是我们所论的社会治理。

总之，社会学中有大量关于社会治理应根据社会变迁做出相应调整的思想理论，十分值得中国社会治理研究与实践认真地借鉴。然而，令人遗憾的是，在当前大规模开展的中国社会治理研究与实践中，人们不是借鉴社会学已有的研究成果，因时制宜地根据当代中国社会变迁探寻社会治理的新理念、新模式，而是因循守旧地重复一些旧的社会管理方式，导致耗费了巨大人力和物力的社会治理走向表面化和形式化。

（二）传统网格化社会管理的进取与退缩

在各级政府和社会组织不断努力推进下的中国社会治理实践中，得到大力推广的网格化社会管理，被认为是一种取得了重要创新进取的社会管理模式。然而，随着网格化管理在全国各地的推广，这种社会管理模式因其局限性受到了越来越多的批评，很多学者指出，网格化管理并没有跟上社会发展变迁的步伐，而是流于形式地细化了传统的行政管理模式。

刘安对网格化社会管理的利与弊做了比较全面的分析。一方面，他肯定了网格化管理取得的一些进取："网格化管理延长了治理链条、下沉并整合了治理资源，加强了基层政府与市场、社会组织的互动合作，构建了服务与管理并重的治理体系。一些地方还引入数字信息技术，提升了社会治理的精细化水平。"另一方面，刘安也指出了网格化管理存在的一些弊端："'科层化'的组织结构增加了治理的复杂程度；治理的'行政化'制约了社区社会资本生成；'选择性执行'行为导致了治理目标的不完全实现；'目标导向'下存有治理手段运用不当的风险；'网格泛化'则模糊了多元治理主体间的边界，致其权责不清。"[1]

由刘安的调查分析可见，网格化管理并非在新形势下的社会治理创新，它不过是由上至下的行政管理的细化，是试图利用网络技术对社会实行的全面精细的管理。这种动用大量人力物力、试图包漏无遗的全方位管理，不仅给政府及其延伸机构增添了无尽负担，而且更重要的是，把广大社会成员看成等待监控和服务的被动对象。其结果不仅使政府及其延伸的社会管理机构背上了沉重的包袱，无法完成自己对社会开展"心连心服务"的承诺，而且还抑制了社会成员参与社会治理的积极性，起不到"最大限度地激发社会活力"的作用。

王颖对网格化管理作了更加深入的分析。在她看来，当代中国社会已经发生了"以共同房产利益、生存环境和共同志趣为纽带，自主连接而成的社会生活共同体。它既有明确的地域性，又有着很强的超越地域的特征。网络技术赋予新社区超越地域限制的能力，赋予社区居民根据各自的爱好自主选择参与社群的权利和能力。而社区、基础社群间的连接度也因网络而变得更加牢固"。王颖称这种变化为社会扁平化，这要求与之相适应的扁平化治理。可是，与之相反的是垂直性的科层制管理——网格化管理的加强。以加强传统科层体制垂直管理的网格化管理，同网络化变迁而导致的社会扁平化相比，不仅不是推进，反而是退缩。[2]

---

[1] 刘安：《网格化社会管理及其非预期后果》，《江苏社会科学》2014 年第 3 期。
[2] 王颖：《扁平化社会治理：社区自治组织与社会协同服务》，《河北学刊》2014 年第 3 期。

王颖所论的可贵之处首先在于，把社会治理实践放到社会生活网络化的现实基础上加以考察，在快速网络化的社会历史条件和延续传统行政管理方式的矛盾关系中，揭示问题的症结，探寻解决问题的出路。虽然王颖论述的是社区层面的扁平化，但社区是社会最基本的存在，从社区中的变化能清晰地看到网络社会新形态的具体表现。正如其所论，网络技术既使广大社会成员在共同兴趣、共同利益和共同环境基础上便捷地联系成为新的社会共同体，又使人们超越社区地域的空间局限而进入更加广阔的社会空间，形成了脱域性的网络交往与网络联系，并因此而使基于传统社会的垂直性的行政管理力不能及。

概言之，网格化社会管理的展开形式和运作路径已经不符合快速网络化的新社会形势需求。网格化管理的努力目标同网络社会新形态的发展趋势相比，虽然不能说二者完全背道而驰，但也可称之方向不一致。网络化展开的是横向的平面扩展，而网格化追求的是自上而下的垂直管理，尽管垂直和横向有交叉点，但因展开方向不同，网格化的垂直管理对横向展开的网络社会接触面太小了。前面论及的网络社会中大规模展开的缺场交往、传递经验、认同力量、信息权力等，是在更广阔层面上表现出来的社会生活扁平化，是社会成员脱离社区物理空间展开的具有旺盛活力的新社会行为，这些都是指向局部物理空间的网格化管理无能为力的更广阔的社会空间，是网格编织得再精细也无法囊括的脱域空间。

网格化管理之所以能够得到北京、上海、浙江等地政府机构和社会组织的积极推广和努力实践，表明它有一定程度的存在基础，不过，这个基础首先是对社会生活网络化缺乏明确认识的心理基础。如前所述，网络化在很短时间内大规模扩展，不仅广大社会成员对网络社会新形态缺乏明确认识，而且从事社会管理的官员甚至学者也未必清楚了解网络社会的本质特点和它对传统社会生活的深刻影响。因此，以工业社会甚至以农业社会为基础的传统社会观念和管理理念，仍然是从事网格化社会管理研究与管理实践的心理基础，也就合乎情理了。

然而，网格化管理的这种心理基础是未能及时反映网络化快速发展的思想观念，无论这种思想观念还在多少人的头脑中存在，它都不是网格化管理运行的稳定的心理基础，因为网络化快速发展引起的社会生活深刻变迁，迟早要引起人们在思想观念方面的转变，人们终究要认识到这种与当代社会发展趋势相悖的管理方式的落后性与无效性。

同时还应看到，网格化管理还存在不可否认的现实基础。首先，承担社会管理主要任务的民政系统和公安系统，对社会的管理都是一种垂直性管理，网格化管理实质上是这种垂直性管理的细化、延伸和扩展。其次，政府其他方面的行政体系也都是以垂直性管理方式运行，庞大的政府行政体系需要更加细化的管理模式，这些都构成了网格化管理的行政基础。最后，关于社区中的离退休人员和社会闲散人员，他们的活动范围较小，大量时间在社区有限空间内开展各种日常活动，网格化的社区管理对这些人具有比较有效的作用。

应当指出，无论现有的行政体系多么庞大、多么发达，其管理效力都必须以适应当代社会的网络化变迁为前提，如果政府行政管理不顾网络社会的深刻变迁，因循守旧地坚持一维的纵向垂直管理，即便细化出再多的网格，也难以对大规模扁平化的社会生活实现有效管理。至于社区中的离退休和闲散人员，虽然应得到必要的社区服务，这也是社会治理的重要任务，但如果城市社会治理仅仅面对这些人员，那就意味着城市社会治理无论开展到何种程度，都不过是一种边缘化行为。

(三) 从网格化管理转向网络化治理

所谓社会治理边缘化，首先是相对于社会治理的战略任务而言的。《中共中央关于全面深化改革若干重大问题的决定》提出的创新社会治理的重大战略任务是："最大限度增加和谐因素，增强社会发展活力，提高社会治理水平。"根据中央明确提出的创新社会治理的战略任务，城市社会治理的工作范围不应当局限于离退休人员和社会闲散人员。因为增进社会和谐和增强社会发展活力的主要因素都不在离退休人员和社会闲散人员身上，而在那些从事不同职业的职业群体之中。

职业群体[①]是社会生活的主体群体。首先从数量上看，职业群体是社会成员的主体构成。以北京市人口构成情况为例，根据北京市统计年鉴发表的数据可知，截至2016年年底，北京市常住人口为2172.9万人，其中职业群体1593.5万（三次产业从业人数1220.1万，各类在校学生373.4万），职业群体占北京市常住人口的73.3%。[②] 如果考虑非常住流动人口，北京市职业群体的数量就更大。短期在北京流动的人口，除了数量有限的老年人和学龄前儿童以外，大部分是职业群体。因此，无论是从北京市的常住人口还是流动人口看，职业群体都是北京市的主体群体。

从社会活动能量和社会空间的展开上看，更应当承认职业群体作为社会主体群体的地位。一般情况下，论及职业群体时，人们主要关注他们在任职单位中的职业活动，而很少谈及他们在职场之外的社会活动。实际上，职业群体在职场之外的社会活动能量和社会活动空间，要远远大于非职业群体。随着社会生活水平

[①] 本文所谓职业群体，不仅包括在各种岗位上的从业人员，也包括在中小学和高等院校中学习的学生。

[②] 北京市统计局、国家统计局北京调查总队编：《北京统计年鉴2017》，中国统计出版社2017年版。

的提高，职业群体的业余活动无论从活动内容和展开形式上，还是从活动频率和扩展空间上，都已经呈现出难以计算的增长态势。

作为社会主体群体的职业群体，他们的社会活动不仅为社会增添了无限丰富的色彩和朝气蓬勃的活力，而且也会因为其活动范围的广大无边和进入层面的复杂无限，产生各种难以预见的社会问题或社会矛盾。特别是在社会发展不平衡、社会贫富分化、社会不公平问题突出和大量不确定性因素不断涌现的条件下，职业群体的社会活动越活跃，发生社会问题、形成社会矛盾甚至爆发社会冲突的可能性就越大。近些年爆发的许多群体事件，都是职业群体在职场之外的社会活动所致，而那些离退休人员则很少去参与这些对社会秩序有重要影响的群体事件。从这一点上看，以化解社会矛盾、促进社会和谐为主要任务的社会治理，就更应当把职业群体及其社会活动置于工作范围之内，否则所做的工作都将是舍本求末的边缘化行为。

把注意力限制在社区之中的网格化管理，还存在另一个严重问题，即无法应对城市中日益扩展的"社区脱域"问题。吉登斯面对20世纪80年代人类社会的发展状态，论述了城市社会的脱域问题，他指出："所谓脱域（disembeding），我指的是社会关系从彼此互动的地域关联中，从通过对不确定的时间的无限穿越而被重构的关联中'脱离出来'。"①

时至今日，吉登斯当年所论述的社会脱域问题不知扩大了多少倍。在移动通信和互联网等新媒体技术快速发展的强力支持下，越来越多的社会成员能够便捷地脱离社区实体空间而进入网络"虚拟"空间，不仅开展转瞬即至的"光速交流"，而且还结成了各种形式的网络共同体或网络社区。进一步说，经由新媒体推动

---

① ［英］安东尼·吉登斯：《现代性的后果》，田禾译，译林出版社2000年版，第18页。

的社区脱域，已经在社区的物理场域之上又形成了一种信息网络之域。

信息网络之域是网格化管理使尽全身招数也接触不上的新社会空间，并且，目光向下的网格化管理越精细，它的视野距离网络化的信息之域就越远，由此产生一种相背而去的效应与趋势。这种"相背而去"是致命的错误，就像当年以机器为基础的工业化进程不可阻挡一样，今天以新媒体技术为基础的网络化发展同样不可逆转。凡是把移动通信和互联网仅仅当作技术手段，同时把这种当代最先进生产工具所引起的社会现象仅仅当作控制对象的思维方式、行为方式以及社会管理方式，都是在逆历史趋势而动，其后果不论而知。

摆脱该困境的途径只有一条，即顺应网络信息化发展的时代潮流，从网格化的社会管理向网络化的社会治理转变。而要实现这种转变，需要做的事情固然很多，但首要的还应当是形成对社会生活网络化的正确认识。简单说，不应当把网络化发展看成只是一种新技术的应用，而应当明确承认网络媒体新技术已经推动一种新社会形态诞生，并且，这种新社会形态不是依附于工业社会和农业社会，而是在同这二者的并存中占据了不可替代的主导地位。解决问题要抓住主要矛盾的主要方面，在当今工业社会、农业社会和网络社会并存同时滋生了大量矛盾的新形势下，必须首先关注网络社会的崭新变化及其引发的各种新社会矛盾。

其次，改变把社会成员仅仅当作管控对象的社会管理模式。网络化即信息化，网络社会的核心是信息的创造与交流。因此，网络化时代的社会治理，不仅要注意社会成员物质生活的需求和问题，更要注意社会成员在思想观念和价值信念方面存在的矛盾与问题，通过灵活的方式实现社会心理或精神价值上的启发与疏导，在人们的网络信息交流与实地社会交往的联系中及时发现和有效化解社会矛盾。在这个意义上，网络对话和网络交流应当是社会治理的基本形式。只有在广泛的网络对话沟通中，政府机构、社会组织和广大社会成员之间才能实现互谅、共识，最终形成共治、互治的社会治理新局面。

最后，网络化的社会治理将是社会动员最广泛、最有效的社会治理。与网格化社会管理不同，网络化社会治理一定会有效地把职业群体纳入其中。作为网民主体的职业群体，不仅以其活跃的网络社会行为成为网络化治理的对象，更重要的是他们一定会名副其实地成为网络社会的治理主体。他们将积极利用微信、微博等各种网络渠道开展触及社会生活每一个角落的网络沟通、网络评价和网络推动。不仅各种在传统社会中难以暴露和抵制的污泥浊水，都将在数以亿计的广大网民的网络狂欢中被展示出来，而且凡是顺应历史潮流、符合群众根本利益的公平正义之举，也将在迅捷传递的网络交流中受到欢迎与传颂。

综上所述，网络社会已然成为一种真实存在的具有崭新结构的社会形态，并使各种社会结构各个层面发生了复杂而深刻的发展与变迁。传统自上而下垂直管理的网格化社会管理已经不能适应快速网络化的新社会形势。实现网格化管理向网络化治理的转向，才能科学合理地解决社会治理边缘化、社会脱域等现实困境，开创最广泛最有效的社会治理新局面。

改革开放中的村庄发展与变迁

林聚任　马光川[*]

以土地家庭联产承包经营责任制为标志的中国农村改革发展，迄今已经走过了整整 40 个年头，幅员最广袤的中国农村在生产生活方式、经济结构、聚落样态乃至生存环境等诸多方面，都已经发生了历史性巨变。可以说，村庄的发展与变迁成为透视中国农村深刻变革的重要维度。但是，由于中国农村区域差异大，不同地区村庄之间在结构形态及村民生活方式和观念上，表现出极大的差异性，存在不同类型的村庄和治理模式[①]。而且，中国乡村社会在从传统到现代的转型中，具有非常突出的复杂性、异质性和多样性等特征。或者说"改革开放的中国就面对着传统性、现代性与后现代性的前所未有的大汇集、大冲撞、大综合……传统性、现代性和后现代性这三个不同时代的东西集中压缩到了一个时空之中……在当代中国，却必须把这三个本来相互冲突的东西形成相互协调、相互包含、择优综合的关系，使之在发展中取长补短，

---

[*] 林聚任，山东大学哲学与社会发展学院社会学系教授；马光川，潍坊学院历史文化与旅游学院副教授。

[①] 贺雪峰：《村治模式：若干案例研究》，山东人民出版社 2009 年版。

克服弊端，优势互补……"① 因此，基于村落具体区位、资源禀赋及其"时空压缩"特性的不同，中国村庄的发展与变迁呈现出极其差异化的样态，这就使得全景式描绘村庄变迁图谱几乎成为不可能完成的任务。我们这里只是从社会发展的角度讨论村庄发展与变迁某些方面的基本趋势与问题。

一 农村社会的40年变迁：视角与分析

改革开放40年来，中国农村社会发生了深刻变化，而村庄（或村落）作为农村居民生产生活的基本单位，作为一类最基本的生活共同体（社区），可以更直观和突出地反映农村的发展与变迁。事实上，村庄是村民生活与传统的重要载体，其变迁构成了整个农村社会发展的一条主线，是我们认识农村社会结构与生活的最基本层面。正如费孝通所指出的："无论出于什么原因，中国乡土社区的单位是村落。"② 因此以村庄（或村落）及其变迁为研究的切入点，已成为分析中国农村发展的一条微观路径。

当然，目前国内学界关于如何研究村庄的发展与变迁，也存在不同的研究传统和学科分野。早在20世纪上半叶，由费孝通[③]、林耀华[④]、杨懋春[⑤]、杨庆堃[⑥]等一批中国的学者，形成了村落变迁研究的人类学传统，而且建立了以吴文藻为代表的"社区研究学

---

① 景天魁：《中国社会发展的时空结构》，《社会学研究》1999年第6期。
② 费孝通：《乡土中国生育制度》，北京大学出版社1998年版，第9页。
③ 费孝通：《江村经济》，江苏人民出版社1986年版。
④ 林耀华：《金翼：中国家族制度的社会学研究》，庄孔韶、林宗成译，生活·读书·新知三联书店1989年版。
⑤ 杨懋春：《一个中国村庄：山东台头》，张雄等译，江苏人民出版社2001年版。
⑥ Yang, C. K., *A Chinese Village in Early Communist Tradition*. Cambridge, Mass.: The MIT Press, 1959.

派",开创了"社会学中国化"之先河①。他们相继完成了《云南三村》②《祖荫之下》③等人类学研究的经典之作,而"魁阁"也被学界推介为"中国现代学术集团的雏形"④。甚至可以说,社区研究的兴起不仅代表着社会学中国化的肇始,更是展现了社会学的"中国风格"⑤。

20世纪70年代末中国社会学恢复重建以来,学术界对村落的研究又取得了诸多新进展,尤其是人类学、社会学、政治学、历史学等学科,在研究村落方面都有不少重要成果问世,为推动研究的本土化做了诸多探索。其中有代表性的成果包括:王铭铭关于"溪村"的个案研究⑥,庄孔韶关于金翼黄村的后续田野研究⑦,阎云翔关于东北下岬村的田野研究⑧,周大鸣关于《华南的乡村生活》的追踪研究⑨,朱晓阳关于滇池岸边一个"小村"的案例研究⑩,等等。

以上人类学家多以"参与者"的视角研究村落,但社会学家则更多地是以"观察者"的身份开展村庄研究。特别是社会学家通常把村庄变迁放在更大的社会发展背景下加以分析,以

---

① 吴文藻:《论社会学中国化》,商务印书馆2010年版。
② 费孝通、张之毅:《云南三村》,天津人民出版社1990年版。
③ Hsu, L. K., *Under the Ancestors' Shadow: Chinese Culture and Personality*, New York: Columbia University Press, 1948.
④ 谢泳:《魁阁——中国现代学术集团的雏形》,《西南联大与中国现代知识分子》,湖南文艺出版社1998年版。
⑤ 宣朝庆、王处辉:《从社区研究看社会学的中国风格——以学科理想与知识建构为视角的分析》,《河北学刊》2006年第1期。
⑥ 王铭铭:《社区的历程:溪村汉人家庭的个案研究》,天津人民出版社1997年版。
⑦ 庄孔韶:《银翅:中国的地方社会与文化变迁》,生活·读书·新知三联书店1997年版。
⑧ 阎云翔:《礼物的流动——一个中国村庄中的互惠原则与社会网络》,李放春、刘瑜译,上海人民出版社2000年版;阎云翔:《私人生活的变革:一个中国村庄里的爱情、家庭与亲密关系1949—1999》,龚小夏译,上海书店出版社2006年版。
⑨ 周大鸣:《凤凰村的变迁:华南的乡村生活追踪研究》,社会科学文献出版社2006年版。
⑩ 朱晓阳:《罪过与惩罚——小村故事:1931—1997》,天津古籍出版社2003年版。

解释其发展变化的趋势和未来。例如，折晓叶在《村庄的再造——一个超级村庄的社会变迁》①中，通过对中国南方的一个"超级村庄"的实地研究，分析了在改革开放和工业化的大潮下，当地农民怎样在村域内集体地实现非农化转移，从而说明了村庄由"农"到"工"的转变。毛丹在《一个村落共同体的变迁——关于尖山下村的单位化的观察与分析》②中，用单位、单位体制的视角观察浙江萧山市尖山下村的变迁，用"单位化村落"解释了村落的变迁过程及其特征。卢晖临通过对汪家村长期的田野调查研究了一个集体制度（人民公社制度）如何形成演变的③。而李培林等人则关注到了伴随城镇化快速发展所带来的"村落终结"问题④。

另外，社会学家对村落的研究跟人类学家也存在其他一些方面的不同。比如，社会学更重视实证研究理路，着眼于宏大叙事，试图从宏观上把握中国乡村社会发展的主要脉络，而人类学家更重视微观的"深描"。用庄孔韶的话来说，社会学家专长于大面覆盖的"蝗虫"法，而人类学家专长于小点深描的"鼹鼠"法⑤。

---

① 折晓叶：《村庄的再造——一个超级村庄的社会变迁》，中国社会科学出版社1997年版。
② 毛丹：《一个村落共同体的变迁——关于尖山下村的单位化的观察与阐释》，学林出版社2000年版。
③ 卢晖临：《通向集体之路——一项关于文化观念和制度形成的个案研究》，社会科学文献出版社2015年版。
④ 李培林：《巨变：村落的终结——都市里的村庄研究》，《中国社会科学》2002年第1期；李培林：《村落的终结——羊城村的故事》，商务印书馆2004年版；蓝宇蕴：《都市里的村庄：一个新村社共同体的实地研究》，生活·读书·新知三联书店2005年版；谢志岿：《村落向城市社区的转型——制度、政策与中国城市化进程中城中村问题研究》，中国社会科学出版社2005年版；陈那波、龙海涵、王晓茵：《乡村的终结——南景村60年变迁历程》，广东人民出版社2012年版。
⑤ 庄孔韶：《"蝗虫"法与"鼹鼠"法——人类学及其相关学科的研究取向评论》，《开放时代》2007年第3期。

事实上，目前国内关于村落研究不但存在学科差异，也存在突出的方法论之争或危机①。这既涉及个案与代表性问题，涉及"地方性知识"与"整体社会知识"问题，也涉及研究的"问题意识"与"学科意识"等②。村落研究所面向的是现实形态的村庄生活，这可以为我们提供大量活生生的场景资料。然而，研究者形成的"村落表征"与"生活实践场域的村落"不可能完全一致，难以做到"真实重现"。所以，村落研究的代表性和真实性问题不可能通过一种方法或思路迎刃而解。不过，作为村落研究者，我们应该保持某种警觉，既要防止落入"本土—他者""传统—现代"等二元分析框架的陷阱，也要防止朴素经验主义的特殊个案叙事，从而有效规范地开展相关研究③。

为此，我们提出，应从如下几个方面去寻求村落研究的创新与超越④。第一，个案研究与比较研究相结合，超越个案研究的局限性。传统的村落研究，大多局限于孤立的个案分析。这一研究传统秉持田野研究方法，可为人们提供特定"点"个案的"深描"分析，但是过于具体的个案研究给我们提供的似乎仅仅是一些孤立的"故事"，看不到更广泛的联系及其所反映的乡村社会的一般性问题。第二，微观分析与宏观分析相结合，超越微观民族志的局限性。传统民族志方法为人们提供了一个个鲜活的"故

---

① 王铭铭：《小地方与大社会——中国社会的社区观察》，《社会学研究》1997年第1期；王宁：《代表性还是典型性？——个案的属性与个案研究方法的逻辑基础》，《社会学研究》2002年第5期；刘朝晖：《村落社会研究与民族志方法》，《民族研究》2005年第3期；卢晖临、李雪：《如何走出个案——从个案研究到扩展个案研究》，《中国社会科学》2007年第1期。

② 李善峰：《20世纪的中国村落研究——一个以著作为线索的讨论》，《民俗研究》2004年第2期；赵旭东：《乡村成为问题与成为问题的中国乡村研究——围绕"晏阳初模式"的知识社会学反思》，《中国社会科学》2008年第3期；赵旭东：《从"问题中国"到"理解中国"》，林聚任、何中华主编《当代社会发展研究：中国乡村社会研究回顾与展望专辑》，山东人民出版社2009年版。

③ 林聚任等：《当前村落变迁与新型城镇化研究》，山东人民出版社2017年版。

④ 林聚任：《中国村落研究的传统及其超越》，《山东社会科学》2014年第9期。

事",但这种微观分析具有很大的局限性,难以从整体上反映乡村社会发展的趋势。为走出微观研究的狭隘性,在村落研究中应关注到对其有影响的某些宏观环境因素,进而对其做出综合性分析。第三,结构视角与变迁视角相结合,超越静态分析的局限性。传统的村落研究强调从社会结构的视角关注对特定社区的"共时"分析,不重视整体社会变迁视角。即便有些村落研究试图呈现村落的变迁史,但也仅仅是微观的"小历史",缺乏宏观变迁的照应。第四,经验研究与理论建构相结合,超越经验描述的局限性。民族志式村落研究具有突出的经验描述色彩,然而,这种研究具有明显的重经验描述、轻理论概括的倾向。此外,当前中国村落研究虽然重视对现实问题的研究,但这些研究也多是就事论事,过于具体琐碎,缺乏系统的概括和理论提升。我们在相关研究问题中,应该深入剖析乡村社会的结构性或更深层的问题。

二 村庄发展与变迁的个案呈现

中国地域辽阔,村庄星罗棋布。据统计,1985 年全国村民委员会(行政村)的数量接近 95 万个,1990 年达到 100 多万个,此后数量开始减少,到 2000 年有 73 万多个,2005 年减少到不足 63 万多个,到 2010 年减少到了 59 万多个[1]。而全国自然村落的数量更多,近年来自然村的减少也更为明显。如 1990 年是 377.3 万个,2010 年减少至 273 万个,而到 2015 年减少到 264.5 万个[2]。

近年来,伴随中国城镇化进程的加快,村庄数量显著减少,

---

[1] 国家统计局编:《中国统计年鉴 2011》,中国统计出版社 2011 年版。
[2] 中华人民共和国住房和城乡建设部编:《中国城乡建设统计年鉴 2015》,中国统计出版社 2016 年版。

很多地方正通过旧村改造和撤村并居等形式进行新农村社区化建设。大量村庄合并和新型社区的崛起，极大地改变了乡村面貌和人们的生活方式。原来相对封闭的城乡界限已被打破，而传统村落文化和生活方式式微。这种快速的社会转型不仅意味着城乡空间的重组和社会生活方式的转变，更意味着整个农村社会发展已处于非常重要的转型阶段[①]。

许多学者为纪录当前中国乡村所发生的这些巨变，选择部分村庄为个案开展了一系列研究。其中，以中国社会科学院陆学艺为最早的组织者所主持的国家社科基金"九五"重点项目"百村经济社会调查"，是迄今中国村庄研究领域计划长远、参与广泛、影响很大的一项大规模学术研究工程，这是对20世纪90年代开展的中国百县市调查的充实与完善。此研究项目计划通过对全国100个村庄的调查，系统分析这些村1949年以来，特别是改革开放以来在政治、经济、社会、文化等方面的变迁。其系列研究成果列为"中国百村调查丛书"。目前已陆续出版了《内发的村庄：行仁村》[②]《屯堡乡民社会：九溪村》[③]《城市化中的石牌村》[④]《大别山口的美丽家园：落儿岭村》[⑤]《辽河岸畔锡伯村》[⑥]《一个北方村落的百年变迁：冷水沟村》[⑦]等数十本。这些研究体现了新时期中国村落研究的重要成果。

中国百村调查丛书的基本宗旨是：从微观层次上对这些村，

[①] 林聚任：《村庄合并与农村社区化发展》，《人文杂志》2012年第1期；林聚任等：《当前村落变迁与新型城镇化研究》，山东人民出版社2017年版。
[②] 陆学艺等：《内发的村庄》，社会科学文献出版社2001年版。
[③] 孙兆霞：《屯堡乡民社会：九溪村》，社会科学文献出版社2005年版。
[④] 郑孟煊主编：《城市化中的石牌村》，社会科学文献出版社2005年版。
[⑤] 王开玉等：《大别山口的美丽家园》，社会科学文献出版社2008年版。
[⑥] 曹晓峰等：《辽河岸畔锡伯村》，社会科学文献出版社2012年版。
[⑦] 林聚任：《一个北方村落的百年变迁》，社会科学文献出版社2013年版。

乃至村里的每个农户在改革开放以来的变化情况加以调查，经过分析，全面系统地加以描述，形成村户调查的著作①。因此，这套丛书关于村庄的调查研究，在内容上是综合性的，涉及经济、政治、社会、文化等诸多方面，研究者的学科背景也是多方面的，并不限定于社会学领域。当然，每一项成果也有其自身的侧重和特点，比如，《一个北方村落的百年变迁》结合历史材料与实地调查资料，全面系统分析了冷水沟村近百年来的社会变迁及其发展趋势。尽管在内容上对村庄变迁做了综合研究，但是这一研究极不同于人类学的民族志叙事，也不同于村庄史的描述，后者更关注历史过程本身的描述，而社会学则更强调对变迁过程的解释。此书强调结构性的社会变迁分析，即把冷水沟村的变迁跟近百年来中国农村所发生的重大变迁结合起来，从微观分析与宏观分析相结合的角度加以综合解释。其基本研究策略是，冷水沟村是研究的一个案例，但又不能仅仅把它看作是一个特例②。

另外一套大型村庄研究丛书是中国社会科学院于2006年开始启动和实施的"国情调研"项目——"中国村庄调研"，由农村发展研究所和人口与劳动经济研究所牵头。其中，第一期项目为时三年（2006—2009），选择了30个村庄为调研对象。2010年又开展了第二期国情调研村庄项目，仍然选择30个村庄作为调研对象。此项目的目的是以中国东中西部不同类型、社会经济发展各异的村庄为调查对象，为每个所调查的村庄撰写一部独立的书稿。通过问卷调查、深度访谈、查阅村情历史资料等田野式调查方法，详尽反映村庄的农业生产、农村经济运行和农民生活的基本状况及其变化趋势、农村要素的配置效率及其变化、乡村治理的现状

---

① 陆学艺等：《内发的村庄》，社会科学文献出版社2001年版。
② 林聚任等：《一个北方村落的百年变迁》，社会科学文献出版社2013年版。

与变化趋势、农村劳动力转移的现状与趋势、农村社会发展状况等问题。目前该项目已出版数十本成果,包括《李集村:农民生产和生活的 60 年变迁》[1]《李罗侯村 76 年的变迁》[2]《雁田新治理》[3]《山海丰村》[4]《干沟子村的发展与变迁——辽西农民生产与生活的历史缩影》[5]《无工业村庄现代农业发展之路》[6]。这些研究极大地丰富了中国村庄研究成果,留下了大量宝贵的资料。此外,其他一些学者以本地村落研究为主,发表了不少相关成果。还有一些历史学家也关注对村落的历史变迁研究,如张思等人的《侯家营:一个华北村庄的现代历程》[7]。

但由于中国的村庄众多,区域差别较大;所以,要研究中国的村庄,除了考虑区域分布之外,另外还要从类型学或者典型性方面考虑选择村庄。在此过程中,有些学者特别关注了对当代中国农村变革中出现的一些典型村庄(如小岗村、华西村、南街村)的研究。其中,包括陆益龙对安徽小岗村的调查[8]、刘倩对河南南街道的研究[9]等。

中国村庄的个案故事,既有共同之处,当然也有特定案例和经验,甚至一些海外学者做了特定案例的研究[10]。可以说,一些非

---

[1] 林刚:《李集村:农民生产和生活的 60 年变迁》,中国社会科学出版社 2010 年版。
[2] 朱文强:《李罗侯村 76 年的变迁》,中国社会科学出版社 2011 年版。
[3] 胡必亮:《雁田新治理》,中国社会科学出版社 2012 年版。
[4] 李静:《山海丰村》,中国社会科学出版社 2014 年版。
[5] 隋福民:《干沟子村的发展与变迁——辽西农民生产与生活的历史缩影》,中国社会科学出版社 2015 年版。
[6] 徐鲜梅:《无工业村庄现代农业发展之路》,中国社会科学出版社 2016 年版。
[7] 张思等:《侯家营:一个华北村庄的现代历程》,天津古籍出版社 2010 年版。
[8] 陆益龙:《嵌入性政治与村落经济的变迁:安徽小岗村调查》,上海人民出版社 2007 年版。
[9] 刘倩:《南街社会》,学林出版社 2004 年版。
[10] Chan, A., R. Madsen, J. Unger, *Chen Village: The Recent History of A Peasant Community in Mao's China.* Berkeley: University of California Press, 1984;陈佩华、赵文词、安戈:《当代中国农村历沧桑:毛邓体制下的陈村》,牛津大学出版社 1996 年版。

常特殊的典型村庄是时代的特殊产物，有其自身发展的特定问题，因而不能复制。但是有些村庄的发展，实际上是中国整个城乡社会发展的缩影，可以反映发展的某些基本趋势。

比如，折晓叶在《村庄的再造——一个超级村庄的社会变迁》研究基础上，她跟陈婴婴（2000）又进一步研究了乡镇企业的崛起对中国村庄发展的重要意义。她们指出，"超级村庄"的出现作为20世纪90年代以来农村发展出现的"新现象"，创造出了一种称之为"中间"形态的存在方式——不同于传统意义的乡，又不同于现代意义的城，即为一种新型的社区形态。"超级村庄"是乡村工业化的产物，工业和企业制度不仅进入了村庄，并且在事实上完成了与村庄的再整合，形成了不完全、不纯粹的现代企业制度形态[1]。

事实上，中国村庄的发展从来不是孤立的，"内源性发展"仅是其中的一个方面，而来自村庄外部政策性或结构性的因素影响更为显著。特别是改革开放以来，乡村的发展虽然极大地受制于城乡二元结构的影响，但整体而言，工业化和城镇化对村庄发展所带来的影响是前所未有的，因此村庄所发生的结构性巨变也是前所未有的。

三 村庄变迁：转型或终结

在快速的城镇化背景下，中国村庄的未来与前景问题受到了广泛关注。乡村如何转型或村落走向终结，成为人们关注的焦点问题。毛丹他们[2]基于对浙江乡村社会发展的研究提出，要讨论中国农村30年的变迁与转型，首先应集中理解村庄的转型。他们从村庄与市场、村庄与国家、村庄与大社会三个不同纬度研究了当

---

[1] 折晓叶、陈婴婴：《社区的实践："超级村庄"的发展历程》，浙江人民出版社2000年版。
[2] 毛丹等：《村庄大转型——浙江乡村社会的发育》，浙江大学出版社2008年版。

前村庄发展的大趋势。

但最受学界关注的是李培林等学者关于"村落终结"的研究。李培林[①]通过对"羊城村"的实地研究,提出在改革开放的大趋势下,在工业化、城镇化的双重驱动之下,村庄的五种边界开始逐步分化,变得不再重合了。"经济的逻辑和铁律,不可避免地要侵入羊城村这个工业文明海洋中的孤岛。和其他那些经济上发达起来的'城中村''超级村庄'一样,羊城村首先以其经济上的实力,冲破村落边界的限制,把村落经济活动的触角,通过市场的网络,与城市和整个外部世界连接起来……最后,社会边界也难以保持完整了,血缘和地缘关系逐步淡化和消解,社会边界的彻底解体,意味着村落的终结。"[②] 李培林最后也指出,村落终结的过程并不是轻松欢快的旅行,其中不仅充满利益的摩擦和文化的碰撞,而且伴随着巨变的失落和超越的艰难。蓝宇蕴则把这类"城中村"看作一个"新都市村社共同体",它跟传统的小农村社共同体是相对应的、有区别的,它是弱势的农民走向城市的"新社会空间"或"过渡地带"。[③] 或者说,"城中村"是一种不彻底的城镇化现象,它既不再是传统意义上的村落,但又没有完全转变为城市社区。这是中国城镇化发展中出现的一类"非城非乡,亦城亦乡"的特殊现象。

对"城中村"这类特殊现象,学者们已做了大量相关研究[④]。对此现象,田毅鹏他们则从"城乡结合部"的社会样态做了进一

---

① 李培林:《巨变:村落的终结——都市里的村庄研究》,《中国社会科学》2002年第1期;李培林:《村落的终结——羊城村的故事》,商务印书馆2004年版。
② 李培林:《村落的终结——羊城村的故事》,商务印书馆2004年版,第40页。
③ 蓝宇蕴:《都市里的村庄:一个新村社共同体的实地研究》,生活·读书·新知三联书店2005年版。
④ 蓝宇蕴:《城中村:村落终结的最后一环》,《中国社会科学院研究生院学报》2001年第6期;谢志岿:《村落向城市社区的转型——制度、政策与中国城市化进程中城中村问题研究》,中国社会科学出版社2005年版;刘梦琴:《村庄终结:城中村及其改造研究》,中国农业出版社2010年版。

步分析，提出"城乡结合部既承载了传统城乡二元结构的历史遗产，又是'城市内部二元结构'展开的平台"[①]，应当视之为一个特殊的地域社会样态，作"地域社会"的概念理解。他们另外指出，"村落终结"的形态是多元的：位于城市边缘地带的村庄被迅速扩张的城市所吸纳；而远离城市的偏僻村落则是在过疏化、老龄化背景下而走向"终结"；在政府社会规划工程的主导下，通过村落合并等形式，亦使村庄在短时间内快速实现"城市化"[②]。

但是，无论从哪个方面去研究此类现象，学者们都关注到了中国城乡结构的特殊"二元性"问题。不管是"城中村"还是"村改居"社区，都难以消除的问题是"城乡二元性"。与"村改居"相关的大量问题的存在反映了当前中国城乡结构变革的特殊性和滞后性，呈现出一系列转型性的矛盾和失序，使"村改居"突出表现为制度和组织管理不接轨、有形无实、似城非城、居民待遇不平等等样态[③]。特别是由于原来村庄是集体所有制，因此农村集体资产的改制成为了"村改居"的一个难题。农村集体资产改制的实质是农村集体经济经营向现代企业制度转化。但从村居改制的具体操作过程中先进行农村集体资产改制，再落实户籍、城市社会保障等实践来看，集体资产改制事实上却成为了农民市民化的制度壁垒。由于"村改居"的需要，原村属集体资产改制，集体企业剥离成为事业公司，村民变股民，参与分红，股权可继承、内部转让但不能对外买卖，具有明确的封闭性。而且在组织机构设置和人员组成上，许多社区居委会只是原村委会换了块牌

[①] 田毅鹏、齐苗苗：《城乡结合部"社会样态"的再探讨》，《山东社会科学》2014年第6期。
[②] 田毅鹏、韩丹：《城市化与"村落终结"》，《吉林大学社会科学学报》2011年第2期。
[③] 马光川、林聚任：《分割与整合："村改居"的制度困境及未来》，《山东社会科学》2015年第9期。

子，人员构成亦未有结构性变动，外来人员比例过小且难以进入核心管理层。原村落共同体与外来人在经济、福利、权力以及社会生活圈上分属两个完全不同的身份和管理系统，因而形成了明显的新"二元社区"特征。

四 农村社区化发展与村庄变革

进入21世纪以来，农村社区化发展日益成为村庄变革的大趋势。中国农村社区建设的推行虽然迟于城市社区建设，但近年来在东部发达地区，各地政府为追逐更快的城镇化和工业化，在"城乡建设用地增减挂钩"的政策下，大力推进以旧村改造、整村迁建、合村并点为主要形式的"农村社区化"运动[①]。

急剧的村庄变革已成为当前中国城乡社会快速转型的一个缩影，大量自然村落消失，标志着乡村发展进入了社会转型的新阶段。但在农村新型社区建设的类型、方式及实践政策上，一方面全国各地有一些不同的实践经验，另一方面人们也有不同的看法。在经济发展较快的"长三角""珠三角"地区，较早推行了"三集中"政策，即工业向园区集中，农用地向规模经营集中，居民居住向社区集中。江苏、浙江等省率先发展小城镇，在推动城乡转型方面走在了全国前列。近年来山东省各地开展了大规模的农村新型社区建设，在潍坊、淄博、德州、莱芜、泰安、济宁、菏泽等地，新型社区纷纷设立，出现了越来越多的"万人村"，"大村庄制"似乎成了当前齐鲁大地广大农村发展的主流模式。其中，"诸城模式"等典型受到了广泛关注[②]。当前村

[①] 林聚任：《村庄合并与农村社区化发展》，《人文杂志》2012年第1期。
[②] 李成贵等：《造福农民的新机制——山东省诸城市推进农村社区化服务的实践与成效》，人民出版社2008年版。

庄合并和新型社区有不同的类型，比如"一村一社区""多村一社区"等①。还有学者从村庄合并的机制角度将其分为自下而上的自发模式和自上而下的计划模式②。可以说，当前的农村新型社区化发展，并非只是村庄自身的变迁，而是涉及整个乡村社会的变迁。需要深入研究这种变迁的动因机制，分析其背后的经济社会因素，从而为深入认识当前的村庄变革及未来提供有益的视角。

关于新型社区建设的动因，既来自农村本身发展的现实要求，也来自近年来强有力的政府推动和政策支持。从农村本身发展面临的现实问题来看，原有自然村落分散，加之大量人口外流，村庄空心化问题日益突出凸显。如田毅鹏指出，在工业化和城镇化的拉动下，农村人口不断流入城市，而乡村尤其是那些偏远村落，则成为人口稀少的过疏地域。村落过疏化的一个重要后果是村庄空心化。由于村民大量外流，导致很多村落房屋的大量空置化，一些外出打工的农民纷纷把家安到了城（镇）里，造成农村的旧宅子"人去屋空"。村庄房屋大量闲置不仅仅是资源的浪费，更使昔日的村落邻里关系联结遭到破坏，甚至走向解体。而村落合并是各国应对过疏化村落组织衰败的最常用方法之一③。

当然，中国的农村社区建设从一开始就具有突出的政策性，主要推动力来自国家和各地政府。自 2009 年开始，在全国试点的基础上，全面推行了农村社区建设。而在实施新型城镇化背景下，部分省市更是出台各种办法大力推进农村新型社区建设。毛丹对此指出："近年来，虽然中央政府从未明确把发展农村社区和城乡社区衔接，作为村庄转型的方向和解决城乡二元化的路径，但是

---

① 高灵芝：《"多村一社区"的社区公共服务供给的非均衡问题——基于山东省的调查》，《山东社会科学》2012 年第 12 期。
② 刘传江：《村庄合并重组型农村城镇化及其制度特征》，《长江论坛》1999 年第 1 期。
③ 田毅鹏：《村落过疏化与乡土公共性的重建》，《社会科学战线》2014 年第 6 期。

中央政府尤其是涉农部门实际上在自觉不自觉地往这个方向趋行。"① 此外,"资本下乡"对推动农民集中居住("农民上楼")与农业的规模经营("土地流转"),甚至构造新的村庄治理结构也是极大的推动力量②。

当前快速的村庄合并这一具有特定意义的乡村变革标志着中国村庄发展正步入新阶段。原来自然分散的、熟人性的、以乡土生活为主的村落共同体在快速消失,代之以更多集中化的、陌生性的、以非农生活为主的新社区。但在大力推进农村新型社区建设的过程中,也存在诸如行政化力量干预过强、"一刀切"等突出问题。"总之,我国已经进入了城乡发展的新阶段,同时也面临许许多多的社会矛盾和社会问题,这需要通过深化体制改革和社会建设逐步解决。村庄合并和农村新型社区化是农村未来发展的一个方向,但并不是最终目标,我们应在城乡一元观的统领下,实现城乡社会发展的有序整合。"③

五 "项目进村"与村庄治理新模式

中国乡村基层治理问题长期以来备受关注,社会学、政治学等学科学者已做了大量研究,发表了一系列成果④。但在这里,我

---

① 毛丹:《村庄前景关乎国家愿景》,《人文杂志》2012 年第 1 期。
② 周飞舟、王绍琛:《农民上楼与资本下乡:城镇化的社会学研究》,《中国社会科学》2015 年第 1 期;焦长权、周飞舟:《"资本下乡"与村庄的再造》,《中国社会科学》2016 年第 1 期。
③ 林聚任、董萍:《当前农村新型社区化发展的困境与未来——基于山东省的案例分析》,《华南师范大学学报》(社会科学版)2016 年第 5 期。
④ 张静:《基层政权——乡村制度诸问题》,浙江人民出版社 2000 年版;于建嵘:《岳村政治:转型期中国乡村政治结构的变迁》,商务印书馆 2001 年版;吴毅:《村治变迁中的权威与秩序:20 世纪川东双村的表达》,中国社会科学出版社 2002 年版;贺雪峰:《乡村治理的社会基础——转型期乡村社会性质研究》,中国社会科学出版社 2003 年版;孙秀林:《当代中国的村庄治理与绩效分析》,广西师范大学出版社 2015 年版。

们不去全面总结相关的研究成果，而是结合"项目制"的推行来看村庄治理的一些新变化。

项目进村已经成为当前村庄利用国家既有体制机制获取资源、谋取非常规发展的新模式。与传统意义上的"内源性"村庄发展模式不同，项目进村主要通过外来的资源促进村庄发展，这样可以突破村庄原有的发展格局或局限性。尤其是在市场经济条件下，村庄已不再是封闭自主的单元，而是成了整个经济社会体系的一部分。因此，村庄若能充分发挥"项目进村"的"借力效应"[①]，无疑将会极大地促进村庄资源的重新整合，改变村庄的主要生产经营方式以及组织管理状况，形成新的发展机制，从而带动村庄实现经济与社会的新发展。因为"项目制"在带来资源的同时，其实施和运作已变成某种组织化的乡村治理与发展新模式。

关于"项目制"，近期学者们已从不同方面研究了其对村庄发展及其治理体制的影响。如折晓叶和陈婴婴通过对国家部门的"发包"机制、地方政府的"打包"机制和村庄的"抓包"机制的分析，指出"项目制"作为新旧体制衔接过程中对既得利益补偿的一个重要机制，为分级治理搭建了一个制度平台，可增加公共品的供给，增加村民参与的公共空间，实现村庄公共治理。[②] 渠敬东指出，"项目制"作为"一种新的国家治理体制"，[③] 通过国家财政的专项转移支付等项目手段，可突破以单位制为代表的原有科层体制的束缚，遏制市场体制所造成的分化效应，加大民生工程和公共服务的有效投入。陈家建提出，相比于传统的科层体制，

---

① 应小丽：《"项目进村"中村庄自主性的扩展与借力效应：基于浙江 J 村的考察》，《浙江社会科学》2013 年第 10 期。
② 折晓叶、陈婴婴：《项目制的分级运作机制和治理逻辑——对"项目进村"案例的社会学分析》，《中国社会科学》2011 年第 4 期。
③ 渠敬东：《项目制：一种新的国家治理体制》，《中国社会科学》2012 年第 5 期。

项目制使得上级部门拥有集中的资金管理权、特殊的人事安排权以及高效的动员程序，从而能更快地见到成效。而且，项目制的"自我扩张"效应使得项目制越来越深入政府体系中，具有持续性及不断增长的影响力。[1]而周雪光进一步指出，"项目制"作为一种自上而下的资源配置形式，溢出财政领域成为国家治理和贯彻政策任务的一个重要机制，实质体现的是各级政府间的"控制权"关系。[2]

当然，"项目制"的意义并不仅仅是国家治理的一种新形式，其类型和方式是多种多样的，所带来的影响也是多方面的。或者说，"项目制"并不只是政府资源进行自上而下重新分配的一种方式，它不仅仅是乡村治理的重构[3]，而是具有更广泛的目的和意义。事实上，改革开放以来，市场和政府越来越成为影响农村经济社会发展的重要外在性因素，"项目制"的广泛实施就是一个突出表现。

项目进村作为一种新的村庄治理与发展模式具有其独特优势。一方面，它是一种外部资源输入或项目带动发展的方式，对于原来相对封闭和资源匮乏的村庄而言，其对生产经营及村民生活带来的直接效应是显而易见的；另一方面，良好的进村项目需要良好的运作机制和组织条件保障，需要"接地气""有人气"，这样才能使项目发挥最大效益，从而输入新生力量，带动村庄的转型发展[4]。当然，在"项目制"的实施过程中，因为涉及国家、地

---

[1] 陈家建：《项目制与基层政府动员——对社会管理项目化运作的社会学考察》，《中国社会科学》2013年第2期。
[2] 周雪光：《"项目制"：一个"控制权"理论视角》，《开放时代》2015年第2期。
[3] 李祖佩：《项目进村与乡村治理重构——一项基于村庄本位的考察》，《中国农村观察》2013年第4期。
[4] 林聚任等：《"项目进村"与村庄转型发展——以烟草企业"非烟生态村"项目为例》，《探索》2016年第3期。

方政府及村庄村民等多方利益关系，这会导致一味"跑项目"，使富者更富、贫者愈贫的不平等倾向更加严重，或者使有项目与无项目的村庄之间产生分化[①]。项目下乡也会带来一些"意外"后果，导致"村治困境"[②]，或者"项目进村"的实践效果具有非常大的差异性[③]。

因此，为使项目进村更好地发挥其社会经济效益，需要关注以下几方面的问题[④]。第一，强化"项目制"的绩效管理，明确各方责、权、利。有些项目的实施重立项，轻监督管理，主要停留在"给钱送物"上，最终成效不显著。这需要强化项目管理，并强化监督和评估机制。第二，确立项目设置和实施的规范程序，有针对性地开展项目进村。这里需要考虑项目各方的利益与需要，明确项目设置的目标、申报条件及程序，以克服某些人为因素或偶然因素的影响。第三，"项目进村"需充分考虑村庄的实际需要并得到村民的积极响应。"项目进村"需要充分考虑村民的需求和意愿，并努力得到村民的广泛参与和支持。项目能否落地并发挥效益，跟村民的积极参与密切相关。第四，处理好内源发展与外源发展之间的关系。"项目进村"作为一种外生性的发展力量，其作用的充分发挥还需要有内生性的力量，二者的有机结合才可发挥最大效益。这就需要调动村庄各种资源，整合各方面的力量，建立良好的合作关系，从而实现项目促进和带动村庄发展的目标。

[①] 叶敏、李宽：《资源下乡、项目制与村庄间分化》，《甘肃行政学院学报》2014年第2期。
[②] 李祖佩：《"资源消解自治"——项目下乡背景下的村治困境及其逻辑》，《学习与实践》2012年第11期。
[③] 刘成良：《"项目进村"实践效果差异性的乡土逻辑》，《华南农业大学学报》（社会科学版）2015年第3期。
[④] 林聚任等：《"项目进村"与村庄转型发展——以烟草企业"非烟生态村"项目为例》，《探索》2016年第3期。

六　结语

改革开放以来，特别是进入 21 世纪后，由于城镇化进程的加快，中国乡村正在发生史无前例的转变。其中，发生在村庄层面的变革更为突出和直观，大量村庄消失、合并或重组，传统意义的村庄形态和结构发生巨变，而"新型社区"在崛起，村庄的组织结构及其治理也在发生转变，村落共同体的命运受到了前所未有的关注。作为村庄研究者，我们不但要记录这些历史性的社会变迁，而且要把它放在中国更大的城乡社会历史变迁背景下去研究村落的发展及其未来。

改革开放 40 年来中国的阶层结构变迁与消费升级

张 翼[*]

中国改革开放以来的最大变化,就是伴随经济与社会的发展,阶层结构也发生了划时代意义的转型。社会结构从以农民阶层为主的社会转变为农民阶层、工人阶层和中产阶层等多元共存的社会。消费的升级过程表现着社会阶层结构的优化过程。对于不同的阶层而言,消费升级是一个复杂的、梯度跟进的、对美好生活的主观需求存在异质化追求特征的生活改善过程。要释放出阶层结构变化所带来的消费需求红利,就需要针对不同的阶层需求设计激励政策,并以底线公平法则塑造消费环境。

党的十九大报告指出,中国未来在中高端消费中要培育新的增长点,要"完善促进消费的体制机制,增强消费对经济发展的基础性作用"[①]。消费社会学的研究业已发现,阶层的形成与阶层的分化以及阶层结构的变迁等,对消费的升级、消费的中高端市场的培育、消费领域新增长点的开发,具有极其重要的引导意义。

---

[*] 张翼,中国社会科学院社会发展战略研究院研究员。
[①] 习近平:《决胜全面建成小康社会 夺取新时代中国特色社会主义伟大胜利——在中国共产党第十九次全国代表大会上的报告(2017 年 10 月 18 日)》,人民出版社 2017 年版,第 34 页。

而中国改革开放以来的最大变化就是，伴随经济与社会的发展，阶层结构也发生了划时代意义的转型。应该说，在中国从农业社会转变为工业社会和后工业社会，在劳动力人口从定居就业转变为迁居就业，在家户（household）规模从大家庭转变为小家庭或单人家庭，在聚落方式从乡村转变为城镇，在大众传媒从人际与传统媒体转变为互联网等新媒体的过程中，社会结构也从以农民阶层为主的社会转变为以农民阶层、工人阶层和中产阶层等多元共存的社会。

与之同时发生的另外一个引人瞩目的变化是，中国也从计划经济转变为市场经济，并进而使市场在资源配置中起到了决定性作用。借助于市场的调节，中国不仅满足了国内的消费需求，而且也以丰富的人口红利支撑起"中国制造"，为世界各国供给了琳琅满目的出口商品。中国的内部市场也发生了从卖方市场向买方市场的重大转型。中国社会的消费结构，更是从自给与半自给的社会转变为以商品为主的社会，从供给不足与商品短缺的社会转变为供给充足与商品多样化的社会。人们的消费习惯，也从模仿型排浪式过渡到个性化与定制化。中国社会已经发生或仍在继续发生的千年未有之大变局，在本质上反映的是渐进的、梯度升级的、各个阶层都在日益改进的生活方式革命。人民对美好生活的需要，也在不同阶层体现着转型社会的、阶段性变化的、既存在共性追求又相互区别的结构性与排优序特征。

消费品的流动与分配方式也从再分配模式转变为市场流通模式。在计划经济时期发生的单位内部分配、票据分配与身份等级分配等，也逐渐转变为消费品在商品化、市场化过程中的货币化分配。毋庸置疑，收入的多寡、购买力的强弱、消费的短时段与长时段安排、消费与储蓄的预期心理等，在很大程度上决定着消费品的市场转型与消费者对商品与服务的自我分级。不同阶层的收入不同、审美品位不同、消费与劳动过程的价值追求不同，由收入所决定的各个阶层的消费结构也会不同。

正因为如此，消费的升级过程表现着社会阶层结构的优化过程。要分析消费结构的转型或消费的升级过程，就必须首先分析阶层结构的变迁过程。

一　中国社会阶层结构的优化

改革开放以来，伴随市场经济的发展与职业分化的进行，中国的阶层结构，开始从改革开放之前的"两阶级一阶层"结构（农民阶级、工人阶级和知识分子阶层）逐步转变为多阶层结构。不同的社会学家，根据不同的标准，在不同的历史时期，会将中国的社会结构划分为不同的阶层结构，因此才有"十大阶层说""六个阶层说""五个阶层说"等。虽然每个学者划分阶层的理论依据及可资利用的数据不同，但在划分过程中，都不约而同地注意到了农民阶层的缩小、工人阶层的壮大与中产阶层的崛起这个事实。而这个事实，基本可以代表中国社会变迁的总体趋势。

在2000年之前，因为多种因素的影响，社会学界没有收集到可以划分阶层的、具有全国性代表意义的量化数据。自2001年开始，中国社会科学院较早地收集了这方面的资料。根据连续五轮的全国性CSS（Chinese Social Survey）问卷调查数据，我们得到以下基本结论。

第一，农民阶层的人数长期处于下降的态势。在21世纪之前的各个统计年度，农民阶层的人数占比曾经居高不下。但在改革开放加快了城镇化速度之后，农民阶层主要以向农民工转化的方式，改变了自己的阶层位置。千百年来，中国都是一个以农民阶层为主的国家。农民阶层与土地的结合形塑了定居社会的基本形貌，熟人社会与村落内部的亲缘化家族关系，以及自给自足的生产方式，形塑了中国乡土社会的消费结构。1978年，中国70.5%的劳动力人口在第一产业就业，绝大多数属于农民阶层。1990年这一比例降低到60.1%，2000年降低到50%，2010年降低到36.7%，2016年降低到27.7%。[①] 因为2017年全年的农民工数量又有所上升，所以，农民阶层的人数还会下降。在这里，如果只以60岁以下的劳动参与人口划分阶层，则农民阶层的人数会下降到25%以下。

第二，工人阶层所占比重在达到峰值后也开始下降。工人阶层的主要来源，其一是工人阶层自身的代际生产与再生产（这个群体所占比重处于下降态势），其二是农民阶层向工人阶层的代内流动（这个群体所占比重仍然处于上涨态势）。改革开放之初，农民阶层在比较收益的诱致下，通过草根性流动，在农闲时间就近流动到城镇打工或搞副业，将自己短期转变为农民工。但伴随农业机械化水平的提升，农民工越来越多地转变为城市或城镇的长期就业人员。到"80后"成为农民工主体之后，农民工就转化为"农业户口"的城镇就业人员的标准概念。因为这个被称为新生代的农民工群体，从其离开学校的那一天起，就很少从事农业生产，或者根本就没有从事过农业生产，他们是名副其实的产业工人阶层。这个阶层的壮大与中国成为制造业大国的履历同步发展。在2008年国际金融危机之后，因为出口增长率的萎缩，工人阶层在劳动力人口中所占比重也开始降低。根据我们问卷调查得到的数据，2010年在所有劳动参与人口中其占比在36%左右，目前下降到33%左右。农民阶层的工人阶层化，不仅将中国从定居社会转

---

① 数据来源于中国国家统计局编《中国统计年鉴2017》表4—3，中国统计出版社2017年版，第9页。

型为迁居社会，而且改变了自给自足的社会基础，使绝大多数人口进入商品化生活阶段。最初，农民工是自带口粮进城打工。在粮票制废除之后，农民工在城市与城镇的消费，就完全商品化了。如果以常住人口计，则有越来越多的农民工已经被城镇化为产业工人与服务业工人了。

第三，雇主阶层是改革开放以来新生的社会阶层。如果我们将雇用人数等于或超过3人，拥有一定的生产资料的劳动者定义为雇主阶层的话，那么，在2000年之前，这个阶层占劳动参与人口的比重不足3%，在2010年达到4%左右，目前大约在5%。这些人中的绝大多数收入较高，既有工资性收入，也有财产性收入。在西方各国，雇主阶层所占比重一般不超过3%，但在中国的目前阶段，由于大众创业、万众创新政策的支持，其所占比重才高于欧美各国。

第四，老中产阶层所占比重缓慢上升。这个阶层也是改革开放之后新生的社会阶层。有些社会学家将这个阶层翻译为"旧中产阶层"，其实含义都是英文的 old middle class，主要指那些拥有一定的生产资料，以自雇的方式完成劳动经营过程的人员。虽然这些人有时也发生雇用行为，但雇员主要以家庭成员为对象，雇用人数也在2人以下。总体来说，这个阶层的文化程度不高，生产资料规模较小，经营中的盈利较低。在2000年之前，其大约占劳动参与人口的10%，最近上升到15%左右。其中的一部分属于农民工返乡创业人员，一部分属于城市文化程度较低、年龄较大的小商人，还有一部分属于城市拆迁改造中分得了"底商"的周边农村失地农民。市场经济的存在，给老中产阶层的生存创造了一定的经济活动空间和社会活动空间。这部分人的生活方式与消费结构，也与计划经济时期的市民阶层有很大不同。

第五，新中产阶层迅速崛起。不管是中国国内的学人，还是西方各国的专家,都把中国新中产阶层的崛起确定为影响世界的重大事件。这个阶层之所以叫作新中产阶层,是其与老中产阶层相比而显示出的"无资产"特征。即使其投资了所谓的"产业"或入股于某些产业,但其中的绝大多数人的劳动过程与自己投资或入股的产业没有关系。而且,这个阶层还普遍接受过大学教育,在劳动力市场竞争中占据人力资本优势,比农民阶层和工人阶层的平均收入高出很多。在2000年之前,其占劳动参与人口的比重不到7%,但伴随大学的扩招、企业的升级换代,以及第三产业的扩张,新中产阶层的人数与比重迅速提高,2010年达到13%左右,目前达到19%左右。伴随整个中国后工业化态势的显化,这个阶层的人数占比还会更为迅速地增长。他们既是改革开放之后新生的阶层,也是新生的新消费拉动的主力。媒体报道的出境游与出境品牌消费,主要发生在这个阶层身上。

通过上面的分析可以看出,中国社会的阶层结构已与原来截然不同。中国不仅已由以农民阶层为主的社会转变成农民阶层、工人阶层和中产阶层等多元并存的社会,而且在转变中强化了中产阶层的崛起趋势。在以职业为标准并结合生产资料占有的多少而划分的阶层结构中,农民阶层占劳动参与人口的比重已降低到28%左右(如果只以60岁以下的劳动参与人口分析,则农民阶层所占比重会下降到25%以下)。伴随土地流转与农业现代化的进行,也伴随老年农民参与生产可能性的降低,这个阶层的人数还会继续缩小。工人阶层在工业化初期的扩张中壮大了自己的队伍,但在工业化基本完成过程中,已伴随生产自动化水平的升级而趋于缩小,在后工业化特征越来越强的发展路径中,这个阶层所占比重还会继续降低。从新加坡、中国港澳台地区的发展经验看,老中产阶层在发展到一定规模之后,就不再具有扩张的动力。从西方各国的发展历史也可以发现,雇主阶层的占比也不会超过

5%。在美国当前的劳动参与人口中，雇主阶层不仅在劳动力人口中所占比重较低，而且这个阶层的绝大多数是小雇主，比如说，在美国的整个雇主阶层中，有54%左右雇主的雇员人数在4人以下，95%的雇主的雇员人数在50人以下。[1] 所以，中国未来最引人注目的变化，在于新中产阶层的高歌猛进。

二 社会发展、阶层结构与消费升级

一般而言，伴随人们收入水平的提高，在家庭总消费中，或者在单个人组成的以住户为计量单位的总消费中食品消费的比重会趋于降低。反之，一个人或一个家庭的收入越低，则其用于食品消费的支出在总消费中所占的比重会趋于上升。这个现象叫作恩格尔定律。我们曾经以恩格尔系数为标准，讨论过启动消费的社会政策因素。[2] 根据联合国粮农组织的估计，个人或家庭的恩格尔系数，在19%及以下为最富裕，20%—29%为富裕水平，30%—39%为相对富裕水平，40%—49%为小康水平，50%—59%为温饱水平，60%以上为贫困水平。以此衡量中国的消费升级过程就会发现：（1）1978年，城镇和农村的恩格尔系数分别是57.5%和67.7%。因为农村人口远远大于城镇人口，所以，经过加权平均得到的全国的恩格尔系数大于60%。从总体上来说，在改革开放之初，绝大多数中国人的生活水平并不高。（2）1990年，城镇和农村的恩格尔系数分别是54.2%和58.8%，基本达到了温饱水平。（3）2000年，城镇和农村的恩格尔系数分

---

[1] 数据来源于美国劳工统计局网站（https://www.bls.gov/bdm/sizeclasqanda.htm），2018年2月11日。

[2] 李培林、张翼：《消费分层：启动经济的一个重要视点》，《中国社会科学》2000年第1期。

别是39.4%和49.1%，基本达到了小康水平。（4）2010年，城镇和农村的恩格尔系数分别是35.7%和41.1%，城镇达到了相对富裕水平，农村接近小康水平的上限。

表1给出了最近几年全国层面的恩格尔系数。2013年恩格尔系数降低到31.2%，2014年降低到31.0%，2015年降低到30.6%，2016年降低到30.1%。根据联合国粮农组织给出的消费区间，中国当前的消费水平已经从总体上达到了相对富裕水平。

这就是说，改革开放以来，中国社会的消费，首先从贫困水平升级到温饱水平，然后从温饱水平升级到小康水平，目前正在向相对富裕水平升级。这个升级过程带来的重大变迁是：中国正在从以食品为主而发生消费行为的阶段过渡到以食品之外的其他消费为主而形成新消费结构的阶段。从表1可以看出，从2013年到2016年，发生在居住类的消费占比都在22%左右，发生在交通通信类的消费也长期在13%左右，发生在教育文化娱乐方面的消费，更达到了11%左右。即使是在食品消费中，中国人也从以粮食为主的消费阶段过渡到以蔬菜、蛋、奶、肉、果品等为主而形成新消费趋势的阶段。比如说，从2013年到2016年，中国人的人均粮食消费量从148.7公斤降低到132.8公斤，但与此同时，干鲜瓜果类的消费量，则从40.7公斤增长到48.3公斤，蛋类消费量从8.2公斤增长到9.7公斤，肉类消费量从25.6公斤增长到26.1公斤。[1]与此同时，自2013年到2016年，中国每百户家庭家用汽车的拥有量，从16.9辆提升到27.7辆；每百户家庭的电动助力车，从39.5辆增长到53.2辆；每百户家庭的移动电话，从203.2部增长到235.4部，每百户家庭的计算机，从48.9台增长

---

[1] 数据来源于国家统计局编《中国统计年鉴2017》表6—4，中国统计出版社2017年版，第164页。

到 57.5 台。[①]

表1　　　　2013—2016 年居民家庭在消费分项中的比例　　　　单位:%

列项	2013 年	2014 年	2015 年	2016 年
食品（恩格尔系数）	31.21	31.01	30.64	30.10
衣着	7.77	7.59	7.41	7.03
居住	22.68	22.09	21.76	21.90
生活用品	6.10	6.14	6.06	6.10
交通通信	12.31	12.90	13.28	13.66
教育文化娱乐	10.57	10.60	10.97	11.19
医疗保健	6.90	7.21	7.41	7.64
其他用品及服务	2.46	2.47	2.48	2.37
总消费	100	100	100	100

资料来源：国家统计局编《中国统计年鉴 2017》表 6—1，中国统计出版社 2017 年版，第 162 页。

所以，中国的消费升级，一方面体现为食品消费在总消费中占比下降的过程，另一方面也体现为食品消费中粮食消费占比逐步下降的过程。实践证明，只有消费者在居住、交通通信、医疗保健、教育文化娱乐方面消费占比增加，才可以更好地满足人民日益增长的对美好生活的需要。正因为如此，消费的升级过程，才既是消费中粮食消费占比逐渐下降的过程，也是消费者从以消费生活必需品为主转型到消费耐用消费品和消费服务为主的过程。

但在看到普遍意义的消费升级的同时，还需要注意到：在收入差距相对较大的社会，平均计算的恩格尔系数会由于富裕阶层的存在而被大大拉低。当然，由于一定时期食品与其他商品物价

[①] 数据来源于国家统计局编《中国统计年鉴 2017》表 6—5，中国统计出版社 2017 年版，第 164 页。

变化的比率会存在差异，所以，有些商品价格的系统性上升（比如房价），会压缩消费者对食品消费的开支，或者夸大恩格尔系数下降带来的消费改善。考虑到这一点，我们还需要通过对不同阶层恩格尔系数的估计来检视不同阶层的消费升级过程。

表2　　　　各个阶层在不同消费分项中的占比　　　　单位：%

阶层划分	食品（恩格尔系数）	衣着鞋帽	居住购房按揭	医疗保健	教育文化	人情往来	其他
雇主阶层	21.14	7.61	20.14	4.43	6.06	7.09	33.53
新中产阶层	24.50	8.18	23.24	7.69	6.72	8.18	21.49
老中产阶层	26.51	6.02	15.59	9.57	7.98	8.32	26.01
工人阶层	30.96	7.83	14.98	10.74	7.60	9.35	18.54
农民阶层	33.66	5.83	8.62	19.00	9.02	13.3	10.57
总计	26.54	7.16	16.80	10.67	7.53	9.39	21.91

资料来源：2015年CSS问卷调查。需要说明的是，尽管进行了加权处理，但2015年问卷调查得到的恩格尔系数还是低于国家统计局公布的数据。

从表2可以看出，雇主阶层的恩格尔系数已经降低到21.14%，已经接近"最富裕"的生活水平。新中产阶层和老中产阶层的恩格尔系数也分别降低到24.50%和26.51%，属于典型的"富裕"生活水平，工人阶层的恩格尔系数在30.96%，还需要继续降低。农民阶层的恩格尔系数为33.66%，是所有阶层中最高的。

另外，仔细考察表2的分项内容还会发现，各个阶层的消费结构也很不一致。对于居住在城市的雇主阶层和新中产阶层来说，在每年的消费支出中，除食品外，另外一个最主要的构成部分是居住类消费（其中包括住房按揭、房租、物业费等）。在雇主阶层中，这部分消费占比达到20.14%（接近食品消费占比的

21.14%）。在新中产阶层中，这部分消费占比达到23.24%（也接近食品占比的24.5%）。即使在老中产阶层和工人阶层中，居住类消费占比也分别达到15.59%和14.98%，其占比额仅次于食品占比额。

在农民阶层那里，居住类消费占比仅为8.62%。当然，绝大多数农民阶层居住在乡村社会，住房属于宅基地上的自建房，除电费和水费之外，没有物业费、住房按揭等开支，这自然会降低居住类消费支出的绝对值和相对值。在城镇化大背景下，农民阶层在居住地所在的城镇或县城等购房的比例可能还不是很大。这就是说，过去一段时间的城镇化还没有为农民阶层的住房城镇化创造出机会。正因为如此，最近几轮的土地增值与商品房增值，主要给居住在城镇的各个阶层（主要是雇主阶层和新中产阶层）带来了财富增值的机会（与此同时也蕴含一定风险）。这会加大城乡之间的财富占有差距，造成实质的消费不平等。对于城镇人口来说，其不仅扩大了住房的消费面积，改善了住房的舒适程度，而且也在消费的同时，坐等房产升值，通过住房买卖赚取到了更多的财富。这种"马太效应"，会使富者更富，贫者更贫，不符合底线公平的基本原则。另外，城镇与城市也集中了更为优越的基本公共服务，所以，居住区位的差异，还在事实上形成了公共服务消费中的城乡差距，造成了更为严重的不平等。

正因为如此，农民阶层除食品消费外的第二大类的开支是"医疗"费用，这个部分的占比甚至达到了19.00%。尽管医疗体制改革取得了一定进展，尽管乡镇医院更新了硬件设备，也配备了医学院的毕业生，但毋庸讳言：乡镇医院收治病人的比重却降低了。正如学校的城镇化抽离了乡村的小学、抽离了乡镇的初中和高中一样，医疗的城镇化也在一定程度上抽离了乡村的诊所资源、抽离了乡镇的优质医疗人员。农民得了稍微严重一点的疾病，都会在"转院治疗"过程中进县城或省会城市治病。这样,住院治疗就需要家人护理。医疗费用小的部分可以报销,但城市里的路费、住宿费、吃喝等费用,却也是一个不小的数字。城里人医疗保健费用占比的上升,可能主要不是花费在"医疗"方面,而是升级消费在"保健"方面,但农民阶层的医疗费用的居高不下,主要在于"医疗"占比较大。这会抑制农民阶层在其他消费方面的升级速度。

农民阶层在教育方面和人情往来方面的消费占比也比较大。伴随教育资源的集中与进城,农民阶层的子女也不断进城读书。虽然"学费"少了,但住宿费和陪读费却增加了。有些人还不得不在城市买房或租房以供子女读书。为让子女有更多的时间读书,或者为监管子女更用心读书,很多县城催生了陪读妈妈或陪读奶奶这个职业。现在,在山区或偏远地区的乡村小学读书的学生,基本都是贫困户的子女。坚守在乡村小学的老师,也是很难进城、学历不高、教学能力还需要提高的老师。在这种情况下,教育资源配置的不平衡问题,还影响到了贫困的生产和再生产问题。表面看起来是消费结构的变化,实质反映的是阶层再生产与阶层继承问题。

人情往来的费用,或者"份子钱""随礼"等红白喜事费用,也是乡村社会一笔必不可少的开支,这不是简单的"移风易俗"宣传政策所能改变的。为联系城镇化过程中日益脆弱的乡土关系与人际交往纽带,农民阶层不得不开支此项费用。原来的红白喜事,在乡村社会举办,可能只需帮工即可"搭上人情",但在市场化与进城办喜事的环境影响下,一切都"专业化"和"商品化"了。这要求农民只能增加货币支出。

所以,农民阶层在医疗、教育、人情往来等方面消费占比的居高不下(高于其他阶层),不仅表征着虚假的消费升级,而且挤压了食品升级的空间，使恩格尔系数的降低失去了原初的理论意义。

三 各阶层的消费升级与供给侧结构性改革

从前面的分析中我们知道，对于不同的阶层而言，消费升级即是一个复杂的、梯度跟进的、对美好生活的主观需求存在异质化追求特征的生活改善过程。

因此，整个社会对美好生活的追求，会首先表现为一种潜在的心理预期性需求，其次才在收入的提升过程中转化为现实性需求。有了现实性需求，但消费品市场难以满足这种现实性需求，在封闭性市场下就会形成卖方市场，即在消费品供给不足情况下形成的价格、流通过程和需求满足程度由卖方决定的市场。如果市场的封闭性被开放性所打破，则会将卖方市场转化为"出国游"或"外部代购"，从而形成外部消费。为刺激内需，将阶层优化所产生的消费升级动力转化为拉动内部市场经济增长的动力，我们只能通过供给侧结构性改革富有针对性地满足差异化的市场需求。

在整个社会的消费趋势逐步转化的同时，还需要关注不同阶层现实需求升级的过程性特征，即有些阶层的升级过程与消费结构的变化较快，有些阶层的升级过程和消费结构的变化较慢。无疑，发展的滞后性会限制消费结构的升级速度，发展的超越性会加快消费结构的升级速度。当前摆在我们面前的最现实问题是：通过经济的高质量发展，弥合供给侧与需求侧之间的裂隙，释放出阶层结构变化所带来的消费需求红利。

要释放消费需求的红利，就需要针对不同的阶层需求设计激励政策，并以底线公平法则塑造消费环境。对于雇主阶层来说，其收入较高，仍然会持续不断地降低食品类消费的比重，不仅在财产扩张方面形成投资性消费（即将消费与投资密切结合的消费，比如购买住房、投资医疗保险或人寿保险等），而且在保健、体育、教育、文化娱乐方面形成高端需求。市场必须针对需求侧的这些变化升级供给侧的结构，在国内市场满足这些阶层的个性化、特例化与定制化消费。

对于新中产阶层来说，其文化程度较高，品位较高。在有车有房之后，他们更加重视商品的符号价值。他们不仅注意自身人力资本的接续与更新，而且极其关注子女在接受全日制教育方面的资源选择，关注子女的特长培养，他们还具有压缩日常生活开支以支持子女求学于名校或出国留学的偏好。在文化娱乐消费方面，他们更易于提升自己的复杂性审美能力，具有对新事物和新生活方式的探索冲动，对变迁的事物会保持相对较为开放的包容心理。所以，新中产阶层期望科学技术的发展能够尽可能多地扩大消费品的可选择性，他们尤其渴望文化艺术的繁荣与进步，渴望以互联网为纽带而形成的丰富的消费市场，并对影视产品保持旺盛的追求欲望。当国内的消费品市场难以满足这种消费追求时，他们会在外部市场寻找消费渠道。

对于老中产阶层来说，他们的工作自主性较高，收入较低但有一定保障，可以相对自由地支配自己的工作时间和闲暇时间。他们渴望迅速改善自己的物质生活，但受收入的约束，他们会率先改善与时代相一致的家庭日常消费，然后模仿上层社会的"时髦"或"流行"，在日常生活的逐渐改善过程中安排自己的消费升级过程。

对于工人阶层来说，他们的消费升级过程主要受制于工薪的硬约束。他们会首先改善家居环境，然后通过交通和通信等方面的消费提升自己的生活品质。但工人阶层中的绝大多数，在深受收入约束的同时，还会受到闲暇时间的限制。所以，这个阶层的消费升级，既需要通过整个社会劳动生产率的提高以改善收入，也需要通过自动化设备的使用以节约劳动时间，将自己从繁重的体力劳动中解放出来以赢得闲暇。他们会在改善日常物质生活条件、支持子女接受相对较好的教育后，再探索和开发近距离的旅游、公共娱乐与健康产品。所以，基本公共服务的均等化，会在很大程度上为工人阶层的消费创造空间。当然，为模仿上层阶层的消费模式，他们还梦想会有第二套住房。

对于农民阶层来说，他们会在土地流转与农业现代化的支持之下，进一步缩短劳动时间，提升土地产出，通过对城市生活的模仿提升自己的消费水平。当农民阶层居住在乡村时，他们最大的消费升级，就是渴望改善村落污水处理和垃圾处理。他们有与自然保持密切接触的天性。虽然他们的居住条件已大大改善，但在乡村的空壳化过程中，基本公共服务的缺失或供给不充分不平衡，会大大延缓他们可能存在的消费升级过程。在农民阶层就近就地城镇化过程中，他们会首先想到进城购房（但城市住房价格的飞涨约束了他们的梦想），然后才通过对城市市民的模仿以适应城市生活。他们会节衣缩食，但却投资于子女的教育，他们也不得不较多地消费医疗健康服务。

在看到各个阶层的消费升级需求的同时，我们还需要看到：消费的升级过程，是一个比较复杂的社会发展过程。为达到整个社会的消费升级目的，必须时刻关注以下几点。

第一，消费的升级过程，与阶层结构的变化过程密不可分。没有中产阶层的崛起，没有农民阶层的缩小，没有工人阶层收入的迅速提升，整个社会消费的升级过程就只是一个潜在的预期过程。正是在这个意义上，中产阶层的崛起与中产阶层的发展，才在社会层面决定中国的消费升级速度与消费升级的结构性基础。在学术界，有些人看重消费品市场，有些人看重炫耀性诱惑，也有些人看到了实体经济的盈利压力,但却只有较少的学人注意到中产阶层的培育对消费市场的可持续价值。应该注意到,社会发展的不平衡与不充分,实际上体现的是经济与社会之间的不平衡,是社会结构中中产阶层发展的不充分。只有解决了这个问题,消费的升级才可能更为显著地释放出来。

第二,在消费结构既定的情况下,加强供给侧与消费侧的匹配性,会尽可能大地释放出既有的社会消费潜力。在雇主阶层对社会服务的需求提升之后,只有开发社会服务的多元供给,提升服务的质量,开发服务的多元结构,才能诱致消费逐步升级。如果城市加大人口控制力度,将城市服务的主体——农民工排挤出去,无疑会减少服务供给的多层次性,抬高社会服务的价格,这会抑制中下阶层对服务的消费需求。

第三,住房按揭率的上升,或者家庭债务的压力,势必影响家庭对当前收入的分配结构,并进而抑制消费的升级过程,将消费集中在生活必需品上,降低对非必需品的消费预期。尽管中国的恩格尔系数下降很快,但如果收入中的很大部分用于偿还住房按揭贷款,人们就不可能扩大其他方面的消费。

第四,对于生活必需品的消费、对于社会必需的社会服务的消费,既要调动市场的力量去满足供给,但更重要的是需要政府去满足供给。比如对贫困阶层的生活必需品的供给,对农村基层教育资源、医疗资源、卫生防疫资源的供给,就不能只依靠市场的力量,而更多地需要借助政府的力量。所以,消费的升级过程,是一个系统性政策支持的配置过程,不可能在短期奏效,而需要长期努力。在以市场之手配置消费资源的同时,还必须调动政府的积极性,均衡基层社会的基本公共服务供给,弥合市场竞争所形成的发展的不平衡性和不充分性,保障弱势阶层的消费权利。

第三部分

研究综述

改革开放 40 年来中国社会学者对社会结构的研究[*]

刘 欣 田 丰[**]

改革开放 40 年来,从社会分层的维度来研究社会结构,一直是中国社会学界的一个重要议题,取得了重要进展。有关研究呈现出从放弃关系性阶级阶层概念而采用阶梯性阶级阶层概念、再重新重视关系性阶级阶层概念的"否定之否定"趋势。对社会结构的探讨,不但存在阶梯性模型与关系性模型,同一模型内部也提出了不同的观点,揭示了转型社会阶级阶层结构的特征和发展趋势。一些学者的近期研究,基于中国转型期的制度安排构造了较具理论性的阶级阶层分析框架,并检验了其有效性。然而,学界在本领域一些核心问题上的实质性对话还很少见;无论对所提出的分层框架,还是对所借鉴的基于发达社会的框架,其有效性都还有待进一步评估;对分层结构转型的动力、阶层形成与碎片化的程度、基于国际比较认识中国阶

---

[*] 本研究是复旦大学文科"双一流"建设项目"社会学理论与社会结构转型研究"创新团队的一项成果。

[**] 刘欣,复旦大学社会学系教授;田丰,复旦大学社会学系副教授。

层结构特征等方面，仍有许多有待深入具体探讨的重要问题，甚至有不少盲点问题。

在中国社会学界，社会结构有广义、狭义两种含义。广义的社会结构概念含义十分宽泛，社会实体构成要素、社会规范、社会关系，都属于社会结构的范畴[①]。有学者把社会结构定义为行动者在社会互动中形成的相对稳定的关系[②]，或者一个国家或地区的占有一定资源、机会的社会成员的组成方式与关系格局[③]。社会结构包括人口结构、家庭结构、组织结构、城乡结构、区域结构、就业结构、收入分配结构、消费结构、社会阶层结构等[④]。然而，不少学者认为阶级阶层结构是社会结构的核心结构[⑤]，把社会结构看作地位结构甚至直接与阶级阶层结构概念交替使用[⑥]；因此，狭义的社会结构概念指的是社会的阶级阶层结构。比如，刘欣将阶层结构定义为阶层地位间的关系模式以及不同阶层地位成员的

[①] 李培林：《另一只看不见的手：社会结构转型》，《中国社会科学》1992年第5期。

[②] 郑杭生、赵文龙：《社会学研究中"社会结构"的涵义辨析》，《西安交通大学学报》（社会科学版）2003年第6期。

[③] 陆学艺主编：《当代中国社会结构》，社会科学文献出版社2010年版。

[④] 陆学艺主编：《当代中国社会结构》，社会科学文献出版社2010年版；李培林：《中国改革以来阶级阶层结构的变化》，《黑龙江社会科学》2011年第1期。

[⑤] 李路路：《论社会分层研究》，《社会学研究》1999年第1期；郑杭生：《我国社会阶层结构新变化的几个问题》，《华中师范大学学报》（人文社会科学版）2002年第4期；陆学艺：《当代中国社会阶层的分化与流动》，《北京日报》2006年6月19日；孙立平：《断裂：20世纪90年代以来中国社会的分层结构》，李友梅、孙立平、沈原主编《当代中国社会分层：理论与实证》，社会科学文献出版社2006年版；李强：《当代中国社会分层：测量与分析》，北京师范大学出版社2010年版；李培林：《中国改革以来阶级阶层结构的变化》，《黑龙江社会科学》2011年第1期。

[⑥] 李路路、王奋宇：《当代中国现代化进程中的社会结构及其变革》，浙江人民出版社1992年版；王汉生、张新祥：《解放以来中国的社会层次分化》，《社会学研究》1993年第5期；郑杭生、洪大用：《当代中国社会机构转型的主要内涵》，《社会学研究》1996年第1期；郑杭生：《我国社会阶层结构新变化的几个问题》，《华中师范大学学报》（人文社会科学版）2002年第4期；仇立平：《社会结构与阶级的生产：结构紧张与分层研究的阶级转向》，《社会》2007年第2期；李强：《当代中国社会分层：测量与分析》，北京师范大学出版社2010年版。

比重。[1]由于广义的社会结构概念涵盖的内容十分宽泛，1篇综述的篇幅难以承载相关内容，本文仅在狭义的社会结构概念上回顾相关文献，聚焦于中国阶级阶层结构的研究上，对众多有关不平等和分层机制的成果也无法涉及。本文着重回顾中国社会学者在过去40年间有关中国社会阶级阶层结构的研究文献，并围绕以下议题展开：（1）分析视角的转换；（2）分析框架的构造；（3）关于当前结构状况的判断。在文章的最后，我们将做简要的总结和讨论，指出在未来的研究中值得关注的议题。

一 关系性阶级阶层概念的否定之否定

现代社会结构，既可以用阶级概念，也可以用阶层概念予以描述。阶级概念一般与阶级阶层分析的"社会关系模型"相联系，而阶层概念则一般与阶级阶层分析的"阶梯性模型"相联系。但无论是在国内还是国际学术界，对"阶级""阶层"两个概念的使用、区分并不是十分严格[2]。既有学者在阶梯意义上使用阶级概念[3]，也有学者在关系意义上使用阶层概念[4]。视当前中国社会的

---

[1] 刘欣：《支配结构、协调机制与收入分配：中国转型社会的阶层结构》，《社会学研究》2018年第1期。

[2] 陆学艺主编：《当代中国社会阶层报告》，社会科学文献出版社2002年版；郑杭生：《我国社会阶层结构新变化的几个问题》，《华中师范大学学报》（人文社会科学版）2002年第4期。

[3] 陆学艺主编：《当代中国社会阶层报告》，社会科学文献出版社2002年版。

[4] 李强：《政治分层与经济分层》，《社会学研究》1997年第4期；刘欣：《当前中国社会阶层分化的多元动力基础——一种权力衍生论的解释》，《中国社会科学》2005年第4期；刘欣：《当前中国社会阶层分化的制度基础》，《社会学研究》2005年第5期；刘欣：《中国城市的阶层结构与中产阶层的定位》，《社会学研究》2007年第6期；刘欣：《支配结构、协调机制与收入分配：中国转型社会的阶层结构》，《社会学研究》2018年第1期；王汉生、张新祥：《解放以来中国的社会层次分化》，《社会学研究》1993年第5期；郑杭生：《关于我国城市社会阶层划分的几个问题》，《江苏社会科学》2002年第2期。

阶级阶层结构为关系性结构的观点[1]，把不同社会成员之间的利益关系当作阶级阶层分析的核心议题，强调据社会成员之间的社会关系确定阶级阶层位置。而把当前中国社会的阶级阶层结构描述为阶梯性结构的思路[2]，则强调社会成员所拥有的资源量的相对多寡决定了人们在社会阶梯中的地位。对"阶级""阶层"概念的

---

[1] 李春玲：《断裂与碎片：当代中国社会阶层分化实证研究》，社会科学文献出版社2005年版；李春玲：《中国中产阶级的增长及其现状》，《江苏社会科学》2008年第5期；李春玲：《如何定义中国中产阶级：划分中国中产阶级的三个标准》，《学海》2013年第3期；李路路、陈建伟、秦广强：《当代社会学中的阶级分析：理论视角与分析范式》，《社会》2012年第5期；李路路、秦广强等：《当代中国的社会阶层分析》，中国人民大学出版社2016年版；李培林：《中国社会结构转型对资源配置方式的影响》，《中国社会科学》1995年第1期；林宗弘、吴晓刚：《中国的制度变迁、阶级结构转型和收入不平等：1978—2005》，《社会》2010年第6期；刘欣：《当前中国社会阶层分化的多元动力基础——一种权力衍生论的解释》，《中国社会科学》2005年第4期；刘欣：《当前中国社会阶层分化的制度基础》，《社会学研究》2005年第5期；刘欣：《中国城市的阶层结构与中产阶层的定位》，《社会学研究》2007年第6期；刘欣：《公共权力、市场能力与中国城市的中产阶层》，谢曙光、周晓虹主编《中国研究》，社会科学文献出版社2010年版；刘欣：《支配结构、协调机制与收入分配：中国转型社会的阶层结构》，《社会学研究》2018年第1期；陆学艺主编：《当代中国社会阶层报告》，社会科学文献出版社2002年版；秦广强、李路路：《从"经济决定"到"权威支配"：阶级研究的理论转向及内在逻辑》，《中国人民大学学报》2013年第6期；仇立平：《回到马克思：对中国社会分层研究的反思》，《社会》2006年第4期；沈原：《社会转型与工人阶级的再形成》，《社会学研究》2006年第2期；孙立平：《断裂：20世纪90年代以来的中国社会》，社会科学文献出版社2003年版；陆学艺主编：《当代中国社会阶层报告》，社会科学文献出版社2002年版；秦广强、李路路：《从"经济决定"到"权威支配"：阶级研究的理论转向及内在逻辑》，《中国人民大学学报》2013年第6期；仇立平：《回到马克思：对中国社会分层研究的反思》，《社会》2006年第4期；沈原：《社会转型与工人阶级的再形成》，《社会学研究》2006年第2期；孙立平：《断裂：20世纪90年代以来的中国社会》，社会科学文献出版社2003年版；张翼：《当前中国中产阶层的政治态度》，《中国社会科学》2008年第2期；张翼：《当前中国社会各阶层的消费倾向——从生存性消费到发展性消费》，《社会学研究》2016年第4期；郑杭生：《关于我国城市社会阶层划分的几个问题》，《江苏社会科学》2002年第2期。

[2] 边燕杰、李路路、李煜、郝大海：《结构壁垒、体制转型与地位资源含量》，《中国社会科学》2006年第5期；蔡禾、赵钊卿：《社会分层研究：职业声望评价与职业价值》，《管理世界》1995年第4期；李培林：《我国县社会的职业群体结构》，《管理世界》1990年第2期；李培林、张翼：《中国中产阶级的规模、认同和社会态度》，《社会》2008年第2期；李强：《当代中国社会分层：测量与分析》，北京师范大学出版社2010年版；梁玉成：《现代化转型与市场转型混合效应的分解——市场转型研究的年龄、时期和世代效应模型》，《社会学研究》2007年第4期；吴愈晓：《教育分流体制与中国的教育分层（1978—2008）》，《社会学研究》2013年第4期；吴愈晓：《中国城乡居民的教育机会不平等及其演变》，《中国社会科学》2013年第3期；折晓叶、陈婴婴：《中国农村"职业—身份"声望研究》，《中国社会科学》1995年第6期。

大小，也有不同的看法。有学者主张阶级概念大于阶层概念，可以在阶级内部区分出下属的阶层[①]，有的学者则主张阶层概念大于阶级概念，阶级只是一种特殊的社会阶层[②]。梳理过去40年间中国社会学界对"阶级""阶层"的使用，并不能得到阶级是关系范畴而阶层是资源占有量阶梯差异性概念的结论。但是，无论是使用阶级还是阶层概念，为了保持理论逻辑的清晰性，既有的关于现实社会的阶级阶层分析，往往要么采用"阶梯性模型"，要么采用"关系性模型"[③]。总的看来，过去40年间，中国社会学者对转型期社会结构的分析，呈现出一个从放弃关系性阶级阶层概念而采用阶梯性阶级阶层概念，再重回重视关系性阶级阶层概念的"否定之否定"的趋势。然而，这种趋势并非界限分明的阶段划分，上述"否定之否定"是一个交叉重叠的过程。

（一）放弃用关系性模型描述中国社会结构

改革开放前的阶级阶层分析，深受"以阶级斗争为纲"基本方针的影响，阶级关系是围绕着剥削、压迫和斗争来界定的。关于社会主义社会结构形成了"两个阶级一个阶层"的基本框架，即工人阶级、农民阶级和知识分子阶层。知识分子由于不直接参与生产过程，并不构成一个独立的阶级，而是一个依附于其他阶级的阶层。随着社会主义改造的深入，知识分子将逐

[①] 安建华：《工人阶级内部的阶层差异》，《社会学研究》1994年第6期；冯同庆：《研究工人阶级理论的若干方法问题》，《社会学研究》1991年第6期；庞树奇、仇立平：《我国社会现阶段阶级阶层结构研究初探》，《社会学研究》1989年第3期；王训礼：《我国社会主义初级阶段的阶级阶层结构新变化》，《社会学研究》1988年第6期；赵喜顺：《社会主义初级阶段的阶级和阶层》，《社会学研究》1988年第5期。

[②] 王煜、雷弢：《社会分层理论——方法论上的选择》，《社会学研究》1988年第5期；郑杭生：《我国社会阶层结构新变化的几个问题》，《华中师范大学学报》（人文社会科学版）2002年第4期。

[③] 刘欣：《支配结构、协调机制与收入分配：中国转型社会的阶层结构》，《社会学研究》2018年第1期。

步成为工人阶级的一部分。剩下的不属于两个阶级的社会成分，均被归为阶级敌人，包括旧社会残留下来的地主、富农、资本家、反动军人，以及后来出现的反革命分子、右派分子和资产阶级当权派等[1]。这种分类突出了阶级矛盾，将无产阶级和资产阶级之间的矛盾视为社会主义社会的主要矛盾[2]。在社会学界，一直到20世纪80年代中后期，都能看到"两个阶级一个阶层"框架的踪影[3]。改革开放以前的中国社会，是一个试图通过经济上的大跃进和政治上的阶级斗争，而成为消灭生产资料和财富私人占有的无阶级社会[4]。而在基本消除了私人占有生产资料和财富情形下，在当时的社会结构中，按行政权力分层或政治身份分层成为了唯一的分层体系，几乎所有的社会成员都是参照这一体系来确定其地位的[5]；又由于计划经济在分配上具有较强的平均主义色彩，社会成员之间的不平等是相对较小的[6]；呈现出西方社会学者所观察到的去分层化（destratification）情形[7]。一些学者认为，中国改革开放以前的社会分层结构具有城乡分

---

[1] 陆学艺：《对社会主义社会阶级阶层结构是"两个阶级一个阶层"论的剖析》，《江苏社会科学》2004年第6期。

[2] 李路路：《社会结构阶层化和利益关系市场化——中国社会管理面临的新挑战》，《社会学研究》2012年第2期。

[3] 何建章：《我国所有制结构的调整和社会阶级结构的变化》，《社会学研究》1986年第1期；王颉：《改革中的阶级结构的变化和对策之我见》，《社会学研究》1987年第2期；王训礼：《我国社会主义初级阶段的阶级阶层结构新变化》，《社会学研究》1988年第6期。

[4] 李培林：《关于中国社会分层的若干问题》，郑杭生主编《中国社会结构变化趋势研究》，中国人民大学出版社2004年版。

[5] 李强：《政治分层与经济分层》，《社会学研究》1997年第4期；李培林：《关于中国社会分层的若干问题》，郑杭生主编《中国社会结构变化趋势研究》，中国人民大学出版社2004年版。

[6] 李培林：《关于中国社会分层的若干问题》，郑杭生主编《中国社会结构变化趋势研究》，中国人民大学出版社2004年版。

[7] Parish, William L., "Destratification in China", *Class and Social Stratification in Post-revolutionary China*, edited by James L. Watson, Cambridge: Cambridge University Press, 1984, pp. 84 – 120.

割的身份制、城镇就业者的干部—工人身份制、干部级别和官本位制、单位身份制等特征[①]。

中国社会学的恢复重建,是在党的十一届三中全会之后,在抛弃"以阶级斗争为纲"、确立以经济建设为中心的改革开放中逐步进行的。社会学恢复重建之初,可能是出于对强调阶级间剥削压迫关系以及阶级斗争扩大化经历的逆反,虽有一些学者[②]使用关系范畴的阶级概念,但大都倾向于采用阶梯性的阶层概念来描述中国的社会结构[③]。不少学者都认为,"两个阶级一个阶层"的框架已不适用于改革后的情形[④]。有的学者甚至直接否定阶级概念而代之以阶层概念[⑤],或者强调阶层概念在社会主义条件下比阶级概念更具有适用性[⑥]。郑杭生就主张,在分析改革后的中国社会结构时,作为关系范畴的阶层概念更具适用性,

---

[①] 李路路、王奋宇:《当代中国现代化进程中的社会结构及其变革》,浙江人民出版社1992年版;李强:《现代化与中国社会分层结构之变迁》,《中国社会学年鉴:1992.7—1995.6》,中国大百科全书出版1996年版;李强:《政治分层与经济分层》,《社会学研究》1997年第4期;林宗弘、吴晓刚:《中国的制度变迁、阶级结构转型和收入不平等:1978—2005》,《社会》2010年第6期。

[②] 何建章:《我国所有制结构的调整和社会阶级结构的变化》,《社会学研究》1986年第1期;王颉:《改革中的阶级结构的变化和对策之我见》,《社会学研究》1987年第2期。

[③] 蔡禾、赵钊卿:《社会分层研究:职业声望评价与职业价值》,《管理世界》1995年第4期;李路路、王奋宇:《当代中国现代化进程中的社会结构及其变革》,浙江人民出版社1992年版;李强:《当代中国社会分层与流动》,中国经济出版社1993年版;李强:《现代化与中国社会分层结构之变迁》,《中国社会学年鉴:1992.7—1995.6》,中国大百科全书出版1996年版;仇立平:《职业地位:社会分层的指示器——上海社会结构与社会分层研究》,《社会学研究》2001年第3期;吴忠民:《从阶级分析到当代社会分层研究》,《学术界》2004年第1期;郑杭生:《我国社会阶层结构新变化的几个问题》,《华中师范大学学报》(人文社会科学版)2002年第4期。

[④] 李培林:《中国社会结构转型对资源配置方式的影响》,《中国社会科学》1995年第1期。

[⑤] 王煜、雷弢:《社会分层理论——方法论上的选择》,《社会学研究》1988年第5期。

[⑥] 仇立平:《职业地位:社会分层的指示器——上海社会结构与社会分层研究》,《社会学研究》2001年第3期;郑杭生:《我国社会阶层结构新变化的几个问题》,《华中师范大学学报》(人文社会科学版)2002年第4期。

可以把阶层范畴看作一种适度淡化的阶级概念并取而代之。这是因为,第一,"文化大革命"中"以阶级斗争为纲"的方针,极度扭曲了阶级概念的含义,这种扭曲使人们担心"以阶级斗争为纲"会卷土重来。第二,改革后中国社会出现了不能或很难用针对资本主义社会的阶级概念来概括的社会群体,学界需要寻求能包容阶级概念内容的范畴。第三,在建立社会主义社会之后,马克思主义阶级理论应该转变成一种维护建设型的社会学理论,淡化阶级斗争才能逐步减缓社会张力,增强社会整合[1]。李培林认为,改革开放前,在社会主义和平建设时期,特别是"反右"和"文化大革命"时期,阶级斗争一再被简单化、扩大化,通过"划阶级、定成分"的方式,制造了人为的"阶级矛盾";中国社会学者放弃阶级概念而采用阶层概念的做法,很大程度上是为了有别于在政治上"化阶级、定成分"的做法[2]。伴随着阶级斗争、冲突思路的淡化,中国社会学界由传统的阶级分析转向了更重视阶层分析的视角[3]。

(二) 采用阶梯性模型描述中国社会结构

20世纪80年代后期起,尤其是90年代和21世纪最初的几年里,中国社会学界主要是使用"阶层"概念对转型社会的阶级阶层结构进行描述和分析的。以经济建设为中心的方针取代了以阶级斗争为纲的方针后,社会基本矛盾被界定为人民日益增长的物质文化需求同落后的生产之间的矛盾。在这种基本思想指导下,由生产资料私有化所产生的私营企业主和自雇者等,不再被视为

---

[1] 郑杭生:《我国社会阶层结构新变化的几个问题》,《华中师范大学学报》(人文社会科学版)2002年第4期。

[2] 李培林:《关于中国社会分层的若干问题》,郑杭生主编《中国社会结构变化趋势研究》,中国人民大学出版社2004年版。

[3] 李路路、冯仕政:《改革以来城市社会结构的变迁》,郑杭生、李路路等《当代中国城市社会结构:现状与趋势》,中国人民大学出版社2004年版,第32—59页。

阶级敌人；阶级阶层之间所存在的是社会资源占有量的差异，而非利益关系，尤其是冲突性的利益关系。因而，如何呈现转型期的阶级阶层整理体轮廓，在阶级阶层框架中给新出现的社会群体一个定位，成了一个重要议题。在这一时期，虽有一些学者试图通过修正"两个阶级一个阶层"框架，将新出现的社会群体纳入阶级阶层分析之中[①]。但是，大多数的研究者则放弃了这一框架，转而借鉴了韦伯论的多元分层理论，或者以职业声望、社会经济地位指数为基础的"阶梯性模型"进行阶层分析。总的看来，学界是在"阶梯性模型"意义上使用阶层概念的。但是，也有一些学者为了避免阶级概念的敏感性，在关系范畴上使用阶层概念[②]。学界在使用阶梯性模型描述中国社会结构时，形成了三种不同的思路：（1）以职业为基础进行阶层划分，或以职业声望得分、职业社会经济地位指数描述阶层结构；（2）以职业、教育和收入为指标的多元标准的阶层划分；（3）以收入和消费为指标对社会成员进行阶层划分。

一些学者以职业类型、职业声望作为阶层划分的基础，或者直接用职业声望、社会经济地位指数连续变量来描述阶层结构。这些做法，实际上是阶级阶层分析的一种简约化方法。在现代社会中，职业包含了对重要社会资源占有和使用的信息[③]。庞树奇和

[①] 段若鹏、钟声、王心富、李拓：《中国现代化进程中的阶层结构变动研究》，人民出版社2002年版；何建章：《我国所有制结构的调整和社会阶级结构的变化》，《社会学研究》1986年第1期；李慎明等：《我国目前社会阶级阶层结构调研报告》，《"三个代表"重要思想与若干重大理论问题研究》，社会科学文献出版社2002年版；王颉：《改革中的阶级结构的变化和对策之我见》，《社会学研究》1987年第2期；阎志明：《中国现阶段阶级阶层研究》，中共中央党校出版社2002年版；周罗庚：《市场经济与当代中国社会结构》，生活·读书·新知三联书店2002年版。

[②] 陆学艺主编：《当代中国社会阶层报告》，社会科学文献出版社2002年版；郑杭生：《我国社会阶层结构新变化的几个问题》，《华中师范大学学报》（人文社会科学版）2002年第4期。

[③] 李培林：《话说社会分层》，李培林、李强、孙立平等《中国社会分层》，社会科学文献出版社2004b年版。

仇立平扩展了"两个阶级一个阶层"框架，把知识分子阶层看作中产阶级，再加上改革中新生的私营企业主和个体劳动者，区分了工人阶级、农民阶级、中产阶级以及有限制的资本家阶级四个阶级。① 他们进而综合考虑职业收入、教育程度、生活方式、价值观念等因素，分城乡对中国社会的阶层进行了划分，认为农村社会由农民阶层、家庭非农经营者阶层、工人阶层、专业技术阶层构成，而城市社会由工人阶层、服务性工作人员阶层、管理者阶层、专业技术人员阶层、私有经营者阶层、退休人员阶层构成。陆学艺等认为，阶层就是具有相同或相近职业，相同的使用生产资料的方式，和对所使用的生产资料具有同类权力的个体的集合。② 他们以职业为基础，并考虑使用生产资料的方式和对生产资料的使用权力，将中国农村居民划分成 13 个阶层：农业劳动者阶层、农民工人阶层、雇用工人阶层、智力型职业者阶层、个体工商户与个体劳动者阶层、私营企业主阶层、集体企业管理者阶层、农村社会管理者阶层等。张翼据职业地位高低，区分了 7 个阶层：果农菜农粮农阶层，农村专业户阶层，体力工人阶层，商业服务业阶层，办公室办事人员阶层，专业技术人员阶层，官员、国有企业经理和私有业主阶层。③

有的学者则把职业声望或社会经济地位指数作为衡量阶层地位高低的连续变量来描述阶层结构，或者把职业声望、社会经济地位指数进行分组，形成上中下阶层。比如蔡禾和赵钊卿根据职业声望，将社会成员分为上层、中上层、中层、中下层和下层五

---

① 庞树奇、仇立平：《我国社会现阶段阶级阶层结构研究初探》，《社会学研究》1989 年第 3 期。
② 陆学艺、张厚义、张其仔：《转型时期农民的阶层分化——对大寨、刘庄、华西等 13 个村庄的实证研究》，《中国社会科学》1992 年第 4 期。
③ 张翼：《中国人社会地位的获得——阶级继承和代内流动》，《社会学研究》2004 年第 4 期。

类。① 折晓叶、陈婴婴基于100种职业的声望对五类职业群体的地位进行了排序。② 仇立平认为职业声望是社会阶层划分的核心指标③，据职业声望得分，划分了城市社会的五个阶层：以领导干部为主的职业群体、以办事员或职员为主的职业群体、以专业技术人员为主的职业群体、以商业人员为主的职业群体、以工人农民服务业人员为主的职业群体，分别构成了社会上上阶层、中上阶层、中间阶层、中下阶层和下下阶层。李春玲据抽样调查资料，计算了81种职业的声望，161种职业的社会经济地位指数（SEI）。④ 她还进一步据职业声望得分划分了7个声望等级，据社会经济地位指数划分了5个地位阶层。

另有一些学者主张以职业、教育和收入为依据，采用多元标准进行阶层划分。比如，张翼、侯慧丽据"职业声望"和"高中及以上文化程度获得者占该职业的百分比"的乘积作为分层指数⑤，划分了6个阶层：上上层、上下层、中上层、中下层、下上层和下下层。李强基于收入、教育和职业结构构造了一个社会经济地位指数并以此进行阶层划分。⑥ 他把教育、家庭人均月收入、职业地位都分别分成7个等级并赋值1—7分，把分值加总后得出7个阶层，最上层（21分）、上层（18—20分）、中上层（15—17分）、中层（12—14分）、中下层（9—13分）、下层（6—8分）、最下层（3—5分）。李强还以国际职业社会经济地位指数（ISEI）

---

① 蔡禾、赵钊卿：《社会分层研究：职业声望评价与职业价值》，《管理世界》1995年第4期。
② 折晓叶、陈婴婴：《中国农村"职业—身份"声望研究》，《中国社会科学》1995年第6期。
③ 仇立平：《职业地位：社会分层的指示器——上海社会结构与社会分层研究》，《社会学研究》2001年第3期。
④ 李春玲：《当代中国社会的声望分层——职业声望与社会经济地位指数测量》，《社会学研究》2005年第2期。
⑤ 张翼、候慧丽：《中国各阶层人口的数量及阶层结构—利用2000年第五次全国人口普查所做的估计》，《中国人口科学》2004年第6期。
⑥ 李强：《"丁字型"社会结构与"结构紧张"》，《社会学研究》2005年第2期。

分析"五普"人口调查数据，把中国的阶层结构描述为倒"丁字形"结构。再比如，李培林、张翼、李春玲对中产阶级的界定，也采用了多元标准。李培林、张翼（2008）把收入水平、职业类别和教育程度综合起来界定中产阶级，认为在三个指标上都符合中产阶级标准的人群属于"核心中产阶级"，其中两个指标符合中产阶级的人群属于"半核心中产阶级"，只有一个指标符合中产阶级的人群属于"边缘中产阶级"。① 李春玲也据一定教育水平、中等收入水平的白领职业从业者认定中间阶层。②

除职业外，还有一些学者还把消费水平作为分层标准。比如，李培林、张翼据恩格尔系数（食物消费额/消费总额）的大小把中国城市家庭划分为 7 个消费阶层：最富阶层（恩格尔系数 0.29 以下）、富裕阶层（0.30—0.39）、中上阶层（0.40—0.49）、中间阶层（0.50—0.59）、中下阶层（0.60—0.69）、贫困阶层（0.70—0.79）、最贫困阶层（0.80 及以上）。③ 李春玲据 14 种家庭耐用消费品的拥有状况构造了一个家庭耐用品指数，进而据这一指数区分了 5 个消费阶层：下层（0—2 分）、中下层（3—5 分）、中层（6—10 分）、中上层（11—19 分）、上层（19 分以上）。④

（三）重返关系性模型分析中国社会结构

随着收入差距的扩大，自 21 世纪初期开始，学界对中国社会阶级阶层结构的探讨有一种重返关系性模型，或者从阶梯性模型向关系性模型转换的趋势。新的关系性阶级阶层模型与"以阶级斗争为纲"时期的冲突论思路不同，在运用关系性思路看待中国阶级阶层现象时，不强调阶级结构与阶级意识之间的必然因果关

---

① 李培林、张翼：《中国中产阶级的规模、认同和社会态度》，《社会》2008 年第 2 期。
② 李春玲：《如何定义中国中产阶级：划分中国中产阶级的三个标准》，《学海》2013 年第 3 期。
③ 李培林、张翼：《消费分层：启动经济的一个重要视点》，《中国社会科学》2000 年第 1 期。
④ 李春玲：《当代中国社会的消费分层》，《中山大学学报》（社会科学版）2007 年第 4 期。

系，其目的在于揭示因阶级阶层分化而造成的资源、利益和机会分配的不平等，或资源如此分配的原因[1]。换言之，研究的议题从"谁得到了什么"转向"怎么得到了"的议题[2]。比如，郑杭生认为，阶层是社会中资源分配与占有的关系，应该主要从人们所处的社会阶层位置入手去了解阶层差别。[3] 郑杭生所划分的社会阶层，就是一个包含了多重资源占有与分配关系的分析框架：管理阶层（包括企事业单位中的中高级管理人员和单位负责人），专业技术人员阶层（专门从事科学研究、技术开发和应用的高级、中级和低级技术人员），办事员阶层（一般性的管理人员、企事业单位的一般职员），工人阶层（从事体力劳动的技术工人、体力工人以及下岗职工），自雇用者阶层（从事职业不受雇于他人），私营企业主阶层，其他阶层（未能确切区分的阶层）。[4] 同样，陆学艺及其团队（2002）提出的中国十大阶层分析框架，是在改造新马克思主义阶级分析框架基础上而形成的，也隐含着多重资源占有和分配关系。[5]

关系性阶级阶层分析模式的重点在于揭示社会成员间的利益关系，强调以社会关系来确定人们的阶级阶层地位，将阶级阶层地位视为由社会关系界定的结构性位置，并在此基础上揭示收入不平等的原因[6]。在根据什么来确定人们之间的阶层关系上，又有

---

[1] 李路路、陈建伟、秦广强：《当代社会学中的阶级分析：理论视角与分析范式》，《社会》2012年第5期；李路路、秦广强等：《当代中国的社会阶层分析》，中国人民大学出版社2016年版；孙立平：《中国社会结构的变迁及其分析模式的转换》，《南京社会科学》2009年第5期。
[2] 仇立平：《回到马克思：对中国社会分层研究的反思》，《社会》2006年第4期。
[3] 郑杭生：《我国社会阶层结构新变化的几个问题》，《华中师范大学学报》（人文社会科学版）2002年第4期。
[4] 郑杭生：《关于我国城市社会阶层划分的几个问题》，《江苏社会科学》2002年第2期。
[5] Goldthorpe, *Classes*, London: New Left Books, 1985.
[6] 刘欣：《支配结构、协调机制与收入分配：中国转型社会的阶层结构》，《社会学研究》2018年第1期。

两种不同的观点,分别同新马克思主义的阶级理论[1]和新韦伯论的阶级理论[2]有着或多或少的联系。新马克思主义的阶级理论把剥削看作阶级关系的实质,通过对生产组织中社会关系的考察进行阶级分析。人们在生产组织中因对经济资产、组织资产、技术资产的控制权不同,而在生产过程中对劳动力有着不同的控制权,进而对劳动剩余有着不同的攫取权利并表现为收入不平等[3]。新韦伯论者继承了韦伯视阶级关系为支配关系的基本思路,把人们在企业组织中的雇佣关系、在市场中的交换关系看作支配关系,并把揭示这样的支配关系如何导致人们生活机遇差异看作阶级分析的核心议题。社会成员因占有不同的资产,包括经济的、组织的、专业技能及人力的资产,而在市场交换中有着不同的市场处境、在企业组织中有着不同的工作处境。中国社会学者进行阶级阶层分析时,上述两种理论观点都有所体现。比如,陆学艺及其团队[4]关于中国社会阶层结构的分析,就是在改造赖特[5]的阶级分析框架的基础上形成的。李春玲[6],张翼[7],张翼、薛进军[8],都在自己的

---

[1] Wright, Erin, O. 1979. *Class Structure and Income Determination.* New York: Academic Press; Goldthorpe, *Classes*, London: New Left Books, 1985; Goldthorpe, *Class Counts*, Cambridge: Cambridge University Press, 1997.

[2] Goldthorpe, John, *Social Mobility and Class Structure in Modern Britain* (2nd Edition), Oxford: Oxford University Press, 1987; Erikson, Robert and John H. Goldthorpe, *The Constant Flux.* Oxford: Oxford University Press, 1992; Goldthorpe, *On Sociology* (vol. 2, 2nd Edition), Stanford: CA: Stanford University Press, 2007.

[3] Wright, Erin, O. 1979. *Class Structure and Income Determination.* New York: Academic Press; Goldthorpe, *Classes*, London: New Left Books, 1985; Goldthorpe, *Class Counts*, Cambridge: Cambridge University Press, 1997.

[4] 陆学艺主编:《当代中国社会阶层报告》,社会科学文献出版社2002年版。

[5] Goldthorpe, *Classes*, London: New Left Books, 1985.

[6] 李春玲:《断裂与碎片:当代中国社会阶层分化实证研究》,社会科学文献出版社2005年版;李春玲:《中国中产阶级的增长及其现状》,《江苏社会科学》2008年第5期。

[7] 张翼:《当前中国中产阶层的政治态度》,《中国社会科学》2008年第2期。

[8] 张翼、薛进军:《中国的阶层结构与收入不平等》,《甘肃社会科学》2009年第1期。

研究中借用了赖特的分析框架。林宗弘、吴晓刚则试图借制度分析来扩展赖特的框架，以使之适用于中国社会。[①] 李路路等构造的关于中国城市社会的权威阶层分类图示，可以看作是对韦伯—新韦伯论的发展[②]。

二 基于中国制度安排的阶级阶层分析框架

无论是通过改造新马克思主义的阶级框架还是新韦伯论的阶级框架来呈现当前中国社会的阶级阶层关系，都还面临着这样或那样的制度条件的约束[③]。过去十余年间，国内学者在对中国社会进行阶级阶层分析时，试图基于中国社会的制度安排，提出更具适用性的阶级阶层分析框架。

陆学艺及其团队提出了中国社会的"十大阶层"框架。他们认为，与绝大多数工业化社会或工业化之中社会一样，当前中国社会的阶层分化表现为职业分化，在这种分化中，中国的一些制度安排具有显著的影响，其中，生产资料所有权是一个重要的因素。因此，他们以职业分类为基础，以组织资源、经济资源、文化资源的占有状况为标准，划分出了十大社会阶层：国家与社会管理者阶层（拥有组织资源），经理人员阶层（拥有文化资源或组织资源），私营企业主阶层（拥有经济资源），专业技术人员阶层（拥有文化资源），办事人员阶层（拥有少量文化资源或组织资源），个体工商户阶层（拥有少量经

---

① 林宗弘、吴晓刚：《中国的制度变迁、阶级结构转型和收入不平等：1978—2005》，《社会》2010年第6期。
② 李路路、陈建伟、秦广强：《当代社会学中的阶级分析：理论视角与分析范式》，《社会》2012年第5期；秦广强、李路路：《组织权威分化与雇员群体的阶级定位——论权威阶级体系的中间机制问题》，《社会科学战线》2013年第1期。
③ 刘欣：《支配结构、协调机制与收入分配：中国转型社会的阶层结构》，《社会学研究》2018年第1期；陆学艺主编：《当代中国社会阶层报告》，社会科学文献出版社2002年版。

济资源)、商业服务业员工阶层(拥有少量的三种资源)、产业工人阶层(拥有很少的三种资源)、农业劳动者阶层(拥有很少的三种资源)、城乡无业、失业、半失业者阶层(基本没有三种资源)。他们进一步把这十大阶层,归并成五大社会等级:社会上层(高级领导干部、大企业经理人员、高级专业人员及大私营企业主)、中上层(中级领导干部、大企业中层管理人员、中小企业经理人员、中级专业技术人员及中等企业主)、中中层(初级专业技术人员、小企业主、企业办事人员、个体工商户)、中下层(个体劳动者、一般商业服务人员、工人、农民)、底层(生活处于贫困状态并缺乏就业保障的工人、农民和无业、失业、半失业者)。

  刘欣整合支配关系与经济利益关系[1],构造了一个由17个阶层位置、5个或6个阶层构成的分析框架,他在新近的研究中[2],又对这一框架进行了修正,由16个阶层位置、7个阶层构成。他把转型社会的产权制度分析与支配结构分析结合起来建构阶层框架,他认为,"嵌入在国家政治结构之中的产权(经济资产产权和人力资本产权)制度,连同这些制度所派生的次级制度,构成了阶层分化的制度基础。与政治结构和产权制度相适应,行政协调和市场协调是两种主要的协调机制。协调机制规定着组织、个体之间的支配关系;在行政协调中表现为权威型支配关系,在市场协调中则表现为市场型支配关系。支配权大小不同的结构性地位,即阶层地位。同时,由于阶层关系以产权制度为基础,而产权制度规定了对经营收入的支配关系,因此,阶层地位又与特定的经

---

[1] 刘欣:《当前中国社会阶层分化的多元动力基础——一种权力衍生论的解释》,《中国社会科学》2005年第4期;刘欣:《当前中国社会阶层分化的制度基础》,《社会学研究》2005年第5期;刘欣:《中国城市的阶层结构与中产阶层的定位》,《社会学研究》2007年第6期。

[2] 刘欣:《支配结构、协调机制与收入分配:中国转型社会的阶层结构》,《社会学研究》2018年第1期。

济利益相联系，相互间表现为收入分配关系。在市场型支配的阶层关系中，人力资本、土地、经济资本、企业家才能的相应收益是工资、地租、利息和利润；在权威型支配的阶层关系中，生产要素通过非市场交易结合产生租金，产权控制者拥有对租金的支配权。无论是在哪种支配类型的阶层关系中，居于支配地位的阶层，在收入分配上都有可能居于优势地位。因此，错综复杂的制度安排，使转型社会的阶层关系呈现出支配二元性和权益双重性"[①]。他首先按是否拥有公共权力，将社会位置划分为"有公共权力的社会位置""无公共权力的社会位置"以及介于两者之间的"行政事务位置"。其次，对有公共权力的位置，又按对公有资产有无直接控制权分为党政事业领导位置和公有（控股）企业领导位置，对每类位置进一步据职务高低分成两层。最后，对无公共权力的位置，据市场权力的来源和大小进一步分类：民营企业家（雇用10人及以上）、小业主（雇用2—9人）和自雇者（雇用0—1人），私营经理、部门管理人员、高级专业技术人员、中级专业技术人员、低级专业技术人员、技术工人、非技术工人，农民视为与小业主和个体自雇者身份相同的阶层。他由此区分出了16个阶层位置，并进一步按在权威型支配关系或市场型支配关系中的权力大小归类，构造了一个由社会上层（支配者阶层）、新中产上层、新中产下层、小业主和自雇者、技术工人、非技术工人、农民7个阶层构成的框架。他还认为，该框架既是一个支配关系框架，又是一个经济利益分配关系框架；其应用也有灵活性，比如，可归并为5阶层，可对社会上层和新中产分别作二元阶层划分并由此形成了二元精英地位的双重路径命题和二元新中产地

---

① 刘欣：《支配结构、协调机制与收入分配：中国转型社会的阶层结构》，《社会学研究》2018年第1期。

位的双重路径命题①。

李路路等②在韦伯—新韦伯论的权力—支配分析范式的基础上,构建了一个以权力和权威,特别是工作组织的权威为基础的阶层结构体系的分析框架,他们称之为"权威阶层框架"或"权威阶级图式"。他们把权力关系界定为工作组织权威关系,而把市场处境、新马克思主义阶级概念中的资产控制权,都整合进了一个权威关系的逻辑框架之中,通过对权力(包括财产权和组织权威)大小的直接测量,揭示了不同阶层地位的特征,并试图在权力(就权力是对他人行动施加影响的意义而言)单一维度上对阶级阶层划分保持理论逻辑的一致性。他们认为,基于财产而形成的社会关系是最基本的社会关系,也是权力地位和权力关系的最重要的基础。这种权力关系确定的三种基本雇用地位,即雇主(雇用1位及以上雇员)、雇员、自雇用者(为自己经营但不雇用他人),构成了当代社会的三个基本阶级位置。对雇员,则主要据其在工作组织内部权威体系中的地位确定其阶级阶层地位。在工作组织内部,雇员因权威关系不同而占据不同的支配和服从位置,以体力非体力、是否拥有下属、决策权大小、对自身工作的控制权作为具体指标。由此,李路路等构造了一个由10个阶级阶层类别构成的分析框架:大雇主、小雇主、自雇用者、高权威非体力雇员(如高层管理人会员)、中低权威非体力雇员(如中低层管理人员)、高自主性非体力雇员(如高层专业人员)、中低自主性非体力雇员(如中低层专业技术人员)、有权威监工、高自主性体

---

① 刘欣:《支配结构、协调机制与收入分配:中国转型社会的阶层结构》,《社会学研究》2018年第1期。

② 李路路、秦广强、陈建伟:《权威阶层体系的构建:基于工作状况与组织权威的分析》,《社会学研究》2012年第6期;李路路、秦广强等:《当代中国的社会阶层分析》,中国人民大学出版社2016年版。

力雇员（如技术工人）、中低自主性体力雇员（如非熟练工人）。

林宗弘和吴晓刚据中国转型社会的制度环境，扩展了新马克思主义的所有权概念，在赖特的新马克思主义的阶级分类方法的基础上，建构了一个由10个阶级构成的框架。他们认为，户籍制度、单位制度、干部身份制度是决定阶级位置的核心制度。[①]户籍制度是对劳动力所有权的限制，单位制决定组织资产的配置，而干部身份则是对生产现场技术与权威的身份界定和对私有产权保障的重建。他们区分了改革前社会主义体系下的6类阶级位置：农民（受限的劳动力/无技术无权威）、农村干部（受限的劳动力/有技术或权威）、集体单位工人（无组织资产/无技术无权威）、集体单位干部（无组织资产/有技术或权威）、国有单位工人（有组织资产/无技术无权威）和国有单位干部（有组织资产/有技术或权威）；区分了改革后市场经济体制下的4类阶级位置：无产阶级（无资本/无技术或权威）、新中产阶级（私有部门经理人与专家，无资本/有技术或权威）、小资产阶级或个体户（有资本/无技术无权威）和私人资本家（有资本/有技术或权威）。

还有一些学者主张，结合中国现实制度背景，重新回到马克思主义的阶级分析理论来探讨问题。比如，沈原认为，在中国市场转型制度背景下，有必要把工人阶级带回分析的中心，确立工人阶级研究在当代中国社会学中的中心地位。[②]经典马克思主义的社会学理论和新马克思主义者布洛维的工厂政体理论，为转型期农民工和原有国企工人如何形成、再形成市场社会中的工人阶级，对理解阶级关系的实质，都提供了有效的理论视角和分析工具。仇立平则主张，对中国社

---

① 林宗弘、吴晓刚：《中国的制度变迁、阶级结构转型和收入不平等：1978—2005》，《社会》2010年第6期。

② 沈原：《社会转型与工人阶级的再形成》，《社会学研究》2006年第2期。

会结构的分析要重回马克思的阶级理论,他据劳动、资本、技术和管理四种生产要素的占有关系,划分出四个阶级:劳动阶级(工人和农民)、资本所有者阶级、专业和技术人员阶级、管理者阶级。他对全国2000年人口抽样调查资料所作的分析显示,管理者阶级占7.13%,资本所有者阶级占0.24%,专业和技术阶级占3.10%,劳动阶级占89.08%,其他阶级占0.45%。[①]

三 关于中国转型社会阶级阶层结构状况的一些判断

关于转型期中国社会阶级阶层结构状况,形成了基于不同理论思路和分析框架的描述和判断。

(一)基于阶梯性模型对中国社会阶级阶层结构状况做出的判断

李强以国际职业社会经济地位指数(ISEI)为依的倒"丁字形"阶层结构。[②]他通过对2000年中国人口普查抽样调查资料中16—64岁人口职业的ISEI得分的分析发现,在中国社会的阶层结构中,社会经济地位很低的农民(ISEI为23分)占64.7%,地位较农民稍高一点的体力工人(29—31分,主要是农民工、乡镇企业工人)占9.1%,介于白领与蓝领工人之间的交通运输业工人服务人员、商业服务人员、仪表等技术工人等(33—38分)占10.3%,白领职员(43—45分)占2.3%,专业技术人员(68—69分)占2.6%,社会经济地位最高的党政机关负责人、高级专业技术人员、企业管理人员等(85—88分)占0.5%。他认为,这些主要职业群体

---

① 仇立平:《回到马克思:对中国社会分层研究的反思》,《社会》2006年第4期。
② 李强:《"丁字型"社会结构与"结构紧张"》,《社会学研究》2005年第2期。

的 ISEI 得分的分布呈倒"丁字形"，社会经济地位很低的农民与其他群体之间形成了鲜明的分界，显示了巨大的差异性。这种倒"丁字形"结构比一般的金字塔结构还要差，是一个中产阶级明显缺失的社会结构。造成这种结构的主要原因在于城乡分隔，而这种结构进而造成了持续的"社会结构紧张"。他对 1982 年、1990 年人口普查资料以及 2010 年人口普查抽样调查资料分析后进一步认为，中国社会的倒丁字结构，在改革前就已经存在了。而随着中国改革开放、经济发展，中产阶级的队伍不断壮大，社会的阶层结构经历了从倒"丁字形"到"土字形"的转变①。

与李强的发现相近，张翼、候慧丽利用"五普"资料，结合国际职业声望量表和每一种职业中高中及以上文化程度劳动者所占的比率，估计了就业人口的阶层结构状况。他们发现，位于社会底层的农民占各个阶层的总人数 64% 左右，"蓝领"工人占 23.9%，"白领"阶层占 12.2%，"白领"阶层中最上层的专业人员阶层和管理者阶层仅占社会劳动者总数的 1.1%。他们认为，中国阶层结构还是一个底盘很庞大的"烛台"。②

李春玲据 2001 年中国社会结构变迁研究的调查资料，对各十大社会阶层的月收入进行分析后，把收入分为上层、中间层、中下层和下层四个等级。她发现，全国的收入等级呈"金字塔形"结构，上层占总人口的 2.6%，中间层占 25%，中下层占 24.7%，下层占 47.7%。城乡收入等级差异显著。城镇收入等级呈菱形结构，上层所占比例很小，接近 5%，中层所占比例超过了 1/3，中下层比例也超过了 1/3，下层的比例约占 1/5。农村收入等级结构

---

① 李强：《中产过渡层与中产边缘层》，《江苏社会科学》2017 年第 2 期。
② 张翼、候慧丽：《中国各阶层人口的数量及阶层结构—利用 2000 年第五次全国人口普查所做的估计》，《中国人口科学》2004 年第 6 期。

呈烛台形状，上层极少，中间层和中下层的比例不到30%，比例也很小，下层所占比例接近70%。[①]

李培林、朱迪近期对收入分层的研究则发现，中国社会的中低层收入者的比重虽较高，但中间阶层的比重已具规模。他们以绝对家庭年收入为分层标准，运用2006—2013年中国综合社会调查测算中等收入者的比例（处于25—95百分位的家庭）占总人口的27%—28%，低收入者（5百分位以下）的比例为18%—20%，中低收入者（5—25百分位）的比例为50%左右，据此得出中国社会中间阶层已具规模，但以中低阶层为主的结论。[②]

（二）基于关系性模型对中国社会阶级阶层结构状况做出的判断

与运用阶梯性模型呈现中国阶层结构的思路不同，运用关系性模型呈现阶级阶层结构状况时，学者们更关注的是转型社会级阶层结构的两极化、中产化的程度，阶级阶层的形成或碎片化的程度。学界提出了两对相互竞争的观点：阶级阶层结构的"两极化"与"中产化"，阶级阶层的"形成"与"碎片化"[③]。

孙立平提出的"断裂社会"概念，是关于阶级阶层结构两极

[①] 李春玲：《社会群体的收入差异：两极分化还是多层分化——观察中国社会收入差距的另一视角》，《战略与管理》2004年第3期。

[②] 李培林、朱迪：《努力形成橄榄型分配格局——基于2006—2013年中国社会状况调查数据的分析》，《中国社会科学》2015年第1期。

[③] 李春玲（2005b）认为，学者们对当前中国社会结构形成了相互对立的基本判断，即"断裂化"（两极分化）还是"中间层化"（两端缩小中间层扩大），"结构化"（资源分配及利益关系趋同化）还是"碎片化"（资源分配和利益关系异质化）。她说的结构化与Giddens（1973）的用法是不相同的。李路路（2012）则认为中国改革以来社会结构有"阶层化"趋势。笔者认为，他们所说的"结构化"或"阶层化"，实际上指的是阶级或阶层形成（formation）的程度，也就是居于一定结构性阶级或阶层地位的成员组织化、社会化的程度，或一个阶级阶层在阶级阶层认知或意识、生活方式乃至利益维护、集体行动上，区分于其他阶级阶层的程度。本文所说的阶级阶层的形成是一个相对宽泛的概念，既有Wright（1985）的阶级形成（class formation）的含义，又有韦伯的社会闭合、Parkin的阶级闭合（class closure），以及Giddens的结构化含义。

化判断的代表性观点。① 他认为，与改革前"去分层化"情形不同，改革后的中国社会经历了一个再分层化的过程。在这一过程中，尤其是 20 世纪 90 年代以来，不同的阶层发育程度是不相同的，社会的利益结构严重失衡，贫富分化日益加剧，形成了两极化的社会或断裂社会。他所说的断裂，指的是社会结构中的有关成分过分分化且彼此间缺乏有效整合的状态，表现为拥有社会中大部分资源的强势群体和拥有大量人口的弱势群体的形成②。强势群体由经济精英、政治精英和知识精英构成，他们形成了稳定的联盟，对公共政策制定和执行过程、公共舆论和话语形成具有重要的影响。弱势群体是一个贫困、在市场竞争和社会政治生活中均处于弱势地位且规模庞大的群体，它主要由贫困农民、进城农民工和城市下岗失业人员构成。弱势群体是社会中的被淘汰者，已成为一个被甩出社会结构之外的群体，因而也是一个从社会结构中断裂出去的群体。他们中的大部分人已根本没有可能回到社会的主导产业之中、回到原来那种稳定的就业体制之中，而新的朝阳产业也不会向他们提供机会。他们缺乏基本的社会保障，在支付住房、子女教育等大宗费用上发生困难，难以应对生活中遭受的突发性时间③。

---

① 孙立平：《断裂：20 世纪 90 年代以来的中国社会》，社会科学文献出版社 2003 年版；孙立平：《转型与断裂：改革以来中国社会结构的变迁》，清华大学出版社 2004 年版；孙立平：《断裂：20 世纪 90 年代以来中国社会的分层结构》，李友梅、孙立平、沈原主编《当代中国社会分层：理论与实证》，社会科学文献出版社 2006 年版。

② 孙立平：《断裂：20 世纪 90 年代以来中国社会的分层结构》，李友梅、孙立平、沈原主编《当代中国社会分层：理论与实证》，社会科学文献出版社 2006 年版。

③ 孙立平：《资源重新积聚背景下的底层社会形成》，《战略与管理》2002 年第 1 期；孙立平：《我们在开始面对一个断裂的社会？》，《战略与管理》2002 年第 2 期；孙立平：《断裂：20 世纪 90 年代以来中国社会的分层结构》，李友梅、孙立平、沈原主编《当代中国社会分层：理论与实证》，社会科学文献出版社 2006 年版。

与社会结构两极化的判断相反,一些学者提出了中国社会在现代化、市场化过程日趋"中产化"判断。他们对中国转型过程中社会阶级阶层的构成状况进行了描述并认为存在中产化的趋势①。

陆学艺认为当前中国社会的阶层结构呈"洋葱头形"。② 陆学艺及其团队不但提出了十大阶层框架,还对十大阶层的位序进行了排列。他们认为,阶层位序取决于各个阶层拥有的文化资源、经济资源与组织资源的数量,拥有三种资源数量越多的阶层,其阶层地位就越高,反之越低③。国家与社会管理者阶层、经理人员阶层、私营企业主阶层、专业技术人员阶层,拥有的资源较多,所处的社会位序最高或较高;而农业劳动者、产业工人阶层,拥有的资源量有限或较少,阶层位序就比较低。陆学艺据2005年国家统计局1%人口抽样调查资料和2006年中国社科院全国综合社会调查资料的分析显示④,国家与社会管理者占2.3%,私营企业主占1.3%,经理人员占2.6%,专业技术人员占6.3%,办事人员占7.0%,个体工商户占9.5%,商业服务人员占10.1%,产业工人占14.7%,农业劳动者占40.3%,无业失业半失业人员占5.9%。他由此认为,中国社会的结构形态是一个中低阶层过大、上中层刚刚发育还没有壮大、最上层和底层都较小的"洋葱头形"

---

① 陆学艺:《中国社会结构的变化及发展趋势》,《云南民族大学学报》(哲学社会科学版)2006年第9期;陆学艺:《中国社会阶级阶层结构变迁60年》,《北京工业大学学报》(社会科学版)2010年第3期;郑杭生主编:《中国社会结构变化趋势研究》,中国人民大学出版社2004年版;刘欣:《公共权力、市场能力与中国城市的中产阶层》,谢曙光、周晓虹主编《中国研究》,社会科学文献出版社2010年版;张翼:《中国社会阶层结构变动趋势研究——基于全国性CGSS调查数据的分析》,《中国特色社会主义研究》2011年第3期。

② 陆学艺:《当代中国社会阶层的分化与流动》,《北京日报》2006年6月19日;陆学艺:《中国社会结构的变化及发展趋势》,《云南民族大学学报》(哲学社会科学版)2006年第9期。

③ 陆学艺主编:《当代中国社会阶层报告》,社会科学文献出版社2002年版。

④ 陆学艺主编:《当代中国社会结构》,社会科学文献出版社2010年版。

结构形态。与改革前相比，中国社会已形成一个现代化的阶层结构，但还只是一个雏形。与陆学艺做出的当前中国社会已具备现代化阶层结构雏形的结论相一致，郑杭生据 2000 年对全国 10 城市居民进行的抽样调查资料的分析也认为，中国城市社会的阶层结构正处于从传统的"金字塔形"向"纺锤形"过渡之中。他对资料的分析显示，管理阶层占 10.7%，技术人员阶层占 11.1%，办事人员阶层占 22.9%，工人阶层（在职）占 30.1%，下岗工人占 15.7%，自雇用者占 8.1%，私营企业主占 0.8%。[①]

李春玲分别从职业、收入、消费和主观认同四个维度考察了中国城镇社会的阶层结构。[②] 她据 2001 年当代中国社会结构变迁数据认为，不论从哪个维度分析，中国城镇社会的阶层结构均为"橄榄形"，中产阶层均占有相当的比例。从职业维度来看，中产阶层（党政官员、企业经理人员、私营企业主、专业技术人员和办事人员）的比例为总城镇人口的 15.9%；从收入维度来看，中产阶层（分地区人均收入达平均值以上）的比例为 24.6%；从消费维度来看，中产阶层（家用电器和耐用消费品指数 6 分及以上）的比例为 35%；而从主观认同维度来看，中产阶层（自我社会地位评价为"上""中上"和"中等"）的比例为 46.8%。

李培林把以资源占有为基础的阶级分析和以职业地位为基础的阶层分析结合起来，并借助陆学艺的十大阶层框架，认为当前中国社会形成了轮廓较为清晰的社会阶层。[③] 他据 2005 年全国 1%人口抽样调查数据的分析，并结合国家工商管理总局等部门的统计数据，认为，城乡阶级阶层结构差异很大，农村阶级阶层结构

---

① 郑杭生主编：《中国社会结构变化趋势研究》，中国人民大学出版社 2004 年版。
② 李春玲：《中国当代中产阶层的构成及比例》，《中国人口科学》2003 年第 6 期。
③ 李培林：《中国改革以来阶级阶层结构的变化》，《黑龙江社会科学》2011 年第 1 期。

还是一种"金字塔形"结构，底层比重过大、中间层规模过小；阶级阶层结构变化的过程，就是从农村的"金字塔形"转变为城镇的"橄榄形"。

刘欣对 2005 年 CGSS 资料的分析认为，中国城市社会的阶层结构还是一种较典型的金字塔形的结构。社会上层的比例很小，下层的比例较大。[①] 居于支配阶层地位的人员仅占 1.3%，中产上层占大约 9.7%，中产下层占大约 14.7%；小业主和自雇者（老中产）大约占 5.4%；全部新老中产阶层，在整个阶层结构中共占约 30%。技术工人占大约 36.2%，非技术工人占大约 32.7%。中产阶层的比重，若考虑到庞大的农民在内，则会更低。总的看来，中国社会的阶层结构，甚至城市社会的阶层结构，离"橄榄形"的中产社会还是有相当的距离的。但城市阶层结构已有从"金字塔形"朝"橄榄形"转型的端倪，非技术工人的比重已经低于技术工人的比重。刘欣近期据 CGSS 2010 的研究显示，近年来中国社会结构发生了快速的中产化，东部地区的阶层结构已呈橄榄形，但中西部地区的呈圭字形，全国总的看来呈圭字形。[②]

张翼运用 2008 年中国社会科学院社会学研究所主持的中国综合社会调查资料，据职业类别和社会成员在劳动力市场中的位置（即雇用与被雇用状况）所区分的 6 个阶层及其比重分别是：公务员及国有企业管理阶层占 8.7%，民营企业阶层占 3.7%，知识分子阶层占 4.8%，工人阶层占 27.3%，自雇阶层占 13.2%，农民阶层占 42.3%。他进一步分析不同阶层的同期群构成后认为，农民阶层所占比重在不同出生同期群中越来越趋于缩小；而蓝领阶

[①] 刘欣：《公共权力、市场能力与中国城市的中产阶层》，谢曙光、周晓虹主编《中国研究》，社会科学文献出版社 2010 年版。

[②] 刘欣：《支配结构、协调机制与收入分配：中国转型社会的阶层结构》，《社会学研究》2018 年第 1 期。

层和白领阶层所占比重则越来越趋于扩大。而农民阶层向工人阶层的转化，是中国社会改革开放以来的结构性变化。[1]

在当前中国阶级阶层的"形成"与"碎片化"讨论中，也提出了不同的观点。这里，阶级阶层形成主要是指居于一定结构性阶级或阶层地位的成员组织化、社会化的程度，或者一个阶级阶层在阶级阶层认知或意识、生活方式乃至利益维护、集体行动上，区分于其他阶级阶层的程度。

关于当前中国社会阶级阶层形成状况，李路路认为，改革开放以来，相对于传统社会主义社会而言，中国社会结构出现了明显的阶层分化，阶层地位差异来越明显，阶层边界越来越清晰，阶层利益越来越凸显。[2] 不少研究者发现，不同阶层在收入、住房、社会交往、阶层地位认同、社会政治态度、生活满意度、生活方式等方面，都表现出显著的差异[3]。陆学艺认为，与改革开放以来经济发展相伴随，工业化、市场化和城镇化，导致了产业结构、就业结构和职业结构的变化，这些变化导致了阶层结构的分化，催生了私营企业主、个体工商户等新的社会阶层，社会逐渐分化形成了由10个阶层构成的阶层结构。[4] 他认为阶层结构的变

---

[1] 张翼：《中国社会阶层结构变动趋势研究——基于全国性CGSS调查数据的分析》，《中国特色社会主义研究》2011年第3期。

[2] 李路路：《社会结构阶层化和利益关系市场化——中国社会管理面临的新挑战》，《社会学研究》2012年第2期。

[3] 边燕杰：《城市居民社会资本的来源及作用：网络观点与调查发现》，《中国社会科学》2004年第3期；李路路：《中国城镇社会的阶层分化与阶层关系》，《中国人民大学学报》2005年第2期；李路路：《社会结构阶层化和利益关系市场化——中国社会管理面临的新挑战》，《社会学研究》2012年第2期；李路路、秦广强等：《当代中国的社会阶层分析》，中国人民大学出版社2016年版；刘精明、李路路：《阶层化：居住空间、生活方式、社会交往与阶层认同》，《社会学研究》2005年第3期；仇立平：《职业地位：社会分层的指示器——上海社会结构与社会分层研究》，《社会学研究》2001年第3期。

[4] 陆学艺：《中国社会阶级阶层结构变迁60年》，《北京工业大学学报》（社会科学版）2010年第3期。

化集中在，中产阶层崛起加快，社会中下层比例进一步缩小，社会阶层分化加剧，在财富阶层快速崛起的同时，社会底层有所扩大。刘欣基于制度分析的观点认为，社会转型实际上是一系列制度安排的变化，而这些变化导致了阶层结构转型和新的阶级阶层的产生。① 不同的阶级阶层在收入、阶层地位认同等方面，都表现出了显著的差异②。

关于当前中国社会阶级阶层形成状况的判断，一些学者的讨论集中在了中产阶级（中间阶层）③和工人阶级（劳工阶层）的形成上。一些学者认为，中国出现了一个地位相对明确的中间阶层和工人阶层，比如，李路路等认为，中产阶层已逐步形成为一个独立的阶级，他们在阶层意识、政治参与和利益分配上，与社会下层和自雇者阶级，都有显著区别；在社会生活方面，中产阶层在居住方面与工人阶级出现了一定程度上的居住隔离，但在社会交往和婚姻匹配上，已出现了明显的阶层内部交往和通婚的趋势。④

一些研究者还发现，中产阶层在生活方式上已具有明显的阶级特征。吕大乐、刘硕结合对北京一个中产阶层社区的田野调查和对业主网上论坛的观察认为，中产阶层在社区生活中已形成一系列特有的阶层文化和生活方式，他们对社区生活建立了一种道德秩序，也希望其他居民按照此规范共同生活。⑤ 张翼通过对

---

① 刘欣：《当前中国社会阶层分化的多元动力基础——一种权力衍生论的解释》，《中国社会科学》2005 年第 4 期；刘欣：《当前中国社会阶层分化的制度基础》，《社会学研究》2005 年第 5 期。
② 刘欣：《中国城市的阶层结构与中产阶层的定位》，《社会学研究》2007 年第 6 期；刘欣：《支配结构、协调机制与收入分配：中国转型社会的阶层结构》，《社会学研究》2018 年第 1 期。
③ 这里的中产阶层，主要指新中产阶层，并不包括小业主和自雇者（老中产阶级）。
④ 李路路、秦广强等：《当代中国的社会阶层分析》，中国人民大学出版社 2016 年版。
⑤ 吕大乐、刘硕：《中产小区：阶级构成与道德秩序的建立》，《社会学研究》2010 年第 6 期。

2013年CSS数据的分析，认为中产阶层在消费方式上与其他阶层存在明显差异。① 中国社会的社会下层（包括农民、工人和自雇者阶级）往往更注重衣食住行等满足基本生活需要的生存性消费方式，与这些阶层不同，中产阶层已经基本超越了对生存性消费的需求。他们在教育、旅游、娱乐等方面消费支出比例更大，追求满足自身及家庭成员未来发展需要的发展型消费方式。

沈原认为，转型时期的中国社会正在经历一个工人阶级再形成的过程。② 随着中国逐步成为世界工厂，庞大的产业工人群体正在中国形成，其中大部分是进城打工的"农民工"。农民工并不是简单地被视为城镇化和人口迁移的结果，而是正在形成中的产业工人，他们在工厂的生产过程中完成农民向工人的转变，逐步形成新的产业工人阶级阶层。

持当前中国阶级阶层结构碎片化观点的学者认为，中产阶层、劳工阶层尚未形成具有内在统一性并具一致身份认同的阶级阶层。关于中产阶层碎片化的讨论主要是在"再分配—市场"二元制度背景下展开的。李路路、李升认为③，中国的中产阶层并不是一个统一的整体，其性格特征和生活方式是在"再分配—市场"的二元体制下被建构出来的，因而具有显著的内部异质性。他们基于2003年中国社会综合调查，发现基于再分配体制的"内源"中产阶层比基于市场逻辑的"外生"中产阶层的代际再生产程度更高，政治态度和消费方式更为保守。刘欣据在公共权力结构和市场能力结构中的位置，把中产阶层分为公职新中产阶层和市场新中产

---

① 张翼：《当前中国社会各阶层的消费倾向——从生存性消费到发展性消费》，《社会学研究》2016年第4期。
② 沈原：《社会转型与工人阶级的再形成》，《社会学研究》2006年第2期。
③ 李路路、李升：《"殊途异类"：当代中国城镇中产阶级的类型化分析》，《社会学研究》2007年第6期。

阶层，前者包括党政事业的中低层干部和国有企业的中低层经历和管理人员，后者包括私有部门的专业技术人员、企业经理和管理人员。这两类中产阶层在政治参与表现出差异，且这种差异主要是由其收入和阶层认同不同所导致的①。他进一步对中产阶层的内部差异进行理论分析认为，中产阶层因处于权威型和市场型两种不同的支配关系之中，因而其内部是碎片化的，公职新中产和市场新中产不仅在地位获得上具有二元性，在地位获得路径上也可能是二元性的②。李培林认为，中产阶层在中国阶层结构中的比重很小，其边界也不清晰；而以职业为主要指标界定的中产阶层，与以收入消费水平、消费趋向界定的中产阶层，相互之间差异也较大；这些被定义出的中产阶层，在主观阶层地位认同上与社会中层很不吻合；中产阶层在相当长的时期内，都难以成为中国社会的主体。③

关于工人阶级的碎片化的讨论集中在农民工和原国企工人的统一性上。沈原在分析产业工人再形成时，强调农民工与原国企工人的阶级形成过程的差异。④前者的阶级实践场所在于工厂的生产车间，而后者的阶级实践在社区生活和斗争中实现。还有一些学者认为，原国企工人与农民工之间还存在因户籍等制度安排而产生的职业隔离，造成了二者的收入差异⑤，使之难以获得一致的身份认同。孙立平将农民工和下岗工人视为中国社会的贫困阶层，

---

① 刘欣、朱妍：《中国城市的社会阶层与基层人大选举》，《社会学研究》2011年第6期。
② 刘欣：《支配结构、协调机制与收入分配：中国转型社会的阶层结构》，《社会学研究》2018年第1期。
③ 李培林：《中国改革以来阶级阶层结构的变化》，《黑龙江社会科学》2011年第1期。
④ 沈原：《社会转型与工人阶级的再形成》，《社会学研究》2006年第2期。
⑤ 吴晓刚：《中国的户籍制度与代际职业流动》，《社会学研究》2007年第6期；吴晓刚、张卓妮：《户口、职业隔离与中国城镇的收入不平等》，《中国社会科学》2014年第6期；李培林、李炜：《农民工在中国转型中的经济地位和社会态度》，《社会学研究》2007年第3期。

他们不仅被甩出了社会结构之外，其内部也碎片化的。[1] 孙立平还强调，阶级关系与利益关系并非一致，不同阶层的人可能会形成同一个利益群体，而同一阶层的人可能从属于不同利益群体。[2] 这意味着同一阶层内部的成员不见得能形成具有统一性的整体。相反，利益群体比阶层更有可能成为社会运动的主体。李强认为，改革导致了利益群体分化，出现了特殊利益群体、普通获益群体、利益相对受损群体以及社会底层群体等，而这些利益集团的边界是流动的，是随着利益的变化而随时调整，阶层并非统一的。[3]

四 总结与讨论

过去 40 年间，社会分层研究一直是中国社会学界的一个重要议题，取得了十分重要的进展。对中国社会阶级阶层结构的认识，呈现出一种从放弃关系性阶级阶层概念而采用阶梯性阶级阶层概念，再重回重视关系性阶级阶层概念的"否定之否定"的趋势。在这一过程中，学界不但使用了阶梯性模型或关系性模型来呈现阶级阶层结构，在同一模型内部也提出了不同的观点。尤其是在近年来的研究中，一些学者还据中国的制度安排，构造了自己的具有一定理论性的阶级阶层分析框架，并运用经验资料检验了这些框架的有效性，进而呈现了当前中国社会阶级阶层构成的状况。

然而，已有的研究所提出的议题仍有待进一步深化，在阶级阶层结构研究的一些核心问题上，尚未见深入的探讨，甚至还是盲点。

---

[1] 孙立平：《资源重新积聚背景下的底层社会形成》，《战略与管理》2002 年第 1 期。
[2] 孙立平：《利益关系形成于社会结构变迁》，《社会》2008 年第 3 期。
[3] 李强：《当前我国社会分层结构变化的新趋势》，《江苏社会科学》2004 年第 6 期。

过去40年间，如何描述或划分中国的阶级阶层结构，是一个持续性的热点问题。已形成了阶梯性模型和关系性模型两种基本思路。在阶梯性模型内部，又有重视以职业声望、收入、教育或消费为单一标准或多元标准的呈现方式，但无论是单一标准还是多元标准的，其核心思路都是把职业结构作为阶层结构的核心，所描述的是不同职业的声望、收入、教育或消费的相对高低或相对资源量多寡。这种核心思路的潜在理论假定是，在现代社会里，职业是社会分工的最主要形式。中国在改革开放、市场化转型过程中，在计划经济体制下形成的由户籍制、单位制、干部—工人劳动人事身份制所界定的等级式地位，逐步转向了一种以职业分工为基础，以社会予以职业的报酬或资源差异为特征的阶梯性分层地位。用这样的思路，呈现中国现代化进程中资源分配的不平等状况，简便易行。但这种分析思路，在资源分配的制度基础是什么、不同阶层之间是否存在利益关系等问题上，却相对忽视。在职业声望高低的测量上，除了少数学者试图基于中国调查资料外，大都采用了标准国际职业声望量表或国际职业社会经济地位指数。而这些国际量表或指数，对中国职业的适用性，尤其是对中国特有职业的适用性，是缺乏应有的效度检验的。基于对中国社会的调查，形成与标准国际职业声望量表或国际职业社会经济地位指数既具可比性，又兼顾中国制度背景和特殊职业的量表和指数，是以职业为核心的阶层结构研究者所急需的，也是一个亟待开展实质性研究的问题。此外，以职业声望、收入、教育、消费单一指标或多指标进行阶层划分，在已有的研究中，其分组都带有一定程度的主观性。因此，不同的学者，哪怕是用同一组调查资料，所划分出的阶层比重也有较大的差异。这也折射出对以职业结构为核心的阶层研究，不但需要更具逻辑一致性的理论支撑，还需要更具效度的测量指标。

同样，在关系性模型内部，也形成了不同的理论思路和划分方法。有的学者重视阶级阶层之间的权力关系，有的学者重视阶级阶层之间的经济利益关系，有的学者重视阶级阶层之间的实践区隔，还有的学者试图把权力关系与经济利益关系整合起来。重视从关系性模型视角看待阶级阶层结构的学者，不停留在阶级阶层成员所拥有的收入、消费品等资源的状况上，而是更关注阶级阶层关系如何导致了经济利益、社会福利、就业与教育机会等社会资源分配的不平等，在阶级阶层关系中居于不同社会位置的成员，是否形成了相近的地位认同、社会政治态度，是否有可能发生维护自己的既得社会资源或争取新的资源的集体行动，等等。这些问题，涉及转型社会的基础性制度安排以及与之相应的次级制度安排同阶级阶层关系的内在联系，如何通过社会关系来界定阶级阶层位置，阶级阶层在多大程度上已经形成，等等。对这些问题的探讨，形成了不同的阶级阶层框架（或阶级阶层类型学），关于阶级阶层框架内在逻辑一致性的理论观点，关于阶级阶层结构的定义和对其特征的揭示，关于阶级阶层形成的标志、形成程度或碎片化程度的判断，以及其他有关成果。然而，在关系性模型内部，虽存在不同的理论思路和分类框架，但相互之间并没有形成实质性对话，对不同框架的竞争性解释力虽有基于经验资料的检验，但相对而言，对这些框架之间的理论基础、经验关联性的比较和讨论，仍显得不够直接和深入。关于阶级阶层形成或碎片化的讨论，虽有了不同的基本观点，但深入的理论对话和扎实的检验仍需更多的研究工作。关系性模型的一个重要特点是，阶级阶层框架或阶级阶层类型学具有内在的逻辑一致性、分类标准的严谨性。然而，一些研究者所提出的阶级阶层框架的内在逻辑思路并不那么清晰，分类标准难以操作界定，所给出的阶级阶层类型有很大的随意性，甚至是大而化之凭感觉的归类。

学界对中国社会学者提出的阶级阶层分析框架缺乏更多更严格的适用性检验，对所借用的基于发达国家阶级阶层框架的适用性、有效性，也缺乏必要的评估。虽然一些学者已做出了尝试，比如，李路路等用 2006 年中国综合调查数据将他们的权威分类图示与其他框架进行比较，检验了他们所提出的阶级分析框架的有效性；[①] 刘欣运用潜类分析方法对自己提出的阶层分析框架的经验适用性进行了检验；[②] 林宗弘和吴晓刚通过与其他一些阶级阶层分析框架的比较，表明其框架能更好地解释收入和教育不平等。[③] 但所做的工作，还远远不够。对国际标准职业声望、社会经济地位指数、阶级阶层分析框架的应用，除了考虑可比性因素外，还有必要更重视结合中国的制度安排和文化背景，对其有效性、适用性给予充分的评估后，再加以应用或改造后应用。否则，我们的研究发现，完全可能是削足适履的，脱离社会真实的"发现"。

不少学者都重视在制度变迁的背景下探讨中国社会结构转型、阶级结构变迁问题，并有一些学者对转型的动力进行了分析，比如李培林对社会结构转型中对"另一只看不见的手"的理论化分析[④]，李路路、王奋宇[⑤]、孙立平[⑥]、刘欣[⑦]的分析，等等。但是，总的看来，社会学界对中国社会制度变迁的动力、阶级阶层结构

[①] 李路路、陈建伟、秦广强：《当代社会学中的阶级分析：理论视角与分析范式》，《社会》2012 年第 5 期；李路路、秦广强、陈建伟：《权威阶层体系的构建：基于工作状况与组织权威的分析》，《社会学研究》2012 年第 6 期。

[②] 刘欣：《支配结构、协调机制与收入分配：中国转型社会的阶层结构》，《社会学研究》2018 年第 1 期。

[③] 林宗弘、吴晓刚：《中国的制度变迁、阶级结构转型和收入不平等：1978—2005》，《社会》2010 年第 6 期。

[④] 李培林：《另一只看不见的手：社会结构转型》，《中国社会科学》1992 年第 5 期；李培林：《中国社会结构转型对资源配置方式的影响》，《中国社会科学》1995 年第 1 期。

[⑤] 李路路、王奋宇：《当代中国现代化进程中的社会结构及其变革》，浙江人民出版社 1992 年版。

[⑥] 孙立平：《断裂：20 世纪 90 年代以来中国社会的分层结构》，李友梅、孙立平、沈原主编《当代中国社会分层：理论与实证》，社会科学文献出版社 2006 年版。

[⑦] 刘欣：《中国改革开放以来的制度变迁与阶层结构转型》，中国社会科学院社会学研究所建所 30 周年暨费孝通先生百年诞辰纪念大会，2010 年 4 月 17 日。

转型的动力,却缺乏更多深入分析。对阶级阶层结构转型过程和长期变化趋势的描述,也缺乏详细的经验资料的支持。

有些研究还在比较中国社会与其他社会的阶层结构上,因使用了大体上具有可比性的分析指标,而提供了有价值的信息;有的学者还对中国社会的阶级结构、阶层认同等,与其他国家的情形进行了比较[1],揭示了中国阶级阶层结构的特征。但总的看来,系统的比较研究还较少,这方面有很多值得具体、深入探讨的问题。中国和其他转型社会、发达社会都已经积累了大规模的调研资料,为进一步开展比较研究提供了条件。

---

[1] 刘欣:《转型期中国大陆城市居民的阶层意识》,《社会学研究》2001年第3期;刘欣:《支配结构、协调机制与收入分配:中国转型社会的阶层结构》,《社会学研究》2018年第1期;李培林、[俄]戈尔什科夫:《中俄社会分层:变迁与比较》,社会科学文献出版社2016年版;李春玲主编:《比较视野下的中产阶级形成:过程、影响以及社会经济后果》,社会科学文献出版社2009年版;张翼:《中国社会阶层结构变动趋势研究——基于全国性CGSS调查数据的分析》,《中国特色社会主义研究》2011年第3期。

"东亚模式"研究与改革开放 40 年

田毅鹏　夏可恒　张红阳[*]

东亚的崛起是在世界第三次现代化浪潮的背景下展开的[①],从 20 世纪 60 年代开始,日本首先从战败的废墟上创造了"日本发展奇迹",成为世界上最重要的经济大国,"四小龙"紧随其后实现了经济的腾飞,而东盟和中国则在 80 年代也相继加入高速增长经济体的行列,一直到 90 年代后期,"在短短三十年内,亚洲做到了欧美花了差不多一个世纪才达到的经济腾飞。……新的有关'亚洲价值'的学说创立了,它解说着东方的崛起,西方的行将衰败"。[②] 值得注意的是,东亚模式的研究关注恰恰与中国的改革开放相同步。在一定意义上,中国的改革开放是直接以"东亚模式"为参照系而展开的。故在中国改革开放 40 年到来之际,对东亚模式研究 40 年这一主题展开研究综述,具有特殊重要的意义。

东亚的迅速发展引起了世界广泛的关注,世界银行 1993 年针

---

[*] 田毅鹏,吉林大学哲学社会学院教授;夏可恒,吉林大学哲学社会学院硕士研究生;张红阳,吉林大学哲学社会学院硕士研究生。

[①] 罗荣渠:《现代化新论:世界与中国的现代化进程》,北京大学出版社 1993 年版,第 138—142 页。

[②] [英] 卡拉姆·亨德森:《亚洲在衰落?》,朱宝宪、王桂琴等译,机械工业出版社 1998 年版,前言。

对东亚持续而又高速的经济发展做出了题为《东亚奇迹——经济增长与公共政策》的报告,不仅提出了"东亚奇迹"的概念,还分别从公共政策与经济发展、宏观经济运行与出口、分享增长的机构基础、积累的战略和资源的利用等方面对"东亚奇迹"展开了描述和一定程度的解释。[1] 除此之外,美国学者约翰·奈斯比特更是对东亚20世纪60—90年代的发展赞许有加,甚至称"90年代是'亚洲时代'。而当进入2000年时,在经济、政治和文化上,亚洲将跃居世界领先地位"[2]。正当人们为东亚巨大的成就发出感叹之时,1997年始于泰国的一场"金融风暴"迅速在整个东亚地区蔓延开来,经济增长热度的迅速跌落使得人们不得不去重新反思所谓的"东亚奇迹",一时间关于奇迹是否存在的质疑言论甚嚣尘上,其中,保罗·克鲁格曼对东亚发展的质疑[3]以及世界银行于2000年推出的《东亚奇迹的反思》最具代表性。但是,"无论我们是否称之为奇迹,事实上本地区生活水平的改善之快是全世界前所未有的"[4]。经过近两年的调整后,东亚经济复苏的步伐开始加快,"1999年,东亚经济增长了4.1%;2000年,东亚经济增长了近6%"[5]。经过大起大落的发展历程之后,到21世纪第一个十年,从整体上看东亚地区仍然保持着相对平稳的发展轨迹。在这一阶段,东亚的发展并没有淡出人们的视野,经济发展只是被缩放到了背景之中,更多的关注则被投入"社会建设"和"社会发展"方面,这不仅体现在各国的发展实践中,更体现在一种学术话语的转换上——"新发展主义"成为社会主体发展思潮。

---

[1] 世界银行:《东亚奇迹——经济增长与公共政策》,中国财政经济出版社1995年版。
[2] [美]约翰·奈斯比特:《亚洲大趋势》,薛文译,外文出版社1996年版,第2页。
[3] Paul Krugman, "What Ever Happened to the Asian Miracle?", Fortune, August 18, 1997.
[4] [美]约瑟夫·E.斯蒂格利茨、沙希德·尤素福编:《东亚奇迹的反思》,王玉清、朱文晖等译,中国人民大学出版社2003年版,第354页。
[5] 同上书,第4页。

可见，东亚的发展大致经历了腾飞—跌落—建设这样的一个过程，同样，学界关于东亚发展的关注也大致与这三个阶段相吻合：第一个阶段是从20世纪70年代末到亚洲金融危机以前，核心讨论的是东亚为什么会迅速崛起，着重探索东亚模式的含义及经验；第二个阶段是以20世纪末亚洲金融危机为背景，对"东亚奇迹"和东亚发展模式进行反思乃至批判的观点成为主流，从而上升到对整个发展主义话语的反思；第三个阶段是在21世纪初期，其关注的问题则开始转移到社会建设的研究领域，围绕着东亚的主体性、公共性和东亚共同体等主题展开讨论。因此，本文的整体架构也大致按这跌宕起伏的三个阶段铺陈和展开。

一 "东亚奇迹"与"东亚模式"

"东亚奇迹"的概念最早是在1993年世界银行关于《东亚奇迹——经济增长与公共政策》的研究报告中提出的，报告开篇便言明"东亚经济持续高速增长的纪录是令人注目的"，并通过比较东亚、HPAEs[①]经济实体与南亚、中东和地中海、撒哈拉沙漠以南非洲、拉美及加勒比海等地区在1965—1990年期间人均GNP的增长率，非常直观地向我们展示了东亚地区在这段时间所取得的惊人成就。[②] 至于"东亚模式"的概念，学者公认的也是在上述报告中被首次提出，但与目前普遍认为的将东亚模式作为一种关于

[①] HPAEs：High-Perfoming Asian Economies，即实绩优良的亚洲经济实体，指东亚8个国家和地区，包括：日本，亚洲新兴工业化经济体的韩国、中国台湾、中国香港、新加坡及东南亚的印度尼西亚、马来西亚、泰国。

[②] 世界银行编：《东亚奇迹——经济增长与公共政策》，财政部世界银行业务部译，中国财政经济出版社1995年版，第1—3页。

解释东亚各国发展的范式而言，报告中是从一种否定的角度提出的"东亚发展模式"，即报告中认为"上述 8 个国家和地区采用了不同的政策，从放任经济自由发展到对经济进行高度干预。因而没有单一的'东亚发展模式'"。[1] 的确，关于"东亚奇迹"的讨论存在诸多不同的内容和面向：有单纯从经济方面来论述的，着重讨论的是市场与政府的关系问题；[2] 也有从威权主义政治角度来进行解读的；[3] 还有从儒家文化或亚洲价值等方面来展开论述的[4]。但"对于模式的分析应当包括政治、经济和文化诸多方面的广泛内容"[5]。故而，后来的学者大多将"东亚模式"作为"东亚奇迹"的解释范式，同时对东亚社会发展的阐述在很大程度上也就被裹挟进了对"东亚模式"的解读。

（一）经济方面

1. 政府与市场关系

东亚经济发展过程中政府与市场的关系问题历来都是学界讨论的热点，而这尤其表现在对两者的角色定位及各自对经济发展所起作用等问题的争论上。新古典经济学作为国外一个主流经济学派，特别强调市场机制在经济发展中所起的作用，他们认为政府在经济发展过程中所扮演的角色仅仅是保持与市场的距离，保证市场的自由竞争，其职能最大限度也仅在于当出现"市场失效"时通过适当的政策进行挽救和弥补。因而，他们在解释日本、"亚洲四小龙"以及东盟等经济体的崛起时，关注的正是其对市场机制的有效利用，并通过加入国际分工体系进行充分的竞争而使得

---

[1] 杨贵言：《当代东亚问题研究简论》，人民出版社 2004 年版，第 250 页。
[2] 具有代表性的观点是：新古典主义经济学的"亲善市场论"，青木昌彦等人的"市场增进论"，李晓的"强政府"。
[3] 以罗荣渠、陈峰君和萧功秦等为代表。
[4] 以杜维明、金耀基等人为代表。
[5] 陈峰君：《论东亚发展模式》，《国际政治研究》1997 年第 2 期。

自身的比较优势得以实现。① 世界银行在《1991年世界发展报告》中也着重考量了政府与市场的关系,其中指出政府与市场并不是一种简单的二元对立的关系,它们是相互结合与相互补充的,但"一种赞成采取'有利于市场发展'的发展方式的共识在目前已经形成",而政府的作用则是"谨慎和明智的干预",且"干预只有在对市场能产生'友善'作用的情况下才可能是有益的",所以,尽管在一定程度上强调了政府行为对发展的意义,但从总体上来说,这种对市场与政府关系的考量仍然与新古典经济学的基本范式相互印证,故被称作是"亲善市场论"。②

与这种强调自由市场效率的论调针锋相对的是"国家推动发展论",即认为政府在调动资源、协调动员和促进技术追赶等方面能够有效地弥补市场失灵的缺陷,因而正是政府的主动干预使得社会经济的发展得以实现;③ 所以政府的作用才是最本质的原因。美国学者埃兹拉·沃格尔在对日本于20世纪六七十年代的发展奇迹与美国进行对比考察的基础上,论述了日本政府在推动经济腾飞时所起到的作用,尤其是通过对日本通产省在制定各项发展指标、培育具有强大竞争力的民族企业以及调动资源以援助新兴企业方面所发挥的能动性作用的描述,部分揭示了日本成功的原因,并为美国的发展提供了可以借鉴的经验。④ 韩国学者金泳镐在其工业化时代划分理论中,将亚洲新兴工业化国家、中国和印度列入第四代工业化行列,认为第四代工业化是由国家和外国资本相结

---

① 张捷:《奇迹与危机:东亚工业化的结构转型与制度变迁》,广东教育出版社1999年6月,第14页。

② 世界银行编:《1991年世界发展报告》,中国财政经济出版社1991年版,第1—5页。

③ [日]青木昌彦等主编:《政府在东亚经济发展中的作用——比较制度分析》,张春霖等译,中国经济出版社1998年版,英文版导言第18页。

④ [美]埃兹拉·沃格尔:《日本名列第一:对美国的教训》,谷英、张柯、丹柳合译,世界知识出版社1980年版,第70—86页。

合而实现的,这一结合使得国家、外国资本和大企业的同盟成为工业化推动的主体。[①] 阿姆斯登在解释韩国经济奇迹时,以韩国棉纺织业为分析对象,向我们阐述了韩国的发展并不是无限忠于市场的结果,而是政府有意将相对价格"弄错"来启动增长、实现发展。[②] 罗伯特·韦德则以中国台湾20世纪50—90年代的经济发展过程为经验背景,提出了与新古典经济学的"自由市场论"和"模拟市场论"截然不同的一种理论——"驾驭市场论",他认为正是由于政府对市场的积极参与和掌控,尤其在投资管理方面的运作,才使得中国台湾经济在近40年内实现飞速发展。[③]

中国学者对东亚发展中政府与市场关系的论述大都散见于各种关于东亚模式的整体性论述中,与上述两种截然对立的观点存在不同的是,在他们看来,两种本质论的倾向趋于消解,主要从政府干预与市场机制相结合的实效性角度来展开论述。李坚照基于对东亚与拉美之间发展差距的考察,首先肯定了两个地区在政府与市场的关系上都强调政府对市场的主动调节和干预,但他也指出拉美的政府对市场的干预更多是出于政治目的的考量,而东亚则更倾向于从发挥市场的效率方面来着手。[④] 慕海平则在论述东亚模式的特殊性含义时,指出东亚地区在发展外向型出口经济时,必须要通过体制上的创新和优化管理来促进资源的合理配置,以提高本国产品在国际市场上的竞争力,因而政府的政策支持便成为必要,通过政府调节与市场配置有效的结合,形成一种富于弹

[①] [韩] 金泳镐、高连福:《论第四代工业化》,《国际经济评论》1988年第6期。
[②] 艾丽丝·H. 阿姆斯登、荣莹曾:《亚洲的下一个巨人:南朝鲜和后起工业化》,《经济社会体制比较》1992年第3期。
[③] [美] 罗伯特·韦德:《驾驭市场:经济理论和东亚工业化中政府的作用》,吕行建等译,企业管理出版社1994年版。
[④] 李坚照:《太平洋发展的困惑——东亚繁荣与拉美滞胀的启示》,《亚太经济》1989年第5期。

性的发展体制，从而推动出口的扩大和经济的发展。[①] 而面对竞争激烈的国际市场，发展外向型经济的后发工业化国家和地区弱小的私人资本面临着西方发达国家垄断资本的挤压，因而不能单纯依靠市场的配置手段，政府必须进行有力的宏观经济干预，通过计划和政策来引导经济的发展。[②] 日韩的发展也印证了政府的有效职能在市场经济体制中的普遍适用性。[③] 所以，东亚政府基本上是认同市场经济的。[④] 而政府对市场的干预并不是问题的核心所在，关键在于政府干预的目标导向和具体的干预方式。[⑤] 王逸舟将东亚这种具有强烈经济建设意识和强大导向作用的政府称为"强力政府"，与亚、非、拉美众多国家的"软政府"相区别的是它们都具有坚强的意志、严密的组织、中长期的规划以及成熟的统治手段，但是这种"强力政府"不是以行政的手段对市场进行全方位的导向，而是"像体育场外的教练，不是随意地更改规则，而是给赛手们筹谋出计"。[⑥] 而李晓则认为"强政府"的本质在于制度的创建与运行，通过确立一整套制度或规则，在产权、决策和经济运行等方面培育和扩张市场，以实现干预的目的。[⑦] 但政府的干预是灵活而有效的，尤其是在选择干预的领域、确保市场竞争机制的发挥以及自我纠错方面。[⑧] 其主要通过产业政策实现计划指导

[①] 慕海平：《东亚发展模式的含义》，《世界经济》1991年第9期。
[②] 陶雪良：《东亚新兴工业化国家和地区经济发展战略的启示》，《经济纵横》1992年第11期。
[③] 陶雪良：《论东亚市场经济体制中政府的有效职能及其普遍适用性》，《经济纵横》1993年第3期。
[④] 孔田平：《东亚模式是东欧可仿效的模式吗？》，《东欧中亚研究》1992年第6期。
[⑤] 约翰·D.马库默、詹小洪：《东亚与拉美经济发展比较》，《经济社会体制比较》1988年第6期；任晓：《从韩国道路看"东亚发展模式"的特征》，《复旦学报》（社会科学版）1993年第5期。
[⑥] 王逸舟：《东亚模式的启迪与借鉴》，《开放时代》1992年第5期。
[⑦] 李晓：《东亚奇迹与"强政府"：东亚模式的制度分析》，经济科学出版社1996年版。
[⑧] 杜方利：《东亚发展中国家和地区经济持续高速增长的主要原因》，《世界经济》1995年第7期。

与市场调节的有效结合。[1]而韩国的经济发展道路则非常鲜明地向我们展示了国家力量与市场力量高度配合所产生的巨大效应。[2]所以，罗荣渠认为东亚"发展型国家"成功的经验正在于竞争性市场机制与宏观调控性国家引导的巧妙结合。[3]这一结合的观点其实早在世界银行1993年的研究报告《东亚奇迹：经济增长和公共政策》中便被含蓄地表述出来，而日本学者青木昌彦的"市场增进论"正是建立在对这份报告的反思和超越之上，即认为政府也是内在于整个经济体制中的一个主体，其职能在于推动民间领域的制度发展、促进或补充民间部门的协调功能以及克服其他市场的缺陷，以期建立一种政府、民间组织和市场的三角增进机制，而非对市场进行简单的替代。[4]故而唯有明确政府干预经济的立足点是扶植、培育和增进市场，完善市场机制，而不是代替市场，东亚国家才能保证政府有效地干预经济，实现其后发优势。[5]

2. 出口导向型经济战略

东亚经济发展战略也是一个引起长期关注的问题。以出口贸易为导向的外向型经济发展战略被认为是东亚取得巨大经济成就的主要因素之一。[6]它是与内向型经济相对立而言的概念，是发展中国家和地区实现工业化的一种战略选择，在本质上是资本主义国际分工的结果。这一战略的特征体现在国际分工中主体的互动

---

[1] 施学光：《东亚经济发展的特点、机制和趋势》，《江海学刊》1995年第4期。
[2] 任晓：《从韩国道路看"东亚发展模式"的特征》，《复旦学报》（社会科学版）1993年第5期。
[3] 罗荣渠：《东亚跨世纪的变革与重新崛起——深入探讨东亚现代化进程中的历史经验》，《北京大学学报》（哲学社会科学版）1995年第1期。
[4] ［日］青木昌彦等主编：《政府在东亚经济发展中的作用——比较制度分析》，张春霖等译，中国经济出版社1998年版，第22页。
[5] 王彩波：《东亚模式与后发优势》，《吉林大学社会科学学报》1996年第6期；王彩波：《论政府有效干预经济的条件和保证——东亚模式的启示》，《政治学研究》1997年第2期。
[6] 谷源洋：《东亚和东南亚的经济发展与未来走势》，《亚太经济》1985年第5期。

性、外资与技术引进良性机制的建立以及出口产业竞争能力升级机制的完善等方面。[①] 而其内容正是按照国际比较优势的原则，在政府产业政策的支持下，通过积极引进外国资本和技术，面向国际市场组织生产，并通过扩大出口，带动经济增长，缓和国际收支压力。[②]

东亚国家和地区普遍选择外向型经济发展战略与其自身条件和所面对的外部环境密不可分。谷源洋认为亚洲新兴工业国家和地区由于资源缺乏和市场规模狭小，同时因自身拥有丰富的人力资源优势，故而采取将其与来自国外的资金和技术相结合方式，发展来料出口经济。[③] 这一发展方式是与东亚各国劳动力资源丰富、自然资源贫乏、经济规模不大以及国内市场狭小等共同特点是相适应的。[④] 江时学对比了拉美与东亚的发展经验之后，认为东亚之所以采取外向型经济发展战略，其原因在于它对外汇来源需求的迫切性极高；同时，具有极强自主性的国家也为从进口替代向出口替代的过渡提供了保障。[⑤] 杨先明更强调东亚经济发展自身的逻辑性，他认为东亚地区出口导向的经济战略是与其在发展过程中形成的制度环境和发展机制密不可分的，它不是任何国家工业化的捷径。[⑥]

除了内部条件之外，外部国际环境也是东亚诸国发展战略选择的重要考量部分。林清源等认为20世纪70年代石油危机后，国际经济环境发生了巨大的变化，而正是对之不同的理解导致了东亚与拉美发展战略选择的差异，前者对国际市场竞争激烈性的

[①] 吴能远：《东亚地区外向型经济的发展与转型》，《世界经济》1991年第1期。
[②] 陈峰君：《论东亚模式特征》，《太平洋学报》1997年第2期。
[③] 谷源洋：《东亚和东南亚的经济发展与未来走势》，《亚太经济》1985年第5期。
[④] 田真庸：《东亚国家贸易发展战略启示》，《亚太经济》1992年第2期。
[⑤] 江时学：《拉美、东亚发展模式的比较》，《拉丁美洲研究》1993年第3期。
[⑥] 杨先明：《从发展过程看东亚经济奇迹》，《中国社会科学》1997年第2期。

考量使得其不得不保持出口竞争力。①倘若基于世界体系理论进行考察，20世纪60年代以后世界体系的扩张和资本主义国家取得巨大经济成就的背景为东亚新兴工业化国家和地区进入世界市场提供了契机。②而世界经济格局的进一步开放使得发展中国家和地区能够充分利用自身的比较优势，同时以世界经济一体化为背景的现代产业经济升级替代演变的规律也使得其具有参与国际分工的机会。③

而东亚发展的经验表明，相较于内向型经济，外向型经济存在显著的优势。陈才兴认为外向型发展战略使得东亚国家充分发挥了丰富廉价劳动力的比较优势，促进了农业人口转移，增加了外汇收入。④同时，外向型经济也使得国内经营主体被置于更为广阔的国际市场环境之中，可以促使企业提高经营管理水平，有效弥补进口替代战略下企业效率不高的问题。⑤倘若从更宏观层面来讲，以促进出口和利用外资为核心的两个良性循环经济机制在使得本国人力资源比较优势得以实现的同时，更是推动了产业结构的升级，从而提高本国的生产力水平。⑥而其更依靠市场机制来引导的经济行为有效避免了行政控制，这样有利于资源的合理配置。⑦邓崇明则在比较了拉美与东亚完全不同的发展战略之后，从消除就业压力、提高供给和资金积累能力、改善贸易条件以减少价值流失三方面展开分析，得出选择外向型经济战略有利于抑制

---

① 林清源、钱祝钧、郑魁浩：《东亚和拉美经济发展的不同模式》，《经济社会体制比较》1989年第6期。
② 萧新煌：《东亚的发展模式：经验性的探索》，[美]塞缪尔·亨廷顿等《现代化：理论与历史经验的再探讨》，张景明译，上海译文出版社1996年版，第409页。
③ 陶雪良：《东亚新兴工业化国家和地区经济发展战略的启示》，《经济纵横》1992年第11期。
④ 陈才兴：《战后东亚经济迅速赶上拉美原因探析——两地经济发展模式比较研究》，《复旦学报》（社会科学版）1997年第2期。
⑤ 饶之隆：《东亚地区经济增长机制探析》，《国际经贸探索》1995年第2期。
⑥ 李琮：《东亚经济的发展与现代化》，《当代亚太》1995年第6期。
⑦ 韩琦：《对东亚与拉美经济发展成败原因的分析与比较》，《世界经济与政治》1996年第7期。

通货膨胀的结论。[1]

当然，东亚经济发展战略也是随着历史条件的变化而处于不断的变动之中，其自身也经历了一个演变推进的过程。实行短期进口替代后，在20世纪60年代，新兴工业国家和地区进入外向型经济的初期阶段，重点在于劳动密集型产品的生产和出口，而随着收入和储蓄的增加以及教育水平的提高，其出口结构便转向了实物资本和人力资本密集型产品。[2] 而在向扩大出口转变时，东亚各经济体确实曾经历了一个剧烈的结构转换过程。[3] 所以，慕海平认为将出口导向型工业化战略或外向型经济发展战略作为东亚发展模式的本质特征基本上是没问题的，但这仅是一种阶段性的理解，东亚发展实际上是经历了初步进口替代、出口导向和经济转型三个阶段。[4] 而这种出口导向的外向型经济战略当其阶段性作用实现以后，在一国工业化达成、经济规模扩大和内部需求地位上升的情况下，它将逐渐趋于扬弃。[5] 陆建人则用"外贸带动增长"的经济发展战略来代替外向型经济发展战略，认为两者虽然有很大的重叠，但是前者是涵盖了内向型与外向型两者的，而"外贸带动增长"战略体现的是对发展中国家贸易政策与产业政策变迁历程考察的一种动态的视角。[6]

3. 区域发展关联

东亚的发展呈现出明显的整体性和内部传导性的特征，这不

---

[1] 邓崇明：《外向型的经济发展战略有利于抑制通货膨胀——东亚与拉美的经验教训分析》，《亚太经济》1992年第5期。

[2] 陈光炎、李玲：《亚太经济增长的模式及对中国的含义》，《经济社会体制比较》1990年第1期。

[3] 黄朝翰：《东亚的成就对发展经济学的启示》，《经济社会体制比较》1993年第5期。

[4] 慕海平：《对东亚发展模式的分析：含义与启示》，《东南亚研究》1993年第Z2期。

[5] 吴能远：《东亚地区外向型经济的发展与转型》，《世界经济》1991年第1期。

[6] 陆建人：《"外贸带动增长"经济发展战略及其三种模式的比较》，《世界经济》1993年第11期。

仅与该地区历史上基于"朝贡贸易"发展起来的经济联系格局有关，同时也关涉到其对近代以来世界市场拓展和冲击的回应，因而关于区域贸易与合作关系的讨论也是研究的重要内容。俞新天认为东亚各国经济联系极具特色：一是存在多个经济发展中心；二是现代化扩散的层次明显；三是多种形式的次区域合作蓬勃发展。[1] 对于揭示亚太经济发展的内部联系问题其实存在多种理论表述，如"多元互补论""雁阵模式"和"生产过程转移论"。[2] 其中，"雁阵模式"最具代表性，其最早是于20世纪30年代由日本学者所提出，仅仅表示一种分工的构设，而到80年代便演化为一种学术思潮，专门用于描述亚太地区的国际分工格局。陆建人认为20世纪60—90年代，东亚地区形成和发展起来的以日本从事高技术和高附加值产品的研究、开发和生产，"亚洲四小龙"进行资本密集型和技术密集型产品的生产以及东盟国家展开初级产品和劳动密集型产品生产的"雁行"分工体系是促使该地区经济持续高速增长不可忽视的因素。这一分工体系以资源的互利性为前提，并以资本、商品和技术在区域内的交换和转移为内容，在使得东亚发展中国家和地区的工业化水平大大提高的同时，也增强了东亚地区经济发展的自主性。[3] 而"雁行"分工体系区别于殖民时代宗主国与殖民地之间的垂直固定的旧的分工体系，它具有多边性、互补性、多层次性以及垂直分工和水平分工相交叉结合的特点，并且越发朝着分工的多样化和高级化方向发展，因而使得各国都有相对的比较优势，参与分工的各个经济体都能获得相应的利益。[4] 但这种区域内的分工并不是固定不变的，而是一种多

---

[1] 俞新天：《东亚现代化的前景及其对世界的影响》，《太平洋学报》1994年第2期。
[2] 陈鲁直：《亚太经济发展的理论和机制问题》，《世界经济与政治》1996年第11期。
[3] 陆建人：《东亚国际分工体系的形成与发展》，《对外经济贸易大学学报》1994年第6期。
[4] 陆建人：《东亚经济发展的特点及其成因》，《亚太研究》1994年第4期。

层次的动态梯度分工体系。① 东亚各经济体间梯次转移产业并相继实现产业结构的转换是这一分工体系的本质特征，而正是这种产业的依次传递，使得该地区形成了一种产业循环机制，故而促进各国产业结构向更高的层次调整，实现了经济的相继起飞。②

实际上，东亚各国之间的经济联系在 20 世纪 80 年代中期曾出现过一个阶段性的转变。在此之前的分工体系是日本、东亚发展中国家和地区以及美国极不平衡的三边贸易，这主要表现为日本负责向"亚洲四小龙"和东盟提供生产的零部件，在当地组装后，美国便是产品的主要消费市场。而到了 20 世纪 80 年代中期以后，日本经济发展模式由外需为主转向内需中心，这便部分代替美国而成为东亚发展中国家和地区出口的主要市场，这也使得资金、技术、商品和劳务更好地在东亚地区流动，日本、"亚洲四小龙"、东盟以及中国的联系进一步加深，于是以日本为主导的国际分工体系形态逐渐形成。③ 产生这一转变的主要原因在于，20 世纪 80 年代外贸保护主义的抬头、美国市场的衰退、地区主义的盛行以及东亚各国经济自身所具有的互补性条件，这使得东亚地区进一步加强合作成为了必要。④ 同时，日元的升值打破了日本与"亚洲四小龙"的贸易平衡，区域间的贸易进一步扩大，投资也高速增长。⑤ 这不仅密切了区域内各国之间的经济联系，也推动了各国的产业结构的调整，这预示着"东亚地区实际上正朝着一个松散的无形的经济一体化方向前进"。⑥ 在上述背景下，东亚地区内

---

① 魏燕慎：《面向21世纪的东亚经济发展趋势》，《世界经济》1995 年第 3 期。
② 李晓：《论日本在东亚经济发展中的地位与作用》，《世界经济》1995 年第 1 期。
③ 樊勇明：《从中国与日本及"亚洲四小龙"的相互关系看东亚区域经济合作》，《亚太经济》1990 年第 5 期；赵洪：《东亚地区国际贸易发展剖析》，《国际贸易问题》1992 年第 11 期。
④ 周建明：《关于东亚经济合作的几个问题》，《世界经济研究》1991 年第 4 期。
⑤ 姜凌睿：《东亚地区经济合作与日本的地位》，《现代日本经济》1990 年第 1 期。
⑥ 巫宁耕：《东亚地区的经济发展和经济一体化》，《国际政治研究》1993 年第 2 期。

部的资本、技术和商品的流动出现了类似于20世纪60年代的第二次高潮，这同时也体现着东亚区内外向型经济的传递、经济与科技水平的飞跃以及区域合作体系的粗具雏形。[1]

自此，关于东亚区域合作的探讨便被提上日程。如池元吉和李晓基于对"铁经济圈""华南经济圈""新柔廖成长三角"等的考察，指出20世纪90年代以来，东亚各国、各地区在相邻的局部地区形成的许多以地方经济交流为主体的"局部经济圈"有力地推动了东亚经济和区域经济合作的进一步发展。[2] 汤敏和陆建人则认为"经济增长三角"是东亚发展中国家经济合作的新形式，代表亚洲合作新趋势。[3] 陆建人也着重考察了中国在东亚经济合作中的作用。[4] 而日本于20世纪90年代提出的"太平洋经济圈""太平洋共同体""太平洋经济文化圈"以及"东亚经济圈"的设想都体现着东亚地区区域合作的前景。[5] 孙肖远和李庆生则认为在20世纪90年代前半期"东亚经济圈"的实现条件还不够成熟，但期待一种新型的以投资和贸易的二位一体进行联动的松散合作形式是可能的。[6]

（二）政治构造

1. 威权政治的含义及成因

在东亚模式研究探讨的过程中，学界普遍认为，东亚的成功在很大程度上取决于经济发展与威权政治体制的紧密结合，因而威权主义政治便成为讨论东亚崛起的一个重要面向。威权政治概

---

[1] 吴能远：《东亚地区外向型经济的发展与转型》，《世界经济》1991年第1期。
[2] 池元吉、李晓：《论东亚经济发展中的"局部经济圈"》，《世界经济》1995年第4期。
[3] 陆建人：《"增长三角"——亚洲区域经济合作的新形式》，《亚太研究》1994年第1期；汤敏、陈德照：《"增长三角"——东亚一体化的适宜途径》，《世界经济译丛》1993年第1期。
[4] 陆建人：《中国与东亚的经济合作及"亚洲纪元"的来临》，《亚太研究》1994年第2期。
[5] 林杉：《东亚经济集团化趋势浅析》，《经济纵横》1991年第5期。
[6] 孙肖远、李庆生：《论东亚地区内部贸易及其对经济发展的影响》，《国外社会科学情况》1992年第7期。

念最早提出于20世纪30年代,到第二次世界大战以后尤其是60年代则出现了研究现代化与威权主义关系的理论。[1] 众所周知,国外关于威权主义论述最具代表性的人物是塞缪尔·亨廷顿和吉列尔莫·奥唐奈。亨廷顿是将威权政权放在与民主体制相对立的框架下加以界定的,他认为威权政权可以被简单界定为缺乏民主制度共同内核的一种政治体制,而正是这一内核确定了民主的特征。[2] 在考察西方社会科学术语中关于政治制度习惯划分的三种类型时,他还将威权主义政治制度与民主政治制度、极权主义政治制度区别开来,这在于"在这种政治制度下几乎没有政治争论和竞争,但政府对社会中其他群体及经济的控制是有限的",而在回答关于威权主义政治与发展中国家经济发展的关系时,他认为在某种情况下,威权政治在较长的一段时期内确实促进了经济的高速增长,但采纳权威制度并不能确保经济的成功,权威主义只能是一个短暂的现象,是一个万不得已的手段而已。[3] 吉列尔莫·奥唐奈则是在分析南美政治,主要是巴西与阿根廷政治运作的基础上,提出了"官僚威权主义"的概念,其特点是军队作为机构进行统治,而且在政策制定中采用的是技术官僚制的方法,他用此来概括南美国家的军人政权体制,为后来学者解释东亚的威权政体提供了理论资源和对比参照。[4]

国内学者对于东亚威权政治的讨论主要集中在其形成条件、

---

[1] 许开轶:《二战后东亚地区社会变迁的政治分析——东亚威权政治及其转型研究》,合肥工业大学出版社2014年版,第6页。

[2] [美]塞缪尔·亨廷顿:《第三波:20世纪后期民主化浪潮》,刘军宇译,上海三联书店出版社1998年版,第138页。

[3] [美]塞缪尔·亨廷顿:《亨廷顿谈权威主义》,刘军、李林编《新权威主义——对改革理论纲领的论争》,经济学院出版社1989年版,第313—319页。

[4] [阿根廷]吉列尔莫·奥唐奈:《现代化和官僚威权主义:南美政治研究》,王欢、申明民译,北京大学出版社2008年版。

表现特征和对东亚现代化进程的影响等方面。关于威权主义的含义，学界存在不同的界定。罗荣渠认为威权主义是指"在二次大战后在一些发展中国家和地区出现的军人政权或由非军人统治的具有高度压制性的政权"，强调的是统治的强度方面。[1] 萧功秦则是从发展中国家的政治发展历程加以考量的，他以"新权威主义"来概括第三世界的非社会主义国家在早期现代化过程中所经历的特殊的政治形态，认为这种"由具有现代化意识及导向的军事、政治强人而建立起来的权威政治"是"作为对第三世界早期议会民主制的反动而出现的"。[2] 如果将其与传统专制主义相比较，我们就会发现威权主义是对传统专制主义的扬弃，尽管两者在政治架构和运作方式上存在相似性，但是无论是时代背景、历史使命还是行动依托，都将两者严格区别开来。[3] 而从国家与社会的互动关系上看，威权体制下尽管政治对社会的渗透仍然普遍存在，但是两者的界限却并未完全泯除，可在极权体制中，国家与社会则是完全合一的。因而威权政体是出现在现代化进程中介于极权政体和民主政体之间的较温和的专制政体，它包括军人官僚威权体制、动员式威权体制和后极权式的威权体制等多个次级类型。[4]

其实东亚威权政治的产生是与其历史传统和现实境遇密不可分的。来自传统儒家内圣外王、德贤礼治的政治理想和各种伦理规范[5]，以及东方历史上中央集权的专制传统[6]，都为其产生提供了资源。与西方现代政治体制是伴随着民权运动而发展和完善的历程不同，东亚的威权政体是基于国权运动或民族解放运动而建

---

[1] 罗荣渠主编：《各国现代化比较研究》，陕西人民出版社1993年版，第274—275页。
[2] 萧功秦、朱伟：《新权威主义——痛苦的两难选择》，《科学社会主义》1989年第2期。
[3] 陈峰君：《威权主义概念与成因》，《东南亚研究》2000年第4期。
[4] 孙代尧：《威权政体及其转型：理论模型和研究途径》，《文史哲》2003年第5期。
[5] 郭定平：《论东亚资本主义政治发展模式》，《社会科学》1991年第7期。
[6] 陈峰君：《威权主义概念与成因》，《东南亚研究》2000年第4期。

立起来的。① 同时，相较于西方资产阶级演变的路径，新独立的东亚国家更加弱小的资本主义更需要一个权威来维持秩序的稳定②，"因为稳定能够保护现代化的领导力量，而任何不稳定都会使现代化蒙受损失"③。而生产力水平和社会经济基础的落后再加上外源后发展国家追寻发展本身，都为威权主义政治的诞生提供了土壤。④ 所以，王彩波认为在总体上，东亚各国家和地区政治体制符合这样一条规律，即威权主义政治是与较低的经济发展水平相适应的。⑤ 当然，民主政治失败尝试的教训和冷战体系下的国际环境对东亚国家走上威权政治发展道路的重要影响也是不容忽视的。⑥

2. 威权政治的特征

如前所述，基于历史传统和现实境遇而产生的东亚威权政治具有其存在的合理性，它契合于东亚社会独特的文化价值和经济结构，因而也呈现出独有的性质。萧功秦认为其所界定的"新权威主义"具备如下特点：首先，在经济上具有现代化导向，在发展目标与政策制定上与市场化趋同；其次，它是借由庞大的官僚体制及强有力的军事力量来展开自上而下的统治；最后，它对西方资本、技术和文化保持开放的态度。同时，尽管新权威主义具有其合理性，但是它终究只是现代化进程中一种特殊的政治形态，因而其具有过渡的性质，故也可称之为过渡时期的权威主义。而这种不稳定的政治形态，一方面由于强调强权政治而有可能使得权力缺乏监督，从而造成腐败的现象，但另一方面它也能促进社

---

① 罗荣渠主编：《东亚现代化：新模式与新经验》，北京大学出版社1997年版，第19页。
② 张锡镇：《东亚：通向政治稳定之路》，《国际政治研究》1996年第2期。
③ 钱乘旦：《现代化过程中的政治稳定问题》，北京大学世界现代化进程研究中心编《罗荣渠与现代化研究》，北京大学出版社1997年版，第68页。
④ 陈峰君：《威权主义概念与成因》，《东南亚研究》2000年第4期。
⑤ 王彩波：《东亚模式与发展中国家的现代化》，《求是学刊》1997年第5期。
⑥ 陈峰君：《威权主义概念与成因》，《东南亚研究》2000年第4期。

会秩序的整合，因而也具有二重性的特质。[1] 他还以中国的政治发展为分析对象，认为中国"后全能体制"社会体现了以社会主义一党政治的传统资源为基础的权威主义现代化模式，在"后全能体制"社会尽管存在有限的多元化，但意识形态领域的基本符号和作为国家现代化的权威杠杆仍然不可动摇。[2] 郭定平认为东亚样式的权威政治是结合了东西文化传统，根据各自所处的现实环境和历史背景而形成的，具有以下三个显著特点：第一，党政一体化树立的绝对权威；第二，精英分子组成的高效的行政官僚体制，这一官僚体系能够充分即时地了解国内外情形变化，同时能够务实而负责地制定出对应的政策并有效地贯彻执行；第三，政治歧异分子缺乏生存空间，但这主要限于不能动摇政治秩序和政治稳定方面。[3] 张锡镇则以政治稳定作为切入点，区分了外力型与内力型政治稳定，指出东亚威权主义集权政府的特点便在于其所建立的政治稳定属于外力型稳定。[4] 乔耀章和朱德米综合考量了阐释东亚发展的"文化论""制度论""亲善市场论"和"市场增进论"后，从政治因素着手来分析东亚的崛起，认为东亚国家和地区的政治体制具有明显的共同的集权性特征。这种集权性特征在使得政治秩序得以稳定的条件下，不仅为社会经济的发展提供了极好的外部环境，同时其所孕育出来的强固政府能力也进一步推进了经济的发展。[5] 江时学考察了拉美和东亚的"官僚威权主义"政权，认为政府职位由技术专长文人把控、政治上排斥民众、抑制或取消政治活动以及积极谋求与国际经济机构的关系改善是其一

---

[1] 萧功秦、朱伟：《新权威主义——痛苦的两难选择》，《科学社会主义》1989年第2期。
[2] 萧功秦：《后全能体制与21世纪中国的政治发展》，《战略与管理》2000年第6期。
[3] 郭定平：《论东亚资本主义政治发展模式》，《社会科学》1991年第7期。
[4] 张锡镇：《东亚：通向政治稳定之路》，《国际政治研究》1996年第2期。
[5] 乔耀章、朱德米：《东亚国家和地区经济发展的政治因素分析》，《国外社会科学情况》1998年第2期。

般特征。① 陈峰君认为这种政权兼具传统与现代的特征，"既具有旧传统极权政治体制的特征（如权力高度集中、一党统治、军人干政），但又实行一系列具有适应现代化要求的新型政权的某些政策（如议会民主政权形式，专家治国、重视法制、反对腐败等）"。②

（三）文化价值

1. 儒家文化与东亚经济

基于特定的文化因素来解析现代社会的发展，是现代化研究最为主要的范式，这在东亚模式研究上也是如此。美国学者贝拉早在20世纪50年代中期便运用韦伯的社会学观点——宗教与社会经济发展的关系对日本社会的发展进行了讨论，他主要通过对日本德川时代的神道教、佛教和儒教三大流派的考察，缕析出其对政治和经济的发展是如何提供积极支持，从而揭示了日本现代化过程中其前现代文化所起的重要作用。③ 尽管其研究仍然没有打破对西方经验与理论套用的桎梏，但他"建立起一个现代化视野中关于东亚传统的研究体系"④ 的做法是值得肯定的。

到20世纪70年代，学界出现的以"韦伯命题"为原点而展开的关于儒家文化与东亚社会发展关系的探讨，使得一种新的剖析东亚崛起的路径得以形成。韦伯从新教伦理与西方资本主义"选择性亲和"的关系论述了资本主义产生的文化背景，并基于一种文化对比的视角，指出正是由于东方国家根深蒂固的儒家伦理，才使得资本主义无法在其社会产生。而东亚在第二次世界大战以

---

① 江时学：《从拉美和东亚的发展模式看政治与经济的关系》，《世界经济与政治》2000年第11期。

② 陈峰君：《东亚模式的争议与我见》，《教学与研究》2001年第2期。

③ [美] 罗伯特·N. 贝拉：《德川宗教：现代日本的文化渊源》，王晓山、戴茸译，生活·读书·新知三联书店1998年版。

④ 孟凡东：《文化东亚研究史论》，黑龙江人民出版社2007年版，第66页。

后的迅速崛起则使得韦伯的观点遭受广泛的质疑。美国学者赫尔曼·卡恩首先从正面论述了儒家伦理对东亚崛起的重要意义，他提出了"新儒教国家"的概念，并将经济实现持续高速增长的东亚地区称作"亚洲伦理工业区"。他认为"东亚社会所共有的儒家伦理是：工作勤奋，敬业乐群，和睦人际关系，尊敬长上，强调配合协调与合作，而不是突出个人或个人利益等。这些'现代儒教伦理'不同于早期新教伦理之处是它提倡个人对组织的忠诚、奉献、责任，……比西方的新教伦理更适合于经济增长"。[①] 霍夫亨兹和柯德尔认为东亚之于西方的优势主要在于其迥异的组织和思想方面，具体表现在：基于共同传统而生发的强烈的家庭意识和家族观念、对教育和仕途的重视、对政府的认同与尊重以及对"关系"的强调，还有一贯的政治传统、团体习性和区辨名实的活动方式等。尽管他们拒绝以"儒家的"模式对之进行概括，但这些共同的传统因素无不受到儒家伦理之影响和形塑，也正是这些构成了东亚经济增长背后的共同力量源泉。[②] 彼得·伯格亦认为儒家伦理是成就东亚奇迹的主要动力，但他认为如若要分析这种儒家价值在经济层面所发挥的作用，则必须从其对大众日常生活的影响来展开。故而与之前学者将儒教文化作为一个整合文化体系来论述的方式不同，他区分了由士绅精英阶层所共享的作为意识形态的儒家思想与由寻常百姓在日常生活中所体现出来的儒家伦理，后者是一种世俗化的儒家思想，它主要体现为"对人世间的积极态度、讲究纪律和自求多福的生活方式，对权威、节俭的重视，以及对稳定家庭生活的强烈关切等"，而正是这些世俗化的价

[①] Herman Kahn, World Economic Development, 1979 and Beyond, 1979, pp. 121 – 123. 转引自罗荣渠《现代化新论》，北京大学出版社 1993 年版，第 220 页。
[②] ［美］霍夫亨兹、柯德尔：《东亚之锋》，黎鸣译，江苏人民出版社 1995 年版，第 53—67 页。

值因素影响着东亚人民的行为方式与认知态度,成为东亚崛起的动因所在。①

2. 传统的转化与亚洲价值观

不少东亚学者也围绕儒家伦理在东亚经济发展中的作用展开了讨论,其中最具代表性的学者主要有金耀基、金日坤和杜维明等人,他们主要是从儒家文化的转换及其与现代社会相适应的角度来展开论述。金耀基以香港的现代化历程作为切入点来诠释文化因素在东亚经济发展过程中的作用,基于艾森斯塔德在重新考察韦伯命题时对新教自身所具有的转化力量的强调,他认为传统儒家文化也包含着这种转化的因子,从而提出了"理性传统主义"的概念。具体来说,他通过对香港社会中家族主义传统的存续状况,以及人们对传统价值的工具性和实用性的理解转向的考察,指出传统儒学价值已经完成了适应性的转化,即一种新的价值取向——"理性传统主义"得以形成,而正是这种新的价值成为了香港现代化过程中可资利用的资源。② 但单纯强调文化因素仍然是一种不全面的观点,因而基于对韦伯学说中关于新教伦理与儒教伦理论述的重新探讨,他又提出了一种制度因素与文化因素互动的解释路径,用以揭示东亚迅速发展的原因。③ 金日坤则主要论述的是儒家文化在受到欧美文明的挑战时,其秩序和伦理原理是如何进行自我调整以适应这一冲突并实现经济发展的。他认为在受到挑战时,儒教文化的四种秩序原理中,和平主义的倾向及对教育重视的理念由保守自顾转变为积极发展经济的愿望,农本主义

---

① [美] 彼得·伯格:《一个东亚发展的模式:战后台湾经验中的文化因素》,[美] 塞缪尔·亨廷顿等《现代化:理论与历史经验的再探讨》,上海译文出版社1996年版,第426—428页。
② [韩] 金耀基:《中国社会与文化》,牛津大学出版社2013年版,第215—235页。
③ 金耀基:《儒家伦理与经济发展:韦伯学说的重探》,《台湾学者论中国文化》,黑龙江教育出版社1989年版,第314—316页。

经济观念调整为注重整体产业的发展,以及形式上政治民主主义的发展,都使得儒家文化在内部对现代化产生了接受。而在迅速实现经济发展方面,他强调正是儒教文化中集权秩序的因素导致了优越的社会团结性、动员体制的建立以及为家族而奋斗的劳动观念的存续,而这些都成为促使儒教国家经济起飞的重要因素。[1]同时,他还从微观角度着手,考察了东亚企业经营中源于儒教的家族集团主义的作用,认为这些企业经营的成功在很大程度上促进了东亚经济的发展。[2]杜维明沿着韦伯的思考路径探讨了儒家伦理与企业精神的关系,认为与新教伦理影响下将个人视为孤立的实体不同,儒家伦理"注重自我约束,超越自我中心,积极参与集体的福利、教育、个人的进步、工作伦理和共同的努力"。同时他认为,这一伦理价值是对于西方冲击的一种创造性回答,是将西方的价值糅合进其伦理结构的一种"新儒家伦理",而正是这种基于强调将自我作为关系的中心而产生的伦理价值,使得一种与西方社会迥异的东亚企业精神得以产生,而这对于新加坡的成功是至关重要的。[3]同样是强调儒教的转化,森岛通夫则从历史沿革的角度对日本儒教的演变展开了考察,他认为日本与中国的儒教在起初是信奉相同价值和准则的,但是后来却发生了变化,这表现在:首先,日本的儒教以"忠"作为核心理念,这不同于中国对"仁"的重视;其次,日本儒教实现了"世俗化"的转向,为广大民众所共享;最后,儒教、神道教和佛教三者形成了一种组合关系。而正是这些才使得日本的现代化进程与中国展现出完全

---

[1] 金日坤:《儒教文化的集权秩序与现代化——"东亚经济发展和儒教文化"专题研究之二》,《当代韩国》1995 年第 2 期。

[2] 金日坤:《经济经营中的儒教文化——"东亚经济发展和儒教文化"专题研究之三》,《当代韩国》1995 年第 3 期。

[3] 杜维明:《新加坡的挑战:新儒家伦理与企业精神》,生活·读书·新知三联书店 1989 年版,第 104—116、154 页。

不同的轨迹。① 同样讨论日本现代化进程中文化因素之影响的还有三本七平,其从日本传统文化中析出了日本资本主义精神,从而解释了日本崛起的文化潜力。② 中国学者王家骅则从日本儒学理念对其政治、经济的运营和社会结构的塑构等方面对之展开了讨论。③

除此之外,中国也有不少学者从不同的角度对儒家文化在东亚发展中的作用展开研究。沈华嵩将与外部世界达成适应与和谐作为儒家伦理的核心,认为正是这一伦理形构了与西方完全不同的东亚工业文明精神。④ 庄礼伟则以新加坡的成功经验作为背景,探讨了受儒家文化影响的企业精神和有秩序有弹性的政府在新加坡社会经济发展中的作用。⑤ 在对国外的相关论述进行梳理后,张世平强调社会体制对于文化传统与经济发展的中介作用也是不容忽视的。⑥ 俞新天则认为正是西方文化的本土化以及本土文化的转型促成了东亚经济与社会的发展。⑦

也正是在儒家文化价值被重新认识的基础上,李光耀提出了"亚洲价值观"概念,他认为所谓"亚洲价值观"首先应该包括"亚洲人"的自觉意识,其次是与西方相比较而存在的观念体系,再次是与儒家思想紧密相连,最后家庭观念则是其核心原则。⑧ 而1991年新加坡颁布的关于"共同价值观"的白皮书一共有五条:

---

① [日]森岛通夫:《日本为什么"成功":西方的技术和日本的民族精神》,胡国成译,四川人民出版社1986年版。
② 三本七平:《日本资本主义精神》,生活·读书·新知三联书店1995年版。
③ 王家骅:《儒家思想与日本的现代化》,浙江人民出版社1995年版。
④ 沈华嵩:《儒家文化与"亚洲伦理工业区"》,《国外社会科学》1992年第12期。
⑤ 庄礼伟:《新加坡与儒家文化》,《东南亚研究》1992年第Z1期。
⑥ 张世平:《儒家文化与经济发展——国外研究述评》,《社会学研究》1994年第3期。
⑦ 俞新天:《东亚文化研究的意义》,《社会科学》1996年第10期。
⑧ 庄礼伟:《"亚洲价值观"的语义与渊源考证》,吴志攀、李玉主编《东亚的价值》,北京大学出版社2010年版,第296—297页。

国家至上，社会为先；家庭为根，社会为本；关怀扶持，同舟共济；求同存异，协商共识；种族和谐，宗教宽容。[1] 这是从官方层面阐释了"亚洲价值观"的内涵。尽管同时马哈蒂尔、石原慎太郎等人也都对此概念展开了论述，但"总的来看，作为一种官方意识形态的'亚洲价值观'，在解释东亚崛起时强调'亚洲次序''家庭伦理'和'集体主义'，以及'好政府'和'强干预'等核心论点"。[2]

中国从1978年进行改革开放以后，急需一种发展模式作为自身进一步推进改革发展的参照，而相较于欧美的发展道路来说，与中国存在相似社会结构和文化价值的东亚在第二次世界大战后的发展经验对中国的学习与借鉴无疑更具有参照价值。而正是在这样的背景下，此阶段学界围绕着东亚崛起展开了较为详尽的阐释，无论是在经济方面对政府与市场的关系、出口导向的外向型经济战略以及区域发展的内在联系的论述，还是在政治和文化领域对威权政体和儒家文化的剖析，其为我们呈现了一幅完全不同于西方的发展图景。这一基于自身历史条件和现实境况而生发出的发展图景，在突破西方中心主义的形上思维和西方发展模式之霸权地位后，自身也趋向一般性的概括和凝练——"东亚模式"成为解释东亚崛起的核心概念。

二 "东亚模式"的危机及反思

20世纪90年代末，正当人们还沉浸在对东亚发展前景的美好想象之中时，1997年始于泰国的一场金融危机迅速席卷了整个东

---

[1] 转引自董正华等《透视东亚"奇迹"》，学林出版社1999年版，第310页。
[2] 董正华主编：《世界现代化历程（东亚卷）》，江苏人民出版社2012年版，第33页。

亚地区。"危机从泰国开始,然后扩散到韩国、马来西亚和印度尼西亚。菲律宾、中国香港、新加坡都受到了影响,但受影响程度较轻。中国大陆和中国台湾的增长也受到冲击,但这两者所受影响最小。"[1] 这场危机表现出两个明显的特点:一是"起病急,病情重",从金融动荡到经济萧条仅仅数月;二是"传染快,范围大",由东南亚到东北亚,短时间内诸国都受到一定程度的影响。[2] 东亚地区经济状况断崖式的跌落与其危机前所造就的奇迹形成了鲜明的反差,正是在这样的背景下,学界针对东亚的发展展开了全面性的反思。

(一)"东亚模式"的危机

1. 金融危机产生的国际背景

亚洲金融危机的爆发使得东亚模式的缺陷暴露无遗。关于亚洲金融危机产生的原因,学界众说纷纭,但总体来看可以分为强调外因主导和强调内因决定两种论点基调。在外因论者看来,金融危机产生的原因主要是国际投机因素、国际经济环境变动等。贾保华在缕析了东亚模式的具体含义和演化路径之后,指出我们不应当从东亚模式中去寻找孕育危机的原因,他认为尽管东亚经济内部存在缺陷和不足,但金融危机的首要原因还是在于以牟利为目的的巨额国际金融资本的肆意流动,因而外部因素才是最主要的。[3] 这种由西方过剩资本而衍生成的国际投机性资本本身就具有极强的流动性,在经济全球化和金融自由化不断加深的背景下,这部分游资的涌入和抽逃都会对一国的经济稳定产生巨大的影

---

[1] [美]斯蒂格利茨、尤素福编:《东亚奇迹的反思》,王玉清等译,中国人民大学出版社2003年版,第3页。
[2] 陆建人:《对东亚金融危机原因的几点看法》,《当代亚太》1998年第11期。
[3] 贾保华:《东亚金融危机:是"模式"的问题吗?》,《国际贸易问题》1998年第6期。

响。① 在这一意义上，刘遵义称这种国际游资的行为为"掠夺性投机"，他通过对东亚诸国在金融危机前后时段内的外汇储备、到期外债及外商证券投资的分析，指出"掠夺性投机"正是金融危机产生的一个重要因素。②

尽管从表面上看投机性国际资本的确是直接引发东亚金融危机的重要原因，但基于对国际金融资本运动规律的探讨，宋玉华指出问题的关键还是在于缺乏一个健全的具有有效监管机制的国际金融体系。③梁正和贾根良则将东亚的发展放在世界经济发展的周期历程中加以考察，认为东亚经济发展是在世界经济上一个波长的下降期中，通过提取西方的扩散效益而实现的，而当西方国家再次出现一个由技术创新而带来的经济高峰时，资本的回流以及传统产品市场的抢占则使得东亚发展陷入困境，故而为金融危机的产生埋下了伏笔。④还有学者认为日本在20世纪90年代初"泡沫经济"破灭，不仅导致自身经济一蹶不振，同时也成为东亚金融危机的导火索。⑤

2. 从"金融危机"到"模式危机"

在对金融危机反思的过程中，更多的学者从东亚自身的因素来追溯金融危机产生的原因，认为危机在本质上反映出的是整个东亚发展模式的危机。其中部分主要偏重于从东亚各国经济结构和发展战略等展开讨论。李晓认为东亚金融危机在本质上是东亚模式的危机，他指出在经济全球化和金融自由化的整体环境之下，东亚各国随着"政府强度"的下降，"政府质量"却并未得到有效

---

① 陶增骥：《东亚金融危机的根源和若干启示》，《财政研究》1999年第3期。
② 刘遵义：《十年回眸：东亚金融危机》，《国际金融研究》2007年第8期。
③ 宋玉华、徐忆琳：《当代国际金融资本运动规律初探——东亚金融危机所引发的思考》，《中国社会科学》1998年第6期。
④ 梁正、贾根良：《长周期变动、新重商主义与亚洲金融危机》，《南开经济研究》1998年第3期。
⑤ 张承惠：《政策失误生恶果——日本泡沫经济破灭与东亚金融危机》，《国际贸易》1998年第11期。

的提升，这便为危机的产生埋下了隐患。与此同时，依赖外资的出口导向型经济战略在国际经济形势转变的背景下未得到即时的调整，过度的依赖国外资本和市场是导致危机产生的一个主要因素。① 陆建人则认为，尽管东亚金融危机表面上是与金融因素有关，但实际上它却与东亚经济结构、发展模式和社会制度架构密不可分。主要表现在投资过度与泡沫经济的产生，对金融系统监管不力，以及东亚地区产业转移链的断裂等方面。② 吴敬琏也从实质系统和货币系统两者关系的角度对东亚金融危机展开了解读，认为东亚实质系统的结构不良和效率低下与货币系统的表面的热度是不匹配的，因而危机的爆发只不过是表明两者关系的断裂而已。③

而金融危机同时作为一种经济动荡，其更需要从经济运行方面展开讨论。所以从更深层次上分析，金融危机主要是实质经济部门出现的制造业生产能力的过剩和供给过剩的结果。④ 黄范章认为东亚金融危机的"风源"主要在于市场经济体系中的"不协调"或"扭曲"现象，而这种扭曲主要归咎于东亚各国在实现"赶超型"发展过程中过分的政府干预、不成熟的市场机制和制度工具以及实行的外向型经济战略。⑤ 也有学者从技术进步和产业结构着手，认为东亚金融危机实质是结构性经济危机，而由产权制度、企业制度和市场制度等多方面综合因素所造成的创新能力不足而致使的产业升级受阻才是关键所在。⑥ 王允贵则从东亚地区产业转移和传递过程中形成的垂直型分工和生产工序分工来展开论

---

① 李晓：《关于东亚金融危机的深层思考》，《世界经济与政治》1998年第6期；谭崇台：《关于东亚经济危机的几个问题》，《经济学家》1998年第6期。
② 陆建人：《对东亚金融危机原因的几点看法》，《当代亚太》1998年第11期。
③ 吴敬琏、魏加宁：《东亚金融危机的影响、启示和对策》，《改革》1998年第2期。
④ 陆家骝、区浩漾：《东亚金融危机的重新思考》，《世界经济研究》1999年第5期。
⑤ 黄范章：《经济全球化、东亚模式、金融风险》，《金融研究》1998年第10期。
⑥ 马亚华、刘光卫：《东亚金融危机的再诠释》，《亚太经济》2000年第1期。

述，认为这两种分工所造成的技术和市场依赖以及产业同构下的竞争倾轧是导致危机产生的主要原因。①

还有部分学者则偏重于从金融因素来解释危机的发生。有学者从东亚国家的融资体制来探讨金融危机产生的原因，认为间接融资在融资结构中占主导地位、政府力量在融资体制中起主导作用、"关系型融资"是企业融资的主要形式是东亚融资体制的三个主要特征，而正是这一体制的缺陷构成了金融危机的制度基础。②而东亚地区脆弱的银行系统不仅存在着极大的系统风险，还直接导致了资本流动潜在风险的加剧，为金融危机的产生提供了基础。③除此之外，还有人认为过度和过早开放金融市场也是金融危机产生的一个重要原因。④

（二）"东亚模式"的反思

早在1994年，美国经济学家保罗·克鲁格曼便对东亚的发展前景做过消极评价，他认为亚洲新兴发展国家与苏联一样，都是依靠投入大量的物质资本来实现经济发展的，其经济效率本身并没有提高，所以他认为这种发展是没有前景的，而所谓的"东亚四虎"都只不过是"纸老虎"而已。⑤克鲁格曼对东亚发展的评论引起了激烈的论辩，尽管反对其观点者大有人在，但"危机似乎已经证明了克鲁格曼的判词：东亚原本就没有什么'奇迹'可言"。⑥东亚金融危机的爆发确使颇负盛名的"东亚奇迹"和"东亚模式"遭受到广泛的批评质疑，也正是在这样的背景下，学界对东亚模式展开了全面的反思。

---

① 王允贵：《东亚金融危机成因的新反思》，《国际经济评论》2001年第Z3期。
② 项卫星：《东亚国家的融资体制与金融危机》，《世界经济》1999年第6期。
③ 胡祖六：《东亚的银行体系与金融危机》，《国际经济评论》1998年第Z3期。
④ 单玉丽：《从亚洲金融危机看"东亚模式"》，《亚太经济》2000年第3期。
⑤ Paul Krugman, "The Myth of Asia's Miracle", *Foreign Affairs*, November 1, 1994.
⑥ 董正华等：《透视东亚"奇迹"》，学林出版社1999年版，第4页。

1. 政府与市场关系的再认识

（1）政府角色的重新定位

其中，政府在经济发展中的作用仍是论争的焦点问题，主要体现在对政府干预的重新认识以及如何进行调整两个方面。莱斯特·瑟罗基于对东亚金融危机的考察，认为不能因金融危机便一味地否定政府的作用，相反，他预测快速从金融危机中复苏的将是具有高效中央政府的国家，并认为"无论在何种情况下，政府行为都举足轻重"。[①] 斯蒂格利茨对东亚发展中政府的干预作用总体上也是持认可态度的，他指出尽管政府对资本市场的干预被认为可能会造成资源配置的扭曲以及为腐败提供机会等缺陷，但相较于不干预情况下，干预有助于克服资本市场中普遍存在的市场失灵。但同时他也指出，在变幻不居的全球经济环境和国内经济结构之下，政府的作用也需要重新调整和定位。[②] 陈峰君认为尽管东亚地区基于其自身独特经济、政治、文化背景而发展起来的政府主导下的市场经济对东亚的崛起具有重要的意义，但是政府对市场干预过多或不适当干预也为东亚国家发展带来了巨大的隐患。[③] 长时期内政府对经济过度的干预，不仅不利于推进公平竞争，也制约了市场体制和金融体系的健康发展，这具体表现在政府对企业集团的偏重与扶持加剧了社会两极分化，抑制了中小企业的发展，而且还导致官商勾结的恶性循环。[④] 政府干预原本是为了弥补市场缺陷、纠正市场失灵而出现的，但随着政府权力的增长以及干预的增加，其对市场的正常发展便产生了抑制作用，结

---

① ［美］莱斯特·瑟罗：《亚洲的崩溃及救治》，《经济社会体制比较》1998 年第 3 期。
② ［美］斯蒂格利茨、尤素福编：《东亚奇迹的反思》，王玉清等译，中国人民大学出版社 2003 年版，第 359—361 页。
③ 陈峰君：《东亚模式的争议与我见》，《教学与研究》2001 年第 2 期。
④ 巫宁耕：《东亚模式的缺陷与革新》，《经济学家》1998 年第 6 期。

果与干预相伴而生的便是大量的资源浪费和行动无效,这就体现为与市场失灵相对的另一个极端——政府失灵。而在东亚国家中,经济政策的失误、经济管理体制的滞后、腐败的滋生和蔓延、政治对经济干预过度以及经济全球化的影响都成为政府失灵产生的原因。[①] 杜方利直接将金融危机的产生归咎于东亚各国政府的过度干预,他指出过度的政府干预不仅导致资金市场的扭曲,使金融业发展滞后,同时还给金融管理带来混乱,因而他认为必须摒弃过去政府过度干预的发展模式,使市场和政府在更广更深的层面相互合作。[②] 刘长翠则从市场失灵与政府失灵两个方面去考察东亚发展中政府与市场的互动关系,他指出东亚在早期发展过程中,由于特殊的历史状况和现实条件,其政府积极发挥干预的作用从而有效地弥补了"市场失灵"的缺陷,促进经济的发展,但随着国际经济环境的变化,其政府未能实现职能的有效调整,所以才导致了金融危机的产生,故而他认为政府职能与作用应随市场的变化而改变,这样才能更好地促进经济发展。

(2) 政府干预的调整

金融危机的发生说明了准确把握国家干预与市场调节的"度"的重要性,在市场失灵和国家过度干预都受到诟病之际,将两种调节手段有效结合以实现更好的配置效益便成为一种必然趋势。[③] 因而,并非从根本上否定政府的宏观干预,而是如何去调整政府的过度干预便成为了问题的核心所在。[④] 巫宁耕认为随着发展中国家生产力的发展和向市场经济的转轨,其政府对经济干预的范围、干预方式和干预力度必须进行调整和转变,他同时提出政府的干

---

① 方小刚、李仁东:《政府失灵与东亚模式危机》,《世界经济与政治》1998 年第 5 期。
② 杜方利:《东亚发展模式与东亚金融危机》,《世界经济》1999 年第 2 期。
③ 李路曲:《东亚模式与价值重构:比较政治分析》,人民出版社 2002 年版,第 58 页。
④ 陈峰君:《再论东亚模式》,《太平洋学报》1999 年第 4 期。

预应坚持非自顾性、规模性和公开性三个原则。① 这一转变主要在于改变传统政府的强制力、主导力和压迫力，而不是全面地削弱政府的职能。② 于海莲也认同对政府所承担的职能进行调整而不是一般的否定的观点，所以基于对东亚发展历程的考察，她提出了应建设强有力的"小政府"的观念，实现对经济更加规范的干预，从而摆脱干预过多情况下政府失灵的状况。③ 而具体来说，重新调整政府的经济职能，不仅要重视调整经济发展战略，同时还要进行经济体制的改革。④ 孙早则从政府理性、政府质量和政府强度三个方面对东亚政府的角色和作用进行了解读，他认为东亚发展中政府理性与官员理性的相左，体现在决策和管理方面的政府质量无法实现有效的政府干预，以及强政府对市场发育的抑制，都使得东亚的进一步发展面临诸多问题，因而必须从这些方面对政府的角色进行反思和调整。⑤ 张国庆从政府的公共政策着手，通过考察东亚政府的汇率政策、金融监管政策、宏观经济政策和产业政策，指出正是由于政府在这些公共政策上的失误才导致了金融危机，因而他认为东亚金融危机在本质上是政府公共决策的危机，所以他认为必须通过政府公共行政能力的提升来使东亚走出危机的阴影。⑥ 贾根良批判了"亲善市场"论、"以发展为主导的国家"学说以及"市场增进"观点，指出它们在解释东亚发展时的理论前提预设仍囿于资源配置方面，而忽视了学习与知识的创造

---

① 巫宁耕：《东亚模式的缺陷与革新》，《经济学家》1998 年第 6 期。
② 杜创国：《东亚模式与政府职能变革》，《齐齐哈尔大学学报》（哲学社会科学版）2000 年第 4 期。
③ 于海莲：《东亚政府在经济发展中作用的反思》，《世界经济与政治》2001 年第 2 期。
④ 赵一红：《东亚模式中的政府主导作用分析》，中国社会科学出版社 2004 年版，第 314 页。
⑤ 孙早：《解读政府：对东亚模式的再认识》，《探索与争鸣》1998 年第 9 期。
⑥ 张国庆：《政府政策选择与东亚金融危机——关于东亚金融危机的公共政策分析》，《北京大学学报》（哲学社会科学版）1998 年第 5 期。

方面，而这正是东亚模式的精髓，因而从其观点不难推测出东亚政府职能的转变主要在于促进学习和新知识的创造，而非简单的资源配置与协调。[1] 吴海燕以有限政府在理论上的角色定位作为参照，指出东亚国家政府在社会文化层面渗透私人领域、在经济层面过分干预扭曲市场机制、在政治层面缺乏有效的权力监督，这些都为金融危机的爆发提供了土壤，故而她认为东亚政府从有限政府的要求而言是缺失的，所以呼吁一种有限政府的角色转换。[2] 周建勇通过考察东亚国家进行政府干预的原因，指出尽管政府干预经济有其弊端，但它却是必不可少的，而金融危机的产生不能说是政府干预的失败，它反而提醒我们对政府干预的内容和方式进行相应的调整以适应经济形势。故而他从公共政策改革、制度创新和公务人员培养等方面提出了调整的建议。[3] 李玲玲通过回顾波兰尼关于市场与社会的"双重运动"关系，并结合东亚的发展经验，将政府变量引入了市场—社会的关系框架中，指出政府在东亚发展过程中作用的凸显正是对经典概念的挑战和突破，因此她认为东亚奇迹和金融危机经验的启示在于，政府是作为市场与社会关系的协调与平衡者的角色而出现的，而其职责在于实现经济发展与社会公平的统一。[4]

2. 威权政治的反思及转型

金融危机的爆发再次引起了人们对东亚地区独特政治形态的关注，讨论主要集中在对东亚威权政体的反思及其转型方面。陈峰君认为东亚威权主义对现代化的作用具有双重性，其一方面有

---

[1] 贾根良：《创新体系与东亚模式的精髓》，《南开学报》2001年第5期。

[2] 吴海燕：《"东亚模式"的行政学审视：有限政府的缺失》，《深圳大学学报》（人文社会科学版）2001年第6期。

[3] 周建勇：《东亚发展模式的再思考——政府干预的反思》，《珠江经济》2006年第11期。

[4] 李玲玲：《东亚模式与政府职能的全面履行》，《中共福建省委党校学报》2008年第3期。

利于维持社会稳定,并充当经济现代化的重要推动力;另一方面则会危害市场经济的运行,且易滋生腐败流弊。① 金融危机的发生便在一定程度上暴露了东亚威权政体的缺陷,但他也指出东亚国家和地区推行的这种政治体制在经济发展崛起的初期发挥着重要的积极作用,因而作为一种不可避免的过渡形态,其具有存在的合理性。同时,他还认为由威权体制向民主体制的过渡是东亚政治发展的一种必然趋势,只是转换的速度由各国具体情况而定。② 在传统权威体制下,"官民一体"的经济运营结构尽管在短时间内使得东亚经济实现高速增长,但它却无法适应市场变化,因而容易造成资源的浪费。所以"随着东亚社会现代化的发展,传统权威主义体制将会成为社会的不稳定因素"。③ 王世雄则从政治发展的角度考察,认为后发国家选择的权威主义现代化道路也存在许多问题,这主要包括:对秩序的强调可能会窒息民主化的内动力和导致制度支撑的匮乏;其向民主化的过渡可能导致有限民主制及存在非理性中产阶级的畸形社会。因而实现权威主义向民主化的过渡不仅需要仰赖新权威的理性和品格,还要求中产阶级自身突破权威束缚。④

还有许多学者着重论述东亚政治转型与民主的问题。如李路曲在系统考察东亚国家和地区中产阶级发展状况的基础上,指出随着工业化的推进,东亚各国家和地区中产阶级的崛起及广泛的政治参与对威权政治造成了极大的威胁,基于此而形成的市民社会成为推动政治转型的主要动力。⑤ 张鑫则在分析了东亚威权主义

---

① 陈峰君:《东亚威权主义和利弊与转型》,《领导之友》2006 年第 4 期。
② 陈峰君:《东亚模式的争议与我见》,《教学与研究》2001 年第 2 期。
③ 赵一红:《东亚模式中的政府主导作用分析》,中国社会科学出版社 2004 年版,第 329 页。
④ 王世雄:《后发国家政治发展及其模式选择——兼评权威主义现代化道路》,《浙江社会科学》2001 年第 1 期。
⑤ 李路曲:《东亚的中产阶级、市民社会与政治转型》,《当代亚太》2000 年第 11 期。

存在与发展的逻辑基础后，指出随着社会经济发展，东亚社会中中产阶级的崛起以及各种民间组织力量的壮大都使得威权主义越发难以维持其权力，故而陷入了体制性疲劳的困境，因而一种政治转轨的前景呼之欲出。[1] 孙代尧梳理了威权政体及其转型的相关理论研究后，从政治转型中的结构因素与政治过程中行动因素相结合的考察路径出发提出了关于政治转型的观点，认为经济增长、社会多元化以及中产阶级的形成等结构性要素都是威权政治转型的有利条件，但这并不足以直接导致民主政体的出现，而转型的时机和领导人的选择也构成了成功实现政治转型不可或缺的关键要素。[2] 周加李从经济、文化和社会方面比较了东南亚与西方发达国家存在的巨大差异，指出经济的落后，宗教文化中缺乏自由、平等与权利的概念，以及民间力量的缺乏都使得东南亚国家难以实现向民主政治的转变，但他仍寄希望于文化价值的磨合与再造。[3] 杨鲁慧着重讨论了非政府组织在东亚政治转型中的作用，她认为非政府组织是东亚政治转型的必然产物，在转型期它能有效解决非传统安全意义上的冲突和问题，从而着沟通国家与社会的桥梁作用，同时其自身作为资源与权力的承担者，对推动民主化进程产生巨大影响。[4] 全毅通过考察东亚地区各国政治转型的路径，指出其由威权政治到民主化的转型是"压缩型转型"，因而表现出威权色彩浓厚、法制不健全等一系列不成熟的民主政治特征，所以他认为应根据自身的历史传统和现实来选择适合亚太地区的民主政治发展模式。[5]

---

[1] 张鑫：《当代东亚威权主义模式体制性疲劳分析》，《国际观察》2003年第1期。
[2] 孙代尧：《威权政体及其转型：理论模型和研究途径》，《文史哲》2003年第5期。
[3] 周加李：《民主在东南亚的前提条件和发展趋势》，《东南亚研究》2004年第6期。
[4] 杨鲁慧：《非政府组织：东亚民主化进程中的社会新角色》，《政治学研究》2006年第1期。
[5] 全毅、金泓汎：《东亚政治转型与政治民主化的路径、特征及前景》，《东南学术》2014年第5期。

学界也有从具体个案来讨论此问题的。如任一雄将泰国作为具体的个案研究,指出泰国威权政治的本质在于"威权为体,民主为用",这种威权政治正是其历史中长期的君主制及传统文化中对权威认同的价值取向的必然产物,而金融危机则应被归咎为威权政体下"人造政治泡沫"。同时,他还认为尽管经历着世界民主化浪潮的冲击,泰国"威权政治"的本质特征仍会在未来的"民主政府"中具有顽强的生命力。[1] 卢正涛则从新加坡领导人的国家至上观来分析新加坡的政治体制的演进,他认为国家至上观中包括民族国家至上和政治国家至上两个层面的内容,前者强调国家利益高于个人利益,而后者强调人民行动党政府的权威至上,党与政府、民族紧密结合,而正是受这样的价值理念的影响,新加坡才没有出现像其他东亚国家那样明显的政治转型。[2]

3. 儒家文化与亚洲价值再探讨

(1) 儒家文化和亚洲价值的局限

基于对东亚金融危机的反思和审视,学界又展开了对儒家文化和亚洲价值观在东亚发展中所发挥作用的重新探讨。大部分学者将其与金融危机的产生联系起来,而对其展开批评性的重估。王锐生认为亚洲金融危机事实上已经暴露了以儒家文化为核心的亚洲价值的局限,他指出儒家文化哲学中对原创力激励的缺乏造成了东亚经济发展的粗放性与依赖性,而对整体需要的过度强调和对个人自主权的忽视也使得金融腐败无法被克服,这些都成为金融危机产生的潜因。[3] 但同时他也指出,不能因为金融危机而完全否定亚洲价值,因为从与西方极端个人主义的对抗的角度来看,

---

[1] 任一雄:《东亚模式中的威权政治:泰国个案研究》,北京大学出版社2002年版。
[2] 卢正涛:《新加坡领导人的国家至上观》,《当代亚太》2003年第9期。
[3] 王锐生:《东亚金融危机与社会伦理》,《南京政治学院学报》1999年第2期。

亚洲价值仍然有值得肯定的地方，所以他认为在新的时代背景下，应该在东西方价值观的综合中实现对亚洲价值的超越。[1] 顾肃也从对金融危机的考察出发，指出东亚危机的根源在于"东亚的文化传统在现代化过程中所形成的特殊政治经济一体化的体制"，而团体导向文化则是问题的核心所在，他认为其对合作与协调的强调尽管在一定程度上促进了东亚经济的腾飞，但忽视个人创造、选择自由和政治民主权利也是其最大的缺陷，而基于此造成权力的膨胀和政治腐败则成为了祸害之源，也正是在这样的背景下，他主张进行文化的重建以消除这些弊病。[2] 李晓从"强政府"的角度展开了探讨，他认为金融危机使得东亚国家和地区在"政府质量"上的弊端成分暴露出来，如政经勾结、制度透明度低、法制不健全和家族式统治经营等，而这些同东亚的价值观和文化传统有着直接的关系。[3] 李毅等人也将儒家文化与"强政府"结合起来考量，他们具体分析了儒教产生的中央集权思想和忠孝一致的社会组织原理，认为基于儒教传统文化背景下产生的强政府表现出对市场过度干预、行政透明度低、政治上的裙带关系等缺陷，从而成为导致危机爆发的一个重要因素。[4] 夏振坤考察了东亚文化中的群体主义、节约主义和重名主义，认为其在东亚工业化过程中表现为权威主义工业化道路、自敛式资本积累方式和数量型扩张冲动，从而为东亚的崛起提供了有利条件。但随着形势的变迁，这些文化因素的缺陷也都暴露出来，与以西方文化为前提的现代经济基础发生冲突，而危机的爆发在本质上正是东西文化撞击的

---

[1] 王锐生：《亚洲价值与金融危机》，《哲学研究》1998 年第 4 期。
[2] 顾肃：《对东亚金融危机的文化反思》，《中国社会科学》1999 年第 3 期。
[3] 李晓：《关于东亚金融危机的深层思考》，《世界经济与政治》1998 年第 6 期。
[4] 李毅、陈爽英、陆静：《文化因素与东亚模式——"强政府"透析》，《商业文化》1999 年第 2 期。

结果。①

(2) 儒家文化的作用条件及其复兴

文化因素对社会现实产生影响有其特有的作用路径，且离不开具体中介，因而也有部分学者对儒家文化在东亚现代化过程中的作用方式展开了论述。何显明对儒家文化影响东亚工业化进程的前提和具体作用方式进行了考察，他指出儒家伦理对东亚工业化的动力作用并不是决定性的，它要受到一系列规定的约束，因而过分地夸大儒家文化的作用并将其作为东亚崛起的源动力是不可取的。②王彩波在对"儒家动力说"简单地套用韦伯理论直接将儒家文化作为东亚崛起的根源的观点进行批评后，指出儒家文化传统是在自身已经发生变迁的基础上才对东亚现代化进程发挥作用的，而东亚新兴工业体也正是通过对传统文化进行有选择的利用来为自身的发展提供资源的。③任德军基于对学界关于韦伯命题讨论的考察，指出要正确认识韦伯关于儒家伦理的论述以及东亚成功中的文化因素，他认为东亚现代化过程中所发挥作用的儒家伦理是与韦伯所考察的存在差别，而东亚的崛起也正是这种已经发生变化了的儒家文化在与制度相结合的条件下实现的。④所以，不能纯粹单从文化中去探求经济发展的原因，而应考察其与社会结构和制度性安排的结合。⑤除去绝大部分批判性的论调，也还有部分学者基于儒家文化的建设性价值提出了自己的看法。魏萼通过考察处于儒家文化圈中韩国与日本、中国大陆、中国台湾以及新加坡在金融危机中的不同表现，指出必须重新反思儒家文

---

① 夏振坤：《东亚经济发展的文化观》，《当代财经》2000年第1期。
② 何显明：《儒家文化与东亚工业化关系辨析》，《哲学研究》1998年第8期。
③ 王彩波：《也谈东亚模式与儒家传统文化》，《社会科学战线》1998年第1期。
④ 任德军：《对韦伯中国儒家伦理研究的认识——兼论对东亚经济发展的解释》，《青年研究》1999年第11期。
⑤ 马福云：《东亚现代化中的儒家文化及其发展前景》，《国外社会科学》2000年第4期。

化在这些国家和地区所展现的经济意义,通过儒家文化传统与现代化适度调和而实现其文化的复兴。[①] 李平认为金融危机的产生是由西方市场模式强加于亚洲经济政治文化所造成,而蕴含着主体意识、反省意识、经世意识与多元意识的以儒学为内核的东亚意识则有助于克服金融危机,使东亚在新的基础上再次实现腾飞。[②] 马涛则认为儒家传统中高扬道德理性的人文精神与追求和谐秩序相统一的理想目标决定了儒家文化在现代社会还有潜力和活力,而这正是东亚实现经济复兴的有利精神资源。[③]

综上所述,亚洲金融危机作为东亚发展的一个转折点,其突兀性和破坏性使得人们不得不对东亚发展模式进行重新考量。在这一阶段,学界此前对东亚发展模式极力拥护和宣扬的声音趋于偃息,而普遍代之以批判和反思的论调。于是,基于对金融危机的审视,学者们将东亚发展过程中政府对市场的过度干预、威权政治下滋生的流弊以及儒家文化的内在局限等皆视为是造成此次危机的罪魁祸首,因而主张对其重新评估与定位,关于政府干预的调整、威权政治民主化转型以及传统价值的再评估成为讨论的焦点。而在此舆论态势下,过去声噪一时的"东亚模式"也面临着被否定和进行调整的前景,前者认为过时的东亚模式需要新的发展模式来取而代之,而后者则将希望寄托于对原有模式的调整以适应新的发展形势。

三 全球化背景下东亚发展研究的新进展

以"东亚模式"研究为中心的东亚发展研究在经历前两个阶

[①] 魏尊:《从亚洲价值观看东亚金融危机》,《经济学家》1998年第6期。
[②] 李平:《东亚意识与东亚金融危机》,《中华文化论坛》1999年第2期。
[③] 马涛:《儒家传统与现代市场经济》,复旦大学出版社2000年版,第243页。

段的起伏之后,到21世纪初,逐渐展现出了一些新的研究趋向。在方法论意义上,文化自觉思潮在东亚学术界勃然兴起,"文化自觉"的概念最先是由费孝通先生提出,他认为"文化自觉,意思是生活在既定文化中的人对其文化有'自知之明',明白它的来历、形成的过程、所具有的特色和它发展的趋向。自知之明是为了加强对文化转型的自主能力,取得决定适应新环境、新时代文化选择的自主地位"。[①]"可见文化自觉就是'找回传统',并赋予传统以现代意义,它标志着当代社会发展模式理论研究实现了根本意义上的转向。"[②] 这一"文化自觉"思潮虽然发端较早,但是近年来越来越受到学术界关注,寻找东亚自身价值的"文化自觉"思想逐渐成了东亚学术界的内在自觉,这一从文化自觉到学术自觉的新趋向为东亚发展研究提供了内在动力。

连续数十年的经济增长不仅为东亚国家和地区积累了大量的物质财富,同时社会结构也在这一过程中悄然变化,东亚国家和地区社会结构变迁的一个重要特征便是中产阶级的快速壮大。中产阶级的崛起不仅为民主政治转型提供了社会基础,同时日益庞大的中产阶层也促进了公权力之外市民社会的壮大,这成为东亚公共性转型的重要条件。东亚"压缩式发展"在另一方面也引发了人口老龄化、社会分化加剧等一系列社会问题。社会结构的变化和社会问题的涌现使得社会建设的议题成为东亚学界关注的重点。

(一)公共性问题

现代化进程不仅仅包括经济现代化的过程,还包括政治体制和社会建设等方面。东亚国家和地区首先通过威权政府和经济政

---

① 费孝通:《中华文化在新世纪面临的挑战》,《文艺研究》1999年第1期。
② 田毅鹏:《东亚"新发展主义"研究》,中国社会科学出版社2009年版。

策的有力结合实现了各自的经济现代化，社会建设的必要性和重要性随之而来，其中公共性问题因其深厚的历史文化内涵和广泛的社会实践意义成为了东亚社会建设的核心问题。

"公共性"作为一个内涵极其丰富的概念，学术界迄今尚无明确的定义。但是一般来说"公共性"具有以下特质："（1）共有性，即对社会具有极广的利害和影响，其影响不是限于特定的集团，而是面向社会全体；（2）公开性，通常是指以公开讨议的形式而形成的公共议论；（3）社会有用性，公共性既是一种价值体系，同时也是以公共事业为主体的公益服务体系；（4）为一种社会理念，公共性是一种基于正义和公正，为达致公共性而努力行动的价值体系。"[①]

1. 东亚公共性的特质

受东亚国家和地区经济高速增长之后对社会建设迫切需求的影响，关于东亚公共性的研究成果越来越多，尤其是中日韩三国，进入21世纪以来的公共性研究堪称成果丰硕。"公共性"概念在东亚有其不同于西方语境的特殊性。田毅鹏从东亚公共性的主体、"公"与"私"的一致性以及公共性纵向演进轨迹等方面论述了以中日为代表的东亚传统公共性的共性以及相对于欧美公共性的特殊性，认为"从总体上看，20世纪90年代前东亚公共性构造仍具有极大的相同性。表现为东亚威权社会以'官'为主体、以公共事业的实用性为主体的公共体系。东亚的公共性构建实际上是其民族国家构建的重要组成部分。东亚公共性与欧美社会所表现出来的不同特征，既是二者间本土传统文化差异影响下的产物，

---

① 田毅鹏：《东亚"新公共性"的构建及其限制——以中日两国为中心》，《吉林大学社会科学学报》2005年第6期。

同时也是东亚与欧美间社会发展存在的'时间差'所致"①。就中国的传统公共性而言,其特殊性表现为公共性层级的多元性特征,在理念层,封建统治者为强化统治的合法性不断宣扬"天下为公"的传统理念,这种"大公"观念不断发展和演化成了崇公的价值体系,然而这种"大公"的价值观并没有成为传统公共性建构的有效助力。相反,在这种价值观之下封建皇权作为"大公"观念的化身"具有压倒一切世俗权力的能力。在这种政治形态之下,公共性得以维系的公共生活和私人生活空间都十分有限,因而传统中国社会'大公'理论体系成为公共性难以孕育的制约因素"②。与理念层面的"大公"传统相对的则是生发于乡土社会的"小公"逻辑,费孝通先生的"差序格局"理论准确地把握了这种小公发达的社会结构特征,在这种"以亲己之人事为重,以疏己之人事为轻"的小公逻辑影响下,公共领域的发育几无可能。在单位制构建的过程中国家主导的大公共性不断彰显,但其实际运作逻辑则凸显了"小公共性"的集体利益。总之,东亚国家和地区的公共性受其历史文化和后发外生的现代化性质影响有着不同于西方语境下"公共性"的特质。

2. 东亚公共性的转型与新公共性建构

东亚公共性的转型,虽然在时间上有所不同,但是却有着较为相似的转型背景,表现在:一方面,转型即意味着从旧公共性向新公共性转型,东亚尤其是中日韩三国由于同处儒家文化圈,其现代化的后发外生性的特点,使得三国具有相似的旧公共性,主要表现为,作为现代化的主要推动者"官"同时也是公共性的

---

① 同上。
② 田毅鹏、刘博:《单位社会背景下公共性结构的形成及转换》,《山东社会科学》2016年第5期。

主要承载者；另一方面，其公共性转型有着强烈的社会需求，各国虽然具体情况各有差异，但是社会发展的新时期都呼唤着一种新公共性的建构。

日本学者黑田由彦将日本的公共性转型总结为由国家公共性向市民公共性的转型。他认为日本国家公共性起于明治维新时期，出于民族独立和迅速实现现代化的需要，建立了强有力的中央集权政府，之后强力政府一直是日本旧公共性的承载者。第二次世界大战之后，在美国的控制下，日本进行了较为彻底的民主化改革，然而一直到20世纪八九十年代仍然是一种由国家承担的国家公共性。日本公共性转型在黑田由彦看来是以国家性公共性面临的困境为背景的。由于国家在面对各种困境中表现的无力，公共性的转型成为了可能。尤其是1995年阪神地震的发生有力促进了日本NPO的发展，同时也使人们意识到了市民性公共性建设的重要性。这种国家的无力与市民性公共性的兴起为日本公共性的结构转型提供了条件。[①]

韩国社会在公共性转型过程中表现出与中日两国不同的特点。芦恒通过对韩国公共性转型的研究，指出"韩国'公共性'的结构性动力来源于韩国现代化过程中产生的两次'公共性危机'。第一次危机在于国家权力向全社会的扩张与殖民，导致社会'公共性'的缺失。在此过程中，只有国家的'公'权力，没有保障社会的'共'权利。以此为契机，社会内部的各种力量易于整合，最终产生现代意义上的市民社会。第二次危机在于国家道德责任与市民社会'公共性'的双重缺失，不仅出现了'公'的缺失，'共'也因市民社会内部的权力异化逐渐失去其内在的'共有性'

---

① ［日］黑田由彦：《日本现代化进程中公共性的构造转换》，《吉林大学社会科学学报》2005年第6期。

和'共同体性'"。① 通过对韩国公共性转型过程的研究进而认为东亚公共性的转型应该从西方语境下二元对立的对抗型公共性朝向一种"均衡公共性"转换。

中国的公共性转型主要是在迈向社会主义市场经济和单位制消解的社会背景下发生的。"单位"作为改革前"公共性"的主要承载者，在市场化改革的过程中社会功能不断消解。随着"单位办社会"模式的终结，原先单位所承担的社会功能不得不让渡给社区或社会组织来承担，随着社区建设和社会组织的发展，中国的公共性逐渐由单一主体向多元主体的公共性转变。许耀桐和傅景亮从"党—国家—社会"一体化格局的分解，公共性组织大量繁衍，市场公共性的发展以及公共性功能的复原四个方面分析了中国公共性的转型。认为中国新时期公共性的转型主要表现在从高度集权型的公共性转变为适度分权型的公共性。②

关于中国新公共性建构的研究中，当下新公共性建构面临的困境是学者们研究的一个比较重要的方面。田毅鹏认为，一方面如果忽视公共性构造转换的长期性和复杂性，盲目地以非政府组织替代"官"的作用，就会出现"官退"而"民未进"的困局，导致公共性的"真空"，造成不应发生的混乱；另一方面在儒家思想背景下中国传统政治社会理念是以突出"私德"为先，以"忠孝"为其核心。上述思想观念自然制约着以"公德"为基础，以"公共理念"为特征的现代公民社会的生成。③ 李友梅从三个方面总结了当下中国公共性建设的困境，首先从文化方面，她认为差序格局不可能成为公共性建构的基础，在市场化的今天差序格局

---

① 芦恒、田毅鹏：《韩国社会的公共性危机与转换》，《东北亚论坛》2013年第3期。
② 许耀桐、傅景亮：《当代中国公共性转型研究》，《上海行政学院学报》2007年第4期。
③ 田毅鹏：《东亚"新公共性"的构建及其限制——以中日两国为中心》，《吉林大学社会科学学报》2005年第6期。

与市场化原则的结合反而放大了利己主义效用；其次，从制度层面，制度建设的理性化和技术化催生出了制度的"碎片化"特征，在一定程度上成为公共性发育和生长的障碍；最后，缺乏系统支持的公众参与制度削弱了公共性生产的基础[①]。

（二）全球化与东亚共同体构建

近年来伴随着全球化进程，学术界关于"东亚共同体"的研究也逐渐成为东亚发展研究的热点问题。虽然研究成果众多，但是在多数情况下"东亚"与"东亚共同体"的概念被置于一种不言自明的状态，当我们认真审视这两个概念时，不难发现，对于概念的理解与定义不仅是十分必要的，同时如何理解"东亚"概念很大程度上也意味着如何理解"东亚共同体"的概念。田毅鹏认为对于"东亚"概念至少要从"地理意义上的东亚""文化意义上的东亚""帝国意义上的东亚""发展意义上的东亚"等几个角度加以理解和展开。[②] 孙歌也认为"作为地缘政治的范畴，东亚的存在与西方近代的入侵和渗透有着直接的关联。但是，当这个范畴一旦形成，它的功能就脱离了它所形成的原因，具有了单独的意义"。"作为一个论述单位，东亚应该是相对自足的，至少是可以按照某种思维逻辑加以整合的。这也是'东亚共同体'作为一个命题得以存在的原因。"[③]

同时，在构建东亚区域共同体的进程中，学界还特别注意关于区域文化传统的研究，注意发掘有助于区域共同体构建的"软力量"。就欧洲而言，其走向一体化的根源，"首先在于欧洲各国

[①] 李友梅、肖瑛、黄晓春：《当代中国社会建设的公共性困境及其超越》，《中国社会科学》2012年第4期。
[②] 田毅鹏：《东亚"新发展主义"研究》，中国社会科学出版社2009年版，第367页。
[③] 孙歌：《我们为什么要谈东亚——状况中的历史与政治》，生活·读书·新知三联书社2011年版，第24、25页。

对欧洲共同价值的怀念,对大罗马帝国的怀念,对中世纪基督教的怀念。因此欧盟实际上是现今欧洲人在认同了欧洲共性的基础上回归统一欧洲的尝试,共同文化渊源在这里无疑发挥着极为重要的作用"。[①]而东亚的情况则较欧洲为复杂,作为一个表达区域的概念,"东亚"概念是在近代形成的。很多学者都承认,东亚并不仅仅是一个地理空间概念,而是一个多元复杂的具有极强同质性的文明实体。儒学、汉字、律令、中国化佛教在东亚地域广为传播,成为东亚文明的共同思想文化资源。在前现代时期漫长的发展进程中,在今天的东亚地域内即存在一个"区域文明共同体"。汤因比称之为"半个世界",有的学者甚至将东亚文化圈称为"世界历史上最早'一体化'的地区"。[②]东亚是一个具有较强"同质性"和"关联性"的区域。

四 总结与讨论

从总体上来看,学界对东亚发展近40年的关注和讨论呈现出明显的阶段性特征。以东亚金融危机为分界点,在此之前主要关注的是东亚的崛起和"东亚奇迹"的发生,以及对其发展经验和发展模式进行讨论和总结;而在此之后,则转入对其发展模式深刻的批判与反思,并且逐渐超脱发展主义的话语从而实现体认视角和关怀主题的转换。学界的分析论述为我们呈现了东亚半个多世纪波澜壮阔的发展历程及其内在理路,对进一步认识东亚的发展经验、反思作为时代主题的发展之意涵提供了支撑。而中国作

[①] [瑞士]阿道夫·穆希格:《关于欧洲认同的思考》,《读书》2003年第10期。
[②] 赵建民:《试论"东亚区域意识"的形成及其嬗变》,宋成有主编《东亚区域意识与和平发展》,四川人民出版社2001年版,第173页。

为东亚后起的发展中大国,东亚的发展经验无疑对其具有重要的借鉴和参照意义,这主要体现在三个方面:首先,中国与东亚诸国在文化和社会结构上具有相似性,如均受传统儒家文化的影响以及家庭和宗族作为重要的社会单位的存在,这使得中国的学习参照具有可能性;其次,东亚诸国尤其是日本在处理东西方文明的冲突、承接和转换并成功内化的经验,使得作为一种参照具有极大的意义;最后,东亚各国的发展本身就存在一种内在的关联性,这也使得参照和学习更加成为必要。因而,如何从东亚的发展经验中缕析出一种更切合中国自身发展境况的认知与实践路径,这是我们仍需进一步去思考的问题。20世纪80年代,美国学者在探讨东亚优势的源泉时,曾做过如下的分析:"今天东亚之所以具有对于我们的优势,是因为它们的组织和思想都与我们不同。它们的思想和行为的模式深深地扎根于它们地区的历史之中。它们不易输出,也不易于为我们所模仿。但如果我们要与它们竞争,我们就必须着手了解它们主要的力量源泉。"[①] 反思过去,如果东亚的发展的确与其厚重的传统积淀有着直接的关联,那么,在今天,当东亚经济飞速发展,其社会结构发生空前分化的背景下,我们应该认真地思考和追问:过去支持东亚奇迹发生的那些"力量源泉"是否依然存在,依然能发挥作用?

---

① [美] 小 R. 霍夫亨兹等:《东亚之峰》,黎鸣译,江苏人民出版社1997年版,第53页。

国际发展与全球治理进程中的改革开放

林 卡 胡 克[*]

一 导言：全球化与全球治理

在国际发展中，20世纪是现代工业化国家在经历了两次世界大战之后的战后重建和走向福利国家的建设时代[①]。这一时代尚未完全终结，但当今世界已经步入以全球化为特征的新时代。这一全球化进程不仅体现在技术发展和经济一体化的推进等方面，也势必会对社会发展和全球治理的状态产生影响。正如詹姆斯·罗西瑙（James Rosena）所说的，出现了"从国家统治走向没有政府的治理"的转化[②]。这种变化深刻地影响着关于对国际发展和社会治理问题的讨论。譬如以往关于社会政策的讨论大多聚焦在主权国家和公民权保护以及与此相应的市场与国家的关系，国家进行社会干预的合法性，以及收入分配和再分配

---

[*] 林卡，浙江大学公共管理学院教授；胡克，浙江大学公共管理学院MSW中心硕士研究生。
[①] 参见林卡、陈梦雅《社会政策的理论和研究范式》，中国劳动社会保障出版社2008年版。
[②] 参见罗西瑙《没有政府的治理》，江西人民出版社2001年版。

等问题上①。但放在全球化的背景中展开讨论，我们需要研究全球化进程所带来的新的条件、技术手段和组织建构，考察全球发展的理念和政策导向的问题，使全球治理的议题成为当今世界社会发展的重大问题。

事实上，随着世界政治经济环境的变化和国际发展逐渐进入全球化的时代，世界的格局和全球治理的机制正在发生变化。以往政策制定者主要是民族国家或政府，但在全球化的今天，民族国家的治理功能正受到各种国际组织的影响。当今世界形势更加复杂多变，各种矛盾交错叠加，全球治理工作面临许多新的挑战。这些问题包括极度贫困、生态危机、全球移民等。例如据估算目前全球约有两亿多的国际移民，其中难民就约有4500万人②。全球治理面对的最直接、最紧迫的问题包括全球性的经济危机、政治动荡、大规模杀伤性武器的扩散、气候变暖与环境恶化、疾病蔓延、人道主义灾难等威胁人类生存的重大问题③。特别是全球人口流动、老龄化和社会保障等方面的挑战需要来自各方的国际组织和国家、政府联盟来共同协商、讨论，制定全球治理的框架和机制来回应。

然而，在讨论全球发展和全球治理问题时我们也看到近年来出现的"反全球化"或"逆全球化"的浪潮。在20世纪末人们普遍认为全球化的进程是不可逆的，是人类社会进步的一般趋势。但是这一信念目前正面临着挑战。特别是美国特朗普政府实施的种种"美国优先"的政策也进一步刺激了"反全球化"浪潮的流

---

① 参见 Christopher Perison, "Beyond the Welfare State: The New Political Economy of Welfare", Cambridge, Polity Press, 1995。

② 简·帕库尔斯基、斯蒂芬·马科夫斯基：《全球化、移民和多元文化主义：欧洲和澳大利亚的经验》，《国外理论动态》2016年第1期。

③ 陈家刚：《全球治理：发展脉络与基本逻辑》，《中国社会科学》2016年第6期。

行。正如我们所看到的,这两年来特朗普政府采取退缩的策略,退出了一些国际协议并力图减少其在国际组织中以往所承担的义务①。这与中国政府大力倡导国际发展,承担起其对于全球发展的责任和义务,推进"人类命运共同体"的理念等一系列举措形成鲜明的对照。面对这一复杂的国际形势,我们有必要对全球发展进程和全球治理机制的演化进行研究,揭示当代社会发展的趋势,从社会政策和国际发展的视角去反映当代的国际发展的演化条件和任务。

从社会发展的视角来考察国际发展,就要求我们把以往的国际援助的研究与全球发展和全球社会政策的研究相结合,揭示在全球化的时代社会发展的基本要求和总体趋势。传统的国际发展的研究常常与国际援助和国际组织相关联。正如奥兰·扬(Oran R. Young)所说的,所谓"全球治理"实际上只是各种国际机制,包括政府间机制以及非政府组织参与的国际机制的总和。陈家刚也谈到全球治理就是在具有约束力的国际制度和规范框架内,各种不同的行为者,通过协商合作,共同应对全球性的政治、经济、生态和安全问题,以维持正常的全球共同利益和秩序。②但是,这种聚焦于国际关系和国际政治的研究视角仍然过于局限,因而在考察全球治理议题时我们要把全球治理与全球发展和全球社会政策的议题联系起来,才能够深入地理解国际发展和全球治理相关议题。它要触及全球政策制定的进程与社会变化导致的社会治理模式的改变以及人们生活方式的演进等要素,以及在发展的各个阶段上的政策讨论的聚焦问题、状况并最终促进相关发展理念的

---

① 郑科扬:《合力构建人类命运共同体,发展新型经济全球化——特朗普的"美国优先"挡不住新型经济全球化发展进程》,《世界社会主义研究》2017年第3期。
② 陈家刚:《全球治理:发展脉络与基本逻辑》,《中国社会科学》2016年第6期。

形成。这就要求我们揭示这一发展进程的源起和发展的进程，以便把握发展的内在逻辑和历史必然性，采取演化的视角来解释发展环境和社会生态的变化并对推进这一发展的关键因素进行考察。

讨论全球发展和全球治理问题需要采取综合的视野。这一考察要涉及十分广泛的因素，包括社会经济条件的变化、制度基础的演化、人们观念和发展理念的更替以及理论分析工具的更新，揭示从基于民族国家的政策制定走向对于全球治理的关注这一发展逻辑；分析由这种演化导致的国际政治经济环境的变化，从全球的视野而不是在民族国家的视野中来讨论反贫困、教育和公共健康这些议题[1]。同时，由于处在不同工业化水准和阶段中的国家对于民生保障和社会治理的需求和政策路径的选择是不同的，它必须要能够综合地考虑发达国家、发展中国家在进行社会治理中所面对的问题。因而，要揭示全球发展的路径及其影响因素，既要高度关注发达国家在全球化进程中的引领作用，也要充分肯定发展中国家所取得的发展经验，特别是要顾及苏联、原加盟共和国、东欧国家的因素。[2] 它们与全球治理议题密切地结合起来，也与国际发展援助和国际治理框架的演化相关联，并且在当今社会的全球发展中具有重大的影响。

由此，本文将对这一发展过程展开分析，从而从国际层面揭示社会发展的各个阶段的特点、基础和发展的导向。本研究将特别关注国际发展的理念和发展的导向以及各国发展的经验等问题，而不会具体落实到各国社会政策的具体项目设立和项目之间的差别，或者比较各国在社会保障和社会福利方面所设立的体系差别，以及各国的阶级状况对于政策制定的需求。本研究也将反映全球

---

[1] Nicola Yeates, "Globalization and Social Policy", London, SAGE, 2001.
[2] 林卡：《社会福利、全球发展与全球社会政策》，《社会保障评论》2017年第2期。

发展的实践进程和不断增强的国际组织在推进全球社会政策进程中的作用。为了阐释这一演进的过程，我们要分析制度基础和发展条件的变化，揭示在这一历史进程中全球社会政策演进各阶段的转型特点。我们也要分析各种社会行动者在推进这一进程中所起的作用。这些行动者包括民族国家的政府、国际组织、非政府组织以及每个公民。全球化引起了福利国家制定社会政策的超国家化（supernationalization of social policy）。这一定位使得我们在研究社会发展问题时要具有科学性和前瞻性，能够导引出推进世界各国改革和发展并走向未来的政策理念。

二 实践基础的发展：从国际援助说起

国际发展和全球治理的议题领域的形成与国际发展援助的实践有着内在的联系。全球治理的概念是当代社会的参与，与全球化进程相关联。它的产生需要有全球的视野和在全球治理过程中的人力、财物资源的流动以及实现全球发展的目标。但这些条件在现代工业化社会到来之前并不具备。在人类社会有保存的历史文献中，世界历史曾经出现过几次推进区域化和国际化的浪潮，包括亚历山大时期、古罗马时期、成吉思汗时期，以及文艺复兴时期的地理大发现和海外殖民时期。这些通过水上或陆上的征战和探险所促进的国际交流和融合都促进了各民族的交融和互动，也促进了世界贸易发展和人口流动。但在那些时期，由于技术手段和人力、财物资源流通条件的限制，其全球化的理念尚未形成或全球化程度还很低。因此，全球治理的观念和全球发展的理念只有在20世纪末才开始成形。现代技术的发展、交通设施的便利和互联网等技术手段的采用重塑了人们的交往方式，增进了跨国移动的便利性，也使异地发生的事件能够迅速地影响到世界的其他地方,从而为形成有效的全球治理机制提供了基础。

当然,从实践的层面上说,这一全球发展和全球治理的进程始于20世纪发展起来的国际援助的实践活动。尽管这些发展项目和援助活动设立的本意并不在于全球发展和人类福祉的改进,但这些国际援助活动为进行全球治理提供了实践基础。当代国际发展援助实践的源头可以回溯到第二次世界大战后重建战后欧洲的"马歇尔计划"。例如,从1948年到1951年的三年间,美国向欧洲提供了131.5亿美元的援助[1]。在随后的冷战期间,以英美为代表的西方阵营与苏联、东欧阵营都把国际援助作为扩大其阵营势力范围,体现各自阵营的政治体制和意识形态优越性的工具。例如在西方阵营中,国家间的经济合作与发展组织(简称"经合组织",OECD)取代了欧洲经济合作组织,并在1960年成立了发展援助委员会(DAC)来运作国际发展援助项目[2]。在东方阵营,到1960年苏联与阵营内的其他18个国家相继签订了经济合作协定,每年对外援助额度为4.5亿美元。[3]

当发展援助主要是作为国际政治和改善双边关系的工具时,它的功能是为国家利益服务而并不具有很强的全球发展的意识。给予受援国的援助也不被认为是履行推进人类社会发展的责任和义务,而是基于功利的目的。直到柏林墙的倒塌前,国际发展援助项目的设立大多是以国家主权主义为基础,以政治经济控制的目的为依据。特别是在两大阵营对立的冷战时期,霸权是国际援助进程中的内在逻辑。彼时的国际援助并不能培育全球发展的意识,相反是作为强化势力范围和实施霸权的工具来增强其政治经

---

[1] 唐丽霞、李小云:《国际发展援助体系的演变与发展》,《国外理论动态》2016年第7期。
[2] 丁链彬:《国际援助制度与发展治理》,《国际观察》2008年第2期。
[3] 李小云、唐丽霞、武晋:《国际发展援助概论》,社会科学文献出版社2009年版,第23—24、31、30页。

济和意识形态的影响力。"利益交换"的逻辑主导着国际发展进程的基本走向。这些国家根据欠发达国家的利益多寡或价值高低来决定其支持力度。① 由于国际援助是基于特殊目的的利益交换，因而也是不稳定或不可持续的。这种援助机制受制于国家利益的需要，因而难以发展成为全球治理机制的一部分。

除了东西两大阵营外，发展中国家在国际援助中的比重在不断地上升，并且开始承担更多的责任来推进全球发展。在中东，以科威特和沙特阿拉伯为代表的石油输出国从1970年开始也对周边国家和伊斯兰国家提供发展援助。根据相关信息，1975—1986年其所提供的官方发展援助总额达到231亿美元。② 与此同时，一些发展中国家也开始提供一些小额的国际援助以巩固其在该区域的大国地位，如南非、印度、尼日利亚和巴西。但是，由于这些国家援助规模甚小，在国际发展援助体系中的影响甚微。③ 一些发展中国家积极参与到捐助国的行列中，同时承担援助国和被援助国的角色。特别是金砖五国，它们在国际发展援助中所起的作用日益增强。举例来说，中国的外援规模从2000年的5.54亿美元上升到2009年的19.47亿美元；俄罗斯从2004年的1亿美元增长到2009年的7.85亿美元；巴西从2005年的1.58亿美元上升到2009年的3.62亿美元。④ 此外，2010—2012年，中国共向121个国家提供了援助，援助金额为893.4亿元人民币。⑤

---

① 孙伊然：《隐含的利益交换：国际发展兴衰的逻辑》，《外交评论》2015年第3期。

② 毛小菁：《国际援助格局演变趋势与中国对外援助的定位》，《国际经济合作》2010年第9期。

③ Carol Lancaster, *Foreign Aid: Diplomacy, Development, Domestic Politics*, University of Chicago Press, 2007, p. 33.

④ Felix Zimmermann, "More Actor, More Money and More Ideas for International Development Cooperation", *Journal of International Development*, Vol. 23, 2011.

⑤ 国务院新闻办公室：《中国的对外援助（2014）》，2014年7月。

国际援助这一结构性变化反映了国际援助机制的多元化和多中心的新特点。这一特点背后反映的是国际政治经济格局的深刻变化，不单单是主权国家的相对格局发生了变化，国家与国际组织、非政府组织甚至私人部门间的格局也产生了变化。援助主体不断增加使国际发展援助的整体性特点更加明显，从各自为政走向合作共谋。也有越来越多的主权国家将援助资金交给国际组织来运作，从而弱化了主权国家提供的国际援助的功利性，强化了其人道主义的功能。这种变化导致国际发展援助呈现出多元化的演变和发展趋势，这就逐渐使得国际援助的内在逻辑和价值基础发生了深刻的转变，国际发展援助的目标从促进经济增长转向促进社会发展。

除了官方援助以外，一些国际组织和非政府组织也会设立发展援助项目，为发展中国家和不发达国家提供支持。但在20世纪90年代以前，这种非政府的发展援助项目一直很少。由于国际援助主要是作为国家的政治和经济控制的工具，官方援助在国际援助的总额中占的比重很大，而非政府组织和企业组织所起的作用十分有限。尽管一些跨国集团和大型国际企业也设立了基金会（如洛克菲勒基金会和比尔·盖茨基金会），并通过企业社会责任的各种项目介入到社会发展的事务中，但是来自市场的企业资源仍较缺乏。这种情况90年代以来开始逐渐发生变化。私人部门在国际发展领域的作用越来越突出，国际非政府机构开始在发展援助中发挥作用。特别是在21世纪，来自于民间的援助资金在增加，非官方援助逐渐增多，私人资金比例占比日趋增大。例如在2009年OECD的统计数据显示，国际非政府机构提供的发展援助资金总量达到了220亿美元[①]。2014—2016年，来自私人资金的

---

① Thomas Richard Davis, "The Transformation of International NGO's and Their Impact on Development Aid", *Aid Emerging Economies and Global Policies*, The Graduate Institute GENVEA, 2011, pp. 48–49.

发展援助分别为 414725.12 百万美元、119676.17 百万美元、127919.66 百万美元，而官方援助资金为 178594.69 百万美元、162773.67 百万美元、176566.48 百万美元。[①]

值得指出的是，跨国经济组织对于全球发展也具有不可忽视的作用。21世纪以来，跨国经济组织的势力日益增强，跨国企业所起的作用超越了民族国家的范围，并成为国际经济的引领因素。随着国际化大生产的发展，跨国公司在世界经济全球化中所起的作用越来越大。目前，全球的跨国公司大约有6.5万家，拥有大约85万家国外分支机构。跨国公司的分支机构目前分别占全球国内生产总值（GDP）的1/10和全球出口量的1/3。由于民族国家的社会治理很难对跨国家的全球性企业发挥作用，这就给这些国家的社会治理带来很大的挑战。特别是在发展中国家，由于政府对市民社会的干预能力有限，更不具备通过社会保障的方式与公民建立起相互支持的关系。因此，发展当地的社会组织，建设国际组织与当地组织的沟通和联系，可以提高发展援助的成效，使援助能够真正地落实到被援的需求人群手中而不是在管理过程中流失或被挪用。

总之，在国际援助实践的推进下，国家之间的相互帮助和互相支持的行动（无论是出于功利的目的还是出于人道主义的目的）都在某种程度上强化了"世界"的观念和培育了"全球"的理念。伴随着全球化的进一步加深，国际性的经济政治组织都成长起来。而跨国企业的兴起、国际组织和非政府组织的发展都将其所倡导的全球发展导向有意或无意地影响到了国家间的援助行为。冷战结束后这种影响使以往基于国家利益而给予的多边援助逐渐地向全球治理的工具转化，以至于在今天许多发达国家的发展援

[①] 数据来源：www.oecd.org。

助逐渐地由直接的援助转化为协同治理，通过国际组织来完成这些援助。

三 制度基础的变化：全球发展理念的形成

与此同时，我们也要考察全球发展的新的社会条件和制度基础的演化。导致全球意识的形成的一个关键制度因素是冷战格局的打破和双方在发展市场经济体系的导向上的趋同，从而为形成全球发展的理念提供了制度基础。随着冷战的结束，世界政治的地图要重新建构。由于转型国家逐渐地从计划经济体系走向市场经济体系，它培育了一种理念，即认为作为全球发展的导向，构建和发展市场经济体系成为一种不可避免的趋势。只有在国际格局的改变、东西欧的融合和构建共同市场经济的基础上人们才可能谈论全球社会政策。这使一些先前研究苏联、东欧体制的西方学者开始转向研究全球社会政策和全球治理，包括 Nick Manning 和 Bob Deacon。他们成为探讨这一议题领域的最早的学者[1]，并出版相关的专著来倡导全球治理[2]。他们把以往做的关于苏联东欧体制的研究进行扩展，并融合西方社会的研究来倡导全球治理议题。因此，我们可以认为没有冷战格局的打破，就不具有形成诸如"全球发展"理念的制度基础。

全球发展的理念也与欧洲社会制度的变化相关。在西欧，制度变革的关键问题是福利国家的改革和欧洲一体化进程。福利国

---

[1] George V., Manning N., *Socialism, Social Welfare and the Soviet Union*, Routledge & Kegan Paul, London, 1980; Bob Deacon, "Medical Care and Health under State Socialism", International Journal of Health Services, Vol. 14, No. 3, 1984, pp. 453–480.

[2] Deacon Bob, Global Social Policy: International Organizations and the Future of Welfare, London, Sage, 2007; Nick Manning, "Global Social Policy Forum: Globalization, Europeanization and the Welfare State: Guest Editors' Introduction", EDUCATION-LINE, 2003.

家的演化导致了制度革新，以往以阶级为中心的社会政策制定机制在弱化，而强化了社会治理的政策导向。随着生产方式的转化，工业社会的生产方式逐渐地由福特主义向后福特主义转化，由现代社会向后现代社会转化[1]。其效果是弱化了阶级的权力和阶级的身份认同，但强化了弹性就业和自主就业的方式以及个人的独立和自立。人们开始获得新的社会认同，例如美国莱斯特·M.萨拉蒙提出了全球公民和全球社会的概念，从而使社会组织走向了自立的公民。[2] 而全球社会政策则以公民为对象，具有超越国家治理的含义。

欧洲一体化进程促进了人们对于区域合作机制、区域治理和全球治理机制的强化，并形成一系列的指导理念和规则来引导各国的政策制定导向。在此背景中欧洲各国开始提出欧洲社会模式的理念[3]，并把它放在全球发展的理念中进行讨论，作为一种有别于美国倡导的"华盛顿共识"的理论。这些讨论强调了社会发展的不同导向，并进而追问人类社会的发展方向和政策导向。其要点在于各国政策制定者能够接受一种欧洲化的普遍的治理方式，来共享政策制定和实践的经验[4]。它实质上是欧洲社会政策的一体化（Europeanization of Social Policy）。

在制度基础上，欧洲一体化一方面包容了欧洲福利国家的多样性和国别性差异，但另一方面也使得欧盟的福利政策制定和实

---

[1] ［英］安东尼·吉登斯：《现代性与自我认同》，赵旭东等译，生活·读书·新知三联书店1998年版。

[2] ［美］莱斯特·M.萨拉蒙：《全球公民社会：非营利部门视界》，贾西津等译，社会科学文献出版社2007年版。

[3] 引自 "The European Social Model", *European Trade Union Confederation*, 21 March 2007, Retrieved 4 January, 2010。

[4] 冉昊：《全球化对福利国家政治、经济和社会政策影响的逻辑分析》，《中共杭州市委党校学报》2017年第3期。

施非常困难。[1] 国家间的谈判和博弈，通常以双方的让步来实现双赢，但在加强融合的同时也削弱了各自的独立性，从而减弱了通过社会政策来二次分配的力度。而逐渐加深的国际化程度反倒限制了政府在政策上的选择性。[2] 全球化使欧洲正经历一场社会模式的转型，它通过协调开放管理（the Open Method of Coordination）开启了新的欧洲治理方式[3]。

除了这些传统的制度和机制的改革和创新以外，全球化进程也为形成新的发展机制提供了条件。全球发展的对话和协调，基本人权保障的标准化和规范化，全球经济发展的关税门槛的国际仲裁和协调，以及全球对各方参与的治理机制和规则的制定等方面，都共同构成了新的全球治理机制的基础。20世纪70年代至80年代末，发展中国家团结自救、合作自强的努力取得重大进展。西非经济共同体、拉丁美洲经济体系、南部非洲发展协会、海湾合作委员会、南亚区域合作联盟等发展中国家谋求经济合作，增强集体自力更生能力的区域性经济组织相继建立。1982年，首届南南合作会议在印度新德里召开，1983年和1989年先后在北京和吉隆坡召开南南合作会议。以往的南南合作和南北对话机制仍然在发挥作用，但在发展对话中发展中国家和新兴国家的话语权及自主性不断增强，导致全球治理机制不是作为民族国家赢得政治支持的工具而是作为人类社会发展的手段，从而促使国际发展从国家中心主义向全球协调发展的导向演进。

---

[1] Falkner G., "European Union", in Castles et al. (eds), *The Oxford Handbook of The Welfare State*, Oxford: Oxford University Press, 2010, pp. 292–305.

[2] Stephens J. D., Huber E. and Ray L., "The Welfare State in Hard Times", in *Continuity and Change in Contemporary Capitalism*, edited by H. Kitschelt, P. Lange, G. Marks and JD. Stephens, New York, Cambridge University Press, 1999, pp. 164–193.

[3] Hemerijck A., "The self-transformation of the European Social Model (s)", G. Esping-Andersen et al, *Why We Need a New Welfare State*, Oxford: Oxford University Press, 2002.

同时，通过国际组织与当地的非政府组织携手努力来执行发展项目也是一个基本的途径。在强化各种组织和互动机制在全球治理中的作用的同时，也要在机制建设中关注公民参与的机制和协调机制，注重民间组织和非政府组织的作用。20世纪90年代之前，国际协调组织主要是作为各主权国家利益的协调机构和服务平台。但在今天，随着其组织的扩大和功能的强化，非政府组织的加入也越来越多。特别是在发展中国家，一些国家执行传统职能的能力很弱，而且还存在腐败的机制和独裁者，而NGO与政府进行合作或提出挑战，都可以有助于推进当地社会治理机制的多元化[1]。除此之外，在各个国家、各个地区以及国际领域，还有数目众多的各种形式的非政府组织。截至2010年，有2000多个非政府组织在联合国经社理事会享有正式的咨询地位，有1500多个非政府组织同联合国的公共信息部建立了正式的工作联系。单是国际性的非政府组织，2010年就有40000余个[2]。由此，在考虑如何提升全球治理机制的有效性时，我们需要考察当地社会在民生保障方面的社会政策项目，也需要把它与全球社会政策的导引相结合，使两者能够综合协调并提升体系运作的有效性。

此外，在全球化的今天，新的全球协调机制也在协调不同的社会主体在全球治理中的互动和沟通，进一步促进其所起的作用，如WTO组织对于国际经济体系的影响、世界劳动组织对于劳动保护问题的标准构建以及世界卫生组织和儿童基金会等国际组织在全球发展中所起的作用。在一个多极世界中，各个地区将发展出各具特色的地区秩序，并通过全球性的规则制度联系在一起，形

---

[1] 加博尔·绍博：《关于领土的再思考：全球治理的挑战》，周长鲜译，《国外理论动态》2016年第12期。

[2] 《非政府组织的兴起与概念界定》，2010年3月13日，凤凰网（http://news.ifeng.com/mainland/special/2010lianghui/redianjiedu/shiyedanweigaige/detail_2010_03/13/825149_0.shtml）。

成"去中心的全球主义"①。正如联合国前秘书长科菲·安南曾经说过,"全球化和相互依赖促使我们去重新思考我们该如何管理我们的共同活动和共享利益,因为我们今天面对的许多挑战超越了任何一个国家可以独自解决的地步。在国家的层面,我们必须更好地治理;在国际的层面,我们必须学会一起更好地治理。有效的国家对两种任务而言都是必不可少的"②。

当然,构建全球治理的机制首先要从本国的国家治理出发,减少本国对世界秩序的负面影响,同时增强本国在世界秩序建构中的积极贡献。③ 国际组织与当地民间组织的交往可以通过各种平台密切地相关联。这种平台可以是宗教活动、传统习俗,也可以是教育互动、文化传播等。国际组织日益重视与当地民间组织的互动活动就是为了减少各国在国际发展中的负面影响。这些活动的影响是显著的,以至于人们在今天常常讲道,在全球化时代越是具有地方特质的越能够对全球产生影响,而全球化的进程又对地方性进行挑战。这种双向的过程处在不断的对话中并最终形成了全球治理的机制。

四 组织基础:推进全球治理的组织和机构

推进全球发展和全球治理机制的形成需要有各类社会主体。民族国家依然是国内和国际政治生活的主体,但由于全球治理超越了传统的民族国家界限并形成超国家或跨国家的组织形态,这

---

① Barry Buzan, "A World Order Without Superpowers: Decentred Globalism", *International Relations*, Vol. 25, No. 1, 2011, pp. 3 – 25.
② Kofi A. Annan, *"We the Peoples"*: *The Role of the United Nations in the 21st Century*, New York: United Nations Department of Public Information, 2000, p. 8.
③ 陈志敏:《国家治理、全球治理与世界秩序建构》,《中国社会科学》2016 年第 6 期。

些组织成为了全球发展进程的有力推进者。在这些主体中，联合国是国际政治生活的关键组织，在全球治理中起到重大作用。早在 1965 年，联合国成立了开发计划署（UNDP），专门从事发展援助事宜。20 世纪 90 年代，联合国组织召开了一系列的发展大会：1992 年召开世界环境与发展大会，提出了可持续发展的理念；1994 年召开世界人口与发展大会，强调了人人平等的发展权；1995 年召开了世界妇女大会，关注促进性别平等；1996 年组织召开了世界粮食峰会，关注全球粮食安全问题；1997 年召开全球气候大会，再次关注全球环境问题。通过这些高端峰会，参加会议的国际多边机构和国家共同讨论应对全球共同发展问题的协商机制和行动计划，并为国际发展援助各方在这些领域的联合行动提供了行动框架。

此外 20 国集团（G20）、北约（NATO）、世界贸易组织、国际货币基金组织、世界银行、上合组织等重要的国家集团和国际组织也是进行全球治理的重要主体。许多国际组织诸如国际货币基金组织、世界银行以及国际劳工组织，越来越多地参与到国家的社会政策制定中来。1960 年，世界银行成立了以提供优惠和灵活贷款、促进发展中国家经济发展为主要目标的国际开发协会（IDA），并加强了国际金融公司（I&C）的职能，通过向受援国私人生产型企业提供无须政府担保的贷款或投资，鼓励国际私人资本向发展中国家流动，尤其是为发展中国家的基础设施和生产提供优惠贷款。在 20 世纪 50—60 年代，泛美开发银行（IDB）、非洲开发银行（ADB）和亚洲开发银行（ADB）等地区性开发银行相继成立，成为所在区域内发展资金的重要提供者[1]。80 年代以来，世界贸易组织通过促进贸易的自由化，为社会福利的供给提

---

[1] Deaon B., *Global Social Policy and Governance*, London, SAGE, 2007.

供了一个全球性的私人供给市场,并由此削弱了以国家为单位的福利体系。① 国际劳工组织则间接地促进了各国的社会保障开支。②

世界劳工组织大力推进社会保障底线的理念,并且在2004年提出确保所有人具有基本的社会权利的社会保障底线的倡议,并在2011年制定了社会保障底线的标准(在2012年国际劳工大会上通过了关于国家社会保障底线的建议书)。这一倡导随后得到了世界银行的支持,并且在2015年,世界银行与国际劳工组织一起发起了普遍社会保障倡议。这一倡议也得到G20首脑峰会等国际组织的支持,在2009年以后社会保障底线理念成功纳入联合国相关议程并开展有关活动。这表明全球社会政策的一些理念可以由不同的国际组织所驱动,但要形成相关的共识需要这些国际组织与国家之间进行充分的协调并最终落实到全球发展的议事日程中去③。

此外,一些非政府的全球性社会组织,如国际民间组织、跨国社会运动、非政府社团、无主权组织、政策网络和学术共同体等正在迅速增加。它们既在国内影响民族国家的政策议程,也在国际影响全球治理规则的制定和全球治理机制的形成。它们可以超越主权国家的传统边界,对国际社会的政治和经济进程产生直接的重大影响。各种非政府组织在全球发展中起到非常重要的作用。例如截至2010年,有2000多个非政府组织在联合国经社理

---

① Swank D., "Globalization", in Castles et al. (eds.), *The Oxford Handbook of The Welfare State*, Oxford, Oxford University Press, 2010: 318 – 330.

② Strang D. and Chang P. M. Y., "The International Labor Organization and the Welfare State: Institutional Effects on National Welfare Spending", *International Organization*, Vol. 47, No. 2, 1993, pp. 60 – 80.

③ 汤蓓:《试析国际组织的协同治理策略——以国际劳工组织推广"社会保障底线"政策为例》,《国际观察》2017年第3期。

事会享有正式的咨询地位①。由于这些组织都具有跨国性的特征，相比于传统的国家间模式而言，它们为稳定国际关系提供了更好的跨文化对话的机会。发达国家和发展中国家的 NGO 合作前景广阔，因为它提供了一种平衡的角色分工：发达国家的 NGO 可以确保以地方自主性为基础，满足地方需要的项目所必需的技术、专业和资金支持以及恰当的媒体背景，而这些均由发展中国家当地的活动家实施，可以在实现项目目标的过程中充分地考虑文化多样性。

要评估这些国际组织在全球发展中的作用和影响，我们要看到在全球治理中不同的国际组织具有不同的立场。世界劳工组织力图站在劳工保护的视角来制定影响全球发展的规则和法规基础，因此常常被认为是全球治理中的左翼力量。世界银行则被认为是右翼力量的代表，它们曾经大力倡导民营化和市场化的战略，被视为推进全球化的主要工具。而联合国系统则比较中立，它们在倡导全球化过程中的作用在于推进反贫困、建设基础设施和增进社会投资等方面，因而可以被左翼、右翼等各方面所接受。这种区分不应是机械的，但由于它们所反映的是不同的利益群体和社会阶层的需求，其所倡导的政策导向也会具有差异。由此，如何有效地把来自于各个阶层和利益群体的诉求及其相关的政策导向融合起来或进行协调将是全球发展所面临的一个大的问题。

在这些基础上，国际组织积极推进全球发展的目标，并逐渐形成了目标体系。全球治理的价值就是各个国家普遍追求和国际社会所要达到的理想目标。全球治理的价值就是"全体人类都接受的核心价值，包括对生命、自由、正义和公平的尊重，相互的尊重、爱心和正直"。这些价值应当是超越了国家、种族、宗教、

---

① 陈家刚：《全球治理：发展脉络与基本逻辑》，《中国社会科学》2016 年第 6 期。

意识形态、经济发展水平等内容的全人类的价值。全球治理需要的是各种多层次、多行为体参与的制度安排，这些行为体既包括政府间组织，也包括半官方及完全非官方的团体，还包括企业甚至个人。尽管参与各方存在利益的差异和政策主张的异同，但通过沟通和互动这些组织之间可以形成许多有关全球发展的价值导向。这种差异和包容对于全球发展来说并不是坏事而是好事。有效的全球治理既要求各国遵循人类的共同价值，又要求尊重各国的文化传统和多样性需求[①]。

五 全球发展目标体系的形成

在这些发展的条件和需求的制约下，全球发展目标体系逐渐形成并不断地丰富。作为这一体系成形的标志，1999年联合国大会通过了千年计划（或世纪目标），确立了在21世纪要争取达成的全球发展目标。这些目标包括消灭极端贫穷和饥饿、普及小学教育、促进两性平等并赋予妇女权力、降低儿童死亡率、改善产妇保健、对抗艾滋病病毒以及其他疾病、确保环境的可持续能力、全球合作促进发展八个目标。这些目标延续了联合国体系一直倡导的反贫困、普及教育和保障妇女儿童权利的政策导向。联合国千年计划的形成立即得到各国的普遍确认，联合国首脑会议上有189个国家签署《联合国千年宣言》，并正式做出此项承诺。2010年3月，南非德班金砖国家峰会通过的《德班宣言》也重申将共同致力于加快在2015年目标期限前实现千年发展目标，强调2015年后的发展议程应基于千年发展目标框架，继续关注消除贫困和人的发展，同时在考虑发展中国家各自国情的条件下应对其他新

---

① 陈家刚：《全球治理：发展脉络与基本逻辑》，《中国社会科学》2016年第6期。

挑战。①

在执行计划中，千年计划设立了15年作为计划执行的第一个阶段，并为达成这些目标设立了具体的指标，希望通过实现这些指标来增进人类进步的总体状态。在2015年，联合国组织对于千年计划目标的执行情况进行了评估，认为尽管在许多方面的状况有所改进，但千年计划总体的实践程度并不高。由此，联合国在2015年发布了2030可持续发展议程，进一步补充并丰富了千年计划，并设立17项发展目标。这些目标包括：反贫困、实现粮食安全、促进农业可持续发展、增进人们的健康、确保教育公平、实现性别平等、保护环境的可持续性、能源的可持续性以及经济增长的可持续性、减少国家之间的不平等、强化城市发展的状况、发展可持续的消费和生产模式以及在应对气候变化、保护海洋资源和土地资源、确保生物多样性以及在社会事务上促进司法公正、发展全球伙伴关系等内容。

综合以上目标，这一议程包含了两个导引全球发展的基本理念，即可持续发展和包容性发展的理念。在千年计划中环境的可持续发展已经被列为计划的基本理念，并且体现在各种环境保护项目的设立上，并促进了在环境领域的发展援助项目的增加。而包容性的发展这一理念则是在2030年议程中提出的新议题。在2030年议程中，包容性的概念被普遍地采用到社会事务的各个方面中，包括包容和公平的教育、包容和可持续的经济增长、包容性的可持续工业化以及包容安全的可持续的城市发展模式。这也体现在创建和平包容的社会，建立有效负责和包容的机构，并建立全球伙伴关系。这就使包容性成为全球发展导向中的基本的理

---

① 张春：《构建新型全球发展伙伴关系——中非合作对国际发展合作的贡献》，《国际展望》2013年第3期。

念，并使它成为与可持续性理念同等重要的要素。

作为全球发展的理念和全球治理的工作目标，可持续发展和包容性发展这两大理念能够切实地反映当代世界发展所面临的挑战。世界银行和亚洲发展银行等机构提供的研究报告都强调，20世纪90年代以来的全球经济的增长并没有抑制收入差距的不断扩大。由此，在全球发展中要大力推进各种增进社会包容的社会政策项目，特别是各种减贫、社区发展和保护妇女儿童权利的社会政策项目都具有增进社会包容的功效。这些发展项目可以运用在教育、文化、经济、社会等各个方面，为增进人们的福祉、提升人们的生活质量和社会质量而努力。由此，这种目标体系并不是构建了一个新的乌托邦的价值体系，也不具有很强的意识形态的理论基础，但它以人类社会的发展为目标，形成了一个综合的政策体系，并要求各成员国都能够执行和推动这些理念的实施，因而具有普遍性。

除了这些传统的社会政策议题之外，全球化进程的发展也形成了新的条件，产生了新的议题。在21世纪中，人类社会所面临的重大的挑战主要可以归结为六个方面：一是老龄化社会的挑战；二是国际移民的挑战；三是社会稳定和恐怖主义的挑战；四是环境的可持续性发展带来的挑战；五是世界秩序的重构产生的挑战；六是城镇化带来的挑战。这些挑战如果无法进行很好的应对，将会对人们的生活和社会质量的状况造成严重的影响。从全球治理的视角来讨论这些问题，需要关注民生导向，着眼于人们生活的保障和服务的提供，由此在全球治理方面养老服务的政策制定以及各种服务的提供方式是全球社会政策讨论的基本内容。例如在全球社会政策方面，反贫困仍然是全球社会政策的焦点议题，这一状况在东亚、南亚取得了十分积极的进展，但在非洲、拉美地区情况并不乐观。这些政策在应对老龄化社会的挑战中可以缓解代际矛盾，通过发展各种形式的养老服务来避免社会矛盾。

作为人类安全的基本方面，一些老议题在新的背景中得到了新的表述，包括反贫困问题、性别平等问题、教育公平问题。在此，环境条件的监控也是人类生存的基本要求，由此也形成了一些诸如生态足迹环境指标体系来进行考察，并强化了可持续性发展的理念。此外，也有一些新的议题值得探讨。全球治理面对的最直接、最紧迫的问题就是全球性的经济危机、政治动荡、大规模杀伤性武器的扩散、气候变暖与环境恶化、疾病蔓延、人道主义灾难等威胁人类生存的重大问题。这些问题本身的跨边界发展及其可选择的解决路径的广泛性决定了民族国家在独立自主解决这些问题时，必须同时与其他国家、国际社会合作，共同担负起全球治理的职责[1]。全球治理使人类因为全球化的发展而面临的共同问题有了新的解决路径。

六　支持全球发展目标的社会理论

全球发展目标体系的形成，既要有实践基础、制度条件和推进者，也要有理论支撑。讨论全球发展相关的理论可以避免把发展目标的设立视为人为设立的因而缺乏逻辑基础，或视为由国际组织的政策倡导而导出的行动方案。事实上，全球发展目标体系的形成和发展是建立在一定的理论基础上的。这一理论基础主要由以下基本理论要素建构：全球社会政策和发展性社会政策、人类安全理论和人类发展指数、生活质量理论和社会质量理论。这些理论构成了支持全球发展目标体系的基础。

全球社会政策的研究在20世纪90年代的冷战结束后兴起。

---

[1]　陈家刚：《全球治理：发展脉络与基本逻辑》，《中国社会科学》2016年第6期。

从事社会政策研究的学者（如 Bob Deacon 等）和全球性国际组织的研究者是探讨这一议题领域的先行者[1]。他们发表专著来倡导全球治理[2]，并在 2001 年出版《全球社会政策》期刊以便形成研究交流的平台。这些研究涉及广泛的议题领域，包括国际组织、国际发展、环境可持续性和福利国家的挑战等。[3] 它们在讨论这些全球发展问题时既谈论传统的社会政策话题，包括反贫困、政府与市场的关系、民间组织和社会机制的作用等，也扩展新的议题领域，如讨论全球治理的机制和分析方法，以及协同合作和善治等。[4] 全球社会政策要讨论全球治理模式的兴起及其合法性行为者的认同和支持、价值理念和机制运作的有效性[5]，也讨论欧洲议题化、社会欧洲模式和国际移民等问题，还讨论发展中国家社会发展的经验和东亚国家发展社会福利所取得的经验。此外，它也从社会政策和社会管理的视角去谈论国际发展和国际援助问题，超越了传统上对于这些问题采用国际政治和国际关系的视角进行的

---

[1] George V., Manning N., *Socialism, Social Welfare and the Soviet Union*, Routledge & Kegan Paul, London, 1980; Bob Deacon, "Medical Care and Health under State Socialism", *International Journal of Health Services*, Vol. 14, No. 3, 1984, pp. 453–480.

[2] Deacon Bob, *Global Social Policy: International Organizations and the Future of Welfare*, London, Sage, 2007; Nick Manning, "Global Social Policy Forum: Globalization, Europeanization and the Welfare State: Guest Editors' Introduction", EDUCATION-LINE, 2003.

[3] 这些著作包括：Deacon, Bob, *Global Social Policy: International Organizations and the Future of Welfare*, 1997, Sage; Yeates, Nicola, *Globalization and Social Policy*, London, UK: Sage Publications Ltd, 2007; Nickmanning Global Social Policy Forum: Globalization, Europeanization and the Welfare State: Guest Editors' Introduction EDUCATION-LINE; Gough, I., "Climate Change, Social Policy, and Global Governance", *Journal of International and Comparative Social Policy*, Vol. 29, No. 3, 2013, pp. 185–203; Sharkh, M. A., Gough, I., "Global Welfare Regimes a Cluster Analysis", Global Social Policy, Vol. 10, No. 1, 2010, pp. 27–58; Roland Robertson, *Social Theory and Global Culture*, 1992; Weiss, L. (ed.), *States in the Global Economy: Bringing Domestic Institutions Back In*, Cambridge: Cambridge University Press.

[4] 阿曼戴恩·奥西尼让、弗雷德里克·莫林奥兰·扬：《体制复合体：给全球治理带来的是争论、繁荣还是推动？》，于家琦、宋阳旨译，《国外理论动态》2017 年第 1 期。

[5] 陈家刚《全球治理：发展脉络与基本逻辑》，《中国社会科学》2016 年第 6 期。

讨论。这些研究特别有助于我们理解和回应全球发展目标中关于国际移民、社会公平、反贫困和平等教育机会等目标的内容。

对于发展型社会政策，梅志里、谢若登、邓广良等学者自20世纪80年代以来一直在积极倡导这一理论，主要用于分析发展中国家的发展经验。它们强调社会政策的发展导向，主张发展社区工作，进行社会投资和资产建设，强调"社会投资"战略，从而增强个人积极参与经济社会活动的能力和机会[1]。在他们看来，社会政策的实施不仅仅为了给人们提供生存的基本条件，更要给他们发展的机会[2]。因此，发展中国家的社会政策讨论注重经济成长所需要的社会投资、人力资本建设、社会资本的扩展和基础设施的改造，并且通过小额贷款等资产建设项目来推进当地社会的发展。这些理念与发达国家所提供的公民权利保障和社会再分配的理念形成不同的话语体系。在国际社会政策讨论中，它成为讨论发展中国家社会政策体系的基本概念。这些政策支持全球发展目标中与社会投资教育建设相关的政策目标，为许多发展中国家所采纳。

与发展型社会政策的主张相呼应，阿马蒂亚·森也在贫困研究中倡导社会资本的建设，并把它作为发展中国家社会政策发展的基本政策导向。他改变狭隘发展观的旧范式，阐述人的实质自由是发展的最终目的和重要手段，建立了全新的理论框架。森在《以自由看待发展》一书中论证，发展是涉及经济、政治、社会、价值观念等众多方面的一个综合过程，它意味着消除贫困、人身束缚、各种歧视压迫、缺乏法治权利和社会保障的状况，从而提高人们按照自己的意愿来生活的能力。森根据大量的经验研究资

---

[1] 董才生、仝俊论：《当代西方社会政策学研究的特点》，《理论与改革》2015年第5期。
[2] 同上。

料，分析了发展中国家面临的重大问题，阐明在实践中富有成效的解决途径。在强调市场机制、全球化对提高人们生活水平做出基础性重大贡献的同时，他指出还需要政府和社会在人的生存、保健、教育等领域承担责任，更需要人作为发展的主体在全面的社会交往和变革中发挥主动作用[1]。这些理论为发展目标中的实现社区发展、发展非正式网络和非正式照顾等政策主张提供了依据。

与此同时，人类安全理论则强调保护人的基本权利，把生活权利的底线保障作为当代社会的要求。这一理论与西方福利国家主流思潮的公民权理论的立脚点有所不同，强调人类不同于动物的特点，其生存权利应该得到社会的保护。因此，这一理论并不强调国家应该如何通过社会政策来进行再分配来确保公民权，而是把保障人类生存的基本权利作为人类社会所具有的责任和使命。这一理论为联合国发展署等国际组织所推进，并逐渐成为全球社会政策的理论基础。在此基础上，联合国开发计划署（UNDP）在《1990年人文发展报告》中采用人类发展指数（HDI）来衡量联合国各成员国经济社会发展水平的指标，为发展中国家制定发展战略方面发挥了重要的作用[2]。此后，联合国和世界银行等国际组织在研究各种社会发展程度的排名时广泛采用这一指数。在全球发展目标体系中，这些主张确立了人的发展权利，强调可持续发展的导向，把就业保障和发展的权利结合起来，共同构成人类发展的基本权利。

此外，生活质量和社会质量的理论则关注人们的生活水平和生活环境。这两个理论支持了社会测量和社会指标方法的运用。对此，1989年，欧盟委员会制定相关标准要求各成员国让每一个

---

[1] ［印度］阿马蒂亚·森：《以自由看待发展》，中国人民大学出版社2002年版。
[2] 联合国开发计划署（UNDP）：《1990年人文发展报告》，1990年。

人都能够融入，其内容包括教育、培训、能熟练地掌握基本技能、工作、住房、社区服务、健康照顾。在生活质量理论中，它支持对于人们生活状况的各个方面进行测量，包括教育、生活、工作等因素。社会质量的测量则强调对于生活环境进行考察，从社会经济保障、社会包容、社会融合、社会参与和赋权这四个维度进行测量。特别是在21世纪初，社会排斥和社会边缘群体问题成为社会政策讨论的重点问题，这使社会政策学家将反社会排斥作为社会政策的直接目标，倡导以社会融合为导向的社会政策。对此，社会质量理论及其指标体系可以很好地服务于这个导向[1]。沿着这一导向的发展，英国学者Abbott和Claire提出了丰裕社会的指标体系（decent Society）[2]，而林卡和李骅则通过分析世界价值观调查的数据资料辨析了三个社会质量簇群[3]。这些讨论都为全球发展和全球社会政策研究提供了理论基础。

总之，有关全球发展和全球社会政策的各种理论都为强化全球治理问题提供了理论依据。这些理论分析是相互支持的，为分析全球社会政策的制定提供了工具。举例来说，发展型社会政策与森的社会资本理论相互支持，而这两者倡导的增能赋权的政策导向与社会质量理论的赋权以及公民参与的导向相一致。人类安全理论、森的理论和人类发展指数相互关联，而社会质量指标也与人类发展指数的考察相互补充。以反贫困为例，人类安全理论给反贫困行动提供了伦理基础，而社会质量理论则从社会经济保障、社会包容、社会融合和社会参与四个方面来分析反贫困的途

---

[1] Ka Lin, Peter Herrmann, *Social Quality: A New Perspective on Social Development*, New York, Berghahn Books, 2015.

[2] P. Abbott, C. Wallace, R. Sapsford, "Towards a Decent Society", *International Society for Quality of Life Studies*, 2015.

[3] Ka Lin, Hua Li, "Mapping Social Quality Clusters and Its Implications", *Social Indicators Research*, Vol. 134, No. 2, pp. 403–419.

径和政策手段①。在社会经济保障方面，反贫困、区域发展和社会经济保障问题是触及人类安全的基本议题，关于女权、社会保护、儿童权利的问题也是其中的基本内容②。在发展问题上，社会关系建设、社会资本建设、文化建设和社会治理等社会改造问题与社会政策议题联系起来，把对于社会发展和人的发展问题的讨论与全球治理和全球社会政策的议题密切关联起来，超越了民族国家的范围。这些理论都为全球发展指标体系的建设提供了独特的路径。

作为全球发展理论最新的发展，近年来中国政府大力倡导共享发展和人类命运共同体的理念，关注全球发展的议程。这一理念的倡导为全球发展提供了新的思想要素。尽管当今世界存在不同的社会制度、不同的社会类型和不同的发展阶段，但在全球化时代世界各国相互依赖，成为利益交融的命运共同体。这一理念的倡导是基于全球化的背景提出的。自2014年以来，中国政府在不同的国际场合都倡导这一理念，包括2016年在中国杭州召开的G20峰会、2017年在瑞士达沃斯召开的世界经济论坛年会等场合。在世界格局和力量对比发生新变化的时代，构建人类命运共同体、发展新型经济全球化是不可逆转的发展方向。倡导构建人类命运共同体的理念是要把完善各自国家的治理同构建全球治理体系的努力互动起来，同舟共济，通过双边多边地区合作来共同应对全球性挑战，促使整个国际社会合力构建人类命运共同体，推动新型经济全球化的世界进程发展③。2017年联合国社会发展委员会

---

① 林卡：《社会质量：理论方法与国际比较》，人民出版社2016年版。
② I. Sachs, "Inclusive Development Strategy in an Era of Globalization", *Social Science Electronic Publishing*, 2004, pp. 313 – 318.
③ 郑科扬：《合力构建人类命运共同体，发展新型经济全球化———特朗普的"美国优先"挡不住新型经济全球化发展进程》，《世界社会主义研究》2017年第3期。

将"呼吁国际社会本着合作共赢和共建人类命运共同体的精神"写入"非洲发展新伙伴关系的社会层面"决议。

具体来说，在 2011 年《中国的和平发展》白皮书中，中国政府提出要以"命运共同体"的新视角寻求人类共同利益和共同价值的新内涵。2012 年中共第十八次全国代表大会报告提出：合作共赢，就是要倡导人类命运共同体意识，在追求本国利益时兼顾他国合理关切，在谋求本国发展中促进各国共同发展，建立更加平等均衡的新型全球发展伙伴关系，同舟共济，权责共担，增进人类共同利益。随后，党的十九大报告强调各国人民同心协力，构建人类命运共同体，建设持久和平、普遍安全、共同繁荣、开放包容、清洁美丽的世界。基于这种认识，中国政府与国际组织密切地合作，并为实施 2030 议程新设立国际信息传播中心以及相关的机构与国际组织对接。为此，中国强调了在国际发展中其所承担的任务：全球合作治理的伙伴、全球增量治理的伙伴、区域合作治理的伙伴、全球治理改革的伙伴。

七　讨论与结论

在全球发展的理念中，第二次世界大战所形成的进步主义理念和普遍主义的政策导向在 20 世纪 90 年代的私有化进程中受到了打击，随后由全球化进程所刺激的全球发展理念的流行，逐渐地恢复了人们对于全球发展前景的信心。在今天，包容性的理念成为新的发展理念，也符合推进全球发展所需要的价值支持。但是，目前人们对于包容性发展的具体内容还缺乏研究和讨论，而近年来出现的逆全球化的浪潮和脱欧现象对于全球化进程的信心又有所打击。人们对于评估全球化的社会影响和社会治理的手段、方式的探索还处在起步阶段①。对于这些问题的研究也要涉及各种政治经济因素所起作用的综合评估，但这些工作的意义是重大的，它将影响全球发展进程的目标建构和政策导向的重设。要深刻地理解这一发展进程我们需要向前看以了解世界发展的基础和条件的变化，但也要向后看来把握发展的导向。这一转化所导致的变化是深刻的，从某种程度来说，它会影响到全球治理机制的形式和发展逻辑，并改变全球发展的导向。为此，我们需要从几个方面入手去分析这一进程。国际援助实践的发展是最为直观的影响，制度基础的变革提出了发展的需要，而组织因素和理论因素的支持也是促成全球发展目标形成的关键因素。

全球化发展到今天，国际组织与当地的民间组织已经通过各种平台紧密地联系在一起，既相互作用，也共同对国际发展产生不容小觑的影响。由此在考虑如何提升全球治理机制的有效性时，我们需要考察当地社会在民生保障方面的社会政策项目，也需要把它与全球社会政策的导引相结合，使两者能够综合协调并提升体系运作的有效性。他们在全球化进程中为推进全球治理的进程，缓解由全球化带来的负面效应，并充分利用全球化进程所提供的优势条件做出了相应的贡献。这些贡献可以通过它们介入的国际发展和国际援助行动，以及在国际公约的形成和确认的进程中所起作用来展示，从而为各国介入全球发展进程形成价值导向，或奠定伦理基础。

本研究回顾了国际发展进程所带来的变化，而对于全球治理的机制、路径的困境要展开具体的分析，并通过全球社会政策的手段来推进这一进程。国际发展援助的机制正在经历变化，从

---

① Oran R. Young, *International Governance: Protecting the Environment in a Stateless Society*, Ithaca: Cornell University Press, 1990.

"第二次世界大战"后单边和多边的主权国家运作的援助走向以国际组织为代表的各方参与的援助。在近 30 年中,国际发展援助的主体从早期的欧美国家到多边机构引领再到如今多元主体参与,从"发达—不发达之间的援助—受援"二元关系演变成了"发达—新兴—不发达国家之间合作"的多元关系[1]。以往国际援助机制大多是单向的,是发达国家向不发达国家提供帮助。本研究展示全球发展和治理议题领域的形成原因、特点及发展过程。这些讨论会影响到各国政府的政策制定和全球发展议题。它有助于各方社会行动主体在全球发展议程上达成一种价值共识并为此进行努力,因为无论是富裕国家还是低收入国家,政府和社会组织都应该履行其社会责任来处理这些问题。它具有广泛的普世性,把保障基本的人类安全作为基本的发展条件。这使这些讨论对全球发展具有十分重要的理论和实践意义。

另外,全球性组织的援助计划和行动则可以缓解援助国和受援国之间的冲突,也可以通过提高监管的成效来确保项目的执行,发挥国际援助作为全球发展工具的作用。全球发展和全球社会政策的研究要涉及十分广泛的议题领域,不仅涉及社会政策和社会服务体系的发展,也涉及国际组织和区域组织的成长状态。要反映全球社会政策与全球治理的政策手段,一个基本的政策手段是国际发展援助。面对诸多全球性挑战,世界各国都在呼吁"全球治理",力图寻求一种没有政府的治理,来共同应对全球性问题的挑战。参与全球治理的同时也是将自身本土化的治理经验概念化为全球治理的共识性知识,从而在全球治理过程中推动平等、互信、对话、沟通、互惠的新结构和机制[2]。在对于全球化进程的分

---

[1] 唐丽霞、李小云:《国际发展援助体系的演变与发展》,《国外理论动态》2016 年第 7 期。
[2] 陈家刚:《全球治理:发展脉络与基本逻辑》,《中国社会科学》2016 年第 6 期。

析中，我们也需要讨论各种组织在新的发展条件下对于新技术和新理念的采用，也为社会政策的发展和全球社会政策提供新的议题领域。

更重要的是，国际发展的进程也促使我们形成对于全球治理机制进行改革和发展的新要求。从以上的论述中我们可以看到这一机制的演化是从主权国家的援助行动和国际组织协调的模式走向强化国际组织的协调，把国家的政策行为融入国际治理机制中作为其基本内容的形式。全球治理不再是一种仅仅依靠政府强制进行统治的治理方式，而是一种多中心的治理结构。罗西瑙通过无政府主义假说来论证全球治理，其最终的结论也只是从绝对国家中心论转变为相对国家中心论。他所论证的全球治理并不排除国家行为体发挥重要作用[1]。但随着国际组织和非政府组织在国际援助方面的介入不断增强，其全球治理机制的运作呈现出多元化和多样化的状态，并且这种特点将会进一步地延续，在下一步的发展中我们将会看到治理机制的运作将会由单向的结构走向多元的结构，全球治理研究拓展到一种"多中心的世界"，弥补了该学科之前仅关注"以国家为中心的世界"的不足。对于全球性共同问题的关注弥补了过去主要关注国家问题、某个侧面问题的不足[2]。

对于社会政策领域的发展而言，讨论全球社会政策议题也有助于扩展传统的社会政策研究的学科边界，并且通过发展与其他学科的交叉研究，来推进全球体系的发展，使之成为人类进步的基本内容。随着这一领域的逐渐成长，它讨论的议题范围也在不

---

[1] James N. Rosenau and Ernest-Otto Czempeil (eds.), *Governance without Government: Order and Change in World Polities*, Cambridge: Cambridge University Press, 1992, p. 7.

[2] 陈家刚：《全球治理：发展脉络与基本逻辑》，《中国社会科学》2016 年第 6 期。

断扩大，所形成的基本理念也在不断丰富，并在今天已经形成了一个很大的研究领域。这一讨论要涉及技术条件的发展（互联网大数据等），采用全球治理的新的技术工具和政策手段分析老龄化的挑战、反贫困和社会边缘群体的讨论以及跨国移民等议题。例如，全球化凸显了福利国家的移民问题。全球化导致各国产业结构的转型，加上东欧各国的政治更迭，增加了欧洲国家的跨国移民流动。西欧诸国经济水平较高，劳动力成本自然高昂，再加上这些国家人口老龄化，使其劳动力相对短缺，因而促使东欧各国的劳动力流入，接替从事西欧一些国家的低技术工种。移民问题虽然在各国情况存有差异，但反映了一个基本特点，即以全球化为代表的新自由主义转型带来了人口的迁移和流动。这就给那些传统福利国家的人口管理提出了新的挑战[1]。

对于普通民众来说，在21世纪全球社会政策的制定和全球治理体系的运作不再是一个高高在上与日常生活距离很远的事宜，而是一个可以渗透到民众日常生活的活动。这一进程通过国际组织的发展目标的设立，区域组织相应的规则和法律的制约以及民族国家回应这些规则所采取的政策行动来影响普通民众的日常生活。这一影响也时常通过各种直接的途径来发生。例如，大气变化和环境保护影响到民众的日常生活，通过加强地方社区参与改进水和环境卫生管理；减少污染，大幅增加全球废物回收和安全再利用，保护和恢复生态系统方面进行工作。[2] 而对于国际移民的控制也有利于缓解民众中不同社会群体的纠纷和矛盾。由此讨论全球发展和全球治理的议题超越了公民权的范围，但它同时也在

---

[1] Castles S. and Schierup C-U, "Migration and Ethnic Minorities", in Castles et al. (eds), *The Oxford Handbook of The Welfare State*, Oxford: Oxford University Press, 2010, pp. 278–291.

[2] Taekyoo Kim, "Contradictions of Global Accountability: The World Bank, Development NGOs, and Global Social Governance", *Journal of International & Area Studies*, Vol. 18, No. 2, 2011.

逐渐形成一种普遍的基本人权并且基于各种国际公约和共识来保护这些权利。全球社会政策的讨论将把它的聚焦点从公民权的保障转向人类社会的发展。这使全球社会政策的研究有别于传统的社会政策的研究。但是，全球社会政策的讨论所具有的规范性的、理论性的和发展战略性的研究仍然对于提升民众的生活质量和改善他们所处的社会质量具有重大意义。

中国企业社会责任综述

杨 典[*]

企业社会责任是 20 世纪 20 年代以来经济学、管理学、法学、社会学和哲学等诸多学科共同研究的热点问题。随着经济全球化的深入发展和以人为本社会价值观的强化，国际社会对企业的社会责任要求已经从号召转变成一种具体行动，企业承担社会责任已经成为一种不可阻挡的国际趋势，引起了社会各界的广泛关注。

近年来，随着经济全球化和中国对外经济贸易的深入发展，中国企业的国际化参与程度越来越高，企业社会责任的理念和实践也逐步引入中国。特别是自 2004 年党的十六届四中全会提出构建社会主义"和谐社会"以来，随着一系列食品安全、生产安全、环境污染等公司丑闻的相继曝光，以及中国企业在汶川、玉树抗震救灾中的突出表现，大家日益认识到企业在和谐社会建设中的重要作用。2008 年 1 月 8 日，国务院国资委要求所有的中央企业必须发布"企业社会责任报告"，新修订的《中华人民共和国公司法》要求上市公司必须发布"企业社会责任报告"，这都体现了近年来中国政府及全社会对企业社会责任问题的日益重视。

---

[*] 杨典，中国社会科学院社会学研究所研究员。

企业社会责任要求企业在对股东利益负责的同时，承担起对员工、消费者、社区、公益事业和环境的社会责任。企业要能够在自身竞争优势得到提升的同时，进一步提升企业利益和社会利益之间、劳资双方之间、劳工利益和社会利益之间的利益均衡点，不断完善企业和各利益相关者的和谐共存，而这实际上也是中国和谐社会建设和社会治理的主要内容。

虽然中国已有不少关于企业社会责任的研究，但大多是从经济学和管理学角度进行的，从社会学视角出发进行的研究比较缺乏；另外，现存中国关于社会治理、社会建设问题的研究，大多强调政府和社会组织在提供服务、反映诉求、规范行为方面的角色和作用，而对企业在社会治理、社会建设方面的角色和作用（比如引导和强调企业承担社会责任，建立一批承担更多社会责任的"社会企业"）重视不够。因此，从社会学角度研究中国企业的社会责任问题，总结、梳理40年来中国企业社会责任取得的成绩和存在的问题，探讨企业在和谐社会建设和社会治理中的地位和作用，不但具有重要的理论意义，也具有十分重要的现实和政策意义。

改革开放以来，中国企业的社会责任建设取得了很大成绩。众多企业在促进经济增长、增加就业、提高政府税收方面做出了很大贡献。同时，企业产品质量和品牌价值在不断提升，员工保护和劳动保障体系建设日益完善，环境保护和社会公益事业蓬勃发展。但由于企业内外部的多种复杂原因，中国企业在履行社会责任方面还有很多不足和问题，比如偷税漏税、制假售假、侵害员工和消费者合法权益等。本文主要是在总结西方企业社会责任理论发展的基础上，试图记录、梳理中国企业40年来社会责任建设取得的成就及存在的问题，分析影响中国企业社会责任行为的深层制度原因，预测国内外企业社会责任的发展趋势，并提出加强中国企业社会责任建设的一些建议。希望能够借此加深学术界、企业界、政府部门及社会公众对中国企业社会责任问题的理解，促进中国企业的可持续发展与和谐社会建设。需要说明的是，由于中国民营企业、国有企业、外资企业的产权结构和面临的制度环境非常不同，导致三类企业在履行社会责任方面有着相当不同的原因和表现，篇幅所限，本文主要集中于综述民营企业的社会责任行为，间或对民营企业与国有企业、外资企业的社会责任行为进行一些比较分析。

一 企业社会责任：概念、产生背景与理论分析框架

（一）企业社会责任：概念及其内涵

企业应该承担社会责任的观点可以追溯到19世纪英国工业革命时期，1851年英国企业家Titus Salt明确提出企业有义务促进社会的发展。美国学者Oliver Sheldon于1924年在他的著作《管理哲学》中首先提出了"企业社会责任"的概念，他认为企业社会责任含有道德因素，应把企业社会责任与满足企业外的各类人的需要联系起来。1953年企业社会责任概念有了突破性的进展，Bowen在《商人的社会责任》①一书中首次定义了商人社会责任的概念，标志着现代企业社会责任概念构建的开端。他认为商人具有按照社会期望的目标和价值观，来制定政策、进行决策或采取行动的义务。由于他早期的突出贡献，Bowen被称为"企业社会责任之父"。

Keith Davis（1960）对企业社会责任的概念进行了扩展，他

---

① Bowen, H. R., *Social Responsibilities of the Businessman*, New York: Harper & Row, 1953.

认为商人们的决策和行为，至少部分上要考虑直接的经济和技术利益之外的原因，从而追求更长期的利益。Davis 的理论贡献在于提出了"责任的铁律"：商人的社会责任必须和他们的社会权力相称，企业对社会责任的回避将导致社会赋予权力的逐步丧失。这也就意味着，随着企业权力的不断扩张，社会要求企业承担更多的社会责任，否则会招致强大的社会批评和社会压力，使企业丧失社会所赋予的权力。同期 Frederick 提出了企业社会回应的概念，认为企业社会回应是企业社会责任的概念性转变，是企业回应社会压力的能力，要求企业应该考虑如何回应社会期望转变或提升而产生的变化。[①] 之后 McGuire 延伸了企业社会责任的定义，认为企业社会责任不仅包括经济和法律责任，还有其他对社会的特定责任，这些责任是在经济与法律义务之上延伸出来的。虽然他没有明确地总结出这些责任，但他提到企业必须关心政治、社区利益、教育和员工的幸福等整个社会的利益。[②] Walton 则更多地从整个社会系统的角度来看企业社会责任，他在著作《企业社会责任》中指出，企业行为可能对整个社会系统造成影响，所以企业必须要重新审视自己同整个社会的关系，承担起必要的社会责任。[③]

从 20 世纪 70 年代起，企业社会责任的研究繁荣发展起来，越来越多的学者开始从不同的领域、不同的视角来看待企业社会责任，而企业社会责任的实践也推动着理论的进步。这一阶段学者从伦理学、法学、社会学、哲学、复杂性科学等多种视角研究企业社会责任问题，而不仅仅从企业管理本身来研究。企业社会责任的定义也更具体，众多学者给出了自己的定义。

---

① Frederick, W. C., "The Growing Concern over Business Responsibility", *California Management Review*, Vol. 2, 1960, pp. 54 – 61.
② McGuire, J. W., *Business and Society*, New York: McGraw-Hill, 1963.
③ Walton, C. C., *Corporate Social Responsibilities*, Belmont, C. A.: Aadsworth, 1967.

美国经济发展委员会1971年的《商业企业的社会责任》一书提出的"三个同心责任圈"的定义，具有里程碑的意义。最内圈是基本经济责任，包括产品、就业和经济增长；中间圈是从经济责任辐射到对社会价值的考虑，例如环境责任、与员工的雇佣关系、顾客期望等；最外圈是其他无形责任，例如贫困问题和城镇化萎缩等。随后越来越多的学者提到企业社会表现的概念，其中Carroll在《公司表现的三维概念模型》中提出的企业社会责任的定义广为流传。[①]

Carroll的企业社会表现的三维框架模型中，第一维度是社会责任，其又被分解成经济责任、法律责任、伦理责任和自愿责任；第二维度是社会问题管理；第三维度是企业社会回应。他认为企业社会责任是社会在一定时期对企业提出的经济、法律、道德和慈善的期望。经济责任是企业生产和销售社会所需的产品或服务，并以社会公允的价格出售它们，获得利润保证企业的生存发展。企业在赢利的基础上，必须严格遵守法律，在社会特定的行为规范和"游戏规则"下从事经营活动。伦理责任是为社会成员所期望的但不以法律形式规范的责任，社会期望企业承担这种未被明确的伦理行为规范。自发责任不是社会期望或法律所要求承担的，而是企业志愿承担的责任，具有战略性的意义。Carroll在1991年又重新修订了他的关于企业社会责任的定义，提出了更生动的金字塔模型——经济责任、法律责任、伦理责任和慈善责任，把企业公民行为纳入慈善责任中。经济责任是基础，占最大的比例，法律、伦理和慈善责任依次向上递减。企业并不是一个接一个地履行这些责任，而是同时承担，企业必须努力赢利、遵守法律、

---

① Carroll, A. B., "A Three-dimensional Conceptual Model of Corporate Social Performance", *Academy of Management Review*, Vol. 4, 1979, pp. 497–505.

合乎道德并做一个好的企业公民。[1]

从 20 世纪 80 年代起，学者们更多地研究企业社会责任的衡量和实践。90 年代后更多地关注企业社会责任的理论，例如企业社会表现、商业道德理论和利益相关者理论。其中利益相关者理论的出现，突破了股东利益至上的传统观点，为企业社会责任的实施提供了一个新的分析平台。Freeman 率先运用利益相关者理论回答了企业经营活动承担社会责任的对象问题，他认为利益相关者是任何能够影响组织目标实现或受到组织实现目标过程影响的群体或个人。[2] 企业不仅应该对影响企业目标的个人和群体负责，还应该对受企业目标实现过程中所采取的行动所影响的个体和群体负责，这大大扩展了利益相关者的内涵。进入 21 世纪以来，学者更多地关注企业社会责任的衡量指标体系、理论发展和实证研究。由于企业社会责任内涵的复杂性及各类型责任之间存在的细微差别，企业社会责任的定义在理论界没有得到统一。但学者们都认为企业社会责任已经超越了经济和法律责任，强调企业在遵纪守法、赢利之外，更应当承担起对社会的责任，一般包括遵守商业道德、保护劳工权利、保护环境、发展慈善事业、捐赠公益事业等。公司社会责任问题的研究虽然主要是 80 年代从美国兴起的，但中国学者也早在 90 年代末就对公司社会责任问题进行了引介和研究，比如刘俊海在 1999 年就出版了《公司的社会责任》一书[3]，刘连煜在 2001 年出版了《公司治理与公司社会责任》一书[4]。中国大规模的社会责任研究基本上是从 2004 年开始的，尤

---

[1] Carroll, A. B., "The Pyramid of Corporate Social Responsibility: Toward the Moral Management of Organizational Stakeholders", *Business Horizons*, Vol. 34, 1991, pp. 39–48.
[2] Freeman, R. E., *Strategic Management: A Stakeholder Approach*, Boston: Pitman, 1984.
[3] 刘俊海：《公司的社会责任》，法律出版社 1999 年版。
[4] 刘连煜：《公司治理与公司社会责任》，中国政治大学出版社 2001 年版。

其是 2008 年汶川地震、三鹿奶粉等事件极大地刺激、推动了中国企业社会责任问题的研究。2010 年黄晓鹏的《企业社会责任：理论与中国实践》一书①从新制度经济学角度对企业社会责任问题进行了进一步的理论分析和实践概括。

但总体来说，国内外关于公司社会责任问题的研究虽然很多，但大部分的研究是由管理学家和经济学家所主导的，社会学方面的研究并不多。就美国而言，进行公司社会责任方面研究的社会学家也比较少，其中比较有名的是哈佛商学院的马奎斯（Chris Marguis）、乔治·华盛顿大学的顾道格（Doug Guthrie，也是一个中国问题专家）、达特茅斯大学的坎贝尔（John Campbell）等。有意思的是，这三位学者既是社会学家，又都在商学院任职；同时，这三位都有广阔的国际视野（马奎斯和顾道格主要关注中国和美国问题，坎贝尔主要关注美国和欧洲发达国家的问题）；另外，这三位社会学家解释公司社会责任问题用的都是新制度主义的理论视角，强调外在制度环境在塑造公司社会责任中的作用，认为外在制度环境中的工会力量、资本市场力量、社区力量以及国家力量等迫使公司采取负责任的社会行为，基本上是一种公司为获得组织合法性（legitimacy）和外部利益相关者认可而采取的象征性符号行为（symbolic action）。这种社会学新制度主义以合法性为导向（legitimacy-oriented）的组织行为解释与管理学和经济学以效率/理性为导向（efficiency/rationality-oriented）的组织行为解释非常不同：社会学家认为公司社会责任主要是一种为取得组织合法性而进行的象征性举动，因此基本上不会对公司业绩和生产效率产生实际的显著影响，而管理学家和经济学家认为公司社会责任是一种公司竞争战略，是公司长远发展的一种理性选择，因此公

---

① 黄晓鹏：《企业社会责任：理论与中国实践》，社会科学文献出版社 2010 年版。

司社会责任会对公司业绩提高和效率增进产生积极影响。因此，我们可以看到，美国社会学家对公司社会责任的研究主要是探讨影响公司社会责任行为的社会和制度原因（公司社会责任作为因变量）；而美国管理学家和经济学家主要关注公司社会责任对公司业绩和战略的影响和结果（公司社会责任作为自变量）。而在中国，一些学者甚至跳过了对公司社会责任实际影响效果的研究，而直接假设公司社会责任对公司业绩和发展，以及整个社会的进步是肯定有利有益的，从而重点关注公司社会责任的内涵和外延、制定公司社会责任的评价体系和标准，以及如何推进公司社会责任体系建设等非常具体的研究。

（二）企业社会责任的两种理论框架

1. 公司治理的视角：世界两种主要公司治理模式（英美股东导向型与德日利益相关者导向型公司治理模式）与公司社会责任运动的内在联系

公司治理结构的本质是企业所有权的安排。在企业所有权安排这个问题上，存在两种不同的理论流派：一种是传统的"股东至上"理论逻辑下的单边治理模式，主张企业所有权应由股东单方面拥有，股东是公司的唯一所有者，企业经营的目的是实现股东利益最大化；另一种是 20 世纪 90 年代以来迅速发展起来的利益相关者理论逻辑下的共同治理模式，主张企业所有权由股东、债权人、供应商、雇员、消费者、政府和社区等利益相关者共同分享，企业经营的目的是实现相关者利益最大化[①]。这两种治理模式都强调了企业社会责任的必要性，股东导向型致力于通过改革董事会的义务责任体系来强化企业社会责任，而利益相关者导向型通过吸收职工参与公司的管理，来强化公司的社会责任。

---

① 李伟：《基于资本治理理论的企业所有权安排》，《中国工业经济》2005 年第 8 期。

关于企业社会责任和公司治理的内在联系，Bhimani 和 Soonawalla（2005）认为企业社会责任和公司治理是一个硬币的两面。[1] 它们共同起源于现代企业诞生这一革命性变化，二者具有共同的理论源头[2]，在两者之间存在很大的重合性[3]。从广义的公司治理的概念来看，好的公司治理必须承担对所有关键利益相关者的责任[4]，这就和企业社会责任的利益相关者概念有很大的重合之处，企业是复杂的利益相关者关系网络中的关键，并且对这些不同的利益相关者负有责任[5]。企业社会责任的学者也强调内部公司治理的必要性，尤其是履行企业社会责任的内部维度的时候[6]。企业关注对内员工培训、技能开发和学习、工作环境和工作条件等事项也属于狭义的公司治理的范畴。企业社会责任和公司治理统一于利益相关者理论与实践中，并且相互影响形成了一种促进与互动的关系[7]。企业社会责任对公司治理的影响，表现在它能够推动公司治理的有效改善与良性发展。而公司治理对企业社会责任的影响，表现在不同的治理模式和治理结构会对企业社会责任承担的程度产生影响，完善的公司治理结构是实现企业社会责任的微观基础。

---

[1] Bhimani, A. and Soonawalla. K., "From Conformance to Performance: The Corporate Responsibilities Continuum", *Journal of Accounting and Public Policy*, Vol. 24, 2005, pp. 165 - 174.

[2] 高汉祥、郑济孝：《公司治理与企业社会责任：同源、分流与融合》，《会计研究》2010 年第 6 期。

[3] Dima Jamali, Asem M. Safieddine and Myriam Rabbath, "Corporate Governance and Corporate Social Responsibility Synergies and Interrelationships", *Cooperation governance*, Vol. 16, 2008, pp. 443 - 458.

[4] Kendall, N., *Good Corporate Governance*, Accountants' Digest 40, The ICA in England and Wales, 1999.

[5] Freeman, R. E., *Strategic Management: A Stakeholder Approach*, Boston: Pitman, 1984.

[6] Perrini, F., Pogutz, S. and Tencati, A., *Developing Corporate Social Responsibility: A European Perspective*, Edward Elgar Publishing, Cheltenham, Gloucestershire, 2006.

[7] 王长义：《公司治理与企业社会责任：基于历史视角的研究》，《现代管理科学》2007 年第 11 期。

2. 企业发展战略的视角：企业社会责任作为一种新型企业发展战略

Hart（1995）把资源基础观的研究框架运用到企业社会责任上，提出对某些特定类型的企业来说，承担对环境的责任能构成企业的一种资源或能力，给企业带来可持续经济优势。Barnon 最先提出战略性企业社会责任概念，即出于社会动机而不是私人动机的社会行为。[1] McWilliams 和 Siegel 将资源基础理论的框架应用到企业社会责任上，建立了一个最大化利润的企业社会责任模型，并提出企业社会责任是企业实施差异化战略的一种工具，是本企业区别于其他企业的一种产品属性。[2] Baron、Hillman 和 Keim（2001）的实证研究发现将企业社会责任作为公司战略会对公司绩效产生积极影响。Husted 和 De Jesus Salazar 用经济学成本利益的模型分析了三种情况下企业的财务绩效和社会绩效，结果发现比起自愿或被迫履行企业社会责任，当企业将社会责任作为一种战略实施时，公司的财务绩效和社会绩效都会更好。[3] 很多学者还发现了企业社会责任的其他战略意义，例如竞争优势、人力资源、环境资源和能力、吸引投资者、规避政府管制和干预。但是由于制度、市场法规方面跨国和跨文化的差异，企业社会责任的战略意义的研究受到很大的阻碍。[4]

Porter 从竞争环境和价值链活动入手阐明了竞争优势与企业社

---

[1] Baron, D., "Private Politics, Corporate Social Responsibility and Integrated Strategy", *Journal of Economics and Management Strategy*, Vol. 10, 2001, pp. 7 – 45.

[2] McWilliams, A., & Siegel, D., "Corporate Social Responsibility: A Theory of the Firm Perspective", *Academy of Management Review*, Vol. 26, 2001, pp. 117 – 227.

[3] Husted, B. W. and De Jesus Salazar, J., "Taking Friedman Seriously: Maximizing Profits and Social Performance", *Journal of Management Studies*, Vol. 43, No. 1, 2009, pp. 75 – 91.

[4] McWilliams, A., Siegel, D., & Wright, "Corporate Social Responsibility: Strategic Implication", *Journal of Management Studies*, Vol. 43, 2006, pp. 1 – 18.

会责任之间的关系，认为"假如企业运用他们指导核心商业决策时所用的分析框架来分析他们履行企业社会责任的前景，就会发现，企业社会责任其实远非是一项成本、一个约束条件，或是一种慈善行为，而是一个孕育机会、创新和竞争优势的源泉"[1]。波特（2007）将企业社会责任与企业竞争优势结合起来，打破了社会责任与股东利益之间的藩篱，扭转了主流商业社会对企业社会责任的看法，将企业社会责任作为一种新型企业发展战略引入战略管理中。就企业而言，有效的社会责任行为在于能创造出企业与社会的共享价值，并在此过程中提升竞争力，兼顾企业利益和社会利益。

（三）企业承担社会责任的必要性及意义

1. 企业承担社会责任的必要性

企业承担社会责任的必要性即企业受外部或内部因素的驱动，从而被迫或自愿地承担企业社会责任。有两个理论可以解释企业承担社会责任的必要性——Freeman 的利益相关者理论和 Schwartz 的三个相交圆模型。

首先，利益相关者理论认为企业的利益相关者都对企业的生存和发展注入了一定的专用性投资，他们或是分担了一定的企业经营风险，或是为企业的经营活动付出了代价，因此企业的经营决策必须要考虑他们的利益[2]。当利益相关者的诉求转化为控制企业经营活动外部性的联合行动，并通过法律和市场的力量得以表达时，就会对企业形成实质性压力，企业就必须履行相关的责任来满足利益相关者对其的期望。

---

[1] Porter, Michael E. and Mark R. Kramer, "Strategy and Society: The Link between Competitive Advantage and Corporate Social Responsibility", *Harvard Business Review*, Vol. 12, 2006, p. 80.

[2] Freeman, R. E., *Strategic Management: A Stakeholder Approach*, Boston: Pitman, 1984.

其次，Schwartz 用三个相交圆模型来描述企业社会责任的动因，该理论认为企业承担社会责任的动因可以归结为 3 个方面——经济、制度和道德，分别以 3 个圆表示；由这 3 个圆相交会产生 7 个区域；根据各自强度不同，企业社会责任可划分为不同类型——经济动因主导型、制度动因主导型、道德动因主导型和平衡型[1]。经济和制度主导型的企业责任行为归根到底是为了满足企业生存和发展的需要，而道德动因的责任行为则能满足企业价值观的需要和顺应社会的期望，但在客观上又满足了企业长期经济利益的要求。

尽管企业改善其社会责任绩效的意愿是由制度、道德、经济的因素共同驱动的，但经济动因才是最根本的内在动因[2]。只有当外在压力转换成内在经济动因时，企业才会从不自觉地适应到自觉地改变，使社会责任真正得到体现。当利益相关者的压力可以通过有效的机制转化为消费者的货币选票，进而成为企业提高社会责任绩效的内在动因，最终使得那些重视利益相关者理论、考虑社会利益的企业得到社会大众的"褒奖"，而不重视社会责任的企业则遭到社会公众的抵制并给自身带来巨大损失时，企业才会自觉采取社会责任行动。企业社会责任要靠市场力量的推动，要依靠消费者选择形成对企业的实质性压力。实践中，可以通过企业社会责任认证、第三方评价、信息披露等方式，使企业社会责任绩效更显性化，让消费者对企业履行社会责任的程度有更好的认识。

总体上看，企业承担社会责任的必要性体现在企业外部和内

---

[1] Schwartz Mark S. and Carroll Archie B., "Corporate Social Responsibility: A Three Domain Approach", *Business Ethics Quarterly*, Vol. 13, 2003.

[2] Ella Joseph, "Promoting Corporate Social Responsibility: Is Market-based Regulation Sufficient", *New Economy*, Vol. 5, 2003.

部两方面的因素驱动。外部动因主要是法律法规和社会舆论，法律法规包括劳动保护法、消费者权益保护法和环境保护法等；社会舆论主要是媒体、社会公众的监督和舆论导向，如社会称许行为，符合社会和环境要求的企业和投资将会受到激励和褒奖，而不符合的企业则受到舆论谴责。内部动因主要是企业想树立良好的企业形象，获取社会资本，为其经营和赢利提供便利。在全球媒体和消费者越来越关注社会责任问题时，有效履行企业社会责任有利于保护和提升公司品牌，吸引消费者购买；同时给企业带来好的信誉和社会评价，易于获得银行贷款和投资者青睐；也能更多地吸引和保留顾客和高素质人才。

2. 企业承担社会责任的意义

企业承担社会责任对自身和对社会都有很大的意义。对自身来说能够获取资源、改善和利益相关者的关系并提升自身能力；对社会来说企业承担社会责任对社会经济、政治和生态环境都有积极的意义。

第一，企业承担社会责任能够使企业快速有效地获取各种资源，包括社会资源、人力资源、资金等，为企业的生存、赢利和发展提供基础要素。企业诚信经营、积极投入社区公益事业中，可以提升企业的品牌声誉和社会信誉，产生社会资本。良好的社会资本不仅可以保障企业经营的顺利发展，而且可以减少企业经营的交易成本，降低企业的经营风险。此外，企业承担社会责任，可使公众对企业本身、企业文化和企业产品产生好感，使企业拥有合法的社会认同和较好的社会口碑，有利于企业长期的发展和经济价值的实现。而企业良好的人才制度和用人理念，不但可以留住本企业的优秀人才，而且可以吸引更多的高素质人才。优秀的员工是企业产品和企业价值的直接创造者，是企业经济价值的直接来源。

第二，企业承担社会责任能够改善与利益相关者的关系。首先，企业履行社会责任可以赢得政府的信任和好感，从而赢得更多的自由和较少的检查和程序性工作，还会有一些优惠政策，营造有利于企业发展的外部环境。其次，企业提高产品和服务的质量，建立顾客反馈系统，及时披露产品信息，增强顾客的信任与情感沟通，建立良好的客户关系，可以留住老顾客并吸引新顾客。最后，企业在交易中奉行诚实和公平交易的信守原则，公平地对待供应商，与供应商建立良好的合作关系，可以达到双赢的局面。

第三，企业通过履行社会责任能够提升自身的能力，例如提高企业的创新能力、国内和国际竞争力。首先，企业可以通过资助高校，与高校合作建立实验室、研究所等科研机构，也可以对企业员工进行培训，提高员工的科技水平，为企业的技术创新储备人才。其次，企业主动承担社会责任，可以树立良好的企业形象，这是企业的无形资产，可以产生巨大的品牌效应，提高企业的竞争力。最后，企业履行社会责任也是适应国际化的要求，提高国际竞争力的重要途径。对中国的外向型出口企业来说，履行社会责任虽然使企业增加了生产成本，但却使企业获得了进入国际市场的通行证，改善了企业形象，形成了一种无形的战略资产，加大了入驻国际市场的机会。

第四，对于整个社会来说，企业承担对员工、社会和环境的义务和责任，能够促进经济发展，建立良好的经济秩序，保护环境，节约资源，促进社会快速、稳定、和谐发展。

二 中外企业社会责任评价标准与中国企业社会责任建设状况

（一）SA 8000、ISO 26000 全球企业社会责任管理国际标准

SA 8000 是 Social Accountability 8000 的英文简称，是全球首个

道德规范国际标准，适用于世界各地、任何行业和不同规模的公司。SA 8000要求企业在童工、强迫性劳动、健康与安全、组织工会的自由与集体谈判的权利、用工歧视、惩戒性措施、工作时间、工资和管理体系等方面达到统一的标准。

第一，企业不得使用或支持使用童工，企业应与其他人员和利益团体采取必要的措施确保儿童和应受当地义务教育的青少年的教育，不得将其置于不安全或不健康的工作环境和条件之下。第二，企业不得使用或支持使用强迫性劳动，包括监狱和债役劳动，也不得要求员工在受雇起始时交纳押金或寄存身份证件。第三，企业应该给员工提供一个安全健康的工作环境，采取足够的措施降低工作中的危险因素，尽量防止意外或健康伤害的发生，并定期给员工进行健康和安全培训。第四，企业应尊重所有员工自由成立、参加工会和集体谈判的权利，企业应保证工会代表不受歧视，并且在工作环境中能够接触工会会员。第五，企业不得因种族、社会阶层、国籍、宗教信仰、残疾、性别、性取向、工会或政治派别、年龄而对员工在聘用、报酬、训练、升职、退休等方面有歧视行为，不得进行性骚扰。第六，企业不从事或支持体罚、精神或肉体胁迫以及言语侮辱。第七，企业的工作时间要严格遵守当地法律要求，在任何情况下都不能经常要求员工一周工作超过84小时，并且每7天内至少应有1个休息日；每周加班时间不超过12小时，除非在特殊情况下及短期业务需要时不得要求加班，且应保证加班能获得额外的津贴。企业支付给员工的工资不得低于法律或行业的最低标准，并足以满足其家庭的基本需要，不得存在惩罚性扣除。第八，企业获得认证后并不是简单地遵守标准，而要将此标准体系纳入管理体系和实践中。企业高层管理阶层应根据SA 8000标准制定公开透明、各个阶层都能了解并实施的符合社会责任与劳工条件的企业政策，并对此进行定期审核①。

ISO 26000 是一个社会责任的自愿性国际标准，但它并不是社会责任的管理体系标准。作为一份社会责任的实用指南，ISO 26000 为全球所有类型的私人和公共组织部门提供指导，推动组织及利益相关方的社会责任，鼓励企业施行社会责任的最佳实践，从而推动全球视野下的可持续发展。

ISO 26000 界定了社会责任的七个核心主题：组织管理、人权、劳动实践、环境、公平运营、消费者议题、社区参与和发展七个方面。人权中主要包括公民权利和政治、经济、社会和文化权利等问题；劳动实践包括工作条件和社会保障、健康和工作安全，以及职业培训和员工发展等问题；环境主题包括污染预防、资源可持续利用、气候变化、生物多样性和保护自然环境等问题；公平运营包括反腐败、政治参与、公平竞争、尊重产权等问题；消费者议题包括保护消费者健康和安全、可持续消费、消费者服务和投资争议解决、消费者隐私保护等问题；社会参与和发展包括社会参与、创造就业、社会投资等问题②。

（二）中国企业社会责任评价指标体系

国内关于企业社会责任的评价研究成果相对较少，主要是 2006 年以后才引起了学者的广泛关注。马学斌和徐岩首次运用层次分析法和线性插值原理构建了评价模型定量科学地对企业社会责任进行了评价，突破了之前定性评价企业社会责任的传统做法。③ 李富平和宋爱东分析了矿山企业的特点，从这个特殊行业出发，构建了矿山企业社会责任评价指标体系，结合层次分析法和

---

① 详细内容请参见 "Social Accountability 8000"，SAI，2008。
② 引自 "ISO 26000: Guidance on Social Responsibility"，ISO，2010。
③ 马学斌、徐岩：《企业社会责任评价技术应用研究》，《系统理论与实践》1995 年第 2 期。

灰色系统理论的综合效果测度法，对矿山企业社会责任状况进行综合评价。[①] 2005 年，殷格非、于志宏、吴福顺发表了《中国企业社会责任调查报告》一文[②]。李正根据国外和国内对企业社会责任的内容界定，结合中国的具体国情和《上市公司治理准则》的相关内容，设计了企业社会责任指标体系，并使用指数法来衡量企业承担社会责任的多寡。[③] 李立清构建了五个维度的社会责任指标体系，并选择湖南省 2003 年度规模以上企业为样本进行实证研究。[④] 陈留彬建立了一套符合中国国情、与国际接轨的企业社会责任评价体系，并运用该指标体系对山东省企业社会责任履行情况进行实证研究。[⑤] 熊勇清基于利益相关者理论构建企业社会责任评价体系，运用因子分析法进行指标权重设计，并以深交所 163 家制造业上市公司的社会责任履行状况为例进行实证分析。[⑥] 田虹通过内容分析法设计企业社会责任指标体系，并运用该指标体系对通信行业上市公司企业社会责任与企业绩效的相关性进行实证研究。[⑦] 2009 年中国社会科学院经济学部企业社会责任研究中心根据经典社会责任理论和国际典型评价方法，结合中国实际，首次发布了《中国 100 强企业社会责任发展指数（2009）》，从责任管理、市场责任、社会责任、环境责任四个方面评价中国企业年度

---

① 李富平、宋爱东：《矿业企业社会责任评价方法研究》，《有色金属》1997 年第 3 期。

② 殷格非、于志宏、吴福顺：《中国企业社会责任调查报告》，《WTO 经济导刊》2005 年第 9 期。

③ 李正：《企业社会责任与企业价值的相关性研究：来自沪市上市公司的经验证据》，《中国工业经济》2006 年第 2 期。

④ 李立清：《企业社会责任评价理论与实证研究：以湖南省为例》，《南方经济》2006 年第 1 期。

⑤ 陈留彬：《中国企业社会责任评价实证研究》，《山东社会科学》2007 年第 11 期。

⑥ 熊永清、周理：《企业社会责任的分析与评价：以深交所制造业上市公司为例》，《管理科学文摘》2008 年第 Z1 期。

⑦ 田虹：《企业社会责任与企业绩效的相关性：基于中国通信行业的经验数据》，《经济管理》2009 年第 1 期。

社会责任管理现状和责任信息披露水平，具体的指标体系如表1所示。

表1　企业社会责任评价指标体系文献

作者及文献	企业社会责任评价指标体系
马学斌和徐岩（1995）《企业社会责任评价技术应用研究》	国家、消费者、职工、能源、社区、生态
李富平和宋爱东（1996）《矿业企业社会责任评价方法研究》	5个方面多层次指标树状结构图：国家指标、职工指标、能源指标、社区指标、生态指标
李正（2006）《企业社会责任与企业价值的相关性研究：来自沪市上市公司的经验证据》	6大类15小类活动：环境问题类（污染控制、环境恢复、节约能源或废旧材料回收、有利于环保的产品、其他环境披露），员工问题类（员工的健康和安全、培训员工、员工的业绩考核、员工的其他福利），社区问题类（考虑企业所在社区的利益），一般社会问题类（考虑弱势群体的利益、关注犯罪失业公共安全等，公益活动其他捐赠），消费者类（产品的安全与质量提高），其他利益相关者类（债权人、银行等）
李立清（2006）《企业社会责任评价理论与实证研究：以湖南省为例》	5个维度：劳工权益（童工、劳动补偿、安全卫生、工作时间），人权保障（集体谈判权利、禁止强制劳动、禁止歧视、劳动纪律），社会责任管理（管理系统），商业道德（消费者权益、债权人权益、公众权益）和社会公益行为（主要公益活动）
陈留彬（2007）《中国企业社会责任评价实证研究》	6类评价因素：员工权益保护（童工、劳动报酬、健康安全、工作时间、结社自由和集体谈判权、强制劳动、歧视、培训），环保及可持续发展（环境保护、可持续发展），企业诚信（社会信用、信息质量），消费者和债权人权益保护及社区关系（消费者权益保护、债权人权益保护、社区关系），社会公益与慈善活动（公益活动、慈善事业），社会责任管理（企业社会责任政策、企业社会责任披露）

续表

作者及文献	企业社会责任评价指标体系
熊勇清（2008）《企业社会责任的分析与评价：以深交所制造业上市公司为例》	5个方面的指标：企业对债权人的责任、对股东的责任、对员工的责任、对政府的责任、对公益事业所做的贡献
田虹（2009）《企业社会责任与企业绩效的相关性：基于中国通信行业的经验数据》	5大类16小类社会责任范围：股东（股利分红），员工（工作环境及住宿条件、薪酬与合法权益、员工培训和职业发展），消费者（产品的安全和质量提高），环境（污染控制、环境恢复、节约能源、废旧原料的回收、有利于环保的产品、其他环境披露），其他利益相关者（供应商、债权人）
中国社会科学院经济学部企业社会责任研究中心（2009）《中国100强企业社会责任发展指数（2009）》	4个方面：责任管理（责任治理、责任推进、责任沟通、守法合规），市场责任（客户责任、伙伴责任、股东责任），社会责任（政府责任、员工责任、安全生产、社区责任），环境责任（环境管理、节约资源能源、减排降污），调整项（负向调整、正向调整、领先实践）

除上述专家学者及科研机构发布的企业社会责任评价指标体系外，2006年9月25日，深圳证券交易所颁布实施《上市公司社会责任指引》（以下简称《指引》），鼓励上市公司定期披露社会责任报告。《指引》明确，上市公司应该对其利益相关各方（包括股东、债权人、职工、供应商、消费者、公司所在地的居民）、自然环境和资源、国家和社会的全面发展等承担责任。应对职工、股东、债权人、供应商及消费者等利益相关方，承担起应尽的责任。为此，上市公司在经营活动中应当遵守法律、法规、规章和公司章程，积极保护股东、债权人和职工的合法权益，诚信对待供应商、客户和消费者，积极从事环境保护、社区建设等公益事业，从而促进企业本身与全社会的协调、和谐发展。《指引》主要提到了四个方面的权益保护——股东和债权人权益保护，职工权益保护，供应商、客户和消费者权益保护，环境保护和社会公益

保护，以及制度建设与信息披露[①]。2008年7月，中国社会科学院经济学部企业社会责任研究中心成立（现由中国社会科学院社会发展战略研究院管理）；《南方周末》中国企业社会责任研究中心也在这一年发布了中国企业社会责任的排名；2008年11月，美国《财富》杂志发布2008年全球500强前100名企业的社会责任排名。国家电网、中石化、中石油3家企业入围，分别排名第55位、第84位和第87位；2009年，中国社科院经济学部企业社会责任研究中心陈佳贵、黄群慧、彭华岗、钟宏武等发布了《中国企业社会责任报告（2009）》一书，书中提出了一套中国企业社会责任评价综合指标体系并对中国企业100强进行了社会责任排名和评价；同样在2009年，深圳证券业协会、深圳上市公司协会也发布了《深圳资本圈企业社会责任报告》一书。2015年6月，中国国家质量监督检验检疫总局、国家标准化管理委员会正式批准发布了以"36000"数字为系列的三项国家标准——《社会责任指南》《社会责任报告编写指南》和《社会责任绩效分类指引》，该国家标准以ISO 26000为基础，根据中国社会具体实践从社会责任的定义、原则、内容、履行等方面作了规定。

  分析上述企业社会责任评价指标体系，可以看出其理论基础是利益相关者理论，基于对各个利益相关者的责任，选取相应的易于衡量的财务指标，衡量企业对各个利益相关者责任的履行情况。对股东的责任主要是股东投资的赢利和安全保障等，可以用每股收益和资产收益率来衡量。对债权人的责任主要是按时还款付息，可以用流动比率、资产负债率、利息倍数等指标衡量。对客户的责任主要是提供合格的产品和服务，可以用研发投入资金等衡量。对员工的责任主要是保证安全生产、工资和福利，以及

[①] 引自《深圳证券交易所上市公司社会责任指引》，深圳证券交易所，2006年。

培训和职业发展的机会,可以用员工获利水平和培训费用来反映。对政府的责任主要是纳税和吸纳就业,可以用税金、资产税负率和员工总数来衡量。对环境的责任主要是环境治理和节能减排,可以用企业对污染治理和节能技术投资额、减排比率、能源节约比例来衡量。对社会公益事业的责任主要是企业对自然灾害、扶贫济困、教育、医疗等公益事业的投入,可以用捐助支出或者捐赠收入比来衡量。综合选择指标,再根据不同的行业特点,配以合适的权重,就可以形成适合中国企业的企业社会责任评价指标体系。

三 中国企业社会责任建设取得的成绩与存在的问题

(一)中国企业社会责任建设取得的成绩

《2010胡润企业社会责任50强》上榜50强企业中,有32家国内企业,其中仍然以国有企业居多,占22家;民营企业占10家。外资企业上榜数量从2009年的12家增加到18家,增长了50%。国内企业中,万科成为《2010胡润企业社会责任50强》中最受尊敬的公司。万科董事长王石一直积极倡导可持续发展与环境保护,在2009年年底的哥本哈根气候变化会议上,王石参与了"中国商界气候变化国际论坛",并代表中国企业家宣读了《中国企业界哥本哈根宣言》。截至2009年年底,万科拥有员工1.7万多人,实现纳税额74.9亿元,成为中国企业积极履行社会责任,推动中国经济社会进步的典型代表。具体说来,以万科为代表的中国企业在以下多个方面积极履行社会责任,取得了显著成绩。

1. 增加税收，促进就业，推动经济增长方面

改革开放 40 年来，中国民营企业迅速壮大，已经成为国民经济的重要组成部分。民营企业为社会提供了众多优良的产品和服务，缴纳相当数量的税收，安排吸纳了大量就业人口，创造了大量社会财富，履行了最基本的社会责任。

据国家统计局统计资料显示，截至 2016 年年底，全国民营企业法人单位数达到 1050.07 万户，占全国注册企业总数的 71.83%；吸纳就业人口 17997.1 万人，其中城镇就业人口 12083.4 万人，占城镇就业人口的 29.17%；乡村就业人口 5913.7 万人，占乡村就业人口的 16.35%。2016 年全国规模以上工业企业总资产 1085865.94 亿元，累计实现利润 71921.43 亿元，其中民营企业总资产 239542.71 亿元，实现利润 25494.90 亿元，总资产贡献率达 22.06%，利润贡献率达 35.45%。民营企业为中国国民收入的提高、生活水平的改善和经济持续健康快速发展做出了积极贡献。

2. 产品质量与技术创新方面

中国民营企业在不断发展壮大，尤其在 20 世纪 90 年代以后的飞速发展中，民营企业推出了一大批适销对路、深受广大消费者欢迎的产品和服务。由于民营企业是在市场竞争中壮大的，它们对市场需求变化非常敏感，能够根据市场变化迅速调整其产品结构、改变生产方向，以满足消费者多变、多样的需求。民营企业在发展中也逐渐意识到品牌的重要性，不断追求卓越，努力提高产品和服务质量，打造出一批闻名海内外的知名企业和名牌产品。

此外，民营企业在技术进步、创新上的投入逐年增加，民营企业的技术实力在不断增强。全国工商联发布的数据显示，2005 年全国大中型民营工业企业中开展自主创新活动的企业有 1014

家，比 2004 年增长了 26.9%。国家统计局统计公告显示，2009年全国开展自主创新活动的工业企业有 36387 家，其中民营企业为 16153 家，占到 44%。更重要的是，民营企业的创新能力也在不断增强，成为中国企业技术创新的主力。国家工商总局 2008 年数据显示，中国技术创新的 70%、国内发明专利的 65% 和新产品的 80% 来自以民营企业为主的中小企业。一批有实力的民营企业已走出国门，成功实施了"走出去"战略。例如，海尔、华为都在技术创新中表现突出，不断研发新技术、新产品，进行产品升级换代等来提升自己的竞争力，依靠技术创新和服务创新，走出国门走向世界。

3. 员工权利维护与劳动保障体系建设方面

近年来，在社会各界的共同努力下，民营企业履行社会责任状况有了明显改善，尤其是在员工权利的维护方面，例如提高工资水平、改善工作环境、为员工投保各类保险、完善企业退休制度等，在保障员工的基本权益方面比过去有了很大的进展。

餐饮连锁企业"海底捞"的人性化管理给所有的民营企业树立了典范。"海底捞"愿意投入巨大成本，甚至是牺牲毛利来照顾员工，包括最基层的员工，目的就要员工的"一个微笑"。海底捞也因其周到的人性化管理，而被评为"良心企业"。海底捞规定必须给所有员工租住正式小区或公寓中的两居室、三居室，不能是地下室，而且距离店面走路不能超过 20 分钟，以免缩短员工休息时间。公司设有专门的家政服务人员，负责员工宿舍卫生的日常清扫以及员工衣服、床单、被褥的清洗[1]。"海底捞"每月还会给大堂经理、店长以上的干部及优秀员工的父母寄几百元钱，以体现公司对员工父母的感激和关爱。此外，"海底捞"还出资千万在

---

[1] 资料来源：http://catering.yidaba.com/201102/21095459100710010000274770_5.shtml。

四川简阳投资建立了一个私立的寄宿制学校,让员工的孩子免费上学。"海底捞"还设立了专项基金,每年拨100万元用于治疗员工和直系亲属的重大疾病[①]。对员工的真心关爱,提高员工福利带给"海底捞"的不是成本,而是员工对企业的热爱、员工的工作热情、品牌的美誉度,这些都是支撑企业发展的宝贵财富。

4. 环境保护方面

中国企业的环保意识也在不断增强,努力为实现资源、环境和社会的可持续发展而努力。不少企业积极改造自身的生产流程和设备设施,努力投入资金研发节能减排技术,积极开发环保产品,节约能源,降低污染排放,为中国环境的改善做出了巨大贡献。在这方面,大中型企业表现尤为突出,其中张茵所创办的玖龙纸业就因其在环保和节能减排事业上的突出贡献,而成为行业表率。玖龙纸业秉持"没有环保就没有造纸"的理念,积极倡导废纸回收利用的循环经济,引进国际最先进的设备和技术,在各项设施的建设中都充分考虑环保、节能因素,以最大限度地节约能源、降低污染,不遗余力地实践绿色生产。由于在环保方面的突出表现,玖龙纸业被授予"中华环境友好企业"称号,并且多年蝉联"绿色企业管理奖",其生产基地多年来也被当地环保部门评为"环保诚信绿牌企业"。[②]此外,面对中国民间非营利性生态保护组织资源和资金不足以及西北地区的严重沙化问题,建业集团董事长胡葆森和万科集团的王石、联想集团的柳传志等近百名国内著名企业家,在2004年共同发起创办了"阿拉善SEE生态协会",每人每年投资10万元人民币,连续投资10年,全方位综合治理沙尘暴的重要源头内蒙古阿拉善沙漠,遏制沙尘暴的爆发,

---

① 资料来源:http://finance.ifeng.com/gem/class/20110211/3386508.shtml。
② 资料来源:http://baike.baidu.com/view/547140.htm。

为修复生态家园、改善环境做出了巨大努力。①

5. 慈善捐赠和社会公益事业方面

随着中国民营企业的发展壮大，涌现出了一大批富有社会责任感的民营企业家，他们在经营好自身企业的同时，积极参与各项公益活动，努力回馈社会。从中国红十字基金会接受公益捐赠的情况来看，近年来个人和民营企业已经成为捐赠主体。2005年中国红十字基金会接受捐款2564万元，其中来自个体、民营经济的捐赠占55.6%；2006年上半年接受捐款5712万元，其中来自个体、民营经济的捐赠占87.1%。2006年中央统战部、全国工商联和中国私营经济研究会联合进行的民营企业调查也显示，有63.6%的民营业主有过捐赠行为，100名优秀企业家平均捐赠3670万元，由此可见民营企业已成为国内公益捐赠的中坚力量。

据胡润研究院发布的《2010胡润慈善榜》，余彭年捐32亿元，5年累计捐赠额达62亿元，第五次蝉联"中国最慷慨的慈善家"称号。2009年国内上榜的100位慈善家平均捐赠金额达2.3亿元，占他们个人财富的6%，其中11位慈善家单年捐赠过亿元。最新出炉的《2017胡润慈善榜》上，徐冠巨家族捐出总价值30亿元的现金和有价证券，成为"首善"，百位上榜慈善家平均捐赠金额达1.60亿元，31位慈善家单年捐赠过亿元。

2008—2010年中国发生了很多自然灾害，对人民群众生命安全和财产安全造成了很大危害和损失。在此期间，民营企业家们不仅捐钱捐物用于赈灾和灾后重建，还亲自冲到第一线抢险救灾，在履行社会责任方面发挥了表率作用。

（二）中国企业在社会责任建设方面存在的问题

尽管中国民营企业在履行社会责任方面取得了很大成绩，但

---

① 资料来源：http：//news.sina.com.cn/c/p/2009-09-02/100018563665.shtml。

总体来看，民营企业承担的社会责任与其经济实力还是不相称的，一些民营企业的发展甚至是建立在损害国家、社会和其他利益相关者利益基础上的。相当一部分民营企业社会责任意识淡薄，在生产经营中把追求利润最大化作为唯一目标，而忽略了对各个利益相关者应负责任的履行。

1. 政府责任方面：偷税漏税、行贿受贿等

总体来说，与民营经济的发展状况相比，中国民营企业的税收现状不太理想。中国民营企业数目众多，根据国家统计局统计，截至2016年年底，民营企业单位数占注册企业总数的71.83%。民营企业规模小、数量多且分布广泛，一些企业财务制度不健全、管理不规范，有些民营企业想方设法偷税漏税，其中包括少报营业收入、少报税前利润、虚增成本等，给国家税收造成了损失。一些民营企业甚至联合公证机关、注册会计师事务所，为了牟取私利而做伪证、做假帐，损害了社会信用。另外，为争取更多的资源和优惠政策，民营企业它们需要和政府打好关系，这是可以理解的，但一些民营企业投机取巧，希望走捷径谋取发展，以致多方贿赂相关政府官员，使得贪污腐败之风在一些民营企业中盛行。

2. 员工责任方面：克扣工资、不尊重员工等非人性化管理行为

有些民营企业的经营者过分注重企业利益，将员工视为只需支付必要费用的机器，甚至利用员工的性格弱点和知识缺陷，制造各种理由推卸对员工承担的工伤医疗、劳动保险等方面的责任。一些民营企业在养老、失业和医疗三项基本保障方面还不完善，还有部分企业的工作环境恶劣，使员工健康受到严重威胁。一些民营企业违规延长工作时间，拖欠工人工资和社保费、随意解雇员工、对员工进行辱骂和体罚等，导致劳资关系比较紧张。有些

民营企业的劳动合同内容过于简单,对安全卫生和工时工资界定模糊。另外,一些民营企业生产设施简陋、工艺落后、缺乏防护设施,工作期间伤残事故频频发生。尤其是采矿业、纺织工业、机械加工业、化工业,工作环境恶劣,甚至不配备必要的防高温、防粉尘、防噪音、防有毒气体的设备,职业病患病率很高。

3. 消费者和商业伙伴责任方面:欺诈顾客、不履行合同等非道德和不诚信行为

一些民营企业还存在生产假冒伪劣商品、违约毁约、欺诈客户等现象,而且屡禁不止。这些不道德的工商活动给社会带来了很大损害,轻者浪费资源、劳民伤财,重者则致人非命,并严重干扰了正常的市场经济秩序。有些民营企业出现不正当竞争行为,例如生产假冒伪劣产品、发布虚假广告和不实产品信息,刻意夸大产品的质量和效用,蓄意隐瞒产品的缺陷和不足,欺骗消费者。一些中小型民营企业,在生产过程中存在偷工减料、粗制滥造、以次充好的行为,严重扰乱了市场经济秩序。部分民营企业合同履约率较低,不按时交货、长期拖欠货款的现象屡见不鲜,甚至有泄漏商业伙伴的商业机密等不道德行为。

4. 社区责任方面:亟须改善社区关系、促进社区发展

民营企业由于本身发展的特殊性,从其最初的创业、转制到后来的迅速扩张,管理监督机制不健全。在生产过程中,延长生产时间、肆意排放污水和烟雾粉尘、噪音等,对企业所在社区的生活造成了很大困扰。再加上一些民营企业家对企业社会责任认识不足,只做一些慈善活动,做好表面功夫,对社区的实质关注不多。民营企业应该把成为合格的"企业公民"作为己任,融入社区,多参加社区活动,改善社区关系,促进社区发展。

5. 环境责任方面:环保意识差、污染环境现象仍比较严重

目前中国相当一部分民营企业环保意识比较淡漠,主要表现

在产品生产过程中对生态环境破坏和资源浪费比较严重。很多民营企业在生产过程中较少考虑环境保护，一味追求财务绩效，将利润建立在浪费资源、破坏和污染环境的基础之上。在生产过程中对自然资源过分掠夺，肆意将废气排入大气中，将废水直接排入江河湖泊，使得中国生态破坏趋势加剧，环境污染问题突出。

6. 社会公益意识不足、慈善捐赠行为还需普及和加强

不少民营企业主本来处于社会底层和边缘，在改革开放的经济发展大潮中脱贫致富，然而富裕之后贪图享受，只注重自己物质欲望的满足。另外，受传统小农经济思想的影响，一些民营企业家的社会责任观过于狭隘，没有真正投入时间和资金回报社会，做好一个"企业公民"。不少民营企业家即使在进行社会捐赠时也带有强烈的功利意识，或迫于舆论或为了给产品造势，都是从自我需要的角度考虑，而没有真正关心社会弱势群体。政府应该加强教育宣传，让民营企业真正了解什么是"企业公民"的责任和义务，从而使其能够从整个国家和社会的角度出发承担社会责任。

四　民营企业与国有、外资企业在履行社会责任方面的比较

（一）民营企业与国有、外资企业相比在履行社会责任方面的优势

中国民营企业与国有和外资企业相比，在履行社会责任方面的优势主要体现在公益事业和慈善捐助方面。中国社会科学院社会政策研究中心发布的《2011慈善蓝皮书：中国慈善发展报告》数据显示，2010年有110家中央国有企业产生对外捐赠支出，累计支出总金额为419866.76万元；民营企业方面，在2010年全年捐赠过亿元的36笔捐赠中，民营企业的数量占到了一半，首次出

现了国企与民企旗鼓相当的局面；而外资企业表现并不令人满意，年度捐赠额超过100万元人民币的企业，数量很少，年捐赠超过1000万元的更是屈指可数。

民营企业在各项慈善捐赠活动中都不遗余力，帮助灾区人民和弱势群体。在汶川地震、玉树地震和舟曲泥石流的慈善捐助中，很多民营企业家都踊跃捐钱捐物，表现非常突出。其他慈善捐赠，例如"慈善一日捐""光彩事业"等，民营企业家都积极参加。据全国工商联"光彩事业"活动数据显示，参与中国光彩事业活动的有近两万家民营企业，截至2005年年底，他们实施的捐赠总额已超过1179亿元。而"十一五"期间民营企业各项光彩公益事业捐赠总额超过100亿元，年均20多亿元。

外资企业在慈善捐助方面的成绩远远比不上民营企业，2003年"非典"发生后来自联想集团一家的捐款额便超过了十多家跨国公司的总和。首届中国慈善排行榜数据显示，2004年，内资企业前10名捐款额都在1000万元以上，而外资企业前10名捐款额只有一家略多于1000万元。2005年，捐赠金额排名前25名的跨国公司在华捐赠总额为16995万元，而同样排名前25的中国大陆非国有企业捐赠总额为60302万元。2018年第十五届中国慈善榜分析了榜单15年以来排名前30的企业和企业家数据后发现，企业是中国慈善捐赠的主要来源，这些企业中一半以上是民营企业，国有企业占比为30%。

国有企业虽然在各项捐助活动中，也财大气粗，捐款数额巨大，但由于国有企业规模和财力雄厚，捐款金额占总资产比例远远低于民营企业。而民营企业拿出很大份额进行慈善捐助，例如万科公司公开宣称每年将利润的1%用于慈善公益事业，江苏黄埔再生资源利用有限公司甚至宣布将每年利润的20%—25%捐献慈善事业。

与国有和外资企业相比，民营企业在慈善公益事业方面表现突出，原因主要有两点：一是民营企业主有对资产的自主支配权；二是民营企业把慈善捐赠作为一种获取政府、社会支持和合法性的重要手段。

第一，民营企业主往往既是投资者又是经营管理者，对企业的资产和利润有自主支配权，捐款大多由个人自主决定，所以捐款程序比较简单。而国有企业和外资企业的捐赠就比较复杂，国有企业并不是领导者个人的，国有企业捐赠必须遵循《中华人民共和国公益事业捐赠法》和《国有企业领导人员廉洁从业若干规定》的有关规定。国有企业经营者或其他职工不得将企业拥有的资产以个人名义对外捐赠。企业每年安排的对外捐赠预算支出应当经过企业董事会或类似决策机构批准同意。对外捐赠应当由集团总部统一管理，所属各级子企业未经集团总部批准或备案不得擅自对外捐赠。对突发性重大自然灾害或其他特殊事项超出预算范围需要紧急安排对外捐赠支出的，不论金额大小，国有企业在履行内部决策程序之后，应及时逐笔向国资委备案。外资企业的捐赠就更复杂了，其每年捐助金额一般都是有预算的，中国的执行部门并没有随意支配的权力，需要向总部提出临时申请。

第二，从企业合法性动机方面来看，国有企业并不缺乏企业合法性，因此在这方面的需求比较弱，民营企业和外资企业都缺乏合法性，但是取得合法性的途径不一样。民营企业主要是通过慈善捐助等活动和政府打好关系，给社会大众留下好的印象，以此获得政府和社会的支持和信任。而外资企业更侧重于对各个利益相关者责任的履行，例如依法纳税、员工安全和员工发展、新兴技术、节能减排等。它们对慈善捐助也看重，但是在关注程度和资金投入方面没有民营企业那么大。

（二）民营企业与国有、外资企业相比在履行社会责任方面的差距和不足

民营企业与国有和外资企业相比，在履行社会责任方面的差距和不足主要体现在纳税和员工责任方面。

第一，是税收问题，在1994年税制改革以后，民营企业与国有、集体企业在税制上是一视同仁的。但是根据国家统计局统计数据显示，至2009年年底，民营企业单位数占注册企业总数的60%，工业产值也占全国工业总产值的30%，但是纳税占比却只有15%；而占8%工业总产值的国有企业纳税比率达到69%。

第二，是员工责任方面，据国家统计局数据显示，2016年城镇单位就业人员年平均工资6.8万元，其中国有单位年平均工资7.3万元，民营单位年平均工资4.3万元。其中国有企业的薪资福利待遇是最好的，有健全的工会组织和职工代表大会制度，比较注意改善员工工作环境，能为员工建造一些有利于身心健康的活动设施，员工能普遍受到尊重，甚至在缺乏社会保障体系支持的情况下，国有企业承担了过多的社会责任。

外资企业一般都能较好地履行企业社会责任，但也有很多欠缺的地方。外资企业的劳动报酬高于国有企业，但劳动强度要大于同行业的国有企业。据调查发现，外资企业中有33.4%的雇员平均每天的工作时间超过了国家规定的8小时，29.3%的雇员拿不到加班费，12.0%的雇工只得到象征性的一点加班费。有些企业没有建立工会，只有大型合资经营企业才设有职代会，但其作用也十分有限。在劳动合同方面，雇员与企业签订的个人合同的执行情况比较好，但签订集体合同的比较少。一些企业利用合同的不完善随意解雇员工。一些外资企业不尊重员工的情况比较严重，有些企业雇主欺侮员工，甚至体罚或殴打员工。民营企业在履行对员工责任方面相对较差，在医疗、养老保险和住房基金方

面存在较大问题。此外，民营企业的劳动保护远不及国有企业，其劳动保护资金投入不足，生产设备简陋，工艺落后，缺乏防护设施，尤其是采矿业、纺织工业、机械加工业、化工业的一些企业，工作环境恶劣，工伤事故经常发生。很多企业在生产和利润逐渐稳定下来之后，也不愿投资增加劳保设施、改进工艺。

民营企业与国有、外资企业相比在承担社会责任方面的不足大致由三个原因造成。首先是体制和约束机制不一样，国有企业受政府管制比较多，外资企业的管理制度也比较完善，而民营企业大多缺乏外部管制和内部约束。其次是对企业社会责任的理念不同，国有企业有其特殊的维护社会利益的使命，外资企业则把企业社会责任看成一项投资，而民营企业对企业社会责任认识不足，主要关注利润。最后是企业追逐的目标不一样，国有企业承担消除贫困、维护社会稳定的责任，而外资企业的目标是在利润最大化的基础上减少其经营活动带来的危害，民营企业则基本上是利润导向，容易忽视对外界的社会责任。

我们也可以运用企业社会责任驱动理论来分析民营企业在履行社会责任方面存在差距的原因。先看国有企业，国有企业根正苗红，先天合法，不存在获取经营合法性的问题。但对国有企业特别是其领导人的政绩的评价，不仅看企业利润，还要看员工的评价、百姓的口碑等，所以国有企业承担企业社会责任的动因主要是出于社会舆论压力和企业家形象。

我们来看外资企业，首先，外资企业在中国没有先天的经营合法性，因此获取经营合法性是其履行社会责任的重要驱动因素之一。其次，外资企业有良好的企业社会责任的传统和习惯，能够比较自觉地履行社会责任。最后，外资企业为了在中国站稳脚跟并获取长期利益，就必须和政府、媒体和顾客建立良好的关系，因此它们履行社会责任的驱动因素还包括塑造企业良好的品牌形象、获取社会资本等。

再来看民营企业，民营企业是中国改革开放以来的"新生事物"，是伴随着意识形态领域"姓社还是姓资"的激烈争论发展起来的。一些民营企业是国有企业改制发展而来的，还有不少民营企业是来自社会底层或边缘的农民、城市待业人员和个体户创业发展起来的，利润是民营企业主追逐的永恒目标。民营企业承担社会责任的主要动因是法律法规的强制，例如最低工资、节能减排规定等。那些进出口导向的民营企业承担社会责任是为了突破"社会责任贸易壁垒"：国外对中国产品有严格的审查标准和出口程序，为了得到出口通行证，很多企业才开始关注社会责任。

对比民营企业、国有企业与外资企业，可以发现民营企业履行社会责任的内动力不足，主要靠外动力的驱动，而外动力中更多的是硬性的法律法规的驱动。民营企业承担社会责任内动力不足，主要是经济动力不足，因为承担社会责任在短期内很难形成经济绩效，很多中小民营企业的财政实力也不足以支撑企业大手笔的社会责任支出。另外，很多民营企业家自身的因素，例如素质不高、眼光不长远等，也限制了他们对企业社会责任的认识和实践。另外，中国民营企业的一个重要特点是规模小、数量多，难以监督管理，这时就亟须社会大众的监督。但是，社会大众对民营企业的关注还不够，还没有形成强烈的舆论氛围。不过这一点近几年来已经有了很大改变，社会公众、消费者、网民等把越来越多的目光投向了民营企业，有力推动了中国民营企业的社会责任建设。

五 制约中国企业社会责任建设的主要原因

（一）外部原因

1. 经济发展初级阶段的制约

一般来说，一个国家的经济发展水平越高，社会生产力越发达,企业社会责任的履行情况越好,反之亦然。因为在经济发展水平落后的情况下,国家和企业最重要的目标就是发展生产,为此不惜做出一些牺牲,例如污染环境、浪费资源等。而在经济发展水平高度发达的情况下,社会对企业的要求就不仅仅是经济效益,还要有较高的社会效益,相应的,企业会更多地承担社会责任以求得到整个社会的认可。

中国目前仍处于经济发展的初级阶段,经济发展水平相对落后,国家的重心仍在经济建设上。再加上中国民营企业普遍存在资金缺乏、技术落后、效益不高的情况,绝大部分民营企业都是以利润最大化为企业目标。对于企业社会责任,由于与企业短期利润目标相冲突,民营企业要么不愿意承担,要么根本就没有经济实力去承担。处在这样一个外部经济环境下,社会对企业的期待也大多集中在经济效益上,致使很多企业形成了不正确的企业社会责任观,认为社会责任要等到企业发展起来以后再说。

2. 有关法律法规缺位

中国现有法律法规有一些企业社会责任方面的条款,例如《公司法》第五条规定:"公司从事经营活动,必须遵守法律、行政法规,遵守社会公德、商业道德,诚实守信,接受政府和社会公众的监督,承担社会责任。"第十七条规定:"公司必须保护职工的合法权益,依法与职工签订劳动合同,参加社会保险,加强劳动保护,实现安全生产。"《中华人民共和国劳动法》也制定了企业对待员工的条款,着重强调了针对员工的最低工资标准,企业为员工提供的工作环境标准等。但是,中国现有法律法规中关于企业社会责任的条款仍然以环境和职工管理法规为主,而且对企业社会责任的条款叙述过于笼统,没有落实到细节,给很多企业留下了法律空子。

在实践中相关法律法规的运行效果也不太理想,主要原因是相关部门对企业违法违规行为的监督与惩治力度不够。出于发展经济和吸纳就业的考虑，执法部门对不履行社会责任的企业的惩罚力度不够，不能对企业起到警戒和约束作用。有些企业甚至宁愿交些罚款来追求利润的最大化，而不惜破坏环境、欺骗消费者。这些企业给守法企业造成了强烈的不公平感，诱使一些企业放弃社会责任，起到了坏示范的作用。

3. 政府监管不力

地方政府往往从自身利益出发考虑问题，存在严重的地方保护主义。很多时候不对企业实行监管，反而推波助澜。有些地方政府片面追求 GDP 和税收业绩，对一些企业存在的产品不合格、排污不达标、劳动条件差等问题视而不见，为这些企业逃避社会责任行为起到了纵容和推波助澜的作用[1]。尤其是在一些贫困地区，地方政府为了自己的业绩、吸引外来企业投资和注册，提供了很多优惠政策，有时甚至不惜牺牲当地的生态环境和社会利益来满足投资企业的要求。这就导致很多企业在地方政府的庇护下，集体违规，集体不承担社会责任。

4. 宣传教育不够

首先是政府对企业社会责任的宣传和教育不够，其次是媒体和社会大众对企业社会责任的关注和监督不够。虽然近年来对企业社会责任的关注度普遍提高，但仅限于大型企业，对民营企业中很多小规模的作坊型企业关注很少。而政府也把目光过多地集中在大型企业上，对中小型企业的教育不够，没有使它们形成积极履行社会责任的良好理念和习惯。

---

[1] 王焕培：《私营企业社会责任缺失的成因与对策》，《湖南省社会主义学院学报》2008 年第 9 卷第 6 期。

（二）内部原因

1. 一些民营企业片面追求利润，忽视社会责任

民营企业经营中存在短期行为，这是一个历史遗留问题。在经济体制转型过程中，民营企业面临严峻的生存压力。一是市场压力，随着竞争的加剧，卖方市场逐渐向买方市场转变，企业把握市场的能力大为降低；二是发展空间的压力，民营企业的市场准入条件最多、门槛最高，使民营企业在一些行业和领域的集中度过高，造成某些行业和领域的无序竞争甚至恶性竞争；三是融资压力，民营企业的发展离不开金融部门的支持，而金融部门对民营企业尤其是中小民营企业的支持是严重不足的。这样一个竞争激烈、融资难和发展空间有限的外部环境，导致许多民营企业把生存作为第一要务，片面追求短期利润，而忽视社会责任①。追求利润最大化久而久之就融入民营企业的经营理念中，用来指导企业日常运营管理活动，从而忽略了企业社会责任的履行。

2. 民营企业资源相对匮乏，难以承担社会责任

相对于国有企业和外资企业，一方面，民营企业的资源相对匮乏，尤其是中小民营企业，自身赢利能力差，财富积累慢；另一方面缺乏政府的扶持和资助，企业处于生存的边缘，没有额外资源来承担企业社会责任。

3. 民营企业治理结构存在缺陷，承担社会责任的动力不足

中国有相当数量的民营企业属于家族式企业，尚未建立和形成现代企业制度。民营企业在创业初期，由于企业内部结构简单、管理层次较少、决策效率高、经营灵活性比较强，具有其他类型企业不可比拟的优势，有效地推动了企业快速发展。但当民营企

---

① 王焕培：《私营企业社会责任缺失的成因与对策》，《湖南省社会主义学院学报》2008 年第 9 卷第 6 期。

业发展到一定规模以后，家族式企业中原来有利于企业发展的一些积极因素逐渐转变为消极因素，民营企业主的趋利思想及单一的经营思维模式，直接导致民营企业缺乏对企业发展战略的长远思考，极大地制约了民营企业对履行社会责任的认识和行动[1]。另外，民营企业内部监督与约束机制不健全，工会、职工代表大会等社团组织建设较薄弱。企业内部劳资双方的地位不平等，职工缺乏参与企业管理的渠道和权力，资方处于主导和控制地位，而劳方只能处于被动和接受地位[2]。

六 企业社会责任的发展趋势及推进中国企业社会责任建设的几条建议

（一）从国际角度看企业社会责任的发展趋势

随着世界经济一体化进程的加快，企业已经进入"无国界经营"的时代。中国企业越来越多地走出国门，走向世界，接触国际市场和国际顾客。但在国际化道路中，中国企业普遍受制约的就是企业社会责任方面的缺失。要想在国际市场站稳脚跟，同其他国家的企业竞争，中国企业就必须遵守国际竞争规则和标准，积极履行企业社会责任，以在未来的竞争中取得胜利。尤其在国际贸易领域，企业社会责任成为发达国家以保护人权、维护道德准则为由对发展中国家设置贸易壁垒的借口，尤其是针对中国出口企业。通过承担企业社会责任，获得国际社会认可，对中国的外向型企业有十分重大的意义，尤其是对数量多、规模小、出口

---

[1] 陈璐：《从"富豪捐赠承诺"谈私营企业的社会责任》，《经济论坛》2010年第9期。
[2] 王焕培：《私营企业社会责任缺失的成因与对策》，《湖南省社会主义学院学报》2008年第9卷第6期。

依存度极高的民营企业而言，加深对企业社会责任的程序、条件和指标的了解迫在眉睫。另外，国际上存在很多企业社会责任规范和准则，例如 ISO 26000 和 SA 8000 等，这些规范准则对中国企业的约束力越来越强，尤其对那些实施国际化战略和在国外上市的企业，这就要求中国企业更多地重视企业社会责任建设。此外，国外大学的商学院对商业伦理和企业社会责任问题的教学、研究已成为一种潮流，这股潮流正席卷中国，必将推动中国企业社会责任实践的发展。全球媒体对企业社会责任问题的日益关注，信息在全球范围内的快速流通，将使中国企业的行为暴露在全球民众视线下，这更要求中国企业努力履行社会责任，在全球范围内树立良好的企业形象。

（二）从国内角度看中国企业社会责任的发展趋势

企业在建设和谐社会、完善社会治理体制等重大国家发展战略中处于举足轻重的地位。中国构建和谐社会和满足人民美好生活的战略决策预示着企业经济活动的行为和方式必须从以牺牲自然环境和忽视人力资本为代价的传统的外延式的发展模式，向以数量增长、质量效益、生态平衡、劳动保护、人文关怀相协调的可持续发展模式转变，企业也是如此。企业要转变把利润作为唯一目标的传统理念，强调生产过程中对消费者、环境和社会的贡献，构建起新型的企业与社会、企业与自然和谐相处的关系，最终达成企业、社会、自然的和谐。

由计划经济体制向市场经济体制的转变是中国经济体制改革的必然趋势，在市场体制下，企业具有经济组织和社会组织的双重身份，在努力追求企业自身利润最大化的同时，还必须具有明确的社会责任和公德意识。如果企业一味追求经济效益，不顾对环境和自然资源的破坏，不惜一切手段损害他人和社会的利益，甚至生产、销售假冒伪劣产品，或置人的生命于不顾，以牺牲社会和他人的利益为代价，最终将会被社会所淘汰，并受到社会舆论的谴责和法律的制裁。

随着中国立法的加强和法制的进步，对企业履行社会责任的强制性要求也会越来越多。而且法律条款的规定会越来越细致，详细规定社会责任的各项要求，让企业无法律空子可钻。执法和监管力度也会不断增强，企业一些不合法的行为将会受到法律严格的制裁。这就给企业敲响警钟，不能再存在侥幸心理，而要规范自身经营，树立积极履行社会责任和可持续发展的理念导向，努力承担起对各个利益相关者的责任，才能在日趋完善的法律环境中存活并发展下去。

随着中国精神文明的进步和国民意识的提高，企业社会责任问题也会越来越受到关注，社会大众会越来越多地、越来越严格地要求企业承担社会责任，如职业道德意识、安全生产意识、社会环境意识。企业作为社会主义市场经济的重要组成部分，在搞好经营的同时要对社会、经济和社会的和谐发展做出积极贡献。但目前很多企业对企业社会责任缺乏明确的认识，做出很多违背社会整体利益的不当行为，严重制约了其长远发展。随着中国媒体和社会公众社会责任意识的提高和监督能力的增强，可以预见，会有越来越多的企业树立社会责任理念，强化社会责任意识并积极投身企业社会责任的建设。

（三）推进中国企业社会责任建设的几条建议

1. 完善相关法律法规

近年来，随着企业社会责任的不断推行，中国相继出台了大量有关企业社会责任的法律法规，例如《中华人民共和国职业病防治法》《中华人民共和国劳动法》《中华人民共和国工会法》《中华人民共和国安全生产法》等，对企业社会责任的具体事项做了规定。但这还不够，还需要进一步将有关企业社会责任的要求转化为更详尽的、执行性强的法律条文，对规范企业行为起到强制性作用。

有了完善的立法，还要严格执法，执法必严，违法必究，确保相关法律条文落实到实际行动中。执法程序明确简洁，监督工作规范严格，使企业在法律面前、在相关政府机构的监管之下自觉履行社会责任。

2. 加强政府监管与激励

首先，政府应加强对企业不履行社会责任行为的制约和惩处。不能再像以前一样睁一只眼闭一只眼，只是象征性地罚款，而应该加大处罚力度，如吊销营业执照、遏令闭门休整等，只有触及实质利益，企业才会真正重视起社会责任。

其次，国家应该对地方政府加强监管，通过法律手段，将对地方政府的管理纳入法制化轨道，从而规范政府行为，依法行政，尽量减少和杜绝政府以企业社会责任为借口，强行要求企业捐赠、赞助等行为。执法部门也应该对政府行为进行有力的监督和管理，同时增加企业申诉机制，让企业依法维护自己的合法权益，减少企业的额外负担。

最后，政府应该给积极承担社会责任的企业以优惠政策，对那些合法经营、依法纳税、讲究诚信、注重环保、合理利用自然资源、爱护员工、热衷社区建设、对社会公益事业做出重大贡献的优秀企业，加以表彰和奖励，必要时给予资金倾斜和政策优惠，从而调动企业承担社会责任的积极性。政府可以通过公共政策引导企业承担社会责任，例如出台一系列促进企业履行社会责任的政策，将相关政策与企业税收、劳动就业、节能环保等因素相联系，建立和完善以可持续发展为目标的企业社会责任管理体系，全面提升以责任竞争力为核心的企业社会责任意识，引导企业更好地履行社会责任。

3. 强化企业社会责任的宣传教育工作

政府应加大对企业社会责任的宣传、教育和引导，树立企业积极履行社会责任的理念，让全社会都来关注企业社会责任问题，参与到推动企业社会责任建设的活动中来，营造良好的社会氛围。在这样一个社会大环境中，企业会自觉遵守社会规则，努力提高履行社会责任的能力和水平。

加强学校教育也是一个重要途径，尤其是强化商学院对企业社会责任问题的教育和研究。西方发达国家在商学院教育中重视商业伦理教育和企业社会责任教育是流行已久的潮流，中国的大学和商学院也逐渐意识到这一点，并且开设了相关课程。这一点非常重要，首先对大学生来说，在事业的启蒙阶段就重视对商业伦理和企业社会责任的教育，会为他们日后步入工作或自己创业奠定良好的思想基础。其次对于MBA或EMBA的学生来说，系统接受商业伦理和企业社会责任教育，对现在及未来的企业管理者传播企业社会责任的思想和理念，能够有效改善目前中国企业社会责任缺失的状况，推动中国企业社会责任实践的发展。

4. 积极发挥新闻媒体和社会公众的外部监督作用

对企业履行社会责任的监督，只靠政府是远远不够的，还需要新闻媒体和广大社会公众的参与和监督。新闻媒体的监督具有传播快、影响大的特点，可以起到很大作用。例如，可以通过信息披露引导社会舆论导向，加强对企业承担社会责任的监督，还可以通过发布慈善排行榜，加大对企业社会责任的宣传，激发企业从事慈善和公益事业的热情。此外，政府应鼓励员工、消费者、供应商等利益相关者的维权行为，对员工、消费者进行法律知识教育，提高社会大众的企业社会责任意识，通过社会大众来监督企业的行为。信息的公开透明能够形成公共监督，通过社会舆论效力提醒企业时时检查自己的行为，规避自利性，缩减灰色地带，提高企业的规范性，促进企业的健康成长与发展。最重要的是要营造一个全民关注企业社会责任的氛围，使企业处于一个积极履行社会责任的环境中，以推动企业规范其行为，并牢固树立积极履行企业社会责任的理念。

5. 努力改善企业治理结构

为更好地履行企业社会责任，企业需进一步规范其内部治理结构，民营企业的重点是要突破家族式管理模式，实现投资主体多元化和公司制改造，规范企业战略决策和内部管理流程，转变企业发展方式，实现企业治理结构的不断改造和升级。另外，企业应建立社会责任管理的原则和方针，以明确企业社会责任管理的范围和责任，不断完善和强化内部管理，如建立科学规范的劳动用工制度、收入分配制度和财务管理制度，建立和健全工会制度，施行科学化管理。

此外，还要努力提高企业家的素质，通过守法教育和舆论引导，加强其伦理、道德和文化修养。一方面，加强制度和法制建设，对企业家违法行为严格处罚；健全的制度、严格的法律和高效的执行，使绝大多数企业家自觉约束自己的行为。另一方面，加强对企业家的宣传教育和引导，使其树立较强的社会责任感和正确的企业价值观。对积极履行企业社会责任的企业家进行嘉奖和宣扬，提高其社会地位和政治地位，体现其个人价值，培养广大企业家积极履行企业社会责任的热情。

七　结　论

企业社会责任是一个日益受到重视的时代命题，承担社会责任已经成为中国企业在发展过程中的一件要务，尤其是党的十八大以来，经济建设、政治建设、文化建设、社会建设、生态文明建设五位一体总体布局的实施对中国企业的发展和社会责任履行提出了更高的要求和期待。本文首先回顾了西方学术理论中企业社会责任概念的发展历程，并从公司治理和公司战略的角度提出了分析企业社会责任的两种理论框架，然后基于驱动因素理论分析了企业承担社会责任的必要性以及对自身和社会的重大意义。紧接着笔者简要介绍了中外企业社会责任评价标准，例如企业社会责任管理国际标准 SA 8000 和 ISO 26000，并通过文献回顾的方式，简要总结了中国学者建立的企业社会责任评价指标体系。

接下来本文侧重总结、分析中国企业在社会责任建设中取得的成绩，主要从增加税收和促进就业、产品质量和技术创新、员工权利和劳动保证、环境保护和回报社会五个方面详细阐述其成绩。文章指出，虽然中国企业在社会责任建设中取得了不小的成绩，但还是存在很多问题的，如偷税漏税、行贿受贿、克扣工资、超时加班、欺诈顾客、假冒伪劣、污染环境等。本文通过对比民营企业和国有企业、外资企业在履行社会责任方面的表现，总结分析了民营企业在社会责任建设方面的优势和不足及其原因。

最后，通过分析制约中国企业社会责任建设的内外部原因，并结合中国企业社会责任发展的国内外趋势，本文提出了推进中国企业社会责任建设的五点建议，分别是：完善相关法律法规，加强政府监管与激励，强化企业社会责任的宣传教育工作，积极发挥新闻媒体与社会公众的外部监督作用，以及改善企业治理结构。

社会质量研究：社会发展研究的新尺度及其新进展[*]

张海东　毕婧千[**]

社会质量研究是社会发展研究领域一个全新的研究取向，致力于探讨用合理的指标体系测度社会发展的实际状况。本文考察了社会质量研究的起源，对其概念、理论和方法等进行了比较详尽的介绍。文章还着重分析了社会质量研究在国内外的推进情况，梳理了近十年来中国社会质量研究发展状况。本文认为，中国社会质量研究在理论研究、经验研究与政策研究等多个方面都取得了很大的进展，但也存在一些较为明显的局限。在提倡共享发展等新发展理念和追求高质量发展的时代背景下，中国社会质量研究有很大的拓展空间。

社会质量研究是社会发展研究领域一个全新的研究取向，致力于探讨用合理的指标体系测度社会发展的实际状况。社会质量有两个各自独立的起源：一是生长于中国本土的社会质量的概念

---

[*] 本文部分内容来源于《社会质量研究及其新进展》，发表于《社会学研究》2012年第3期。
[**] 张海东，上海大学社会学院教授；毕婧千，鲁东大学法学院讲师，中国社会科学院社会发展战略研究院博士后。

和理论；二是源于欧洲的社会质量概念、理论和指标体系。近年来，中国社会质量研究在理论研究、经验研究与政策研究等多个方面都取得了很大的进展，但也存在一些较为明显的局限。在提倡共享发展等新发展理念和追求高质量发展的时代背景下，中国社会质量研究有很大的拓展空间。

一　社会质量概念的提出和早期研究情况

根据现有的文献，社会质量的概念最早由王沪宁提出。1989年他在《中国：社会质量与新政治秩序》一文中明确提出并阐述了社会质量的概念。王沪宁从中国建立新政治秩序的条件和可行的选择视角，指出"任何社会政治秩序的格式和发展，都与该社会所提供的历史—社会—文化条件密切相关。……不要超越社会条件去推行某种秩序，否则不仅新秩序不能建立，而且社会也不会因此进步"。"我这里把前述历史—社会—文化条件对一个社会的设定，归之为一个总体的概括性的概念，即社会质量（Quality of Society）。"接着，文章界定了社会质量的概念。"所谓社会质量，指的是社会非政治有序化程度。非政治有序化程度指的是社会各个环节、各种运动和各种因素自我组织的程度，即在没有政治控制和协调下它们的自组织达到何种程度。我们可以把现代社会分为两大类，一类为政治的有序化社会，一类为非政治的有序化社会。在这两大类中，各有高低之分，结果我们得到两大类、四大基本类型：（一）政治的有序化低的社会；（二）政治的有序化高的社会；（三）非政治的有序化低的社会；（四）非政治的有序化高的社会。"作者认为，中国社会历来是第二种类型，能否从第二种类型过渡到第三种类型或是第四种类型目前尚难定论①。

在这篇文章中,作者还就测量社会质量的指标进行了探讨。文章把社会质量指标分为两大类:一类是物质性的指标,主要有历史发展的道路、经济发展的水平、人口、沟通、教育、文化;另一类是价值性指标,包括整合、自主、自律、稳定、适应、开放。"物质性指标和价值性指标综合运动,作用于社会质量。"②

在后来的一篇文章中,王沪宁还就社会质量对政府职能转变的制约、社会质量与政府职能转变的动态平衡等问题进行了探讨③。

继王沪宁提出社会质量之后,吴忠民于1990年在《论社会质量》一文中从社会哲学的视角对社会质量进行了较为详尽的论述。在作者看来,"所谓社会质量,是指社会机体在运转、发展过程中满足其自身特定的内在规定要求和需求的一切特性的总和"。文章分析了社会质量具有的三个特征:"第一,它所反映的是同一时代的条件下,社会机体的实际状况同自身内在的最佳规定要求及最适合需要之间的吻合程度;第二,社会质量虽不直接反映'时代'状况,但毫无疑问,它是附着于'时代'内容的;第三,它所反映的是一种社会整体性的品格。"④

作者还就社会质量这一概念及有关命题的意义和研究内容进行了探讨。就研究意义而言,作者认为,在理论方面,它可以丰富社会学学科的内容;社会质量的研究有助于深化社会发展理论的研究;为社会研究方法的更新提供了一种积极的思路。在现实

---

① 王沪宁:《中国:社会质量与新政治秩序》,《社会科学》1989年第6期。
② 同上。
③ 王沪宁:《社会质量与政府职能转变》,国家机构编制委员会办公室编《中国政府机构1991年》,中国人事出版社1991年版。
④ 吴忠民:《论社会质量》,《社会学研究》1990年第4期。

方面，它可以提醒人们在建设现代化的同时，也要注意社会机体自身的完善；它对于后发展中国家更具有积极的意义。就研究内容而言，作者指出，"社会质量这一课题所包括的内容极为丰富，大致上可以分为两类内容的研究。一类是有关社会质量的理论研究，主要是侧重这样一些内容的研究：社会质量的基本特性、基本品质问题；社会质量的分类问题；影响社会质量的各种因素、变量等。另一类是有关社会质量问题的应用研究，这主要是指：关于社会质量的测量方法及指标体系（包含客观指标体系和主观指标体系）；对于社会质量理想模型的设计及其具体的技术性方法；对于社会质量进行国别性的研究；优化社会质量的具体措施等等"[①]。在后来的《中国社会发展论》一书中，作者将有关社会质量的思想又进一步发挥，明确提出将社会质量作为衡量社会完善与否的重要尺度[②]。应该说，吴忠民对社会质量研究做了较为系统深入的阐述，为开展社会质量研究做了开创性的工作。

本土的社会质量概念和理论的提出在当时的社会背景下并没有得到热烈的回应，这与当时中国社会发展的阶段性特征有关。当时的中国，在人们的观念中经济增长是发展的第一要务，社会发展问题刚刚引起人们的重视，社会发展的质量问题还远远没有进入人们的视野，还没有成为一个迫切的问题。根据现有的文献，在欧洲的社会质量理论引入之前，对本土的社会质量做出了积极回应的文章[③]并不多见。

学者们对社会质量的研究具有极为重要的意义和价值。就理论层面而言，这些极有前瞻性和预见性的研究开启了社会发展研

[①] 吴忠民：《论社会质量》，《社会学研究》1990 年第 4 期。
[②] 吴忠民：《中国社会发展论》，湖南出版社 1995 年版，第 195—208 页。
[③] 杨晓莉：《社会质量：社会进步的评价尺度》，《扬州大学学报》（人文社会科学版）1999 年第 5 期。

究的一个全新的视角,两位学者对社会质量的具体理解各不相同,但作为一种发展理念,社会质量的提出意味着人们开始关注社会发展的质量问题。这与中国经济改革早期关注速度,注重"快",到了一定发展阶段,人们不约而同地提出了经济发展的质量问题类似,不是"快"就"好",重要的是经济增长的质量,所以又好又快已经成为当前和今后一段时期发展经济的共识。在社会发展研究领域,学者们较早地关注社会发展的质量问题,这在理论上为社会发展研究实现研究范式的转换奠定了基础。

就实践层面而言,社会质量的提出者都意识到开展经验研究的必要性,通过指标体系的设定对一个社会的社会质量进行度量,并依据这种度量来判定社会发展的程度。虽然两位作者在具体指标的考量上没有深入探讨(当然,这也不是他们的研究主旨所在),但是对测量社会质量的主要指标维度还是指出了方向。应该说这些维度虽不全面,但极为重要,为后来衡量社会发展与进步的实证研究所广为采纳,也是时下决策部门衡量社会发展状况并制定相关政策依据的重要维度。

二 欧洲的社会质量研究

1. 社会质量概念提出的背景

社会质量的另一个起源是欧洲的社会质量研究。1997年1000多名欧洲学者在阿姆斯特丹通过一项宣言,即《欧洲社会质量的阿姆斯特丹宣言》。该《宣言》给出了提出社会质量这一全新的社会发展理念的根本动机:"考虑到所有市民的基本尊严,我们声明:我们不想在欧洲城市目睹日益增长的乞讨者,流浪汉,我们也不希望面对数量巨大的失业群体,日益增长的贫困人群,以及只能获得有限医疗服务和社会服务的人群。这些以及其他指标都表明欧洲社会为所有市民提供社会质量不足。"①

欧洲学者提出社会质量有其特殊的历史背景。20世纪90年代随着新自由主义的地位在欧洲的上升,欧洲经济政策和社会政策间的不均衡关系日益强化。新自由主义排斥社会性,降低社会政策,将社会政策置于从属于经济政策的地位。"在欧洲语境下,社会政策通常被民族国家以及地区和地方当局等同于社会管理,通过收入转移以维持社会经济保障,最初是雇员的社会经济保障,后来扩大到全体公民的社会经济保障。"在这种经济价值观主导下,"经济系统中运行的问题被方便地定义为'社会问题'并被化为'外在性'问题"②。对社会政策和(暗含的)社会性从属于经济增长这个中心目标的批判,是社会质量得以提出的重要背景。因此,社会质量提出者们的初衷是通过提升公民在社区和社会中对社会生活和经济生活的参与能力,增进人们的福祉。

2. 欧洲社会质量的理论化

根据欧洲学者的定义,"社会质量(Social Quality)是指人们能够在多大程度上参与其共同体的社会与经济生活,并且这种生活能够提升其福利和潜能"③。按照社会质量理论家们的观点,这些福祉和潜能都源自社会交往和社会参与,关注的焦点聚焦在社会关系的质量对促进人们参与社会发展以及个人社会进步的和发

---

① Beck, Wolfgang, Laurent J. G. van der Maesen, Fleur Thomese, Alan Walker (eds), *Social Quality: A New Vision for Europe*, The Hague/ London/ Boston: Kluwer Law International, 2001, p. 375.

② [英]艾伦·沃克:《社会质量取向:连接亚洲与欧洲的桥梁》,张海东译,《江海学刊》2010年第4期。

③ Beck, W. van der Maesen, L. Walker, A. (eds), *The Social Quality of Europe*, The Hague, London. Boston: Kluwer Law International, 1997; Beck, Wolfgang, Laurent J. G. van der Maesen, Fleur Thomese, Alan Walker (eds), *Social Quality: A New Vision for Europe*, The Hague/ London/ Boston: Kluwer Law International, 2001, pp. 6 – 7.

展的程度，因为没有社会关系将不会有个人的福祉与发展。

欧洲理论家们认为，社会质量的本体论基石就基于人在本质上是社会的存在而不是原子化的经济人假定的观点。这种观点认为人的自我实现有赖于社会认可，也就是说，人的自我实现源于他们在大量的集体认同（诸如家庭、社区、公司、机构）中与他人的互动。所以自我实现过程和集体认同形成过程两者之间存在相互依赖。当然为了参与这些过程，人们必须具有自我反应能力并且与之互动的集体认同必须是开放的。"社会性"就根植在这些相互依赖的过程中。这些相互依赖过程发生的领域体现了两种重要紧张关系的互动：正式的系统世界与由家庭、群体和社区构成的非正式的生活世界两者之间的水平方向的紧张关系，以及社会发展和个人发展两者之间纵向的紧张关系（见图1）。

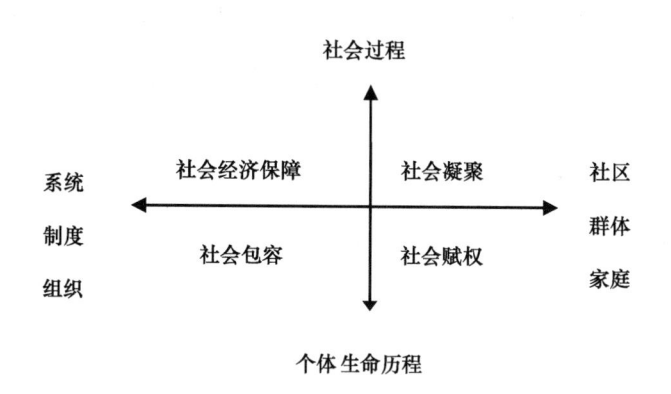

图1 欧洲社会质量的理论架构

资料来源：［英］艾伦·沃克：《社会质量取向：连接亚洲与欧洲的桥梁》，张海东译，《江海学刊》2010年第4期。

在创造和评价社会质量方面，欧洲学者着重考虑了三组因素（表1）。首先是建构性因素，这是在横跨两种重要紧张关系中，自我实现过程与各种集体认同的形成过程互动的结果。这些导致合格的社会行动者的构成：个人（人类）安全，关乎法律规则的制度化；社会认知，关乎社区成员个人之间的尊重；社会反应，关乎群体、社区和系统的开放性；个人（人类）能力，关乎个人的生理和精神方面的能力[①]。

其次是条件性因素，社会质量的概念内在地包含了四个方面的条件性因素。

一是社会经济保障，指人们获取可用来提升个人作为社会人进行互动所必需的物质资源和环境资源的可能性。社会经济保障指向的是社会正义，以抗拒社会给个人造成的风险。二是社会凝聚，指以团结为基础的集体认同，揭示的是基于共享的价值和规范基础上的社会关系的本质，考察一个社会的社会关系在何种程度上能保有整体性和维系基本价值规范。社会凝聚指向的是团结和整合问题，以最大限度地减少社会分化或分裂。三是社会包容，指人们接近那些构成日常生活的多样化制度和社会关系的可能性，人们在何种程度上可以获得来自制度和社会关系的支持。社会包容关乎个体平等的权利和价值以减少社会排斥。四是社会赋权，指个人的力量和能力在何种程度上通过社会结构发挥出来，社会关系能在何种程度上提高个人的行动能力。社会赋权关注的是社会为个人发挥自身能力而提供的生活机会是否公平，它指向人的尊严[②]。

最后是规范性因素。将建构性因素和条件性因素连接起来的基础上，规范性因素被用来判断社会质量的适当性和必要性程度。这些规范性因素包括：社会公正（平等），连接社会经济保障；团

[①] ［英］艾伦·沃克：《社会质量取向：连接亚洲与欧洲的桥梁》，张海东译，《江海学刊》2010年第4期。

[②] 张海东：《社会质量视角中的风险应对》，《江海学刊》2011年第3期。

结，连接社会凝聚；平等价值观，作为对应社会融合的一个标准；人的尊严，对应社会赋权[①]。

表1　　　　　　　　　　　社会质量的结构

建构性因素（进程）	条件性因素（机遇+偶然）	规范性因素（取向）
个人（人类）安全	社会经济保障	社会公正（平等）
社会认知	社会凝聚	团结
社会反应	社会包容	平等价值观
个人（人类）能力	社会赋权	人的尊严
（评估这些因素性质的外在印象）	（量化这些因素性质的指标）	（判断建构性因素和条件性因素之间联系结果的标准）

资料来源：[荷]劳伦·范德蒙森、[英]艾伦·沃克：《社会质量研究比较的视角》，张海东主编《社会质量研究：理论、方法与经验》，社会科学文献出版社2011年版。

如果用一个类似数学象限的构图来表示就能更加清晰地说明社会质量的理论架构。在这个构图中，作为横轴的X轴的左端代表的是制度、系统和组织世界，横轴的右端代表的是群体、社区和家庭。作为竖轴的Y轴下端代表的是个人的生命历程，竖轴的上端代表的是社会过程。这个框架图中，一方面表示的是宏观（社会）和微观（个人）的纵向关系；另一方面，则是制度、组织与群体、社区和家庭之间的水平关系。纵轴代表社会发展与个人发展之间的紧张关系，而横轴则代表制度进程与个体行动之间，或者制度世界与生活世界之间的紧张关系。这两种持续存在而又密切相关的紧张关系产生了一种动力，这种动力影响了个体的自我实现和集体认同的形成，并将社会行动者转化为能够实现社会质量的行动者。当然，象限图中的每一个象限本身即代表着一个

---

① [英]艾伦·沃克：《社会质量取向：连接亚洲与欧洲的桥梁》，张海东译，《江海学刊》2010年第4期。

连续的系统：社会经济保障与不安全；社会整合与分化；社会融入与排斥；个人的自主与依赖①。

欧洲社会质量有其独特的理论架构，其出发点是消解社会发展与个体发展的矛盾，解决制度世界（即系统、制度和组织）与生活世界（即社区、群体和家庭）的冲突，从而改善社会状况，继而提升个人的福利和潜力。在坐标图的四个象限中，"如果着眼于社会体系，制度和组织体制等社会环境因素，一个社会的社会质量可以通过该社会为人们生活所提供的社会经济保障的水平和程度反映出来。但如果着眼于个体，该社会的社会质量也可以通过该社会为个人提供的进入社会体系的机会，开放度，以及个人融入主流社会的可能性来反映"②。

3. 社会质量的测量领域和指标体系

在社会质量测量和指标方面，欧洲学者根据对四个条件性因素的解析分别给每个因素建构了测量的领域，在每个领域下又区分了不同的子领域，每个子领域设定了具体的指标。欧洲社会质量指标总共由95个指标构成③。具体结构包括：

社会经济保障因素：测量的领域包括金融资源、住房与环境、健康与照顾、就业和教育五个方面。其中，金融资源领域包括收入充足性和收入保障两个子领域共3个指标；住房与环境领域包括住房保障、住房条件、环境条件三个子领域共6个指标；健康与照顾领域包括健康供给保障、健康服务和照顾服务三个子领域共5个指标；就业领域包括就业保障和工作环境两个子领域共7个指标；教育领域包括教育保障和教育质量两个子领域共3个

---

① 张海东：《社会质量视角中的风险应对》，《江海学刊》2011年第3期。
② 林卡：《社会质量理论：研究和谐社会的新视角》，《中国人民大学学报》2010年第2期。
③ Beck, Wolfgang, Laurent J. G. van der Maesen, Fleur Thomese, Alan Walker (eds), *Social Quality: A New Vision for Europe*, The Hague/London/Boston: Kluwer Law International, 2001.

指标。

社会凝聚因素：测量的领域包括信任、整合的规范与价值观、社会网络、认同四个方面。其中信任领域包括一般信任和特殊信任两个子领域4个指标；整合的规范与价值观领域包括利他主义、宽容、社会契约三个子领域共9个指标；社会网络领域包括网络一个子领域共3个指标；认同领域包括国家/欧洲的认同、区域/社区/地方认同、人际关系认同三个子领域4个指标。

社会包容因素：测量的领域包括公民权、劳动力市场、服务和社会网络四个方面。其中公民权领域包括宪法/政治权利、社会权利、公民权利、经济的政治的网络四个子领域8个指标；劳动力市场领域包括获得有偿就业一个子领域2个指标；服务领域包括健康服务、住房、教育、社会照顾、金融服务、交通、公民/文化服务七个子领域12个指标；社会网络领域包括邻里参与、友谊、家庭生活三个子领域5个指标。

社会赋权因素：测量的领域包括知识基础、劳动力市场、制度的开放性和支持性、公共空间、人际关系五个方面。其中知识基础领域包括知识应用、信息的可获得性、信息的方便性三个子领域6个指标；劳动力市场领域包括雇用合同控制、工作流动前景、工作和家庭生活的协调三个子领域共7个指标；制度的开放性和支持性领域包括政策系统的开放性和支持性、经济系统的开放性和组织的开放性三个子领域共3个指标；公共空间领域包括对集体行动的支持和文化丰富性两个子领域共5个指标；人际关系领域包括支持个人生理的和社会自立的服务、个人服务的支持、社会互动的支持三个子领域共3个指标。

通过上述的条件性因素中的不同领域及子领域和具体指标的设定，欧洲社会质量研究完成了其详细而丰富的指标体系的建构。

基于欧洲社会质量指标体系，经济合作与发展组织

(OECD)/韩国政策中心（Korea Policy Centre）等机构就 2007 年以来亚洲社会质量（Asian Social Quality，ASQ），对指标体系进行了独特性的构建，充分考虑了亚洲特有的社会文化、政治、经济及教育情况等，形成了亚洲的社会质量指标体系。2008 年 4 月 12 日和 13 日，由韩国、中国台湾、日本、中国香港和泰国的 15 名专家组成的亚洲社会质量研究团队运用德尔菲法修改了欧洲的社会质量指标。通过对欧洲 95 个指标的删除、替换和新增，最终形成了亚洲社会质量指标体系，共包括 80 个指标。

4. 社会质量研究在欧洲的推广和应用

为了使社会质量研究在欧洲有实质性的推进，1997 年 6 月欧盟成立了"欧洲社会质量基金会"（EFSQ）以推动社会质量的研究。自成立以来，欧洲社会质量基金会做了大量的基础研究和应用研究，使社会质量的影响逐步扩大。

2001 年以前，欧洲社会质量基金会致力于社会质量的条件性因素研究并在 2001 年最终形成了明晰的社会质量四个条件性因素即社会经济保障、社会凝聚、社会包容和社会赋权。1997 年，欧洲社会质量基金会出版了社会质量研究的第一本著作《欧洲社会质量》[1]，对社会质量的理论、研究领域政策取向等进行了探索。其间为了集中发表社会质量研究的最新成果，自 1999 年起出版《欧洲社会质量期刊》，截至 2006 年该杂志已出版 6 卷共 7 期，发表了一系列有关社会质量的学术论文。该杂志自 2011 年更名为《国际社会质量期刊》，至今已出版 7 卷共 13 期。该杂志曾与浙江大学开展长期合作，近期有望与中国社会科学院社会学所有进一步合作。

---

[1] Beck, W. van der Maesen, L. Walker, A. (eds), *The Social Quality of Europe*, The Hague, London. Boston：Kluwer Law International, 1997.

2001年欧洲社会质量基金会出版了社会质量研究的第二本著作《社会质量：欧洲愿景》[1]，该书着重阐述了社会质量的概念、理论和政策相关的问题。2001—2005年，欧洲社会质量基金会将研究的重心转移到社会质量指标体系上来，并最终形成了上述95个指标构成的完整的指标体系并进行经验研究。2006年以后，欧洲社会质量基金会则致力于在亚洲和国际社会上拓展社会质量研究和以此为核心的政策取向的推广。2012年欧洲社会质量基金会出版的第三本社会质量研究著作《社会质量：从理论到指标》，该书囊括了过去十年间多名学者关于社会质量议题的研究成果，基于大量欧洲研究项目的基础，本书提出了测量社会质量的具体方法和具体指标。

在欧盟内部，社会质量提出后许多国家按照统一的社会质量指标体系衡量各自的社会质量，并据此对有关社会政策进行调整。2005年，在"欧盟委员会执委会研究总署和第五框架方案"提供资金支持的情况下，比利时、芬兰、法国、德国、希腊、匈牙利、爱尔兰、意大利、荷兰、葡萄牙、斯洛文尼亚、西班牙、瑞典、英国14个国家相继发表了本国的社会质量报告，国际社会福利委员会（ICSW）和欧洲反贫困网络（EAPN）两个国际NGO组织也参与了该项目，欧洲反贫困网络还对这些报告进行了比较研究（EAPN，2005），据此向欧盟委员会提出了政策建议。

在经验研究方面，欧洲社会质量基金会2004年起就与海牙市政府就"城市发展和地方治理"开展合作研究，合作包含两个阶段。第一阶段以社会质量的四个条件性因素为核心，组织深度访谈；第二阶段，以城市发展为主题，开展了LAAK NOORD城市计

---

[1] Beck, Wolfgang, Laurent J. G. van der Maesen, Fleur Thomese, Alan Walker (eds), *Social Quality: A New Vision for Europe*, The Hague/ London/ Boston: Kluwer Law International, 2001.

划。该研究为地方政府的治理政策提供了有益的政策依据。这项研究也是欧洲社会质量基金会将社会质量指标应用于城市的一个典型案例①。

5. 社会质量研究在亚洲的推进

社会质量在亚洲的推进，可以通过在亚洲国家和地区举办的一系列国际学术会议厘清其路径和逻辑。

欧洲社会质量研究走出欧洲开始在亚洲扩展始于 2006 年，主要的推动者是日本千叶大学的小川哲夫（Tetsuo Ogawa）。2006年，日本千叶大学与欧洲社会质量基金会合作召开了"基于关系基础上的社会正义、平等和民主的人类福利与公共政策：建立可持续福利社会亚洲面临的挑战"，这也是亚洲社会质量的第一次国际会议。会议讨论了比较视角中的欧盟和亚洲社会政策，探讨了迈向"可持续福利社会"的政策取向。这次会议的重要性在于搅动了亚洲社会学者，他们开始关注社会质量这个全新的研究范式。在实践层面，日本国际协力机构（JICA）也开始考虑并论证将社会质量应用于艾滋病策略的可能性。

亚洲社会质量的第二次国际会议于 2007 年在中国台湾举行，会议主题是"社会质量与可持续福利社会"，会议由台湾大学主办，其他多所高校和地方政府的研究部门参与了该次会议。会议讨论了亚洲可持续福利的概念，也提出探讨建立亚洲社会质量指标的议题。

亚洲社会质量的第三次国际会议于 2008 年在南京大学举行。会议主题为"亚洲和欧洲的社会质量：探寻增进社会凝聚和社会赋权之路"（中文会议名称为：社会质量研究和社会福利国际学术

---

① Tetsuo Ogawa, A New Perspective on Ageing: Social Quality and its Potential Role for Public Policy Making in Asia and the Pacific, Bangkok, March 2007, pp. 27 – 29.

会议），会议就社会建设和促进公民社会建设过程中的社会质量和相关社会政策问题进行了讨论，也涉及 NGO 和社会赋权等议题①。南京会议是国内组织召开的第一次有关社会质量的国际学术会议，对社会质量研究在中国的传播具有一定的影响。

亚洲社会质量的第四次国际会议于 2009 年在泰国曼谷举行。会议的主题是"社会发展和人类安全：社会质量观点和亚洲条件"。会议讨论了社会质量研究的理论和方法论问题以及亚洲社会质量的条件。2009 年，亚洲社会质量研究者在韩国首尔召开亚洲社会质量标准问卷（SQSQ）的国际研讨会，会议就亚洲社会质量的指标进行了深入研讨并最终形成标准的亚洲社会质量调查问卷。

2010 年开始，一些国家和地区依据首尔会议形成的标准问卷（SQSQ）进行调查，在调查的基础上，学者们就调查指标和数据中存在的问题初步分析并在千叶大学召开国际研讨会。2011 年，首尔大学再次召开"亚太社会质量比较"国际研讨会，就亚太地区的第一轮社会质量调查结果进行比较研究。2012 年，在香港城市大学举行了第二届亚太地区社会质量调查国际会议。2013 年 5 月，在泰国曼谷召开"亚洲社会质量：从概念到实践"研讨会，来自中国大陆、中国台湾、中国香港、韩国和泰国的学者交流了亚洲社会质量比较研究的最新进展。

2009—2011 年，亚洲社会质量研究联合会在 7 个亚太社会展开社会质量状况调查。来自中国大陆、中国香港、中国台湾、日本、韩国、泰国和澳大利亚的调查团队采用同样的调查问卷，在各地获得 1000 余样本，共获得有效样本 6460 个。2012 年 5 月，由韩国首尔大学社会发展和政策研究院发起的社会质量调查在韩国、德国、希腊、意大利和土耳其进行，调查对象为 18 岁以上成

---

① EFSQ,"Annual Report 2009/2010：European Foundation on Social Quality", 2011.

年人，5个国家采取相通的调查问卷，除德国获得 1200 个样本外，其他 4 个国家分别获得 1000 个样本，该调查由盖洛普公司执行。

特别值得一提的是，亚洲社会质量研究方面，韩国首尔大学社会质量研究团队做了很多扎实的工作。首尔大学李在烈和张德镇在 2009 年第三届 OECD 世界论坛中发表了题为《社会质量作为社会进步的一种测量》的文章并获奖；首尔大学主办的英文学术期刊《发展与社会》2009 年 12 月第 38 卷第 2 号，专门出版了一期社会质量专刊；随后在亚洲 SQSQ 指标和问卷的建立方面也起到了主导型作用，做出了重要贡献。此外，2010 年，首尔大学社会质量研究团队出版了《社会质量的动向 2009》[①] 一书；2015 年，又出版了李在烈等撰写的《韩国社会质量：从理论到应用》[②]，该书基于社会质量理论的四个领域展开了韩国本土化讨论。

6. 国际社会质量研究的启示

（1）欧洲社会质量研究的启示

经过 10 余年的探讨，欧洲社会质量研究取得了长足的发展。在以下几个方面给我们以深刻的启示。

一是理论研究与经验研究并重。欧洲社会质量不同于其他一些衡量社会进步的研究取向（例如生活质量）的重要不同之处在于，它试图构建一个完整、连贯的理论体系。在这方面，社会质量的提出者不仅从社会哲学的视角，挖掘社会质量的本体论基础——社会性，还从谋求解决制度世界与生活世界、个人发展与社会发展、自我实现与集体认同等问题入手，阐述其所涉及的社会哲学问题。在理论的建构上，欧洲社会质量理论不仅仅考察了

[①] 정진성외. 서회의 질 동향.서울대학교출판부, 2010.

[②] 이재열외. 한국사회의질:이론에서 적용까지.한울, 2015.该书中文版即将由社会科学文献出版社出版。

其构成中的最重要因素——条件性因素，而且深入研究了这些条件性因素得以成立的建构性和规范性因素，并在三者之间建立起紧密的逻辑联系。

在将社会质量理论化的基础上，欧洲的理论家们将社会质量的条件性因素操作化，转化成为可以衡量社会发展程度的指标体系，并将这些指标应用于经验研究领域，从而获得丰富翔实的资料。这些资料不仅可以用于测量一个社会的具体的社会质量状况，还可以为社会质量理论的进一步完善和修订提供经验支撑。

二是明显的社会政策取向。社会质量研究不是象牙塔内的智力游戏，它从一开始诞生之时就被赋予了更新社会政策的使命。而且从实际情况来看，社会质量的政策领域极为广泛，它涉及人们社会生活的各个层面，对解决欧洲的社会问题，扭转社会政策从属于经济政策的局面发挥了一定的作用，这些政策领域包括经济政策、社会政治政策、文化政策和环境政策等。可以说，无论是在城市发展、社会发展、公民权、社会团结方面，还是就业、教育、老龄化等问题上，社会质量的一整套概念工具都具有一定的发言权。而且，欧盟也将社会质量的政策建议进行过实质性的推进。不仅在欧盟内部，实际上联合国这样一些国际组织也试图采用社会质量的概念工具用以解决具体问题。例如，联合国经济社会事务部关于老龄化的计划也考虑采用社会质量作为衡量社会发展政策有效性的指标，其他几个政策框架也采纳了社会质量。2006年7月于上海举行的联合国亚洲及太平洋经济社会委员会专家组会议形成的报告中，社会质量的概念和行动主体占据了核心部分，本着确立高水平的会议日程的宗旨，对上海实施策略应用于马德里和澳门老龄化行动计划进行了地区性回顾，因此，社会质量概念与亚太地区所有老龄人口的生活质量评价和提高密切相关①。

　　三是欧洲社会质量研究的局限。目前社会质量研究还有一些问题没有很好地解决，虽然很多学者仍然在进行不懈的探讨。这些未解决的问题也正是社会质量研究进一步发展的内在动力。例如，在理论上，如何进一步深化社会质量的理论体系，解决制度世界如何干预生活世界甚至使其殖民化的问题，解决社会质量理论框架中行动者的功能和结构问题，解决质量和能力之间的关系问题，解决作为结果的社会质量和作为过程的社会质量统一的问题，等等。除了理论上的问题之外，社会质量研究还在方法上容易使人困惑，例如社会质量研究和生活质量研究、人类发展研究、人类安全研究、能力理论、社会资本理论②乃至幸福指数等研究的区别上，尤其在方法论的区别还不够清晰，甚至有些从事社会质量研究的学者也不甚了解。不清楚这些研究取向之间的差别和界限，或者它们之间互相联系的领域何以生长出不同的取向。在社会政策领域，欧洲是否存在一个统一的切实可行而又有效的社会政策？这个问题和到底有没有一个统一的欧洲模式相关联。原来意义上的欧洲并不包括东扩后的前社会主义国家，所以欧洲社会质量的提出者也在问自己，西欧模式能在真正的意义上代表欧洲模式吗？如果回答是否定的，基于统一的社会质量指标体系经测量而形成的政策建议的可行性和有效性就难以令人信服。

---

　　① Tetsuo Ogawa, A New Perspective on Ageing: Social Quality and its Potential Role for Public Policy Making in Asia and the Pacific, 27 - 29 March, Bangkok.

　　② Des Gasper, Laurent vd Maesen, Thanh-Dam Truong, Alan Walker, "Human Security and Social Quality: Contrasts and Complementarities", Co-authors: Thanh-Dam Truong, Laurent van der Maesen, Alan Walker. Working Paper 462, ISS, The Hague, 2008; Des Gasper, "The Human and the Social: A systematized Comparison of the Discourse of Human Development, Human Security and Social Quality", The Fourth Asian Social Quality Conference, *Social Development and Human Security: The Social Quality Perspective and Asia Conditions*. National Institution of Development Administration, Thailand, December, 2009.

(2) 亚洲社会质量研究的启示

社会质量研究在亚洲扩展过程中，有几个突出的研究特点。一是在可持续发展的主题下，各地结合本土社会的特征开展研究。例如，在韩国，很多学者聚焦在风险社会和风险政治这一研究主题；在泰国，学者们关注从社会质量的视角衡量民主质量；在日本，学者们较多地从社会质量的视角关注老龄化问题；在中国，学者们侧重从社会质量的视角解读和谐社会建设。二是注重欧洲社会质量指标的本土化，并在此基础上开展经验研究，并且形成了一定规模的研究网络和数据库，这些基于共同指标的数据为开展亚洲社会质量的比较研究提供了基础性资料。三是，带动起了一批学者开展社会质量研究。目前，在亚洲开展社会质量的研究的学者不少于50人，而在2006年以前则是寥寥无几。更重要的是，一批年轻学者包括博士研究生，开始以社会质量为主题，撰写学位论文。

三 中国社会质量研究现状及反思

目前国内有关社会质量的研究基本上都是欧洲社会质量研究在亚洲推进后的产物。换言之，国内目前的社会质量研究是欧洲社会质量研究的本土化尝试和努力，而不是作为国内最早提出的社会质量的学术承继和发展。令人遗憾的一点就在于，国内学者最早提出了社会质量这个范畴，而在近二十年的时间里没有任何学术上的呼应。反倒是西方社会质量研究的亚洲扩张，使人们在热炒欧洲范式的同时，将这个原本产于本土的研究范式从束之已久的高阁中翻检出来。即便如此，迄今国内关于社会质量的研究主要沿用欧洲的话语体系，在话语创新方面存在明显的不足。社会质量研究在国内的进展情况可以大体概括如下：

1. 欧洲社会质量在大陆的最早传播

欧洲社会质量研究在国内学界最早的传播始于 2006 年，在杨团、关信平主编的《当代社会政策研究》一书中发表了艾伦·沃克的《21 世纪的社会政策：最低标准，还是社会质量？》一文[1]，作为社会政策领域的重要文献，该文又被收录在 2007 年出版的《社会政策评论》（第一辑）中。这是国内有关欧洲社会质量研究的最早的文献。2007 年 10 月中国社会科学院社会学研究所邀请艾伦·沃克和小川哲夫举办了"社会质量理论与应用"的学术讲座。艾伦·沃克着重介绍了社会质量的理论架构，小川哲夫则以"社会质量与其对中国公共政策制定的潜在角色：发展社会质量指标以期构建和谐社会"为题发表了演讲。这意味着日本学者小川哲夫是较早考虑将社会质量与和谐社会建构联系起来思考的学者之一。林卡是大陆欧洲社会质量研究主要推动者，他最早撰文探讨中国的社会质量问题[2]。2008 年南京大学会议则是国内第一个有关社会质量的大型国际学术研讨会。

2. 大陆社会质量研究进展

近年来，大陆学者推进社会质量研究方面取得了一些进展，研究论文的数量显著增加。根据检索可以发现，从 2012 年发表了研究成果 40 余篇（部）到 2018 年已有 400 余篇（部）。而且社会质量研究的学者不断增加，社会质量研究蓬勃发展。概括起来大陆社会质量研究有如下特点：

---

[1] ［英］艾伦·沃克：《21 世纪的社会政策：最低标准，还是社会质量？》，《社会政策评论》（第一辑），社会科学文献出版社 2007 年版。

[2] Ka Lin and Karen K. Gabe, "Social Quality in China: A Reflection to the Social Change and Development in the Progress of Economic Reconstruction", *Social Quality and Sustainable Welfare Societies*, Taipei: National Taiwan University, 2007.

（1）对欧洲社会质量理论进行译介的同时，从中国社会特质出发开展社会质量研究

2009年，林卡撰写的《社会质量与社会和谐理论》一文，该文是国内最早系统介绍欧洲社会质量研究的文献[1]。张海东在《社会》第一期发表了《90年代金融危机对韩国社会的影响》，文章运用社会质量的四个条件性因素和韩国统计数据分析了金融危机对韩国社会质量的影响以及韩国社会政策的转向[2]。其后，张海东、韩克庆、林卡先后发表多篇文章，从不同的视角介绍欧洲社会质量研究。张海东：《社会质量：社会发展研究的新视野》，《光明日报》2010年2月16日；张海东：《社会质量：社会发展的核心问题》，《中国社会科学报》2010年3月30日；张海东：《从社会质量看国民幸福》，《文汇报》2011年4月4日第6版；韩克庆：《社会质量理论：一个研究综述》，《东吴学术》创刊号，2010年；韩克庆：《社会质量中国化面对的社会背景》，《中国社会报》2010年4月19日；韩克庆：《提升社会质量的重要途径》，《中国社会报》2010年5月10日；林卡：《为中国社会质量把脉》，《中国社会报》2010年5月24日。林卡、赵定东等分别就生活质量与社会质量的理论、方法、规范、目标分歧和融合问题进行了讨论。[3] 林卡《社会质量：理论方法与国际比较》一书对社会质量理论进行了系统的论述和多维度的探索[4]。

2010年两篇重要的社会质量文献被翻译成中文发表，一篇是艾

---

[1] 林卡：《社会质量与社会和谐理论》，彭华民主编《西方社会福利理论前沿：论国家、社会、体制与政策》，中国社会出版社2009年版。

[2] 张海东：《90年代金融危机对韩国社会的影响》，《社会》2009年第1期。

[3] 林卡：《生活质量与社会质量：一项有关理论和方法论的比较研究》，《江苏行政学院学报》2015年第2期；赵定东、张英英、毕婧千：《社会质量和生活质量研究的规范、目标分歧及其融合》，《山东社会科学》2015年第6期。

[4] 林卡：《社会质量：理论方法与国际比较》，人民出版社2016年版。

伦·沃克的《社会质量取向：连接亚洲与欧洲的桥梁》[①]，该文深入阐述了欧洲社会质量理论与应用于亚洲的前景；另一篇是王卓祺的《治理视角下的社会质量与社会和谐的比较分析》[②]，该文从治理的视角对社会质量与和谐社会进行了详尽的比较分析。《社会质量研究及其新进展》一文考察了社会质量研究的两个独立起源，对社会质量的发展进行了全面的梳理[③]。随后，上海大学社会质量研究团队出版社会质量研究丛书，其中包括《社会质量研究：理论、方法与经验》《社会质量：欧洲愿景》《社会质量：从理论到指标》和《韩国社会质量：从理论到适用》[④]。这一系列丛书收录了国内外社会质量研究方面的重要文献，为社会质量研究提供了重要的参考资料，亦为社会质量研究在中国的开展做了实实在在的基础性工作。

（2）在测量方面，对社会质量指标在中国的适用性问题进行了详尽的探索

在这方面，林卡在反思欧洲社会质量理论的前提下，从社会质量理论、指标和政策导向三重意义上分析了社会质量的适用性[⑤]，进而深入探讨了将社会质量应用于和谐社会建设研究，分析

---

① ［英］艾伦·沃克：《社会质量取向：连接亚洲与欧洲的桥梁》，张海东译，《江海学刊》2010年第4期。

② 王卓祺：《治理视角下的社会质量与社会和谐的比较分析》，冯希莹译，《江海学刊》2011年第3期。

③ 张海东、石海波、毕婧千：《社会质量研究及其新进展》，《社会学研究》2012年第3期。

④ 张海东：《社会质量研究：理论、方法与经验》，社会科学文献出版社2011年版；［荷］沃尔夫冈·贝克等：《社会质量：欧洲愿景》，王晓楠等译，社会科学文献出版社2015年版；［荷］劳伦·范德蒙森、［英］艾伦·沃克主编：《社会质量：从理论到指标》，冯希莹、张海东译，社会科学文献出版社2015年版；［韩］李在烈等：《韩国社会质量：从理论到适用》，芦恒、张海东译，社会科学文献出版社即将出版。

⑤ 林卡：《社会质量理论原型及其对于亚洲社会的适用性》，张海东主编《社会质量研究：理论、方法与经验》，社会科学文献出版社2011年版；林卡：《社会质量理论及其对于分析亚洲社会的适用性》，王卓祺主编《东亚国家和地区的福利制度：全球化、文化与政府角色》，中国社会出版社2011年版。

这一新视角可能带来的前景[1]，并从中国社会发展的战略和前景来剖析从提升生活质量到增进社会质量的意义所在[2]。张海东则从社会发展研究范式转换方面剖析了社会质量研究的理论价值[3]，从理论上解读了社会质量对社会风险的应对和社会质量的价值维度[4]。周小毛、何绍辉、杨畅等围绕如何建构中国特色社会质量理论与评价指标体系问题，探索了社会质量中国化的问题[5]。孙秀林、梁海祥利用上海地区进行的一项社会质量调查所获数据，对中国情境下社会质量的社会经济保障维度进行检验，发现：社会经济保障从信度检验和效度检验的结果来看，这一测量指标是可信的、有效的[6]。徐延辉等利用实地调查数据，对具有中国特色的社会质量指标体系进行了研究[7]。

上海大学社会质量研究团队基于中国大陆国情，结合欧洲和亚洲社会质量指标，提出了一个适合中国国情的社会质量的指标体系[8]，依据这一指标体系开展了多次大规模调查，收集并积累了可供开展比较研究的基础性数据。

（3）在经验研究和政策研究方面，开展了多次大规模社会调查，在此基础上有针对性地开展决策咨询研究

---

[1] 林卡：《社会质量理论：研究和谐社会的新视角》，《中国人民大学学报》2010 年第 2 期；林卡、高红：《社会质量理论与和谐社会建设》，《社会科学》2010 年第 3 期。

[2] 林卡：《中国社会的发展战略和前景：从提升生活质量走向增进社会质量》，《探索与争鸣》2011 年第 6 期。

[3] 张海东：《从发展道路到社会质量：社会发展研究的范式转换》，《江海学刊》2010 年第 3 期。

[4] 张海东：《社会质量视角中的风险应对》，《江海学刊》2011 年第 3 期；张海东：《社会质量与社会公正——社会发展研究的重要议题》，《吉林大学社会科学学报》2011 年第 4 期。

[5] 周小毛、何绍辉、杨畅：《中国特色社会质量理论与评价指标体系初探》，《湖南师范大学社会科学学报》2011 年第 6 期。

[6] 孙秀林、梁海祥：《社会质量测量指标的信度与效度分析——以社会经济保障维度为例》，《江海学刊》2014 年第 6 期。

[7] 徐延辉、陈磊：《中国特色的社会质量指标体系研究》，《社会主义研究》2014 年第 2 期。

[8] 张海东：《上海社会质量研究（2010—2013）》，社会科学文献出版社 2016 年版。

在经验研究方面，自2009年起，不同学者和团队进行了不同规模的社会质量调查，大致可以分为以下三个阶段。

第一阶段属于以单一城市为对象的定点探索性调查阶段。如2009年浙江大学社会质量调查团队进行的针对企业员工的调查和2011年在杭州进行的居民调查（林卡等）；2010年上海大学社会质量研究团队展开的上海社会质量调查，获得1203份有效问卷；其后，上海大学社会质量研究团队于2013年再次对上海社会质量开展大规模调查，基于2010年和2013年在上海进行的两次社会质量调查，课题组出版了《上海社会质量研究（2010—2013）》[1]。2016年，上海大学社会质量研究团队与中国社会科学院社会学研究所合作再次开展上海社会质量大规模调查，基于本次调查的相关数据正在进行分析。2018年对上海的新一轮合作调查也将启动。可以说，对上海社会质量的多次调查对检验社会质量指标的适用性、完善社会质量的测量、观察上海社会质量的历时性变化、建构社会质量指数将具有重要的意义。除此之外，2011年徐延辉等在深圳、厦门等地，2012年许芸等在南京鼓楼区也进行了深入的调查，特别是徐延辉等给调查撰写的《社会质量测量维度——基于深圳市的实证研究》发表于《中国社会科学》，在学术界产生很大的影响。

第二阶段属于区域性研究阶段。上海大学社会质量研究团队于2012年8月至2013年5月间在上海、广东、吉林、河南、甘肃以及云南六省市实施的大型问卷调查，总计获得5745份有效城乡问卷。基于这一调查，张海东等撰写《2013年中国六城市社会质量的调查报告》，发表于《社会蓝皮书：2014年中国社会形势

---

[1] 张海东：《上海社会质量研究（2010—2013）》，社会科学文献出版社2016年版。

分析与预测》①；同时，相关研究报告获得调查地主要领导批示。

第三阶段进入全国性区域调查阶段。中国社会科学院社会学所在 2013 年和 2015 年所开展的"中国社会状况综合调查"以社会质量为主题进行了全国范围的调查，各获得逾万份家庭问卷。基于 2015 年 CSS 数据，课题组撰写了《当前中国社会质量状况调查报告》载《社会蓝皮书：2016 年中国社会形势分析与预测》②。同时，崔岩基于 2013 年和 2015 年的调查数据，出版了《中国社会质量研究：理论、测量和政策》③一书。

从上述对于社会质量实证研究的不完全回顾中可以发现，国内社会质量的实证研究从局限在单一城市的探索性调查，扩展到区域性的比较研究，再到全国性研究，出版相关著作、发表相关研究报告、咨询报告等，这对社会质量中国化是一种有益的探索。但我们也必须认识到这些实证研究中存在的局限。首先，指标体系完整性不足，例如在上海进行的四次社会质量调查其指标体系相对完善，但两次全国调查中其指标体系并不完善，仅选用了部分社会质量的指标，属于指标体系建构中探索性的研究。其次，比较研究方面样本量存在不足，已有的全国调查由于样本量的局限，无法开展区域间和城市间的比较研究，例如上海只有 136 个样本，这不足以跟任何一个城市进行比较，因此，如果要进行有意义有价值的社会质量研究急需在全国大规模调查中调整抽样方案，以便于未来进行城市间、区域间的比较研究。

在政策研究方面，韩克庆、高红、刘凯政、赵怀娟分别从社

---

① 张海东、毕婧千、姚烨琳：《2013 年中国六城市社会质量的调查报告》，《社会蓝皮书：2014 年中国社会形势分析与预测》，社会科学文献出版社 2013 年版。
② 李炜、范雷、崔岩：《当前中国社会质量状况调查报告》，《社会蓝皮书：2016 年中国社会形势分析与预测》，社会科学文献出版社 2015 年版。
③ 崔岩：《中国社会质量研究：理论、测量和政策》，社会科学文献出版社 2017 年版。

会福利改革、包容性社会福利政策和社会政策的启示的角度探讨社会质量的政策取向。① 谢海峰、蒋占峰、张栋、宁亚芳等分别运用社会质量理论对农村扶贫事业发展、农村和谐文化建设和残疾人福利制度改革等方面进行政策探讨。② 高和荣、辛本禄就民生建设的社会质量向度进行了本土化讨论③。李勇等将社会质量测量维度与城市社区创新相结合,提出基于社会质量理论在社区场域中实现社会创新的政策思路④。丛玉飞、王星、王晓楠分别从社会治理、国家与社会和风险社会的角度探讨社会质量研究。⑤ 郑造桓主编的《社会质量与社会发展》一书从"社会质量与社会福利""社会质量与社会保障""社会质量与社会政策"等三个方面探讨了社会质量在社会政策领域的潜在应用价值,提出了许多富有启发性的思路和具有重要参看价值的政策建议。⑥ 李炜、高和荣撰写的《提升社会质量的社会政策建设》一书中,在政策层面提出了以深化社会质量为导向的社会政策建设,保障民众基本生活,提升社会凝聚力,促进社会融合,注重社会赋权。⑦ 徐延辉将社区能力作为社会建设路径引入分析框架,探讨了社会质量与幸福感、

---

① 韩克庆:《社会质量理论:检视中国福利改革的新视角》,《教学与研究》2011年第1期;高红、刘凯政:《社会质量理论视域下中国包容性社会政策的建构》,《学习与实践》2011年第2期;赵怀娟:《"社会质量"的多维解读及政策启示》,《江淮论坛》2011年第1期。

② 谢海峰:《社会质量理论指导下我国农村扶贫事业发展研究》,《社会保障研究》2010年第6期;蒋占峰、张栋:《社会质量理论视阈下的农村和谐文化建设》,《理论探索》2011年第5期;宁亚芳:《从社会质量视角看残疾人福利制度改革》,《中国残疾人》2011年第9期。

③ 高和荣、辛本禄:《2013中国民生建设的社会质量向度》,《江海学刊》2013年第2期。

④ 李勇、徐延辉、兰林火:《社会质量测量维度与城市社区创新——基于深圳市的实证分析》,《中国社会科学》2014年第3期。

⑤ 丛玉飞:《社会质量取向:社会治理研究的新议题》,《江海学刊》2015年第1期;王星:《社会质量建设过程中的国家与社会——对欧洲社会质量理论的本土省思》,《江海学刊》2015年第1期;王晓楠:《社会质量理论视角下中国社会风险治理》,《吉首大学学报》(社会科学版)2016年第2期。

⑥ 郑造桓:《社会质量与社会发展》,浙江大学出版社2011年版。

⑦ 李炜、高和荣:《提升社会质量的社会政策建设》,社会科学文献出版社2016年版。

社区能力与幸福感之间的关系，在借鉴国外社会建设经验的基础上，提出了提升居民幸福感的对策和建议①。

3. 中国社会质量研究现状反思

欧洲社会质量移入中国后的蓬勃发展（从概念系统和理论框架来看不是本土社会质量的复兴）与当下中国具体的社会情境是分不开的。和谐社会战略的提出，丛生的社会问题亟待解决，以民生为重点的社会建设意义的凸显，这些为社会质量研究提供了发展的契机。同时，各级政府为贯彻和谐社会战略，近年来纷纷转向关注生活质量、幸福指数等具体的社会建设目标，社会质量为这种转向注入了新的内容，因而一经引入就受到关注。

但是，反思几年来国内社会质量研究，其局限性也非常明显，如果不能超越和解决其所面临的问题，社会质量研究将有可能走入困境。

第一，社会质量研究还处于起步阶段，研究的整体水平还不够高。主要表现在，社会质量研究整体上还处于探索性阶段，从现有研究成果来看，大部分研究成果的主题聚焦在对欧洲社会质量的概念、理论、方法和指标等的移译；从研究的内容上来看，目前国内研究者较多关注的是四个条件性因素，其主要是条件性因素与测量指标直接相关，而对建构性因素和规范性因素关注较少。单纯关注条件性因素一方面可能导致对社会质量理论做出僵化、片面的理解，另一方面在对社会质量作为政策工具的实际运用中可能导致缺乏价值理念支撑②。

第二，社会质量的理论研究还没有取得重大的实质性的进展。如果说在基础理论研究方面，没有超越欧洲学者设定的框架的话，

---

① 徐延辉：《社会质量、社会建设与幸福感》，厦门大学出版社2018年版。
② 张海东：《中国社会质量研究的反思与研究进路》，《社会科学辑刊》2016年第3期。

那么，如何从中国社会特有的社会、政治、经济、文化特质出发解读社会质量理论的研究也不多见。而且，如前所述，欧洲社会质量理论自身也不是完备的。这对社会质量的研究者而言是一个重大的课题。欧洲社会模式与中国社会模式存在巨大的差异，如何在理论上解决这个问题是不容回避的。因此，如何从中国社会特有的社会、政治、经济、文化特质出发，概括中国社会模式与欧洲社会模式的本质差别，将中国元素融入中国社会质量研究中去是一个重要的理论问题。

第三，对欧洲社会质量指标的适用性问题也没有进行充分的研究。基于欧洲特定政治、经济、社会、文化语境下的社会质量指标体系在很多方面不适合亚洲。即使经过改造后的亚洲社会质量问卷 SQSQ，也未必适合中国的社会语境。重要的是没有一个统一的亚洲模式，亚洲社会内部的异质性也非常高。国内在社会质量的实证研究中也实施了一些大规模的调查，但在已发布的成果中很少见到对指标建构的讨论。虽然很多研究都刻意地突出中国社会独特之处，但对于用哪些指标来测量，这些指标的代表性如何等问题还缺乏深入的讨论，只有极少数研究触及到这个问题并对指标的有效性进行了分析。所以，对欧洲社会质量指标乃至修订后的亚洲质量指标的改进是一个必须面对的问题，如何将中国社会特质这样的中国元素体现在社会质量的指标体系中是国内社会质量研究者无法回避的问题。

第四，社会质量实证研究还处于探索阶段。国内关于社会质量的实证研究大多属于区域性的研究，集中于某个城市或几个城市开展调查；整体性研究较多，专题性的深入研究相对较少；国内已有的研究中，社会质量的国际比较和历史比较研究存在明显不足；同时，社会质量指数化问题亟待解决，这将使得社会质量比较研究变得简单。

第五，在社会政策研究领域，社会质量研究何以能够以及何种程度上能够为决策咨询服务从一开始就是一个困扰社会质量研究者的问题。欧洲社会质量研究的始作俑者是欧盟，欧盟内部有具体的机制可以将研究成果和政策建议上传至决策层。在中国，这种机制和渠道何以可能恐怕是一个不能回避的现实问题，毕竟，社会质量研究的取向是以社会政策的改进为目标的。国内社会质量政策研究的一个重要特点是关注点较多地停留在理念层面，缺乏可操作性的政策设计，这与社会质量研究涉及复杂的社会领域有关，是一个客观制约因素。

第六，也是最为根本的一个问题在于如何将欧洲的社会质量研究与中国的和谐社会建设统一的问题，这恐怕是国内社会质量研究的学者回避不了的一个问题，一个是欧洲社会发展的理念和政策工具，另一个是中国社会发展的战略目标和任务。虽然学者们提出了将社会质量作为和谐社会研究一个新视角，但是似乎离完全解决这个问题还有一段距离。尤其中国社会独特的历史、社会、文化等中国社会特质因素在评价中国社会质量中所具有的重要影响也要充分予以考虑和深入研究。此外，在解决两个概念系统或两套话语系统之间的联系问题时，似乎也不能完全离开意识形态上的考虑，毕竟，社会质量研究不是纯理论领域内的课题。

四　中国社会质量研究的未来空间

应该看到，近年来新发展理念的提出和高质量发展的政策导向给社会质量研究提供了一个难得的历史机遇。我们认为在以下几个方面，社会质量研究有着很大的扩展的空间。

（一）在理论研究方面

1. 反思欧洲社会质量理论

欧洲社会质量概念提出后，欧洲社会质量学者们逐渐建构了一个逻辑上连贯而自成体系的理论，这就是为社会质量研究者普遍采用的欧洲社会质量理论。实际上，欧洲学者在社会质量理论提出后不久就开始了对理论自足性进行反省和完善[1]。这方面在国内社会质量研究中还没有得到足够呼应。

概括起来，国内社会质量研究对欧洲社会质量理论研究可以在几个层面进行深入探索。一是社会质量理论的前提检视。作为一种元理论[2]，社会质量理论的原点"社会性"需要深入的探讨。社会质量理论家们强调的"社会性"以几个重要的理论假设作为理论出发点，包括："人是社会的存在"；"人作为社会的存在是相互影响的，这些相互作用构成了集体认同的多样性，而集体认同提供了自我实现的环境，并呈现出社会性"；以及"构成性相互依赖"；等等。在这个原点问题上，究竟如何解读社会性实际上具有很大的理论想象和探索空间，不同的理论流派有不同的解读。二是社会质量的三组因素研究。目前国内研究者较多关注的是四个条件性因素，主要是条件性因素与测量指标直接相关，而对建构性因素和规范性因素关注较少。单纯关注条件性因素一方面可能导致对社会质量理论做出僵化、片面的理解，另一方面在对社会质量作为政策工具的实际运用中可能导致缺乏价值理念支撑。在这个问题上，跳出单纯关注条件性因素的藩篱，透彻解析三组因素之间的关系还有很多工作可以做。

---

[1] ［荷］劳伦·范德蒙森、［英］艾伦·沃克主编：《社会质量：从理论到指标》，冯希莹、张海东译，社会科学文献出版社2015年版。

[2] 林卡：《社会质量理论的原型及其对亚洲社会的适用性》，张海东主编《社会质量研究：理论、方法与经验》，社会科学文献出版社2011年版。

2. 社会质量理论的适用性问题

社会质量不是一个纯粹理论问题，理论建构的出发点是为转变成可操作的政策工具提供支撑。源于欧洲的社会质量理论是否适用于欧洲外的社会，这方面的研究也有学者进行了探讨[①]。对中国而言，这个问题就是我们能否以及如何运用欧洲社会发展的评价尺度衡量中国社会。对这个问题的研究，有学者从社会主义和谐社会建设的视角切入[②]，进行了深入的探讨。但是还有一些核心问题，国内社会质量研究者似乎触及不多。问题的关键在于欧洲社会模式与中国社会模式存在巨大差异，如何在理论上解决这个问题是不容回避的。这似乎又回到了国内社会科学普遍遇到的一个基本问题，即西方社会科学范式的中国化问题。在社会质量的研究中，这方面的理论性探索还远远不够。中国社会模式与欧洲社会模式有着重要的区别，中国社会特质如何在社会质量的评价中得到充分的体现是一个核心问题。实际上，社会质量理论家们也意识到即使欧洲也不存在整齐划一的、无差别的统一的社会模式。在欧盟内部，欧盟东扩后进来的东欧国家与西欧、北欧国家都不同，西欧和北欧国家也有差异[③]，这些也是社会质量的理论家们关注的核心问题。因此，如何从中国社会特有的社会、政治、经济、文化特质出发，概括中国社会模式与欧洲社会模式的本质差别，将中国元素融入中国社会质量研究中去也是一个重要的理论问题。对这个问题，个别学者进行了初步的探索并提出了独到

[①] 例如艾伦·沃克、林卡对社会质量亚洲适用性的研究，参见[英]艾伦·沃克《社会质量取向：连接亚洲与欧洲的桥梁》和林卡《社会质量理论的原型及其对亚洲社会的适用性》，张海东主编《社会质量研究：理论、方法与经验》，社会科学文献出版社2011年版。

[②] 林卡：《社会质量理论：研究和谐社会的新视角》，《中国人民大学学报》2010年第2期；林卡、高红：《社会质量理论与和谐社会建设》，《社会科学》2010年第3期。

[③] [英]艾伦·沃克：《社会质量取向：连接亚洲与欧洲的桥梁》，张海东译，张海东主编《社会质量研究：理论、方法与经验》，社会科学文献出版社2011年版，第117、118、124页。

的概念及其界定①,应该说这是一种可供借鉴的路径。

3. 社会质量的类型问题

毫无疑问,不同社会甚或同一社会的社会质量存在高低不同的差异,这不仅是一个历时性的问题,也可能是一个共时性的问题。对这种(假设)用同一尺度衡量而呈现出来的社会质量差异如何进行类型学的研究,西方社会质量理论家尚未触及这个问题,这与其致力于追求欧洲统一的社会政策工具的诉求有关。与西方学者不同的是,国内社会质量的早期研究者都关注到这个问题,还进行了初步的社会质量类型划分②。社会质量的类型学研究本身是一个理论问题,要基于社会质量基础理论对可能影响社会质量高低差异的因素进行分析,从而建构不同的理想类型,并最终通过经验研究检验划分的依据是否合理。因此,有学者明确指出"有关社会质量的理论研究,主要是侧重这样一些内容的研究:社会质量的基本特性、基本品质问题;社会质量的分类问题;影响社会质量的各种因素、变量等"③。

在社会质量类型研究中,如何基于统一的基础理论确立社会质量类型的依据并进行类型划分,对不同社会乃至同一社会的不同社会质量类型进行比较,在此基础上进行实证研究,这对社会质量最大限度地发挥其作为社会政策工具应有的价值极为重要。

(二)在社会质量研究方法方面

方法问题包括两个层面,一是与相关研究取向的关系问题;二是与理论研究和经验研究直接联系的指标建构问题。

---

① 杨泉明、高中伟:《中国特色社会质量概念的提出与界定》,《兰州学刊》2015年第9期。
② 王沪宁:《社会质量与政府职能转变》,国家机构编制委员会办公室编《中国政府机构1991年》,中国人事出版社1991年版;吴忠民:《论社会质量》,《社会学研究》1990年第4期;吴忠民:《中国社会发展论》,湖南出版社1995年版,第195—208页。
③ 吴忠民:《论社会质量》,《社会学研究》1990年第4期。

与相关研究取向的关系问题比较复杂，主要是因为社会质量这个概念听起来在内容上无所不包，囊括一切于其中，界定其边界确实有些困难，也因此社会质量研究和其他相关取向之间关系的研究就显得极为必要。作为一个全新的研究视角，社会质量研究和其他研究取向之间的联系与区别要有一个清晰的梳理。这些相关研究取向包括人类安全研究、人文发展指数研究、生活质量研究、能力理论研究、社会资本理论研究、幸福指数研究等。这些研究取向都从不同的视角关注社会发展状况和人的存在和发展状态，不同的研究取向之间有交叉和融合之处，也有各自独特的视野。社会质量研究在理论实质和方法论上与上述研究取向之间是一个怎样的关系，在哪些方面有共同的交叉的研究兴趣？其各自独特的研究取向之间的本质差别何在？诸如此类的研究是社会质量方法论研究需要解决的问题。近年来，国内这方面的研究在与生活质量的比较研究方面取得了显著的进展，学者们做了很多有价值的研究工作[①]，但与其他相关研究取向（包括人类安全研究、人文发展指数研究、能力理论研究、社会资本理论研究、幸福指数研究等）的关系研究还没有深入展开，各种研究取向如何相互借鉴、融合，最终形成对社会质量合理评价等有待于深入研究。

方法论第二个方面的问题一直受到国内学者比较多的关注。这实质上是具体研究方法层面的问题，其核心与社会质量指标建构有关，即对社会质量做出何种理论解读，相应的应该建立什么样的指标体系进行测量。例如，对欧洲社会质量指标体系何种程

---

① 林卡：《生活质量与社会质量：一项有关理论和方法论的比较研究》，《江苏行政学院学报》2015年第2期；赵定东、张英英、毕婧千：《社会质量和生活质量研究的规范、目标分歧及其融合》，《山东社会科学》2015年第6期。

度上适用亚洲社会的深入反思最早源于亚洲社会质量网络成员讨论SQSQ[①],相关研究成果对欧洲指标进行了详尽的检讨并对一些不适用的指标提出了删除或替代的方案[②]。国内在社会质量的实证研究中也实施了一些大规模的调查,但在成果发布中很少见到对指标建构的讨论。虽然很多研究都刻意突出中国社会独特之处,但用哪些指标来测量,这些指标的代表性如何等还缺乏深入的讨论,只有个别研究触及这个问题并对指标的有效性进行了分析[③]。

方法论层面的问题的重要性在于如何将社会质量理论操作化为可靠的测量工具,这是连接理论研究与政策研究的关键环节。

(三) 在社会质量的实证研究方面

如何开展社会质量的实证研究? 这里有很多可供选择的进路,这里逐一进行探讨并加以分析。

一是全国性研究与区域性研究,二是整体研究与专题研究,关于这两点前文已经述及,这里不再重复。

三是比较研究的问题。比较研究包括两个层面的研究。一是区域比较和国际比较研究,包括对中国不同区域间(城市、省份、东中西部等)的社会质量比较以及与其他国家间的社会质量差异国际比较。二是历史比较研究,即利用不同年代的纵贯数据进行比较,研究社会质量的趋势性变化,检讨社会政策的效果。目前,国内的研究中,社会质量的国际比较和历史比较研究明显不足。

四是社会质量指数化问题。作为衡量社会发展和进步的评价

---

① 指亚洲社会质量调查问卷,是由来自不同国家和地区的学者集体讨论确定的一份在亚洲社会进行社会质量研究的调查问卷。

② 王丽容:《亚洲的社会质量指标:什么是独特的》,张海东主编《社会质量研究:理论、方法与经验》,社会科学文献出版社2011年版。

③ 孙秀林、梁海洋:《社会质量测量指标的信度与效度分析:以社会经济保障为例》,《江海学刊》2014年第6期;周小毛、何绍辉、杨畅:《中国特色社会质量理论与评价指标体系初探》,《湖南师范大学社会科学学报》2011年第6期。

尺度，社会质量研究如果能够数量化、精确化，那么将发挥更大的社会影响力。而指数化即是选取社会质量的核心指标，根据一定的规则计算相应的社会质量指数。经过指数化后，社会质量的比较研究将变得简单。但是问题在于社会质量指标体系庞杂，哪些指标进入指数计算的成分，其权重如何确定等是实证研究中迫切需要解决的问题。

（四）在政策研究方面

在政策研究方面，国内社会质量研究的一个重要特点是较多地停留在理念层面，缺乏可操作性的政策设计。究其原因大致有这样几个方面因素的制约。一是社会质量涉及的领域如此广泛，对于一般研究者而言很难通晓涉及社会质量各个具体领域的社会政策，这方面的社会政策专家凤毛麟角；二是中国正处于总体性改革的过程当中，原来碎片化的各项政策正在进行调整，改革的总体思路有了，但很多具体政策正陆续出台，这对社会质量研究者而言既是机遇更是挑战。

解决问题的思路在于要把社会质量研究具体化到相应的社会领域，并分门别类地开展相应领域的社会政策研究。社会质量理论的一个要义在于反对将社会抽象化地理解为一个整体，而是理解为由具体的相应领域通过"构成性相互依赖"联结而成的整体，这也是"社会性"的具体化。在社会质量研究中就是扭转当下普遍存在的抽象而空泛谈论社会质量的状况，而且要将社会质量理论应用到具体的社会领域，进而有针对性地提出社会政策建议。实际上，国内一些研究也在试图尝试进行这方面的努力，在很多领域社会质量理论可以有很大的应用空间，例如在老龄化研究、社会组织研究、城市发展研究、社会福利研究、社会治理研究、性别研究、族群研究、扶贫研究、幸福感或获得感研究等领域，社会质量取向可以有充分的用武之地。

综上所述，中国社会质量研究在理论研究、方法论研究、实证研究与政策研究各个方面都取得了很大的进展，同时也还都有很大的拓展空间。需要重申的一点是，社会质量研究包含了理论研究、实证研究和政策研究多个层面，但归根结底，理论研究和实证研究的价值最终要体现在形成可转化的社会政策。毕竟，社会质量理论取向的初衷是通过有效的社会政策全面提高社会质量，这是社会质量研究的落脚点和归宿。

社会记忆研究中的改革开放40年

刘亚秋[*]

自20世纪90年代中期以来,中国社会学界对社会记忆的研究,主要包括以下几方面内容:首先,以特定历史时期特定人群的深度访谈资料为基础的考察,构成中国社会学本土记忆研究的底色,它基本涵盖了记忆研究的主要特征,如苦难记忆关注和权力取向的记忆研究。其次,人类学视域下的记忆与文明问题,构成中国记忆研究的另一重要取向——文化维度的记忆研究,其主要通过民俗、仪式和民间传说等内容展现地方社会的记忆特征。最后,记忆视角下的社会史研究,主要通过对历史资料的细致爬梳呈现记忆话语的建构过程。针对中国社会的记忆研究呈现出记忆研究的两大范式:权力取向的记忆研究和文化取向的记忆研究。相比权力范式,文化范式的研究相对较弱。权力取向和文化取向的分类视角并不是在理论上割裂二者,而是试图提醒文化维度对于深入理解权力和社会机制的重要性。

中国社会学界对社会记忆的研究自20世纪90年代中期开始,以孙立平等人的"二十世纪下半期中国农村社会生活口述

---

[*] 刘亚秋,中国社会科学杂志社副编审。

资料收集与研究计划"研究小组的研究为标志性起点。迄今为止，经历了 20 余年的时间，学界的记忆研究近年来呈现出一股热潮的景象，参与的学科较多，如社会学、历史学、文化学、新闻学、档案学等，也有了一大批可观的成果。本文立足于社会学领域的记忆关注，观照到与社会学关注密切相关的其他成果，尤其是历史学以及文化学的一些相关记忆研究，并试图在此基础上总结这 20 余年中国社会记忆研究的特点以及可以继承的传统。

记忆的社会研究自 20 世纪 20 年代哈布瓦赫（2002）提出集体记忆理论以后，愈来成为社会科学研究中的一个重要传统。在西方，经过一段较长时间的沉寂之后，记忆和记忆研究在 80 年代重新焕发光彩[1]，代表性的成果如皮埃尔·诺拉的"记忆之场"研究，阿斯曼夫妇[2]的文化记忆研究，等等。在中国，社会记忆研究的起步较晚，但在 90 年代中期就已经开始，并形成了一些影响至今的传统。钱力成、张翮翾认为，中国的记忆研究可以划分为三个视角：国家权力视角、社会群体视角和历史变迁视角，相应的，中国记忆研究的特点是国家在场、底层立场和制度变迁。本文试图重新梳理既有的中国文献，通过分析社会学对特定群体的记忆研究实践、人类学视域下的记忆与文明问题、记忆视角下的社会史研究三个领域，讨论中国记忆研究所具有的鲜明的权力取向和文化取向两大特点。[3]

---

[1] 钱力成、张翮翾：《社会记忆研究：西方脉络、中国图景与方法实践》，《社会学研究》2015 年第 6 期。

[2] ［德］阿斯曼·阿莱达：《回忆空间：文化记忆的形式和变迁》，潘璐译，北京大学出版社 2016 年版。

[3] 钱力成、张翮翾：《社会记忆研究：西方脉络、中国图景与方法实践》，《社会学研究》2015 年第 6 期。

一 对特定群体的记忆研究

对特定群体的记忆研究，是中国社会学对记忆研究的一个重要贡献。所谓特定群体，在这里是指那些经历过重大历史事件的人群，如孙立平等人的土改口述史研究，讨论的是在农村经历了土改的农民的口述历史；王汉生等人的知青集体记忆研究，讨论的是经历了"文化大革命"时期上山下乡运动的知青的历史回忆。

（一）对土改/集体化时期农民口述史的讨论

孙立平等组织的"二十世纪下半期中国农村社会生活口述资料收集与研究计划"这一课题旨在"对长期以来相对空白的民间历史资料进行搜集和研究，进而深入理解中国农村那些最普通的人们，在长达50年的时段中，在革命与宏观历史变迁背景下日常生活的状况、改变以及他们对于这些经历的感受、记忆、讲述和理解"[1]。其访谈的重要对象就是经历了土改这一历史事件的男性和女性农民，可简称之为"土改口述史研究"。

有关土改口述史的研究，较早也是最为重要的成果是方慧容的"无事件境"[2]，她提出的"无事件境"概念影响较大。方慧容将"无事件境"理解为传统农村社区的一种社会心态，即一个事件与其他事件混杂在一起，并且经常互涵和交叠在一起，是一个没有边界、没有区分的模糊区域，如同水中的水滴。这一概念是通过与现代人的"事件感"相对照而提出来的。这一概念典型地

---

[1] 郭于华：《"弱者的武器"与"隐藏的文本"——研究农民反抗的底层视角》，《读书》2002年第7期。
[2] 方慧容：《"无事件境"与生活世界中的"真实"——西村农民土地改革时期生活的记忆》，杨念群主编《空间·记忆·社会转型——"新社会史"研究论文精选集》，上海人民出版社2001年版。

表现在曾经的童养媳贾翠萍（访谈时76岁）的讲述中：她受过很多苦（5岁做童养媳，婆婆不许她串门，还经常用针扎她……），但面对访谈员，她又说不出怎么苦，出现了"无事可述，无苦可诉"的状况。"婆婆用针扎"这一事件，呈现为"无事件境"：因为这类事件经常发生，经过时间的沉淀，这种事就像蓄水池里循环流动的陈水，早已既混沌又乏味了；在这种状态下，事与事之间是互涵（interrelated）和交叠（overlapping）的。在这一基础上，方慧容还分析了"无事件境"在其他村民讲述中的表现形式，其核心特征是"事与事的互涵和交迭"，呈现的是一种循环的时间观，也因此，村民对于重大历史事件发生的确切时间的记忆是模糊的。通过对比描写该村的《硬杆子之乡斗争史》（1975）的线性时间观，这一特征就更为突出了。《硬杆子之乡斗争史》的叙事是线性时间观，它是现代性的产物——调查研究和"诉苦"实践的产物，更是一种权力实践的产物；而很难说"无事件境"是一种权力关系的产物，它应该是农村社区经由文化积淀而成。

不过，"无事件境"这一概念还多停留于一种现象学的描述层面，而对于其背后的文化之因讨论得不够深入。

此外，方慧容还以"无事件境"概念反思了以发现"真相"为目的的"口述史"调查方法。"真相"本身是建立在一种线性时间观下的，是来自"调查研究"的追问，在这里，发挥作用的是"求真"的权力。"无事件境"则是在循环时间观下，对于重复性事件的一种回忆体验，它提供的并不是有着确切时间地点的"事实真相"，它提供的事实上是一种情感上的强度。在"能白话"的人的口中，这些重复性事件会传达出它给人们带来的鲜明而深刻的印象，在效果上也往往会制造出"共鸣"，它的主要功能即在这里。

方慧容讨论了"无事件境"与"求真"权力下的"调查研

究"遭遇后的"窘迫和不适",不仅在于后者破坏了农村人的生活节奏,还在于它会使村民被迫卷入"自证"和做"证人"的"麻烦",后者涉及资源的分配等问题。关键问题还在于,习惯于"无事件境"记忆的村民对于明确了时间和地点的"事件感"不敏锐,导致村民的证词充满了"隐瞒"和"做伪"的痕迹,这极大地影响了村民的心态:一方面感受到"作证"的压力,另一方面又不知所从。因为"无事件境"下的村民记忆中不存在调查者所欲找寻的那种"事实真相",而只有一些"扯动的片段,一片互涵和交迭的汪洋,那里有那他们的痛苦、安宁和快乐"①。

概言之,方慧容的"无事件境"概念是20世纪90年代以来中国学者在探索口述史研究与社会记忆研究实践中的一个突出贡献,在史学领域也有着较大的影响,例如赵世瑜对它的评价。迄今为止,它仍然是这一领域中弥足珍贵的研究传统②。

孙立平等人的口述史项目的另一个重要成果是郭于华对骥村女性口述史的研究。③ 其主旨在于通过骥村女性的讲述,记录和分析她们在农村集体化过程中的经历和记忆,以及这些记忆所表达的特定历史时段的社会与文化内涵。这一研究还立意洞悉集体化作为一种治理过程的复杂与微妙之处,即它如何改变了女性的日常生活,并且如何重新塑造了她们的心灵。

郭于华指出,女性对重大历史事件的记忆常常处于一种散漫

---

① 方慧容:《"无事件境"与生活世界中的"真实"——西村农民土地改革时期生活的记忆》,杨念群主编《空间·记忆·社会转型——"新社会史"研究论文精选集》,上海人民出版社2001年版,第551页。

② 赵世瑜:《历史人类学:发现历史时期女性的历史记忆是否有了可能?》,《历史研究》2002年第6期;赵世瑜:《传说、历史、历史记忆——从20世纪的新史学到后现代史学》,《中国社会科学》2003年第2期。

③ 郭于华:《心灵的集体化:陕北骥村农业合作化的女性记忆》,《中国社会科学》2003年第4期。

混沌状态，没有确定的时间脉络和清晰的逻辑关系，而且是非常个体化的，与宏大的历史过程有着相当的距离。但她们并非不能讲述那段亲历的历史，只是不能用通常被正式认可的话语讲述。实际上，她们是在用身体、用生命去感受并记忆那段历史的，她们绝非隔离于那个特殊的历史过程，而是与之血肉交融、情感相系，而且那一过程从根本上改变了她们的生存状态。

可见，郭于华对"无事件境"概念的补充，在于概述了女性记忆的特点：讲述与切身体验相关的事情，如劳动的苦、育儿的艰难以及饥饿等。而男性的记忆与她们有所区别，男性对于"重大历史变迁事件和公共事物"（例如政治动员、土地转移和家庭财产计价等问题）有明确记忆。

郭于华的女性叙事研究中事实上也包含了方慧容所谓的"无事件境"记忆特征。郭于华理解的"无事件境"概念是指女性对于其熟悉的"家事"——例如婆媳关系以及女性熟悉的"疼痛"感受等，甚至无话可说；即便其在"过日子"中经常发生，但因大量日常生活的细节无序地混杂在一起，没有清晰的时间次序和界线，似乎看不出与重大历史过程的意义关联。但郭于华的讨论并没有立意去追踪这些记忆与重大历史的分离程度，甚至与之相反，郭于华追踪的是女性记忆与重大历史之间的关联意义，这势必导致方慧容和郭于华对于"无事件境"记忆在深层次看法上的不一致。方慧容的"无事件境"尽管在女性讲述中表现得十分突出，但"无事件境"并不是女性记忆的独有特点，方慧容认为，这是中国传统农村社会独有的社会心态。

值得一提的是，郭于华对国家权力的作用以及权力的对张关系讨论得较为充分。她在上述研究中发现，骥村女性对"劳动红火"（特指大家伙凑在一起，过集体生活）的记忆较为充实，还包括集体劳动中的"有趣逗乐的事情"，这是属于她们的精神生活的振奋和欢娱。但郭于华把这一欢乐视为"幻象"：农业合作化中女性走出家庭参加集体劳动并非真正地从"私领域"进入"公领域"，这一过程其实是从一种被支配状态进入另一种被支配状态，是从家庭与宗族的附属品成为集体与国家的工具的过程。

这一研究讨论了权力对于女性记忆的影响，而对于权力之外的因素则缺乏一定的反思；讨论了权力之下集体记忆的形成，而对于个体记忆则缺乏一定的反思。尽管郭于华提到"被支配者并非全然被动的受者"，而是一种"共谋"，对"支配"做了创造性的理解和解释，这可以说是一种支配过程中被支配者的主体性的发挥；但总体而言，这一研究是忽视个体主动性的。而忽视个体记忆维度，会导致我们对于记忆的认识不够全面。如郭于华所说，记忆本身具有复杂性："人们记忆和讲述中的历史，如同晦暗而浓厚的迷雾，或许我们永远无法彻底洞悉其中历史的真实存在，但若放弃穿透它的努力，便无从理解其包含的历史真意。"如果仅从权力角度去试探"穿透它的努力"，则还是有所局限的。[①]

郭于华曾明确提出从权力和"社会结构"角度去揭示"苦难"的深刻根源的必要性。这一社会结构在她的讨论中意指：所研究个体的结构位置、劳动关系、经历体验、对政治行动（比如罢工）的态度等一系列因素。这一主张背后带有很强的布迪厄色彩。[②] 布迪厄的一个基本主张是：个人性即社会性，即最具个人性的也就是最非个人性的："许多最触及个人私密的戏剧场面，隐藏着最深的不满，最独特的苦痛。男女众生但凡能体验到的，都能在各种客观的矛盾、约束和进退维谷的处境中找到其根源。"

[①] 郭于华：《心灵的集体化：陕北骥村农业合作化的女性记忆》，《中国社会科学》2003年第4期。

[②] 郭于华：《作为历史见证的"受苦人"的讲述》，《社会学研究》2008年第1期。

郭于华还受到了米尔斯将个人痛苦与社会结构进行关联的主张的影响。① 无论是布迪厄还是米尔斯，都将个人问题做了超越个人范围的解读，这是社会学的基本假设，但个体的复杂性有时会因为我们的学科之模式化思维而导致我们对其无法完全把握。

总体上，郭于华的记忆研究一直强调"自下而上"的视角，以及来自底层的反抗。② 她通过讨论斯科特"对权力关系与话语的观察"，讨论底层苦难与隐藏文本之间的关系。郭于华也注意到权力溢出的部分，即底层人们与权力的"合谋"，指出葛兰西的霸权概念忽略了大多从属阶级能够在其日常物质经验的基础上对主流意识形态进行洞察和去神秘化的程度。而如何对去底层的"神秘化"能力做探析，仅有权力视角是不够的，③ 还需要文化等视角。

贺萧（2017）的《记忆的性别：农村妇女和中国集体化历史》也是通过口述史方法，1996—2006年搜集了72位关中和陕南村庄60—80岁的老年女性记忆的生活史，讨论了20世纪50—60年代陕西农村集体化过程中，性别与社会主义国家之间的关系。她的一些发现与郭于华的类似，如相比女性，男性更严密地遵循着官方用语和历史分期，并极少讨论私人生活。她指出，这些农村女性的私人叙述/记忆也塑造了一种进步叙事，并期待在当下能够获得关注。这部著作除使用权力视角外，还涉及大量中国本土性知识（文化问题），如关于"接生员"的讨论，较为丰富地展现了特定历史时期女性群体在权力影响下的生活世界和她们在特定文化生活中的精神世界。

---

① ［美］米尔斯：《社会学的想象力》，陈强、张永强译，生活·读书·新知三联书店2005年版。
② 郭于华：《"弱者的武器"与"隐藏的文本"——研究农民反抗的底层视角》，《读书》2002年第7期。
③ 若局限于权力视角，容易变成社会科学领域中的"招式拆解"或"策略分析"。

（二）对"文化大革命"时期知青集体记忆的讨论

北京大学社会学系王汉生主持的"重大历史事件与知青生命历程（1999—2003）"课题组，以"文化大革命"时期上山下乡这一历史事件作为背景，以社会学的深度访谈获取的质性资料为基础，探索这一群体的记忆特征。重要成果有：《"青春无悔"：一个社会记忆的建构过程》[1]《从知识青年到"知青"：象征性共同体的"历史—个人"构建》[2]《"青春无悔的老三届"：从自我认同到群体肖像》[3]《上山下乡：知青集体记忆的内容与特点》[4]《社会记忆及其建构：一项关于知青集体记忆的研究》[5]，等等。其中《"青春无悔"：一个社会记忆的建构过程》以知青的主流记忆模式——"青春无悔"作为研究对象，讨论了知青讲述的从"苦"到"无悔"的建构逻辑，其包括两个层面，一个层面是将个人层面琐碎的"苦"上升为群体层面的"苦感"，进而升华为国家层面的"苦难"；苦的意义在正面被放大。另一个层面是知青当年受苦的意义发生转换，由"到农村广阔天地大有作为"转换为个人层面的"吃苦耐劳"品质；经过转换，原有的"意义"又变小了。这两个层面一起建构起了知青群体的主流社会记忆。

这一研究还试图在文化层面讨论知青记忆的影响因素，并尝试与德国人的负疚记忆做一跨文化对比。[6] 但该文提出的知青记忆

---

[1] 刘亚秋：《"青春无悔"：一个社会记忆的建构过程》，硕士学位论文，北京大学，2002年。
[2] 梁克：《从知识青年到"知青"：象征性共同体的"历史—个人"构建》，硕士学位论文，北京大学，2002年。
[3] 黄玉琴：《"青春无悔的老三届"：从自我认同到群体肖像》，硕士学位论文，北京大学，2003年。
[4] 孙秀林：《上山下乡：知青集体记忆的内容与特点》，硕士学位论文，北京大学，2003年版。
[5] 王汉生、刘亚秋：《社会记忆及其建构：一项关于知青集体记忆的研究》，《社会》2006年第3期。
[6] 刘小枫：《这一代人的怕和爱》，生活·读书·新知三联书店1997年版。

的文化因素依然很模糊，即背后没有一个很明确的文化形象作为知青集体记忆之所以如此的决定性因素。笔者刘亚秋在2016年对知青记忆模式的背后文化因素做了初步尝试，提出"关系型记忆"和"义务型记忆"两种类型，其中"关系型记忆"这一文化归因可以部分解释知青记忆以积极的"无悔"记忆作为主要记忆的原因。①

《社会记忆及其建构：一项关于知青集体记忆的研究》对知青集体记忆的讨论深入了一步，讨论了"无辜者无罪"这一记忆模式对建构知青"青春无悔"主流记忆的作用，并指出知青以此完成对自身生命意义的建构。② 所谓"无辜者无罪"，是指知青在对过去的讲述中，一方面强调过去对个体当下的积极意义，另一方面，强调自己对过去的"苦"没有任何责任，因此他们能够"历经苦难"而"不悔"。

但这一研究对于"无辜者无罪"缺乏一种批评性视角。即在伦理层面，在极端社会条件下个体是否有选择权的问题，这一问题在纳粹大屠杀的讨论中被提出。很多西方学者都指出，即便在纳粹那样的极端条件下，个体也是有选择权的。雅斯贝尔斯的四种罪也是以此为前提的。他根据纳粹屠杀犹太人中人们的不同行为，区分出四种罪：确实有违法行为的人被定为刑事犯；帮助刑事犯获得权力的人被定为政治罪；听任犯罪行为发生的人被定为伦理罪；那些在别人被杀而自己幸存，没有尽到保护人类文明准则的被定为抽象罪③。也就是说，与纳粹杀犹太人有任何关联的人

---

① 刘亚秋：《社会如何遗忘》，博士学位论文，中国人民大学，2016年。
② 王汉生、刘亚秋：《社会记忆及其建构：一项关于知青集体记忆的研究》，《社会》2006年第3期。
③ [英]格瑞比·安德鲁：《暴力之后的正义与和解》，刘成译，译林出版社2003年版，第6—7页。

都可以被定罪，甚至亲历者都是有罪的；而在上述四种不同罪行中，可以看到亲历者卷入程度的深浅。

在对知青经历做分析时，也可以提出个人选择权的问题。这一问题构成知青个体记忆和集体记忆背后的"不和谐"因素，也是很多知青所不愿面对的问题。或者说，这是构成知青群体意义危机的最深层断裂之处。当然，从另一个层面，也可以认为，对断裂意义的不断追寻、重构也是知青自我疗救的手段，即作为一个在社会生活各方面（包括在精神层面）表现健康的人，其势必有一个确证的意义来源，如此才能得以立足于社会。西方一些学者在功能上将人们的社会记忆分为以下几种模式：道德神学模式，这是为了纪念死难者的记忆模式；心理学模式，这是为了医治幸存者负罪感的记忆模式；政治教育模式，这是一种面向未来责任的记忆模式[1]。知青的"无悔"记忆则可归入"心理学模式"，应该说它有着自身的不可或缺的价值和意义。

但是，若"仅此一种"的苦难记忆模式，则"无法再现、无法呈现他者"，如已逝者的永远沉默和被抹去的历史，如此则"历史创伤"、死亡和屠杀都变得不再值得深思[2]。也因此，玛格利特提出对面向过去的历史记忆模式的反思，即完全是为了缅怀过去而去记忆是否可以[3]，这也是上述提及的记忆的"道德神学模式"，它是指向怀念无名者和历史牺牲者的记忆模式，本雅明对此也做了很多论述[4]。这种记忆模式又与"未来启示"的模式息息

---

[1] ［德］格特鲁德·科赫：《感情或效果：图片有哪些文字所没有的东西？》，［德］哈拉尔策·韦尔策编《社会记忆：历史、回忆、传承》，季斌等译，北京大学出版社2007年版。
[2] 郑斐文：《历史创伤、再现与回忆：从德国的犹太浩劫纪念到台湾二·二八纪念碑》，《文化研究月报》2001年第7期。
[3] ［以色列］阿维夏伊·玛格利特：《记忆的伦理》，贺海仁译，清华大学出版社2015年版。
[4] ［加拿大］弗莱切：《记忆的承诺：马克思、本雅明、德里达的记忆与政治》，田明译，华东师范大学出版社2009年版。

相关：因为缅怀过去，并不是为了沉迷于过去的幽暗，而是为了一个光明的未来。因此，记忆的三种模式（即面向现在、面向过去和面向未来）之间事实上并不是截然分开的。可以说，针对某一历史事件的任何言说，都有其自己的功能：为了疗救生者、为了缅怀过去/死者、为了美好的未来/未来子孙。而每种功能若做到极致，都会伤害到其他的维度。灾害事件后的健康社会记忆应该是各个维度之间的协调，让不同类型的记忆在一定限度内得以发挥各自的功能，这也是所谓正视历史的重要机制之一。

在上述记忆模式中，一个难题是如何在缅怀过去中凸显无名牺牲者，在社会和历史的丛林法则中，这是一个困境。在记忆理论中，个体记忆和集体记忆间的矛盾也是这一难题的体现。这一分类往往凸显了集体记忆的强势，它是生者用以安身立命的言说和社会框架捍卫自身利益的结果。按照哈布瓦赫的说法，在形塑人们的集体记忆过程中，现在的社会框架优越于过去的社会框架，即人们是处于当下的社会框架中的，与时俱进的生存主义占据了优势，这也是自我疗救之记忆模式的背后因素；而且它往往呈现为属于大多数人的"集体记忆"模式。这种主流模式常掩盖了逝者中的无名者记忆，也掩盖了不属于这些主流框架的个体记忆。[1]因此，如何呈现个体记忆成为学者们讨论的主题之一。在记忆研究中多有尝试，如"口述史方法"，郭于华认为，这是让底层、无名者发声的一种方式。笔者刘亚秋则认为，这种貌似关注底层就可以呈现无名者的努力可能无法达到预期效果。因为底层有时最无反思性，他们顺从的往往是霸权的主流记忆，如知青的"青春无悔"记忆模式并不是知青精英独有的记忆。[2]

---

[1] ［法］哈布瓦赫：《论集体记忆》，毕然、郭金华译，上海世纪出版集团2002年版。
[2] 刘亚秋：《从集体记忆到个体记忆：对社会记忆研究的一个反思》，《社会》2010年第5期。

在追溯无名者记忆的过程中,笔者刘亚秋(2010)提出"记忆的微光"概念,这是一种相互纠缠的记忆状态。可以简单认为,它关注的是个体记忆,但个体记忆是无法自处的,它生产并生长于广袤的社会和历史之中,对个体记忆的描摹,离不开一系列的"外在"。笔者认为,阿莱达·阿斯曼对垃圾、艺术记忆的讨论,对于理解这类"记忆的微光"具有极大的启示意义。概言之,"记忆的微光"多沉浸于"黑暗之处",借助蛛丝马迹的"线索",或可呈现一些碎片化的个体所言所思。总之,展现一些主流之外的所谓他者的意义维度,是这类探索的价值所在。①

对特定群体的记忆研究,除上述研究外,还包括景军对甘肃省永靖县刘家峡大川村的村民的集体记忆研究,讨论的是国家权力与社区(民间)记忆之间的关系,这一研究基本是在官方记忆和民间记忆的二分基础上,讨论了作为底层民众的大川农民的社区记忆特征,"苦难记忆"是其讨论的核心问题之一。② 吴飞对华北段庄信奉天主教的群体的记忆研究,这一研究强调,对人物的叙事记忆是村庄中教友们在集体互动中逐渐形成的,这成为天主教群体的重要整合因素的一套技术,其中可以看到权力关系和人际关系/社会结构的作用;苦难记忆也是这一研究考察的重点内容之一。③

二 人类学视域下的记忆与文明问题

人类学视域下的记忆与文明问题,凸显了记忆研究的文化维

---

① 刘亚秋:《记忆的微光的社会学分析》,《社会发展研究》2017年第6期。
② 景军:《神堂记忆:一个中国乡村的历史、权力与道德》,吴飞译,福建教育出版2013年版。
③ 吴飞:《麦芒上的圣言:一个乡村天主教群体中的信仰与生活》,宗教文化出版社2014年版。

度；而对中国社会的文化维度的记忆研究探索深受纳日碧力戈的人类学传统，以及王明珂的历史人类学传统的影响。

（一）对民俗和历史传说的讨论

最早引介美国学者保罗·康纳顿的《社会如何记忆》的人类学学者纳日碧力戈的记忆研究，是从地方传说（例如民俗，包括祖先信仰、鬼魂）入手的，并以操演的记忆（即仪式）作为研究重点。[①] 这是中国人类学界开展社会记忆研究的经典类型。其优点在于一开始就以"文化"这一社会的核心问题作为讨论的起点，例如对于祖先崇拜、鬼魂思想等的观察和研究，这可以跳出一般社会学研究从政治、经济等维度入手的刻板归类模式。如纳日碧力戈对各烟屯蓝靛瑶的人类学考察，他对该社会的一些文化基础有所涉及，展现了操演层面的信仰民俗，包括一些鬼神思想等。但这一讨论往往因其选择的视角（可称之为"仪式研究法"）而难以有更深的讨论，例如对有关信仰仪式的讨论，多停留于对涂尔干所谓的"神圣社会"或哈布瓦赫所谓的"社会框架"的讨论，而对于"世俗"生活及其他支配伦理缺乏更多的考究，例如人与人交往的伦理，以及家户之间的互助机制，等等。如此，该研究呈现的"日常生活"往往是外来者（上帝）的视角，还因为是对神圣社会的讨论，而对世俗社会之变缺乏讨论。

纳日碧力戈的后续相关研究，将民间口述行为作为一种操演的记忆：它有具体的场景和听众、具体的时空限制，以及具体时空条件下的手势和表情。[②] 如他提到蓝靛瑶的吟唱方式以及一些表演。这种将口述仪式化的做法，一方面注意到一个社会在文字之

[①] 纳日碧力戈：《各烟屯蓝靛瑶的信仰仪式、社会记忆和学者反思》，《思想战线》2000 年第 2 期。

[②] 纳日碧力戈：《作为操演的民间口述和作为行动的社会记忆》，《广西民族大学学报》2003 年第 3 期。

外的口口相传的物件，可以关注到权力机构之外的平等问题；但另一方面，这种口述研究没有将重点放在人们的日常生活的具体运行中，例如他关注的口述类型是说书和吟唱行为。这与20世纪90年代中期开始的北京大学"土改"口述史研究小组的"口述"研究有所不同，后者恰恰是通过口述的日常生活化来呈现宏大权力之外的东西。

纳日碧力戈将口述史仪式化的做法，还是以保罗·康纳顿的操演记忆理论作为讨论基础的。以"仪式"作为观察记忆或社会的方法，被一些记忆研究者所批评[1]，在于它仅是一种"操作性"的记忆，它常表现为表演性，而与人们正在进行的真实的日常生活是有距离的。这种操作性的记忆研究视角，与人类学家要探索的"深度文化"之间，事实上存在很大的张力，因为仪式的文化表现较为有限，文化还包含了很多意会空间[2]。

（二）历史人类学的记忆研究传统

大陆人类学界的记忆研究实践还深受王明珂的影响。王明珂是深受人类学传统影响的历史学家，他的研究不仅具有深厚的历史资料基础，而且还具有方法论的启示意义。他所提倡的历史记忆研究的旨归是推进"'客观史实背景'和'主观记忆与认同'两条研究路线的合流"[3]。

他将记忆分为三类：媒介中的社会记忆，群体成员间的集体记忆，以及以历史形态呈现和流传、涉及群体成员起源的"历史记忆"。第三类记忆是王明珂的研究对象。

可以认为，王明珂的理论涉及记忆研究的两个传统，一是哈

---

[1] Russell, Nicolas, "Collective Memory before and after Halbwachs", *The French Review*, Vol. 79, No. 4, 2006, pp. 792–804.
[2] 费孝通：《试谈扩展社会学的传统界限》，《北京大学学报》2003年第3期。
[3] 王明珂：《历史事实、历史记忆与历史心性》，《历史研究》2001年第5期。

布瓦赫的集体记忆研究传统,二是阿斯曼夫妇的文化记忆研究传统。他在记忆的分类中提到的"媒介中的社会记忆"类似扬·阿斯曼对文化记忆的定位:是在各种媒介中保存和流传的记忆;只是王明珂没有从时间等维度对此做进一步的讨论。"群体成员间的集体记忆"则属于哈布瓦赫的研究领域。王明珂的"历史记忆"概念及其研究实践具有他自身的特点。可以认为,他是站在历史学的角度上,对记忆研究之于历史的作用及其意义做了十分有意义的定位和启示。如他所认为的,"历史记忆"并不是去解构历史的,而是为了探寻史料背后的另一种"史实",如探寻"当时社会人群的认同与区分体系",关注"这是谁的记忆","它们如何被制造与利用"以及"它们如何被保存或遗忘"。王明珂探寻了历史事实作为历史学家的永恒追求时,作为记忆的"史实"是什么的问题。他认为,以记忆的观点看史料,可探求隐藏在史料和口述资料背后的"史实"。[1]

王明珂的记忆研究实践凸显了"社会情境"和"历史心性"这两个维度对于新形式的历史研究的重要性。前者是指,社会人群的资源共享与竞争关系,与族群、性别或阶级的认同与区分相关,即将史料作为一种社会记忆遗存,从史料文本的选择、描述与建构中,探索背后所隐藏的社会情境(context),特别是当时社会人群的认同与区分体系。后者是指,此"历史记忆"所遵循的选材与述事模式,指称人们从社会中得到的一种有关历史与时间的文化概念。一篇文字史料不能简单地被视为"客观史实"的载体,正确地说,它们是人们各种主观情感、偏见,以及社会权力关系的记忆产物。上述两个维度构成了他所谓的"历史事实"[2]。

---

[1] 王明珂:《历史事实、历史记忆与历史心性》,《历史研究》2001年第5期。
[2] 同上。

总体上，王明珂的研究还提供了一种有益的方法论。即通过将"经典历史"与"边缘历史"做对比，将重点放在"边缘历史"这一端，以寻找"异例"①和使其"情境化"的方法，去探讨不同族群的历史心性及其流变，进而更全面和深入地认识人类文明问题。

他在研究《羌在汉藏之间：一个华夏边缘的历史人类学研究》中采用了一种在文献中做田野的方法，认为文本（text）是在某种情境（context）中产生的，文本分析就是挖掘隐藏的情境②。加入记忆视野后，他将文本叙事当作一个社会记忆来分析，设法去了解文本内部所隐藏的情境（context），研究其中呈现的族群的历史心性。因此，文本和情境的对应关系，就是王明珂所使用的方法③。他试图以此来讨论人类学只采信田野的"霸道"学问④，并以此去接近真实，从而认识"社会本相"。他指出，并不是所有的史料都是可信的，需要发掘史料的"言外之意"。

他的这种研究方法起到了"去除日常生活偏见"的作用。如他所认为的⑤，"我们生活在一个表征化的世界里，我们有一种文化偏见，在这种文化偏见里，我们所看到的都是我们希望看到的。我们把它放到很合理的逻辑里面，这样去思考问题：像这样去看问题，让我们觉得很comfortable，觉得很心安，我们不愿意去扰动我们心中一些固有的看法"。而他所提倡的文本情境分析中最重要

---

① 王明珂：《田野、文本与历史记忆——以滇西为例》，《思想战线》2017年第1期。
② 王明珂、徐杰舜（访谈）：《在历史学与人类学之间——人类学学者访谈之二十八》，《广西民族学院学报》2004年第4期。
③ 王明珂：《"文本"与"情境"对应下的文化表述》，《社会科学家》2013年第2期。
④ 王明珂：《在文本与情境之间：历史人类学的研究方法反思》，《青海民族大学学报》2015年第2期。
⑤ 王明珂、徐杰舜（访谈）：《在历史学与人类学之间——人类学学者访谈之二十八》，《广西民族学院学报》2004年第4期。

的是：让我们看到文本里面"反映的"是什么东西，从而可以使得我们注意到它所"映照"在我们内心的东西，"让我们去了解我们自己，我自己的偏见在哪里"？

例如，他强调的"本地情境"所产生的民族志知识可以让我们深入地反省，即反省我们的"汉化"概念。对于汉化，人们既往的常识是："中国人是非常宽宏大量的，夷狄入于华夏，就毫无问题地成为汉人了"。王明珂的研究挑战了这一共识：在真正汉化所发生的地方，那些被视为蛮夷的人所接触的"汉人"，是他们邻近家族、村落或地区的人；而这些自称"汉人"的邻人，本身也被其他人视为蛮子。就是在这种亲近的人群之间互相歧视、模仿中，形成了汉化的社会文化过程。王明珂认为，如果体会到汉化的过程，我们就更有一种谦卑与自省了。他借由历史记忆研究，去反思一种所谓历史性的东西。

王明珂在其上述方法论和研究脉络中，还批评了既有口述史的研究立场，如上所述，一些口述史学者，经常将口述历史作为某种社会或政治运动的工具。他认为，这仍是一种有主体偏见的"历史建构"，是一种"认同史学"。他认为，口述史的真正价值是了解"边缘历史"，寻找其中的"异例"，并将其"情境化"，这可以让我们对于"我们所相信的历史"（例如"典范历史"）与"'他们'所相信的历史"，以及历史记忆、述事和人类社会文化背景（情境）之关系做比较，从而对"历史事实"有更深入的了解。①

王明珂近来对自己的研究方法和理念进行了拓展，即在解读滇西文本时，"文本"的概念被拓展，拓展至文化表征和社会记忆概念。"广义的文本，指任何能被观察、被解读的社会文化表征。"

---

① 王明珂：《历史事实、历史记忆与历史心性》，《历史研究》2001年第5期。

"社会记忆也是一种文本,因此它们与文本一样,里面有陈述性知识(knowledge of representation)与默示性知识(knowledge of revelation)。"后者是"一种让我们在未察觉的状态下受其影响的默示信息"。"情境"概念也相应被拓展,它是与"文本"表征对应的社会现实本相(reality)。他将之与人类生态、人类社会之基本框架相勾连。①

他的这种研究路径本身即带有反思性,这也是他所期待的,如何透过一些新方法、角度和概念来突破认知的"茧",进而深入认识社会本相。总之,王明珂的研究路径深刻地影响了大陆文化人类学的记忆研究。

三 记忆视角下的社会史研究

记忆视角下的社会史研究可称为"历史记忆"研究,但这一"历史记忆"不同于王明珂的上述定义,历史记忆在此是指在中国学界,一些学者利用历史资料所做的记忆研究,如陈蕴西(2006)对民国时期中山公园建设运动史的考察,周海燕(2013)对大生产运动的研究,孙江(2017)对南京大屠杀的记忆研究,等等,可以在广义上称之为中国记忆研究的社会史传统。

陈蕴西通过对民国时期中山公园建设运动史的研究,指出孙中山记忆形成的三个主要途径:第一,孙中山符号的空间化与日常生活化;第二,国民党对权力空间的操控与意识形态传输;第三,民众对中山公园空间象征意义的接受与实践以及对中山公园空间的再建构。她还讨论了民众与精英之间对中山公园意象和记忆的张力问题,精英视其为教育场所和民族主义空间,而民众则

---

① 王明珂:《田野、文本与历史记忆———以滇西为例》,《思想战线》2017年第1期。

视之为娱乐和商业空间；甚至还有地方官员为谋求私利建设中山公园，它引发了社会负面影响。对于民众记忆部分，因其资料有限而讨论不多。可以看到，空间理论和意识形态理论是其分析的理论基础。她还关注到记忆之变的问题：在不同时期中山公园的象征意义是不同的，如在民国初年、日军占领时期（抗战时期）、1945 年到 1949 年间。她讨论不同时期中山公园的象征意义之变，但对于记忆之不变，则缺乏足够的关注。①

陈蕴茜后来对"纪念空间"的记忆之场做了分类，如民间纪念、国家纪念、文化纪念、权力纪念等。这一讨论着重提到了权力的作用，并引用福柯的权力观点："统治者可以透过对空间的重组、形构、支配、操弄来行使权力，使被统治者产生敬畏、驯化或顺从心理。"这一特征在中国记忆研究的社会史传统中较为突出，例如周海燕的一些研究。②

周海燕通过对"赵占魁运动"的研究，指出，社会记忆并不是单纯地再现过去，它的建构往往是权力顺应政治需要而进行修饰、删减和改写的结果。她发现，在这一过程中，作为权力话语的载体之一，新闻起到了非常重要的作用。③ 她（周海燕，2012b）对吴满有的分析也强调了类似的观点：社会记忆并不是单纯地再现过去，它是权力利用话语刻意凸显、筛选，是强制遗忘及剥夺的结果。④

记忆视角下的社会史研究中颇值得一提的还有南京大屠杀研

---

① 陈蕴西：《空间重组与孙中山崇拜——以民国时期中山公园为中心的考察》，《史林》2006 年第 1 期。
② 陈蕴西：《纪念空间与社会记忆》，《学术月刊》2012 年第 7 期。
③ 周海燕：《"赵占魁运动"：新闻生产中工人模范的社会记忆重构》，《新闻记忆》2012 年第 1 期。
④ 周海燕：《吴满有：从记忆到遗忘——〈解放日报〉首个"典型报道"的新闻生产与社会记忆建构》，《江苏社会科学》2012 年第 3 期。

究。有关南京大屠杀研究,如孙江所言,已经从事实层面转向了记忆层面。① 孙江通过记忆现象的两个层面:死者的记忆和伤者的记忆,来凸显记忆的伦理和政治问题。如他所说,由一长串冰冷的数字所表征的死者,无法用语言将生命终结的体验直接告诉他人,与生者的交流似乎终止了。但事实上,如他所言,世界上是存在生者与死者之间的交流记忆的,死者可以以沉默的声音向生者传递记忆的痕迹;当然,这是通过生者回忆而产生的一种记忆类型,在现场的生者往往成为死者的记忆代理人,具有无可置疑的真实性:生者将死者的记忆纳入自身的情感和意识后,由此形成一种与死者交流的记忆,也可能因此形成一种"心灵创伤"的症状。孙江通过中国籍牧师卢小庭在南京大屠杀期间自杀后一些美国友人留下的信件、日记等信息,来讨论这一记忆类型。在这里,这一记忆类型传递的是"悲惨""悲伤"的感受以及"以死抗争"的意义。

孙江提出的这一死者记忆的类型补充了阿斯曼夫妇的交流记忆概念,在孙江看来,阿斯曼夫妇提到的交流记忆通常只局限于生者之间的记忆,而他提供的外国友人关于大屠杀中死者状态的记忆,也有利于我们后来者透过这一记忆类型,深入已经被抽象化的南京大屠杀现场,进而捕捉死者的记忆痕迹。但对这一记忆类型的进一步阐发,显然还需要与死者更切近的亲人的体验,乃至参战士兵的讲述,这样才能使得这一记忆类型变得丰满起来。当然,在深入阐述这一记忆类型时,更需注意到有很多未能达到的空间,即因为死者只有沉默的声音,不能对生者的声音予以回应,会留有很多空隙。因为这一局限,一直存在"死者的记忆永远无法被唤起"的风险。

---

① 孙江:《唤起的空间——南京大屠杀事件的记忆伦理》,《江海学刊》2017 年第 5 期。

相比死者的记忆,伤者的记忆存在更多元化的空间,因此也更会出现有争议的空间。讨论伤者记忆时,孙江以在南京大屠杀期间发生的由三名日本士兵实施的性暴力事件为例。在这一记忆类型中,女受害者和日方之间的记忆出现了张力,主要在于日方试图通过该女子记忆中的"细节错误"来否认这一事件的发生,并试图污名化该女性,以改变这件事的性质(由性暴力变为性交易)。但由于受害者是伤者而不是逝者,伤者还可以说话;在双方讨论中,日方最后没有达到目的。这一事件还引发了美日之间的纠纷,部分导致了日军"中支那方面军"最高司令官松井石根被解职。

孙江的上述研究涉及了记忆伦理(包括"为何记忆"和"谁在记忆"等)问题。他还通过抗日战争期间对日军采取合作态度的"南京自治委员会会长"陶传晋的历史记忆,讨论了记忆中的伦理问题①。陶传晋在1937年前是南京红十字会会长,远离政治,专注于慈善和宗教活动。日军入侵时,他笃信宗教超越民族、慈善而没有国境,因此没有逃离南京。日军占领南京后,他做了很多慈善活动,减轻了当地难民的痛苦程度。面对日军的"授衔",他则充满了迷茫和焦灼,在名节观中自我挣扎,他再三请辞,并留有文字作证。孙江认为,从记忆的角度,陶传晋在罪与罚、名与节、善与恶之间纠缠,他的经历表现了南京大屠杀期间,一个普通中国人所面临的合作与抵抗、救人与救己的两难困境:一定程度上合作为了救人,抵抗为了救己。而对陶传晋故事的记忆已经远远超出了"守节"与"失节"的二元对立,如何看待沦陷区中个人或群体的抵抗和合作,是一个看起来简单但实际上颇为复杂的伦理问题。

---

① 孙江:《记忆不能承受之重——陶传晋及其后人的南京记忆》,孙江主编《新史学》第8卷《历史与记忆》,中华书局2014年版,第144—166页。

在南京大屠杀研究中，有关创伤记忆的讨论是一个较为凸显的特征。上述孙江的记忆研究从死者记忆和伤者记忆角度丰富了对创伤记忆的理解。李昕还从创伤记忆角度讨论了公众对南京大屠杀记忆的建构问题。[①] 他的主要观点包括两方面，首先，在当下，人们还没有正视南京大屠杀史实，这使得社会中出现了南京大屠杀的文化创伤问题。例如，后来者对于南京大屠杀受难者的普遍不抵抗的客观史实缺乏客观和全面的认知，导致大屠杀幸存者和受难者二次被辱，表现在一些人对南京大屠杀幸存者的蔑视和嫌恶。而抗日神剧作为一种重构的记忆，加深了受难者的自我认同危机。其次，民众要避免受害者心理，尤其是没有经历过那场浩劫的广义受害者民众。持有受害者心理的人往往缺乏自省、过度防卫、报复性强，主观上认为自己是受害者，占据道德高地，甚至凭借受害者身份歪曲历史真相。

事实上，关于创伤记忆的讨论还不限于此。对于如何处置创伤记忆问题，有学者归纳出世人的三种态度：为了现世者的安慰，为了纪念逝者，为了警醒未来的人。阿维夏伊·玛格利特把它简化为前两种态度。[②] 阿莱达·阿斯曼则根据第二次世界大战德国社会的记忆实践，归纳出四种创伤记忆类型：对话式遗忘、为了永不遗忘而记忆、为了遗忘而记忆、对话式记忆。[③] 阿莱达·阿斯曼的分类加入了受害者和施害者之间的关系维度，尤其在"对话式遗忘""对话式记忆"两种类型中。"对话式遗忘"，是指被过去暴力行为联系在一起的原敌对方（双方力量旗鼓相当），经过一致同意后自愿选择遗忘以达成和平；

---

① 李昕：《创伤记忆与社会认同：南京大屠杀历史认知的公共建构》，《江海学刊》2017年第5期。
② ［以色列］玛格利特·阿维夏伊：《记忆的伦理》，贺海仁译，清华大学出版社2015年版。
③ ［德］阿斯曼·阿莱达：《回忆空间：文化记忆的形式和变迁》，潘璐译，北京大学出版社2016年版。

"对话式记忆",是指如果两国之间能够通过互相承认彼此罪责、对加诸他人的苦难予以同情来共同面对曾经的暴力历史,则这两个国家就参与了对话式记忆。在阿莱达·阿斯曼看来,如果受害者和施害者之间不是一种完全对称的关系,则对于受害者而言就是"为了永不遗忘而记忆"了。"为了遗忘而记忆"这一类型则广泛存在于世界上的很多文化中,如基督教的忏悔仪式,这种遗忘是为了促进人们能够承认过去,与过去达成和解(这是创伤的净化和愈合仪式),从而将创伤性的过去抛在身后。

记忆与遗忘的上述分类,不可避免地涉及伦理问题,甚至宗教问题,如阿莱达·阿斯曼指出的,当面对死者的记忆时,尤其存在这一问题。如纳粹大屠杀记忆包括对几百万死难者应尽的精神和伦理义务。让逝者安息是一份文化和宗教上的责任:想到数百万的犹太受难者没有坟墓,被毒死后又被焚烧,已化作一缕青烟,这个伤口无法愈合;被枪决的受难者的万人坑也面临这样的问题。对于后世,存在如何在文化和宗教上让这些逝者安息、让生者得到安慰这一伦理难题。可见,一般的记忆伦理问题,往往都是在记忆创伤的基础上提出的。

综上,记忆视角下的社会史研究呈现了两个不同的特征,大体上由稍早的权力取向(如周海燕的研究),走向了文化取向(如孙江的研究)。这与中国记忆研究的整体特征是暗合的。

总体上,记忆视角下的社会史研究的议题较为丰富,除上述研究外,罗志田讨论了五四运动后当事人对五四新文化运动话语的再创造,这影响了后人关于五四运动的记忆;关于五四运动,在不同的历史时期还出现了不同的话语建构。[①] 赵世瑜通过对山西

---

① 罗志田:《历史创造者对历史的再创造:修改"五四"历史记忆的一次尝试》,《四川大学学报》2000 年第 5 期。

大槐树移民传说的解析，探讨了这些移民对祖先历史的集体记忆特征和移民的生活境遇对记忆建构的影响；[1] 黄东兰将岳飞庙作为创造公共记忆的"场"/象征空间，讨论了不同历史时期对岳飞记忆的再创造，并讨论了岳飞的"尽忠报国"思想如何由个人记忆上升为国家记忆；[2] 李恭忠通过对明嘉靖年间郑若曾的《筹海图编》，到鸦片战争前夕严如煜的《海防辑要》等史料的分析，指出明代的"倭患"经历留下了持续的"倭寇"记忆，这对清明时期的海权观念产生了深刻影响[3]；等等。

四　中国记忆研究的特征

20世纪90年代中期以来，对中国社会的记忆研究，无论是对特定群体的记忆研究、人类学视域下的记忆与文明问题，还是记忆视角下的社会史研究，基本都围绕着两个范式进行，首先是权力取向的记忆研究，其次是文化取向的记忆研究。例如郭于华的研究可以归为较为典型的权力取向的记忆研究，而王明珂、孙江等的记忆研究则可以归为文化取向的记忆研究。

（一）权力取向的记忆研究

权力取向的记忆研究是当下中国记忆研究的主流范式，它强调记忆现象背后的权力因素的作用。如上述提及的郭于华、陈蕴西、周海燕等人的研究。郭于华、周海燕的讨论都凸显了权力在记忆建构中的作用。其核心观点是，过去并不是根据原样再现的，

---

[1] 赵世瑜：《祖先记忆、家园象征与族群历史——山西洪洞大槐树传说解析》，《历史研究》2006年第1期。

[2] 黄东兰：《岳飞庙：创造公共记忆的"场"》，孙江主编《事件·记忆·叙述》，浙江人民出版社2004年版，第158—177页。

[3] 李恭忠：《倭寇记忆与中国海权观念的演进——从〈筹海图编〉到〈洋防辑要〉的考察》，《江海学刊》2007年第3期。

而是权力再次塑造的结果。这一讨论将哈布瓦赫的记忆的社会建构论发展为权力建构论。权力在中国社会研究中一直居于比较重要的位置,如社会学研究中流行颇为广泛、影响颇大的国家—社会研究框架。① 在中国的记忆研究也具有类似特点,即将权力维度视为认识中国社会中记忆问题的重要因素。

这也表现在学者们的理论讨论方面,例如,学者们在对保罗·康纳顿和哈布瓦赫记忆理论的讨论中,都会突出权力的作用问题。王纪潮在辨析哈布瓦赫的集体记忆概念时,引出涂尔干的"集体意识"概念,认为其本质是社群中带有强制性的信仰和情感;他在讨论保罗·康纳顿的社会记忆研究时,更是突出了权力维度的作用,如极权主义和忘却之间的关系。②

受记忆研究的权力取向的影响,学者们对于"记忆是什么"以及该如何做记忆研究等问题形成较为固定的认识。

在权力观影响下,学者们往往首先会关注到记忆的分层。如张勤认为,记忆是有"民众的记忆"和"精英的记忆"之分的,并认为当下互联网背景下来自民众的"记忆的觉醒"是一股不容忽视的力量。③ 李恭忠则通过对天地会传说的探究讨论了"蒙冤叙事与下层抗争"的问题,该研究通过彰显与冤屈相连的不公因素,放大由蒙冤生发的仇恨因素,由此表达了一种"蒙冤—怀恨—报仇—造反"的下层抗争逻辑。④

在更宽泛的意义上,郭辉认为,中国的记忆研究有两个路径,一个是社会史路径,自下而上;另一个是思想史路径,自上而下。其中社会史路径的记忆史研究主要以族群认同、乡村社会、区域

---

① [法]哈布瓦赫:《论集体记忆》,毕然、郭金华译,上海世纪出版集团2002年版。
② 王纪潮:《有选择的社会记忆》,《博览群书》2006年第5期。
③ 张勤:《记忆视角下的史志研究及其实践意义》,《中国地方志》2017年第8期。
④ 李恭忠:《蒙冤叙事与下层抗争:天地会起源传说新论》,《南京大学学报》2016年第5期。

民俗等的历史记忆为对象,史料来源多为地方志、谱牒、调查报告、口述传说、碑刻等"地方性"资料,主要借助人类学、民族学、社会学等学科的研究方法,倾向于研究下层社会记忆,由此反观国家,进而探寻国家与社会的历史。[1] 思想史路径的记忆史研究多集中于中国近现代史研究领域,侧重于以宏大历史事件和精英历史人物的记忆为对象,史料主要来源于各种报纸、杂志、日记、回忆录等,更注重传统的文本分析。郭辉提出记忆研究的"自下而上"和"自上而下"两大视角,尤其在讨论"自下而上"的视角时,基本是在权力路径下进行的,他也秉持了国家—社会的分析框架。

有学者认识到这一分析路径的不足,提出了将情感纳入记忆研究的重要性,并将记忆视为"情感力量的心灵记事";认为这是对记忆研究的一个补充,但她仍然强调记忆研究者还是不能忽视记忆与反记忆等权力维度。[2] 总体而言,相较权力等因素,这里对情感因素的讨论难以聚焦和问题化,对它的分析力度往往因分散而被分解掉了。

还有学者对权力维度的记忆研究做了进一步的反思。笔者曾以记忆的权力观为分析基础,对个体记忆和集体记忆之间的关系做了深入阐释,即它们并不必然是对立的,其还有"共谋"的一面。[3] 在权力观之外的记忆模式中,她提出普鲁斯特的"无意回忆"的模式(小玛德莱娜点心茶的回忆模式),以及对"记忆的微光"进行探索的意义,但对后者的界定还处于一个相对模糊的阶段。周永康、李甜甜凸显个体记忆与记忆的微光之间的密切关

---

[1] 郭辉:《中国记忆史研究的兴起与路径分析》,《史学理论研究》2012年第3期。
[2] 郭景萍:《社会记忆:一种社会再生产的情感力量》,《学习与实践》2006年第10期。
[3] 刘亚秋:《从集体记忆到个体记忆:对社会记忆研究的一个反思》,《社会》2010年第5期。

系，认为个体记忆维度下所描绘的文学画面背负起"一种充满责任感和道德意识的历史承担精神"。①但如何进入私人化的叙事？有些甚至不可描述（只可意会、不可言传），例如属于农民的祖祖辈辈的弱势的、未得到言说和认可的苦。对此，方慧容的"无事件境"概念便是其中一个困境的展现。作家们的叙事，往往追求个体叙事与宏大历史之间的关联，如此加剧了私人化叙事的事实与表达之间的张力。

总体上，权力视角下的记忆研究是当下中国记忆研究的主流范式，但它还有很多问题值得反思和进一步思考。例如，对记忆现象的权力取向分析不仅体现在上述实证研究领域，还出现学者们的理论反思中，有学者将个体记忆和集体记忆之间的关系主要解读为一种权力关系，而记忆建构论的话语霸权更是将个体记忆与集体记忆之间的关系理解为一种"压制"与反抗的关系，李里峰认为应该寻求群体与个人之间的多元意义与互动关系。②

（二）文化取向的记忆研究

学者们在研究中对于文化的定义一般是较为宽泛和开放的。文化与很多概念密切相关，如"意义""象征""仪式"等。人类学家吉尔茨强调文化形式背后的象征意义，维克多·特纳关注文化符号与政治权力的关系，福柯则讨论了广义文化中的权力关系问题，杜赞齐更是从权力角度去观察文化问题③。笔者对记忆研究的文化取向进行讨论，并不是在拒斥权力维度的基础上，走向"文化决定论"，而是为了反思中国既有记忆研究中过于强调权

---

① 周永康、李甜甜：《记忆的微光：社会记忆中的个体记忆——对阎连科小说〈我与父辈〉的社会学解读》，《名作欣赏》2015年第18期。
② 李里峰：《个体记忆何以可能：建构论之反思》，《江海学刊》2012年第4期。
③ 李恭忠：《"文化"的视野及其它——重读杜赞奇的〈文化、权力与国家〉》，《郧阳师范高等专科学院学报》2005年第2期。

力问题的现状，从而倡导一种对社会记忆的更全面而深入的研究。

在社会记忆研究中，人类学角度的讨论一直以文化研究作为其起点和关注。例如，纳日碧力戈对各烟屯蓝靛瑶的文化进行了细致的叙事，他着重讨论了信仰仪式，并以保罗·康纳顿的社会记忆理论作为其对话基础："过去的形象能使现在的社会秩序合法化"，而这些依靠的是一种操演的社会记忆，即仪式。① 如上所述，纳日碧力戈还将口述史作为社会记忆的一种操演形式：身势、表情、语调、场景的"合谋"促成了口述史作为一种立体的社会记忆，而且口述史对男女、高低社会阶层有平等化的作用。② 口述史记忆中包含作为操演的民间口述和作为日常生活运作机制的社会记忆。这一社会记忆形式参与了地方社会的重构。受纳日碧力戈译作及其研究的影响，有很多人类学者参与讨论了中国社会的文化记忆。

就记忆研究的文化取向而言，王明珂的研究相对更成熟一些。例如他讨论的"弟兄故事"是一种诉说人群共同起源的"根基历史"，"弟兄故事"与我们熟悉的始于英雄圣王的"根基历史"相比，是另一种不同的历史心性下的祖先溯源述事。他在2017年的反思中，提出记忆视角下的文化研究之拓展问题，并以"广义文本"（不仅包括人类学的仪式，还包括电影电视剧等）作为这一研究的资料基础③。他的文本与情境的方法论也是建立在这一基础之上的。

---

① 纳日碧力戈：《各烟屯蓝靛瑶的信仰仪式、社会记忆和学者反思》，《思想战线》2000年第2期。
② 纳日碧力戈：《作为操演的民间口述和作为行动的社会记忆》，《广西民族大学学报》2003年第3期。
③ 王明珂：《田野、文本与历史记忆———以滇西为例》，《思想战线》2017年第1期。

人类学学者的文化视角与社会学学者的权力视角有着较大的区分，文化维度的记忆研究是认识"社会"的一个不可或缺的角度，但在以往被很多学者所忽视。近年来，受阿斯曼夫妇的文化记忆理论的影响，这一脉络又逐渐受到中国学者们的重视。例如，孙江对南京大屠杀的记忆研究，其中展现的创伤记忆问题与阿斯曼夫妇的记忆讨论之间存在一种对话关系。而在当下记忆研究领域，阿斯曼夫妇的文化记忆理论还是一个不可逾越的高度。[1] 在中国学界，如何以中国的社会实践去深化体悟记忆研究中的文化维度，进而达到对中国社会的深入认识，还是一个亟待实践和深入探索的领域。

在社会学领域，对记忆研究的文化维度的关注还涉及社会学的转向问题。费孝通晚年提出扩展社会学的研究界限问题[2]，这一问题对中国社会学界产生了较为广泛和深远的影响，它成为当下学者们反思社会学研究局限和未来进路的一个"卡农"（Kanon）/标准[3]。在记忆研究领域同样存在这样的问题，即社会学如何从一种"策略分析"[4] 转向一种文化、伦理层面的探索，尚待更多的学者去实践和思考。

在这一探索中，文学视域下的中国记忆研究颇值得借鉴。例如陶东风提出"文艺与记忆"研究范式[5]，追问记忆如何通过文学艺术的形式被叙事，其中的权力关系又是如何的？他还通过文化创伤记忆理论探索了记忆的政治意涵和道德价值问题。许子东

---

[1] 孙江：《唤起的空间——南京大屠杀事件的记忆伦理》，《江海学刊》2017 年第 5 期。
[2] 费孝通：《试谈扩展社会学的传统界限》，《北京大学学报》2003 年第 3 期。
[3] ［德］扬·阿斯曼：《文化记忆：早期高级文化中的文字、回忆和政治身份》，北京大学出版社 2015 年版。
[4] 权力维度的记忆研究多关注这一问题。
[5] 陶东风：《"文艺与记忆"研究范式及其批评实践——以三个关键词为核心的考察》，《文艺研究》2011 年第 6 期。

则通过50篇"文化大革命"小说的叙事反思了"文化大革命"记忆的特征（例如"虽然充满错误但不肯忏悔"的知青叙事模式）。[1] 从文学角度进入的文化记忆研究，还关注创伤记忆的讨论，它与记忆伦理问题密切勾连，而记忆伦理一般关注遗忘、忏悔、宽恕等问题[2]，它打开了理解政治、罪责等问题的视域[3]。

五　小结与讨论

概言之，对中国社会的记忆研究，近年来在社会学、历史学、文学等领域都取得了很大的进展。本文以社会学背景下的记忆研究为基础，试图讨论20世纪90年代中期以来的中国记忆研究特征。社会学视角下的记忆研究主要关注特定历史时期特定人群的记忆特征，其往往根据一手访谈得来的资料，并对其做较为深入的定性解读，试图立足于记忆角度去深入理解当代中国社会，如上述提及的土改口述史研究和知青集体记忆研究。这一类定性研究的经典之作提出了本土化概念，如方慧容的"无事件境"概念，这一概念本身不仅有助于理解中国传统农村社会的心态与现代性之间的张力，而且还标识了此类研究可以上升的理论高度。当然，这类研究也有其自身的局限性，例如因为它针对的是特定历史时期重大历史事件下的人们的口述记忆，容易局限于国家—社会的视角，而对于权力之外的因素缺乏更深入的讨论。相比较而言，人类学视域下的记忆与文明的思考，对于文化维度的记忆做了更

---

[1] 许子东：《为了忘却的集体记忆——解读50篇文革小说》，生活·读书·新知三联书店2000年版。

[2] 吕鹤颖：《作为一种思想方法的政治批评——对陶东风近年来文学批评的思考》，《湘潭大学学报》2017年第6期。

[3] 赵静蓉：《记忆的德性及其中国记忆伦理化的现实路径》，《文学与文化》2015年第1期。

深入的调查和研究,例如纳日碧力戈和王明珂等人的研究。记忆视角下的社会史研究也呈现出两个较为鲜明的特点,即有学者在研究实践中强调记忆的权力因素[1],还有学者则探究记忆的文化维度[2]。

我们认为,好的社会记忆研究在更深的层面,都是跨学科的。而对于社会科学领域中记忆研究的权力范式占据主流地位的情况下,提倡一种文化维度的记忆研究是深入认识记忆的权力问题的必要路径,为此,社会科学的记忆研究不仅需要跨越史学,尚需跨越文学,如此才能进一步处理中国记忆研究的理论问题以及伦理问题。例如,很多学科范式下的中国记忆研究,都探讨了苦难记忆/创伤记忆问题,如方慧容[3]的口述史记忆研究,王汉生、刘亚秋[4]的知青记忆研究,郭于华[5]的土地集体化时期女性口述记忆研究,孙江[6]对南京大屠杀记忆的研究,陶东风[7]对梁晓声小说的研究,陈国战[8]对苏童小说《黄雀记》的研究,吕鹤颖[9]对儿童视角小说的研究,等等。在深层次上,它们都涉及文化记忆理论中的重要问题——创伤记忆问题,并在现实层面直指记忆伦理问题;而记忆的伦理问题不仅在实践中是

---

[1] 周海燕:《记忆的政治》,中国发展出版社2013年版。
[2] 孙江:《唤起的空间——南京大屠杀事件的记忆伦理》,《江海学刊》2017年第5期。
[3] 方慧容:《"无事件境"与生活世界中的"真实"——西村农民土地改革时期生活的记忆》,杨念群主编《空间·记忆·社会转型——"新社会史"研究论文精选集》,上海人民出版社2001年版。
[4] 王汉生、刘亚秋:《社会记忆及其建构:一项关于知青集体记忆的研究》,《社会》2006年第3期。
[5] 郭于华:《心灵的集体化:陕北骥村农业合作化的女性记忆》,《中国社会科学》2003年第4期。
[6] 孙江:《唤起的空间——南京大屠杀事件的记忆伦理》,《江海学刊》2017年第5期。
[7] 陶东风:《关于当代中国社会灾难书写的几个问题——以梁晓声的知青小说为例》,《当代文坛》2013年第5期。
[8] 陈国战:《〈黄雀记〉:如何缚住记忆的幽灵》,《文化研究》2017年第30辑。
[9] 吕鹤颖:《新时期儿童视角小说的归罪隐喻》,《关东学刊》2017年第2期。

一个困境，也是研究中的难题所在。为解决记忆研究中的难题，需要我们打通学科界限，以真诚之心对待所研究问题，以此取得记忆研究的新进展。

致　　谢

本书收录了改革开放40年社会发展与社会变迁方面的论文，共17篇。按照研究主题，分为三个部分：第一部分为历史探究，作者为中山大学王宁，中国人民大学冯仕政，北京大学周飞舟、吴柳财、左雯敏、李松涛，华中师范大学江立华，华中农业大学钟涨宝、聂建亮，华东师范大学文军、南京大学吴愈晓、杜思佳；第二部分为转型趋势，作者为南开大学关信平，中国人民大学刘少杰、宋辰婷，山东大学林聚任、马光川，其中一篇文章由本人撰写；第三部分为研究综述，作者为复旦大学刘欣、田丰，吉林大学田毅鹏、夏可恒、张红阳，浙江大学林卡、胡克，中国社会科学院社会学研究所杨典、上海大学张海东、毕婧千，中国社会科学杂志社刘亚秋。中国社会科学出版社的编辑们，为文章的归类和选编贡献了很多心智。本书在编撰过程中，也得到了作者及有关专家的大力支持。在此深表谢意！

中国社会科学出版社赵剑英社长、总编辑助理王茵博士十分重视本书的编撰与出版工作。本书列入中国社会科学出版社《纪念改革开放40周年丛书》。在此一并表示谢忱!

本书不当之处在所难免,敬请学界同仁和广大读者批评指正。

张翼
2018年9月